近代日本と台湾

霧社事件・植民地統治政策の研究

春山明哲
Haruyama Meitetsu

藤原書店

近代日本と台湾　目次

II　台湾統治政策の展開――原敬・後藤新平・岡松参太郎

III　日本における台湾史研究の回顧と展望

近代日本と台湾

霧社事件・植民地統治政策の研究

台湾近現代史研究会の師友に感謝して

序

日本と台湾の「縁」には、まことに深いものがある。史書をひも解けば、遠くは一六世紀末から一七世紀前半、豊臣秀吉が入貢を促す使者を派遣し、徳川家康が探検と遠征を命じ、また、浜田弥兵衛がオランダ勢力と一戦を交えるなどの史実が点在する。江戸時代には近松門左衛門の『国性爺合戦』が評判となったが、その背景には明の遺臣鄭成功が台湾に拠って清朝に抗した中国史のドラマがある。この台湾の最初の英雄ともいうべき鄭成功の母は日本人である。西川如見の『増補華夷通商考』、新井白石の『外国通信事略』には、すでに台湾をめぐる情報が記載されている。降って、幕末に近づくと、佐藤信淵が『混同秘策』で台湾を攻略して中国大陸平定の拠点とし、西域、インドまで「世界を混同し万国を統一」する、のちの大東亜共栄圏を彷彿とさせるビジョンを空想した。

近代日本と台湾は「縁」どころか抜き差しならない関係になっていく。まことに不思議の感があるのは、明治維新をなし遂げ近代国家として歩みはじめた日本が、はやくも明治七（一八七四）年には、最初の海外出兵の歩を台湾南部に進め、牡丹社の台湾先住民族と干戈を交えたことである。錦の御旗を掲げた官軍が七年後には西洋から軍艦を借りて、波頭を越え、はるか南方の島のその南端で戦をし掛けるというのは、大久保利通や大隈重信の沖縄統合・国境確定の意図と関連して説明されても、腑に落ちない部分が残る。

ついでながら、近代日本の歴史を見渡して、長年「不思議」の感に堪えないのは、この台湾出兵を皮切りに、その二〇年後には清朝中国と（日清戦争）、途中義和団の乱への共同出兵を経て、その一〇年後にはロシアと（日露戦争）、第一次大戦ではドイツと、さらにシベリア出兵、山東出兵、そして満州から長城を越えて中国本土へ、ついには米英蘭仏との戦争まで、地図を広げれば、近代日本は四囲の国・地域・列強勢力の「全てと、ひっきりなしに」戦争していたのである。一体なぜであろうか。

さて、日清戦争に日本が勝利して下関講和条約の結果、領有したのが台湾と澎湖諸島である。この領有は台湾人の熾烈なゲリラ的武装抵抗を抑え込む、もうひとつの戦争を経ての武力占領というべきものであった。こうして、近代日本による植民地台湾の統治は五〇年間続く。ついで、満州（関東）、樺太、朝鮮、南洋群島、「満州国」へと近代日本の「植民地」は拡大していくのだが、この戦争の結果でもあり目的でもある植民地の拡大も「不思議」な部分が多々ある。下関講和談判の伊藤博文と清国全権・李鴻章のやりとりを見ても、どういう目的と意図と成算があって台湾を取ろうとしたのか、いまいち分からないのである。のちに後藤新平が喝破したように、近代日本は戦勝に乗じて「偶然」台湾を手に入れた、したがってなんの準備もなかった、というのはほぼ間違いのないところであろう。

考えてみればこの「偶然」が歴史の恐ろしいところである。もし、日本による台湾の領有がなく、たとえあっても統治の「成功」（当時の帝国主義観からして、という意味であるが）が無かったら、台湾はもちろん朝鮮の命運も、ひいては日本の姿も大きく変わっていただろう。

この「不思議」と「偶然」を多少なりとも知り、それを考えようとすると、〈歴史〉というものに突き当たることがある。ここで〈歴史〉とは、E・H・カーのいう「歴史家が作る」ところの歴史である。

本書は、近代日本と台湾の深い「縁」の「不思議さ」と「偶然」を知り、折りに触れて考えてきた結果を、わたしなりの〈歴史〉の表現として書いてきたものである。今、ここに一書に編むにあたり、そもそもなぜこのような本が成立するにいたったか、その端緒に触れておきたいのである。

一九七五年のある日、台湾に関する歴史研究の雑誌を作ろうと若い仲間が集まった。めいめい「発刊の辞」の案文を持ち寄ったのである。今となっては、多少気恥ずかしいのではあるが、わたしの文章はこうなっていた。

知ることと考えることとは、偶然という手に導かれることがしばしばであるにしても、至る所発端であるような道程を歩むわたし達の生の方法にほかならない。

＊　＊

一八九五年から一九四五年まで、台湾は日本統治下の植民地であった。この五〇年間と、それに先立つ時期及び後に続く時期とを、なめらかな時間の継続として考えることは、わたし達には出来ない。何故なら、この時期、アジアの二つの民族は「統治」「植民地」という言葉で語らざるを得ない歴史的現実を持ったのであり、かつてと同様、今なおこの歴史性を帯びた事柄はわたし達にとって解決すべきものと考えられたからである。

わたし達の立っている場所、わたし達を立たしめている歴史は、おのおのの歩みを集めて、知ることと考えることの共同の仕事へとわたし達を導いた。

わたし達の視野にこの特徴ある五〇年間の台湾を据えた時、歴史的研究の乏しさは明瞭に感じられた。そして、研究に対するわたし達の欠如感は、それ自身歴史の産み出したものであるとわたし達は考えた。従って、もしわたし達の仕事がこの歴史を研究によって埋める性質を持つならば、それ自身、知性と感受性による長い道へ歩みを進めることになるだろう、と考えられた。このような歩みの場として、わたし達は研究雑誌の発刊に到達した。

この雑誌は一九七八年に『台湾近現代史研究』として刊行されたが、どのような経緯か忘れたが、「発刊の辞」は設けられなかった。したがって、右の一文は「幻の発刊の辞」である。さて、この『台湾近現代史研究』の創刊号の目次は、次のとおりである。

「台湾領有論の系譜——一八七四（明治七）年の台湾出兵を中心に」（松永正義）
「台湾総督府の糖業保護政策の展開」（森久男）
「昭和政治史における霧社事件——植民地統治の政治過程分析」（春山明哲）
「人物・日本植民史　東郷実の著作と年譜」（金子文夫）
「楊逵——その文学的活動」（河原功）
「資料紹介　台湾総督府秘密文書「文化協会対策」」（若林正丈）

ここに見られる「昭和政治史における霧社事件」がわたしの初めて書いた歴史研究論文だった。このときの執筆テーマの選択は、それぞれがもっとも書きたいものを書く、というだけのものであったが、今こうして眺めていると植民地台湾統治の研究領域のひとつの展望ともなっている気がする。わたしが書きたかったことは、昭和五年に起きた台湾先住民族による抗日武装蜂起である霧社事件の政治過程を、近代日本の政治史とりわけ政党政治の展開と関係付けて分析することにあった。

わたしの研究関心は、これを出発点として大きく二つの流れに沿って拡がったように思う。一つは、「霧社事件と日本人」とも言うべきテーマで、これは「上」は日本の政治・軍事機構の霧社蜂起への対応から、「下」はこの事件に対する日本人の関わり方への研究関心である。今日までに書かれた夥しいルポルタージュや文学作品に象徴されるように、日本人はなぜか霧社事件、そして台湾先住民族（当時、生蕃、高砂族と日本側は呼称した）に惹かれるようである。裏返せば、中国大陸に出自を持つ漢族系の台湾人への関心が相対的に薄い部分があるようでもある。

もう一つは、台湾統治政策の展開であって、なかでも政策を方向付けた原敬や後藤新平などの「植民地政治思想」へ興味を惹かれた。台湾統治が「なぜ、あのようなものになったのか」についてはさまざまなアプローチがありうる。わたしの方法は、つづめて言えば、「植民地統治の法と政治」といったもので、一九世紀末以降の台湾社会の歴史的現実への認識と、近代日本の法制度構造・政治過程との相関に関心を持ったのである。研究の視座にベクトルがあるとすれば、わたしの場合、近代日本から台湾へ、という方向が主たるものであって、「なぜ、日本人はあのように台湾に関わったのか」という「不思議」についていくらか考えてきたのが、第II部に収めた文章である。

本書に収めた「台湾近現代史研究会の思い出」にあるように、わたしの歴史研究はいうなれば「在野的」であって、台湾出身の歴史家である戴國煇さんの磁場に引き寄せられて集まったともいいうる共同研究グループがわたしの「大学」であった。台湾近現代史研究会は、わたしにとって学問の原点としての「アカデミー」であった。すでに解散したこの研究会で多くの師と友を得たことが、本書を生んだともいえる。台湾近現代史研究会の師友に感謝して、序に代えたいと思う。

二〇〇八年五月三一日　　日本台湾学会設立十周年記念学術大会の日に

I　霧社事件と日本人

昭和政治史における霧社事件
――植民地統治の政治過程分析――

序論

砲声と硝煙、爆音と臭気の中で抹殺された台湾霧社高山族[補注1]の蜂起は、植民地台湾の統治機構を根底から激しく揺がせた。そしてそれにとどまらず、植民地本国日本の政界にまで波及し、ついに台湾総督府の四高官の更迭を見た。霧社事件は、蜂起の鎮圧という軍事的帰結で完結しえず、政治的帰結にまで至ったのである。

この政治的帰結に至る過程を、植民地における政治権力と本国における中央の政治権力、およびそれらの関係の動態を通じて、検証することが本稿の課題である。

植民地における交代人事はいうまでもなくひとつの政治過程である。このことは無論、異民族支配という現実と、それを支える政治構造に根本的な変化をもたらすものではない。だがこのことは、植民地内部における統治する側とされる側の現実を反映すると同時に、植民地と本国の政治権力の関係、本国における政治的諸集団の関係をも反映する、という仮説の設定を妨げるものではない。この仮説は、例えば植民地における交代人事が、ひとつの開発政策に伴うものなのか、抵抗や反乱を統治側がどのレベルで（いいかえるとどのような意味を持つものとして）受けとめた結果なのか、あるいは対立する政治勢力の交代なのか、等々の問題を考えていく上で有効であると考える。そして交代人事は植民地統治の政策、制度と密接な関係を有する。ここに、旧植民地の歴史的研究の一環として霧社事件の政治過程を分析することの意義が生ずる。

旧植民地研究は、少なくとも戦後の日本近代史研究の上で、特異な性格を持たされているという印象を筆者は受ける。台湾に限ってあえて極論すれば、日本によるその領有と中国への返還の一時期を除いて外交史の記述から除外され、領台五〇年の大部分は日本近代史の叙述の上ではいわば「傍系」扱いされてきた。前者は台湾が帝国日本の「新附の領土」となったこと、後者はそれが「旧植民地」となったことで、歴史研究の視野の中に対象としての焦点が結ばれにくかった事情があるのだろうか。また逆に中国近代史研究においても、しかるべき位置が与えられてきたかどうかを問うてみる必要があろう。

旧植民地研究の有力な系譜は従って、一国の近代史研究の対象でなく、民族関係に焦点をあてる視座、即ち帝国主義と民族運動の観点からの研究に認められる。民族間の支配―被支配関係をその本質として植民地支配が持つ限り、この観点は貫ぬかれねばならない。だがこれは民族間の「接点」とそれを含む構造を強調するには適しているものの、その「接点」の現象の背後にあるメカニズムとダイナミズムを研究しなければ、旧植民地研究は帝国主義の定義・本質規定の単なるデータ提供作業になってしまいかねない。

「接点」の背後にあるメカニズムとダイナミズムとは何か。そのひとつが植民地における政治権力と本国における政治権力のあり方の問題である。「満州事変」の研究が明らかにしているように、近代日本の中央政治権力と在外権力機関の関係は、複雑でかつ重大な問題を常に包含していた。そしてこのことは、近代日本の国家権力の動態、国家形成そのものと密接な関係を有する。政治史研究が権力関係を問題にする以上、必ず中央と地方、本国と植民地を含む在外のそれぞれの政治権力の関係をそのダイナミズムにおいて捕捉しなければならない。

旧植民地の政治史的アプローチは、こうして日本近代史研究の不可欠の一部となる。と共に、旧植民地研究は民族の相互関係を対象とするために、台湾についていえば中国近代史（諸民族の中国国家形成過程という意味で）の重要な構成部分である、と筆者は考える。

では、霧社事件当時の植民地政治権力と本国政治権力の関係は、歴史的にどのような規定性を持っていたのであろうか。本稿の課題の与件を仮説的性格を含ませつつ、まず挙げて置きたい。

植民地台湾の政治権力は台湾総督府に集中されていた。しかし本国と全く独立しては当然ありえない。制度、政策、人事の各レベルを通じて、直接、間接にリンクしている。

第一に台湾総督の性格は、統治が一定の安定状態になるに従い次第に軍事的性格が減少し、行政官的色彩が強くなった。同時にその行政の根拠となる法制面についても、本国法の適用可能性が拡大していった。原敬内閣時代のいわゆる「文官総督制」の実施と法律三号の制定はこの意味で総督の性格を変更するものであった。

第二に開発政策が高山族居住地区にまで本格的に及んでいったことである。その代表的なもののひとつに日月譚の水力発電所建設がある。これは外債募集を伴う国家レベルのプロジェクトの性格を有していた。

第三に、植民地高級官僚の供給源である内務官僚が政党政治の発展につれて政党化していった。このいわゆる「官僚の政党化」が植民地に及ぼした影響がどのようなものであったかはまだ明らかにされてはいない。筆者は少なくとも総督レベルではこの現象があったと考え「植民地統治への政党政治の浸潤」と仮説的に名付けておいた。この概念はもっと広範な研究が進められ、その結果によっては拡張できるものと思われる。
以上の三つを仮説的与件として、本稿の課題に取りかかることにしよう。

一　蜂起に対する政府の措置

一九三〇（昭和五）年一〇月二七日の夜、七時四〇分を少々まわった時刻に、一本の極く短かい電報が陸軍省に打ち込まれた。電文は「霧社付近蕃人の暴動」と「飛行隊の出動」を伝え、その発信人は台湾軍司令官渡辺錠太郎である。(1) その内容と着電時刻から推定すると、この電報は渡辺の飛行第八連隊（屏東）に対する霧社付近への偵察飛行命令（同日午後一時四〇分）後、程なくして打電されたようである、これを第一報として、翌二八日未明までに台湾軍司令部から陸軍省宛の公電は計四束を数えた。伝えられた情報はより具体的になり、かつ深刻の度を深めていった。同様な情報は参謀本部、憲兵司令部へももたらされた。

植民地と本国とを結ぶ統治機構の情報ルートのうち軍系統[補注2]のそれは、このように遅滞なく情報を運んでいる。では行政系統、すなわち台湾総督府から拓務省へのルートはどうであったろうか。

『時事新報』昭和五年一〇月二八日付の夕刊は、二八日午前九時着電、台湾総督府総務長官人見次郎発―拓務事務次官小村欣一宛の、次の電報を掲載している。(2)

二七日午前八時頃蕃人密住せる能高郡霧社地方蕃人の一部暴動を起し、巡査駐在所を襲ひ相当被害ある見込みなるも電信電話不通の為詳細は不明、台中州知事は警察官の非常召集を行い現場に出張せしむ、尚ほ住民保護の為航空隊の出動を求め、他に知事より軍隊一ケ中隊の派遣を請求せり、委細は後報。

電文から察するにこれが拓務省着の第一報であろう。各紙報道をみると、拓務省発表の情報は陸軍省のそれよりも、質、量、速度において格段に劣っている。この格差は情報の送り手の態度の差に由来すると考えられる。つまり、総督府に何らかの「事情」があったことは明らかであり、この「事情」と思われるものを試みに三点だけ挙げてみよう。

①台湾総督石塚英蔵の不在。（「台湾自治権拡張案」協議の為上京中、(3) 帰任は二八日。石塚は基隆に向う船中で事件を知った。）

②台湾島内における報道管制との関連。

③事件の取扱いを判断する時間。（総督府は当然政治的配慮を必要とする。）

中央政府レベルでの情報の差は、現地機関の認識と判断の差を反映していた。と同時にそれが中央機関の措置にもある影響を与えたようである。

二八日午前九時に届いた電報では拓務省幹部に検討の余裕を与えなかったためであろう、これに加えて、拓務大臣松田源治(4)は党務で出張中であった。このため午前一〇時から開かれた定例閣議では陸軍大臣代理阿部信行が前述の公電四束に基づいて、飛行隊及び埔里への一個中隊出動を内容とする報告を行なった(5)（陸軍大臣宇垣一成は中耳炎のため国府津で療養中(6)）。阿部は閣議をおえると陸相官邸に関係将官を招いて協議した結果、「速やかに鎮圧」する方針を決定し、その「鎮圧処置については台湾軍司令官の裁量に一任」する旨渡辺に訓電したのである。(7) こうして霧社蜂起に対する軍事的対応（実質的に中央レベルの対応の主要部分である）は現地軍司令官に事実上のフリーハンドを与えるものであった。このことは看過されてはならない。

さて一方、松田拓相はこの日立憲民政党福井県支部大会に党本部から特派されていたのだが、(8) 大会終了まで義務を果した後、官民合同歓迎会もそこそこに北陸線夜行に乗り込んだ。翌二九日朝、東京駅に降り立った松田はその足で首相浜口雄幸を訪ね、今後の政府拓務省の対策について協議したが、情報不足はいかんともしがたく、会談は二〇分足らずで終った。次いで日比谷公園北側の拓務省に登庁した松田は大臣室に拓務政務次官小坂順造、事務次官小村欣

一、管理局長生駒高常を集め善後策を協議した。拓務省首脳会議後の記者会見で松田は次の三点に言及している。[9]
①石塚総督へ訓電を発したこと。(要点は、総督府の事件処理努力への謝意、台湾軍との連絡強化、善後処置は慎重に。)
②総督府余剰金は千万円以上あり費用についての心配は無用。
③原因について情報を集める。

松田はまだ簡単な事件だと楽観していたらしい。新聞には松田の発言が次の様に書かれている。[10]「目下の所反乱の原因が判らないので本省から今後に処する方策を指示する訳に行かず困っている、多分本日午後にでもなれば原因が明瞭となろうから其上で何分の方法を講ずる心算である」(傍点引用者)。

この日午後三時、生駒局長は侍従長鈴木貫太郎を皇居に訪ね、霧社事件について報告した。鈴木はこれを天皇に奏上したが、以後数回にわたって天皇は霧社事件の報告を松田、渡辺、石塚から受けることになる。ついでながら、霧社事件の記事が最初にセンセーショナルな紙面を飾った同じ二八日付の各紙夕刊の一隅に、次の様な人事が小さく載っていたことに注意を払った人は少なかったであろう。

木戸幸一侯(商工省臨時産業合理局事務官)内大臣秘書官長に転任(一〇・二七)

この偶然がはからずも木戸をして霧社事件に関する天皇の感想を記録させることになる。[11]

松田の楽観的な予測は完全にはずれた。陸続と押し寄せる情報ラッシュは真偽の程も確かめ難く、ことに原因に至っては揣摩臆測が乱れ飛んでいた。ここに至って松田は一〇月三〇日、部下の小坂、小村両次官、生駒局長を参集させ、生駒の台湾現地派遣を決定したのである。この決定は当初生駒の出発予定を三一日とした程急いだものであったが(実際は一一月一日)、真相の速やかな究明という単純な理由だけによるものではない。拓務省側は明らかに総督府側のある「空気」を感じ取っていた。拓務省はこの決定の発表に際し次の様な背景説明を行なっている。[12]「台湾総督府の報告は陸軍省着電に比し遅延がちであり、かつ詳細を尽さざる憾みがあるので……」云々の露骨ともいえる不満の表明である。さらに同日午後、松田は石塚に宛てて至急電報を発し、事件の原因について報告するよう訓令さえしている。[13]

翌三一日の閣議の席上松田は①慰問②真相調査③「理蕃政策」の検討、の目的で生駒を台湾に派遣する旨の報告を行ったあと、霧社事件の処理方針に触れて次の点を表明した。[14]

①鎮圧行動は「報復的態度」によらず、「単なる騒擾鎮定」の枠にとどめる。

②「理蕃政策」は従来通り「徳化主義」で臨む。

③「理蕃行政」に欠陥があれば、その改革について台湾総督と協議する。

④蜂起側の責任者は厳重に処罰する。処罰の方法については刑法の適用可能性について司法当局に調査を依頼する。

霧社蜂起に対する実際の弾圧過程を知る者にとっては（無論、松田もすぐ知るようになるのだが）随分「穏健な」方針である、と見ては好意的に過ぎようか。というのはこの閣議の前夜から当日未明にかけて、渡辺台湾軍司令官から陸軍省へ、石塚総督から松田拓相へと相次いで、軍隊・警察共同の「武力平定計画」（総攻撃計画）が打電されてきており、松田も他の閣僚（阿部陸相代理も出席）もこれを知っている。因みに松田宛の電報は次の様なものである。[15]「霧社方面騒擾蕃には極力鎮圧の方法を進め隊員の士気旺盛なり、警察行動要旨左記の通り定め各部隊長に達す（中略）本計画に依り、徹底的に騒擾蕃を剿滅せしむべき見込、尚本計画は守備隊司令官とも打合せ済み」（傍点は『万朝報』のゴシック活字を改めた）。

戦場からの報告を電文にしたのであろうから「軍事的修辞」はあろうが、蜂起側に対する誘出投降作戦がとられたのは「剿滅計画」が失敗してからのことであるから、[16]松田の方針のうち、①は語句の解釈でニュアンスが変るとしても④は現実の鎮圧行動とはかなり異なった方針である。しかし中央レベルで鎮圧方針をめぐって議論が交わされた

（例えば阿部と松田の間で）証左が得られないので、陸軍と拓務省の間で「騒擾」の性格把握に相違があったと推測するにとどめたい。いずれにせよ、次節でみるように鎮圧計画策定の主導権は台湾現地側にあったのである。

ともあれ、翌一一月一日生駒管理局長は台湾に向け出発した。松田が生駒に対し石塚との審議事項として指示した点は次の四点と報道されている。[17]①「今回の暴動に鑑み将来理蕃政策に何らか改善を加うる必要なきや否や」②「反抗者は法律手続きにより厳重処罰すること」③「鎮圧すみやかに、しかし復讐的行動はすべきでない」④「原因について慎重周密なる調査をすること。」松田自身も渡台する積りがあったようである。[18]しかし、政局展開がこれを阻むことになる。

二　出兵

前節で陸軍省と拓務省の間の情報落差は台湾総督府側の「事情」に由来する、と述べた。そこで挙げた三点は台湾総督府から拓務省への情報伝達措置に関するものであった。だがこのことは総督府の蜂起に対する措置が遅かったことを意味しない。総督府の末端警察機構は当然素早い初動措置を取りえた。だとすれば総督府の必要とした時間は何だったのか。また、何故大規模な（台湾軍千三百名を越える）出兵にまで至ったのか。この節ではこれらの点を、出兵に至る経緯を手掛りに台湾現地の統治機構の蜂起への対応措置の視角から、考えてみたい。

霧社公学校の校庭から辛うじて脱出できた能高郡視学菊川孝行は、埔里へ下る途中の眉渓で通話可能な警察電話を見い出し、埔里の能高郡警察課に変事を通報した。地方官憲へのこの第一報は、台湾総督府警務局の『霧社事件誌』によれば一〇月二七日午前八時五〇分のことであった。[19]通報を受けた警察課長江川博通は直ちに郡下平地勤務巡査の非常召集を行うと共に台中州警務部へ連絡した。[20]警務部長三輪幸助は台南へ出張中の台中州知事水越幸一に連絡すると共に州下警察官の非常召集を行なった。これらの手配等に手間取ったためであろうが、総督府への通報は台中州からではなく別ルートであった。

当時総督府警務局理蕃課長の任にあった森田俊介の回想録『台湾の霧社事件』によるとこうである。[21]

　午前十時三〇分頃、どの新聞社であったか忘れてしまったが、知り合いの新聞記者の一人が顔色を変えて、私の席に飛び込んできた。（中略）埔里の郵便局長は、菊川郡視学によりもたらされた第一報を知ると直ちに台北の逓信部に、電話で通報した。従って、台北では、新聞記者が逓信部から事件のあったことを聞き、総督府理蕃課に飛び込んだが、まだ台中州の理蕃課からは報告が入っていなかったのである。

こうした事情にも拘らず森田は新聞社に対する記事差止めについては一行も書いていない。それはともかく、この森田の回想録は時間の経過による記憶の曖昧化は別として、総督府の見透しの良さを強調しすぎたり、自分の役割を活劇調に潤色していると思われ、その資料操作には慎重を要する。

さて、この時点（森田が新聞記者から聞いた直後）で次の重要な記述が前掲書に出ている。森田が警務局長石井保に事件の報告をすると、石井は「事件は可成り大きいと思う。この際、事件の発生地である台中州知事から、軍司令官に出兵要求してもらって、できるだけ迅速に事件を鎮定するようにしたい。また、他の州庁からの警察官の応援も手配しなければならないと思う。至急に台中州と打ち合せてそれぞれ手配するようにせよ」と森田に指示した。このあと森田は台中州の三輪警務部長に、水越知事から出兵要求してもらうよう電話連絡し、次いで軍司令部に赴き参謀の服部兵次郎大佐に水越知事が出兵手続を取る旨を告げると共に「出兵要求を待たずに、軍自らのご判断により、即刻屏東の飛行第八聯隊に命ぜられ、霧社の上空に飛行機を飛ばしていただきたいのです」（傍点引用者）と依頼し[22]、渡辺軍司令官にも同様の依頼をした、と書いている。ここで重要なことは、第一に出兵が石井局長の発意であること、第二に出兵要求とは別に飛行依頼をしたこと、である。果してこれらの点は事実であろうか。

警務局発表の『霧社蕃人騒擾事件経過』[23]によれば、総督府は第一報接受と共に全島警察官に動員令をかけたが、「是より先台中州知事より出兵を要求せられたき旨の上申あり」出兵請求したことになっている（傍点引用者）。その上、「〔霧社は〕天険の地にして交通至って不便」とか、「埔里に於ては兇蕃襲撃の風評専らにして人心恟々たるものあり」とかくだくだしく理由を述べて「軍隊の出動は治安保持上已むなきものと認め」た、と述べている。即ち総督府の姿勢は陸軍の出兵に対し積極的であったとは考えにくい。また総督府の霧社事件の正史とも言うべき性格を持つ『霧社事件の顛末』[24]（以後『顛末』と略称）にもほぼ同様の理由が述べられているが、出兵及び軍の行動に関する記述は極めてあっさりしている。『顛末』は一応鎮圧行動が落着し、政治情勢が微妙な段階で書かれたものであるから（一九三一年一月六日発表）文章上の「演出」が加わるのは当然で、緊急時の判断を推定する根拠にはなり得ない。ただ総督府が軍の行動を小さく取扱いたい傾向はうかがえる。

台湾軍側の記録はどうか。台湾軍司令部の手になる『昭和五年台湾蕃地霧社事件史』（以後『事件史』と略称）は霧社軍事史を知る上で第一級の資料であり、「毒ガス」に関する不明瞭さを除外すれば、かなり信頼が置けるものである。

『事件史』の記述を時間的に再構成すると台中州からの使者が台中に駐屯する台湾歩兵第一連隊第三大隊に駆け込む所から始まっている。[25]

〔一〇月二七日〕午後〇時二十分、台中州地方課長〔慶谷隆夫〕驚愕ノ色ヲナシ来隊、大隊長〔松井貫一少佐〕ニ左ノ状況ヲ訴フル所アリ、午前八時頃霧社蕃蜂起シ（中略）霧社蕃ハ漸次埔里方面ニ進出スル模様アリ、霧社蕃一一社全部約二千名ノ計画的行動ト判断セラレ（中略）出兵ヲ要求スルヤモ計リ難シ。（傍点引用者）

ついで台中憲兵分遣隊長も来隊し同様の報告を行なったので、松井大隊長は以上の状況をすぐ台北の渡辺軍司令官に電話連絡すると共に出動準備を命じた。渡辺は松井からの電話の直後、今度は石井警務局長の訪問を受けたのである（二九頁）。

一時稍々過ギ総督府警務局長石井保ハ総督ノ旨ヲ受ケ、軍司令部ニ軍司令官ヲ訪ヒ、霧社付近蕃人ノ反乱ニ関スル左ノ如キ情報ヲモタラシ、飛行隊ノ捜索ヲ依頼ス。

すなわち、石井は飛行隊のみ依頼し地上兵力については触れていない。しかも「軍司令官ハ右請求ヲ是認」とあり、請求は文書化されていないにせよ、「軍自らの判断により」という形で要求した、とするのは少々変であろう。渡辺は日没時間と長期化の予想を考慮して鹿港飛行場の使用を決定し、屏東と台中（地上勤務員派遣）へ各々命令を下したのだが、この命令伝達中、水越州知事から出兵要求があった旨の松井少佐の報告が入ったのである（三二頁）。

中警第三九二二号　昭和五年十月二十七日　台中州知事　水越幸一

第三大隊長殿

能高郡霧社蕃地蕃人反抗シ、同地警察機関全滅シ、目下埔里街東方二里ノ地点、獅子頭付近ヲ警戒中ナルモ、何時如何ナル惨害ヲ被ルヤモ計リ難キ状況ナルヲ以テ、至急歩兵二個中隊（MG〔機関銃のこと――引用者註〕ヲ含ム）出兵方御取計相成度

右要求ス

追而総督府ニ対シテハ電報ヲ以テ具状致置候條申添候也

水越知事から総督府への「上申」、石井局長が地上部隊に触れていないこと、そして右出兵要求書の追伸等を考え合せると、森田理蕃課長の記述から受けとられる石井の積極姿勢とは異なって、総督府首脳のためらい（この中には二七日現在石塚総督が不在だという要素もあろう）を台中地方官憲側が突きあげて出兵要求提出の了承を取り付けた、と見るのが真相に近いと思われる。『事件史』になお次の記述がある（三二頁）。

歩兵一中隊埔里ニ派遣シ、状況之ヲ要スレバ武力ヲ使用セシムルニ決ス、蓋シ此時既ニ総督府側ニ於テモ各地

ヨリ多数ノ警官隊ヲ出動セシムル如ク処理セラレアリシガ、未ダ反乱ト認メズ単ニ一地方ノ治安ヲ維持スル趣旨ニシテ、従テ軍隊ハ此行動ヲ支援セシメラレ度トノ意嚮ナリシヲ以テ、軍ニ於テモ亦特ニ此点ヲ出動部隊ニ明示シ且状況ヲ要スレバ武力ヲ用ウベキヲ命ジタリ。（傍点引用者）

なぜ「未ダ反乱ト認メズ」、「単ニ一地方ノ治安ヲ維持スル趣旨」を総督府側は台湾軍司令部に通知したのであろうか。理由は三つ考えられる。第一は、事件を可能な限り小規模に押えて総督府の「理蕃」に対する行政責任（ひいては政治責任につながる）追究を回避しようと意図したこと（第五節に後述する一〇月三一日の石塚談話を参照されたい）。第二はこの意図から陸軍兵力の第一線投入要請の決断が下せなかったこと。第三にこの時点（二七日午後一時過ぎ）では総督府は水越知事の上申に許可を与える形で出兵要求させ、府側からの請求はしていないと推定できること。この最後の点についてやや煩瑣になるが根拠を挙げてみよう。水越台中州知事の出兵要求は台湾総督府地方官官制に基づくものであった[26]（事件当時の現行官制による）。その第七条にこうある。

知事又ハ庁長ハ管内ノ静謐ヲ維持スル為兵力ヲ要スルトキハ之ヲ台湾総督ニ具状スヘシ／但シ非常急変ノ場合ニ際シテハ直ニ当該地方ノ陸海軍ノ司令官ニ兵力ノ使用ヲ請求スルコトヲ得[27]。

水越がこの条文の「但シ」以下を根拠にしたことは明らかである。前述水越上申書の追伸部分にある「具状」という語句は恐らく水越が念を入れるためにこの条文の「具状」を使ったものであろう。総督府はこの出兵要求のあと[28]総務長官人見次郎名で石塚に「第一号」電報を打った。石塚が船中の無線電信でこれを受けたのが午後六時[29]。出兵については「軍隊側ニモ飛行機ニテ情況偵察方懇談セリ[30]」としか書いていない。次いで「第二号」として石塚名で軍司令官宛に兵力使用請求した、となっているが日時は不明である。根拠は台湾総督府官制第三条ノ二、「総督ハ安寧秩序ノ保持ノ為必要ト認ムルトキハ其ノ管轄区域内ニ於ケル陸海軍ノ司令官ニ兵力ノ使用ヲ請求スルコトヲ得[31]」で、「総督第四九七号」の文書番号が打ってあるから、軍側資料に総督名の出兵要求は記されてないものの、確かに存在したものではあろう。いずれにしてもこの時点では地方官官制七条のみが発動されたのである。

総督府側のもたつきに比較すると台湾軍の出兵及び兵力の使用は迅速を極めた。

一〇月二七日夜、飛行隊の作戦指導のため派遣された台湾軍参謀航空兵少佐山瀬昌雄は、台中で飛行第八連隊所属の渡辺広太郎少佐と水越知事に会同し、この日の霧社上空飛行を分析した結果、以後の飛行使用については爆撃、射撃、連絡に重点を置く、という協定を結んだ。この時点での『事件史』には警察側の捜索隊長三輪が、水越の厳命にも拘らず警官数の寡少を考えて前進の意図を有せず、水越に再考を促したことが見えている。このような警察側の動きに業を煮やしたものでもあろうか、山瀬は翌二八日朝、渡辺軍司令官に対し、兵力の直接支援を進言した。台中第三大隊長松井少佐もまた先発の大泉基中尉指揮下の中隊を追って埔里に向ったが、彼は水越から「日没までに霧社を占領して欲しい」と依頼されていたのである。松井は埔里に到着するとみずから最前線の大滴を視察し、ここに陸軍と警察の共同行動が開始されたのである。二九日朝の高井九平警部率いる警官隊による霧社占領は軍側が警察側に名を与えたものと見てよい。

このあとは事実上、台湾軍の独壇場となった。渡辺軍司令官は台湾軍兵力の本格的投入を決意し、鎌田弥彦少将（台湾守備隊司令官）の一元指揮の下に「鎌田支隊」を編成した。渡辺は更に鎌田の報告に基づき「事態最早従来ノ如ク支援ノミニ止ムルコトナク断然兵力ヲ以テ反徒ヲ平定スル」べく決断し、三〇日夜中にわざわざ石塚総督の所に出向いてその同意を取りつけた。

一一月三〇日の撤退に至る台湾軍の出動人員は一三〇〇名を越えており、その動員範囲は台北、台中、台南、花蓮港に及び、またその兵科は歩兵（機関銃隊を含む）、砲兵、通信兵、航空兵、憲兵から成っている。これに対し警察官の動員数は約一三六〇名、人夫約一三八〇名（「味方蕃」一三三一名を含む）であった。[32]

蜂起側の抵抗の激烈さという要因はさて措き、出兵・動員を考察するならば次の様に言えよう。

まず、前述したように台湾総督府地方官官制は「非常急変ノ場合」に知事、又は庁長に兵力使用の直接請求権があることを規定している。水越州知事は、総督府の政治的配慮や総督不在の事情、それによるところの遅疑逡巡を知っていたのかどうかはわからないが、現地の状況を「非常急変」と判断したのであろう。この請求に基づく軍事行動の規模、範囲等は台湾軍が当然決定する。しかし、台湾軍司令部は全て独断で事を運ぶわけではない。渡辺軍司令官から石塚総督への申入れ、霧社現地における軍側と警察側の協定などに見られるように、軍警共同行動である限り総督府側の一定のイニシアチブの余地はあったのである。にも拘らず、総督府が鎮圧行動に対し一定の方向付けを与えようとした形跡は見られないし、石塚総督は霧社に足を踏みいれてさえいない。ここにおいて軍の「自由裁量」の局面が作られたと言えよう。毒ガス使用など霧社蜂起鎮圧の「戦術実験」の呼び水の一因はこの辺にもあったと考えざるを得ない。台湾総督府はみずから政治指導の座を降りたと言っては言い過ぎだろうか。「満州事変」が翌一九三一年であったことを思えば、一種の暗合に思い至るのである。

三　政界の反響と無産政党の闘争

拓務省、陸軍省といった政府関係当局を除く政界の政党政派は霧社事件に対して一体いかなる対応をとったであろうか。ここでは浜口首相狙撃事件によって政局が一変する一一月なかば頃までの政治勢力の動きについて触れたい。

当時の帝国議会における各政党会派の勢力分野をみると衆議院では浜口内閣の与党である立憲民政党が四六六議席中二七三議席という絶対多数を占め、一七四議席の立憲政友会と共に大きく衆議院を二分していた。他に国民同志会が六、革新党が三、無産党が五、無所属が五の議席を占めていた(33)。このうち無産政党は離合集散を繰り返しており、霧社事件当時は労農党、全国大衆党、社会民衆党の三つに分岐していた。なお、非合法化された日本共産党はこの年二月の第三次検挙までにほぼ壊滅的な打撃を被っている。一方、貴族院は研究会（一四九）、公正会（六六）、同和会（三四）、交友倶楽部（四二）、同成会（二七）、火曜会（二七）、皇族と無所属（五五）（数字は第五九議会当時）等の会派からなり[34]、同成会、同和会は民政党員も多く（例えば石塚総督は同和会所属）、研究会、交友会倶楽部は政友会メンバーを多く抱える（川村前総督は交友倶楽部所属）という様に二大政党色が浸透してはいたが、問題毎に連合するブロックが変化し必ずしも双方とも多数派形成は決定的とは言えなかった[35]。

さて与党民政党が台湾現地調査、もしくは政務調査といった党サイドの対応をとった形跡は引見しうる資料では見当らない。与党の利点として政府行政機関の情報が得られやすいということはあろうが、党としての取組みを見ることができない。ただ民政党系の人物の発言として、台湾総督経験者である上山満之進（同和会）、伊沢多喜男（同成会）の感想を挙げえよう。前記二人に加えて前台湾総督川村竹治の見解が『時事新報』に一一月六日から八日まで載っている。

伊沢、上山はいずれも台湾から電報等によって情報を得ていると前置きして、自らの「理蕃行政」経験を述べているが、それ以上の点についての言及は回避している。ただ上山は現総督府をかばう姿勢を見せて次の様に述べている。

> 台湾の理蕃行政に心の弛みが起ったのではないか（中略）理蕃行政の弛緩と云ふも私は断じて現総督及び総督府当局者の手落ちを意味するものではない。（中略）要するに何人の責任と云ふ訳ではないが、全般に理蕃方針に弛緩を来たしたのではないかと考えられる[36]。（傍点引用者）

これは石塚の弁護論であると同時に、上山自身の弁護論であるかも知れない。何故ならどちらも民政党を政治力の背景とする総督だったからである。これらの発言の他にこの段階で民政党側に見るべきものはない。そして浜口総裁が重傷を負うと共にこの党は激烈な党内闘争を展開してゆく。

これに対し、政友会および政友会色の強い貴族院各派はさすがに政府批判勢力として当然のことながら、発言の時期は早く、内容も批判的色彩が強かった。

蜂起と鎮圧の概要がようやく明らかになりつつあった一一月四日、政友会定例幹部会において政友会顧問であった前台湾総督川村竹治は事件の原因は総督府の失態にあるとして、①州知事、警務部長、理蕃課長等のポストに未経験者を起用、あるいは欠員を生じさせる等、総督府の「理蕃政策」なかんずく人事行政に欠陥があったこと、②貯金の引出し、塩の購入等いくつか蜂起の予兆があったにも拘らず事前予知出来なかったこと、の二点を挙げている。[37]さらに前掲の『時事新報』(一一月六日付)ではこの二点を結びつけて次の様に言っている。

従来東部地方の蕃地方面には蕃人生活と其事情に精通した此方面の老練家経験家を当てて来たのであるが、石塚現総督に及んで遽然として此方針を一擲して、理蕃に経験もない者を此方面に向けることにしたことが非常な過誤ではなかったかと思ふ。(中略)風説に依れば、今回の騒動は事前に準備的行為とも目すべき種々の事情があったといふ(中略)若し之れが従来のような理蕃に経験ある蕃情通の老練家が此地方に居たらアノ惨虐な光景を見ないで済んだかも知れぬと思ふ。(傍点引用者)

この政友会の動きに呼応するかの様に、同じ日開かれた貴族院研究会の常務委員会でも霧社事件が取り上げられた。研究会親政友会系の幹部、青木信光(子爵)がまず報告に立ち、石塚総督から要旨次の様な電報が入っている旨紹介した。[38]「今回の暴動の件は彼等の誤解に基くもので、目下極力その鎮圧に努力しているから遠からず静穏に帰するものと思ふ。」石塚はこの頃貴族院各派に同趣旨の電報を打っている。[39]「諒解電報」と言われたこの種の電報は、貴族院に対する「諒解運動」と言われた一連の政治工作の一環をなすものである。石塚は自分の総督としての地位を保持する上で、貴族院の動向に懸念を抱いたのであろうが、政府としても問題が起きるたびに貴族院の「諒解」を取り付けねばならなかったのである。この辺の政治力学はまた後節で述べる。青木の報告に基づいて常務委員会では色々と意見の交換があったようだが、総督府への批判にはいたらず「統治上何等かの欠陥あるに非ずや」、「現在の討伐方針が今後の理蕃上悪影響なきや否や」等々[40]、慎重に調査研究する点で意見の一致をみた。「討伐方針」の是非が問題として出た点は注目される。「過剰鎮圧」ではないか、という声はあるにはあったのであり、後に陸軍側でも議会対策上考慮を払っている。貴族院では次いで一〇日、公正会、交友倶楽部総会で霧社事件が取り上げられ[41]、「霧社事件を貴族院重視」という見出しが新聞に登場する。

　政友会幹事長森恪は、先の川村顧問の非難を更にエスカレートさせて、「歴代内閣に見ざる現政府の台湾統治の一大失敗であることを物語る」（傍点引用者）として浜口内閣を批判しているが[42]、これは政友会首脳が霧社事件を政府攻撃の武器として考えはじめたことを意味する。そしてこの判断は貴族院の動向を睨み合せてのことであり、また逆に政友会から貴族院へ火の手を煽る工作が行なわれた、と見るのが自然であろう。が、確たる証拠は今の所見当らない。

　今までに述べてきた諸党派に比較すると、合法・非合法を問わず、労働者・農民をみずからの闘争主体と規定していた左翼政治勢力は、現実的な政治権力を争うには未だ余りに微力であった。昭和政治史における彼らの役割に比較すると戦後の昭和政治思想史上での大きな評価は不釣合に思われる程である。

　霧社事件当時の左翼勢力は相次ぐ弾圧と内部抗争で惨憺たる様相を呈していた。最左翼に位置する日本共産党は一九二八（昭和三）年の第一次検挙（三・一五）から翌年の「四・一六検挙」を経て、この年の七月、党中央の田中清玄らが検挙されるに及んで事実上壊滅し、風間丈吉らが三一年一月再建するまで党活動は空白といってよい。辛うじてその影響下にあった日本労働組合全国協議会（全協）や日本反帝同盟が細々と活動していた。無産政党左派の労農党は河上肇等の除名問題で混乱していたし、右派の社会民衆党は大川周明等国家主義右翼と結託する部分を内部に持っていた（「三月事件」を想起されたい。）この中にあって、この年七月日本大衆党など三派の合同によって結成された中間派ともいうべき全国大衆党が、複雑な性格をはらみつつも分裂に懲りた大衆の気分に乗ってやや幅広く活発な行動を執りえていたと言えよう。しかしながら霧社事件への対応を見る限り、反応こそ早かったものの、無産政党指導層と下部党員との間には事件の受けとめ方にある種のギャップが看取できる。

三〇年一一月二日、全国大衆党はかねてから計画していた「労農議会」を東京と大阪で同時に開催した。東京での会場、芝協調会館ではこの日執行部の筋書きに無いハプニングが突発したのである。執行委員会は相次ぐ臨席官憲の「弁論中止！」に悩まされながらも、七つの議案を可決に持込み、洋モス争議等に関する緊急動議も可決されるに至った。[43]これらの議案に「霧社」は含まれていない。あとは「大会宣言」という時に突発事態が起きた。『万朝報』（一一月三日付）は報じる。

「〔労農議会は〕宣言を可決して閉会せんとしたが、この時又復、代議員の間より台湾生蕃蜂起の問題を持ち出し、当局の弾圧政策に抗議せんとしたので、中止、検束の混乱が起り、警官代議員席に突入し」た挙句、山川愛宕警察署長が解散命令を下し、この緊急動議は葬られてしまった。官憲側の記録によるとこの動議[44]は「帝国主義戦争反対、台湾の虐殺絶対反対の件」を内容とするものであり、警察当局は「台湾問題に就ては総ての発言を中止し裁決を採らしめず」解散させた、となっている。もってこの問題に対する当局の敏感さが知れる、と同時に大衆党内の指導部と下部党員の霧社蜂起とその鎮圧に対する認識のギャップが窺い知れよう。『万朝報』の論評を借りれば、「大衆党内の大衆が左翼化」していたのである。

これら無産政党の基底部を形づくっていた民衆の動きは、資料では散見しうるに過ぎないが見落すことができない。センセーショナルな「討伐の戦果」が氾濫する中で、懐疑の意識も存在していた。万朝報社主催の「時局重大問題座談会」はそのテーマのひとつに、「台湾生蕃討伐の是非」を取り上げているが、[45]出席者の中には「新附の民として将来も撫育していく上で」と断ってのことであるが、「『討伐』の如き言葉の使用は禁じたい」とする者もあった。

この他に眼にしえた限りでは、この同じ一一月二日の労農党拡大中央執行委員会で、政府への抗議声明八項目中に「霧社事件について抗議する」という一項が設けられたこと、全協刷新同盟が「台湾霧社族の民族的暴動を支持せよ」

と題する檄文を発したこと、をそれぞれ『大阪朝日』(一一月三日付)、『特高月報』[46]で知るのみである。全協刷新同盟のリーダー(佐藤秀一等)は内務省警保局では「四・一六事件」の「残党」と認定しており、この檄文を発した直後の五日に検挙されてしまったようだが、残された檄文の題名中で、「生蕃」「蕃族」などの語句でなく「台湾霧社族」の語を使用していること、「民族的暴動」という規定をしていること等、その全貌は窺い知れないものの、注目に値しよう。

以上が、事件勃発時から一一月前半頃までの各政治勢力の反応であるが、この時期以後、ことに第五九帝国議会の開会が近づくにつれて、霧社事件は次第に政治問題化してゆくのである。この理由としてはもちろん事件の衝撃性が挙げられるが、さらに植民地台湾での事件がどのような構造を介して中央政界に波及するかを考察する必要があろう。政局の動きに入る前に次節ではこの点を検討する。

四　政党政治の台湾統治への「浸潤」

植民地統治に関する中央政府機関は一八九五(明治二八)年の台湾領有に伴なう台湾事務局の設置、その翌年の拓殖務省の創設以来、めまぐるしく改変されていくが、概ね内閣の拓殖局が行政事務を取扱っていた。今「関する」と書いたのは、植民地現地における統治機関と中央政府機関との制度的関係を通じて植民地統治政策の決定過程を論証する上で利用しうる研究成果が乏しいこと、また後で見るように官制上の解釈をめぐってすら統治側に争点が存在したこと、等の理由からである。したがって、本来なら拓務省と総督府の関係は全体的なパースペクティブの中で論じなければならないのであるが、ここでは拓務省設置に至る若干の経緯、いわゆる「文官総督制」実施以後の台湾総督の政治的性格、および浜口内閣成立後の拓務当局の政策展開を手掛りに、仮説的見取図をデッサンして置くにとどめる。

まず第一に拓務省設置に至る経緯は山崎丹照の『外地統治機構の研究』[47]によれば次の様であった。

外地統治の中央機関として一省を設けるといふことは、当事者の間に於ては長い間の懸案であった。即ち既に大正九年の頃、時の拓殖局長官川村竹治に依って、原首相に対し拓殖省設置の意見書が提出されている。次で赤池濃、元田敏夫、俵孫一、別府総太郎、浜田恒之助、黒金泰義、成毛基雄等歴代の長官は、皆拓殖省設置の意見書を提出したものである。其の間政党方面に於ても此の問題が取り上げられ、立憲政友会の領袖小川平吉等に依って拓殖務省設置の建議案[48]が衆議院に提出されたこともある。其の他民間各方面に於ても之に関する種々の意見が発表され、熱烈なる議論が繰返されたものである。かくして愈々機が熟し、田中内閣の昭和三年冬の通常議会に所要の経費が予算案として提出せられるに致ったのである。

右の山崎の「あらすじ」からいくつかの課題を設定したい誘惑にかられるのであるが、ここでは拓務省（当初は拓殖省という名称で発案された）設置が具体化する田中義一内閣時代にスポットをあててみたい。

一九二七（昭和二）年九月、行政制度審議会（会長田中義一）は次の様な内容を骨子とする「拓殖省設置要綱」を決定した[49]。

①拓殖省は、朝鮮、台湾、関東州、南洋群島および南満州における鉄道付属地に関する事務、南満州鉄道株式会社に関する事務、移植民事務、海外拓殖事業の指導奨励に関する事務を司る。
②拓殖大臣は所管事務の執行に必要なる限度において領事館を指揮監督する。
③移植民、海外拓殖指導のための海外駐在員派遣。
④以上に伴う行政組織の変更。

この「設置要綱」に基づく「官制案」の作成を見た後、政府は「設置理由書」を関係各方面に配布し了解の取りつけに乗り出したが、新聞報道によるとその内容は[50]、以下のとおりである。

①内閣総理大臣の職務は広範囲にわたるため、植民地の利害に関し十分な考慮を加えたり、これに関する国策の樹立及びその遂行に専念するのに適切でない。

②植民地における政策の多くが総督又は長官の専行に委されているため、それらが植民地のみの利害に局限される嫌いがある。

③省設置によって人事行政範囲の拡大と円滑化をめざす。

④各省に対し植民地の利益を代表し主張する機関として、拓殖局では小さすぎる。

⑤植民地統治機関の多元性が行政能率を損なっている。

右の五点の他に、政府は「人口食糧問題の解決」も主張したようである。「設置要綱」と「理由書」の文面を見る限り、政府の狙いは単なる事務取扱官庁の設置ではなく植民地統治機構の一元化と政策の統一にあった、と言えそうであるが、実際これだけの改革を遂行するだけの信念と力量が田中内閣に備わっていたのかは極めて疑わしい。「機構の一元化」をはかるとすれば当然拓殖大臣と総督、長官の権限関係を明確にしなければならないが、この点ですぐに政府は難関に逢着する。

枢密院方面では、省設置は大臣や政務官のポスト増設というような「政党的見地」からなされようとしているだけで、必要性は余りないのではないか、という声があがった[51]。また「拓殖大臣と植民地長官との権限問題」、「植民地長官の律令、政令の制定公布に関する権限」等が焦点として浮かびあがった[52]。ことに朝鮮総督は「上奏権」を持っており（台湾総督にはない）調整が難しいとされていたが、行政制度審議会の幹事会ではこれ等の事項に触れなくても「政務上の機能」を発揮できる、との逃げ腰の意見が出てくる始末で、結局政府は総督の権限にはほとんど手をつけることなく、拓殖省設置に伴う措置を講ずる予算案を一九二八年一二月開会の第五六議会に提出したのである。野党民政党から格別の異論もなくこの予算案は通過した。

ところが、枢密院審査委員会における拓殖省官制の審議の過程で[53]、前朝鮮総督斎藤実は、朝鮮総督府官制改正案中「総監ハ拓殖大臣ニ由リ内閣総理大臣ヲ経テ上奏ヲ為シ及裁可ヲ受ク」とあるのは朝鮮総督の格下げであり、朝鮮を他の外地と同列に置くもので不穏当ではあるまいか、と発言し、朝鮮でも在朝日本人による反対運動が起こるなどして、政府はまたまた譲歩を余儀なくされ、最終的に新省の名称は「拓務省」となり、朝鮮総督府官制には変更を加えず、台湾総督府官制の第三条が「総督ハ拓務大臣ノ監督ヲ承ケ諸般ノ政務ヲ総理ス」と改正されることになって、拓務省設置問題は落着したのである。

政府の当初の構想に比較すると「骨抜き」と称されても不思議ではないほどの後退ぶりであった。だが逆に見ると何故そこまで政府が拓務省設置に固執したのか、という疑問が残る。が、今ここで立入ることはこの論考の主旨ではないので、次の点だけを指摘するにとどめたい。

拓務省はか細いながらも植民地の「利害」(開発等に伴なう「利権」と読みかえてもよいかも知れぬ)を「代表」もしくは「調整」する機能を有する回路を形成したと言えるし、恐らく植民地における政党サイドの利害を考慮したものであった、と考えたい。台湾総督の政治的性格の変化と浜口内閣なかんずく松田源治拓務大臣をはじめとする拓務省の政策展開にこの点をみることができる。

一九一九(大正八)年の原敬内閣による、いわゆる「文官総督制」(総督への兵権委任の解除、武官に限られていた総督の任用資格制限の撤廃)の導入と、台湾におけるこの制度の実施(貴族院議員田健治郎の台湾総督就任)とは、地方自治制の施行(一九二〇年)、法律三号の制定(一九二一年)と相俟って、台湾統治の局面にいくつかの重大な変化をもたらしたが、そのひとつが台湾総督の政治的性格の変化に認められる。

「台湾総督の政治的性格」とは、この場合、ひとつには総督自身の「政党」との関係の深浅であり、もうひとつは

「政党内閣」と総督のポストとの関連性である。

台湾総督を文官に求めるとすれば、行政経験の有無からしても、あるいは台湾統治の担い手が台湾社会に自生する政治家ではなく外部注入による官僚であることからしても、本国のトップレベルの官僚、ことに内務官僚がその有力な補給源となることは必然の道筋と言える。この頃既に原敬の率いる政友会の伸張は官僚界にもその作用と反作用をもたらし、とりわけ内務官僚を大きく政友会系と反政友会系（中核は憲政会―民政党）に二分するに至った。升味準之輔の定式化に従えば「官僚の政党化」である。[54] この「官僚の政党化」は当然、有力内務官僚の転出先と化した観のある台湾総督のポストに及び、その政治的性格に本国政党の隠れた代理人、時にはあからさまな代弁者たる性格を付加させた。県知事クラスによく使われた「政友色」等の言葉が植民地高官にまで転用されて行った事態が、このことを語ってもいよう。この第一の変化は台湾総督の人事が本国の内閣の命運と密接にリンクするに至る、という第二の政治的変化をもたらした。さらに派生的変化として台湾島内の官僚機構に政党政派の角逐が持ち込まれることになった。

因みに、初代文官総督田健治郎は一九二一（大正一〇）年、総務長官下村宏を解任したが、その表向きの理由はともかく、下村が憲政会系の人脈に属していたことが真因であったと言われた。[55] また、第三代伊沢多喜男[56]は彼の政治信条からして党員にこそならなかったが、浜口雄幸の親友として憲政会以来行動を共にし、「およそ民政党の最高政策で彼が参加しなかったものはない」[57]といわれる程の、事実上の憲政会―民政党の最高指導者の一人であり、一九二四年加藤高明（憲政会）を首班とする護憲三派内閣成立に伴い台湾総督に就任した。伊沢の在任期間は第一次若槻礼次郎内閣までであり、主として党内事情によりそのポストを上山満之進に譲った。上山は政友会総裁田中義一が内閣を組織するに至って（一九二七年四月）政友会から猛烈な更迭運動の揺さぶりをかけられたが、上山が田中と同郷（長州）であったためしばらく持ち堪えた。その後任である川村竹治は歴とした政友会員であり、二九年七月田中内閣の崩壊と運命を共にしたが、既に昭和の初期においては、政党内閣の交代に伴なって植民地高官の更迭が行なわれることは政界の「常識」となっていたようであり、田中義一が総理の椅子を投げ出すことが確実視されるや、朝鮮総督山梨半造、台湾総督川村竹治の辞任は当然視される程になっていた。[58] しかし一方総督の「政党化」に対する根強い批判もまた存在し、これを緩和するため民政党員石塚英蔵は党籍を離脱して台湾に赴いたのだった。

次に浜口内閣成立後の拓務省の政策展開はどうであったろうか。一九二九（昭和四）年七月二日民政党浜口内閣が成立したが、浜口は拓務大臣に旧政友本党系の最高幹部である松田源治を起用した。松田は早速省内人事に着手すると共に、浜口内閣の「十大政綱」に基づき精力的に拓務行政の遂行に取りかかった。七月一〇日省議決定された政策の根本方針は、①植民地の綱紀革正、②通商および企業の振興策、③失業救済策、④外交方針の側面援助、⑤植民地予算の緊縮、の五項目であった。[59] 要するに植民地高官人事と経済財政政策に眼目があったと言えようが、いずれも拓務大臣権限の範囲確定に深く関わっている。何故なら官制制定以来、拓相権限確定は「保留」されており政治的結着が必要だったからである。

植民地高官人事の焦点はいうまでもなく朝鮮・台湾両総督にあった。特に朝鮮総督については、浜口は「文官総督」を実現する意向で伊沢多喜男の了解まで取ってあったのであるが、宇垣一成を初めとする軍部の反対に会い、結局斎藤実の再出馬となった。台湾総督については、薩派が樺山資英を強く推したのであるが、松田の推薦する石塚英蔵に落ち着いた。[60]

拓相と朝鮮総督間の権限問題は、浜口、松田、斎藤間でいろいろ協議されたが、九月になって漸く次の様な覚書が拓務省と朝鮮総督府の間で交わされた。

①拓務大臣は朝鮮総督を監督する権限なし。②拓務大臣は朝鮮総督に関する事務につき主務として補弼する。③朝鮮総督より上奏裁可を請う場合の文書は、内閣総理大臣の外拓務大臣をも経由するを相当とする。

今様に言えば玉虫色の覚書であるが、両者の政治力においてどちらが比較優位に立つかがポイントになったのではないか、とする説がある。[61]

いずれにしても、松田は新任大臣の威信の増大を狙いつつ、権限拡大を試みた。このことを端的に示すのが拓務省の許認可権の拡大強化と財政権限行使である。例えば満鉄に対しては、事業と予算のみならず投資と株式の引受けについても拓務省の認可事項とする旨の訓令を発しているし、[62]関東庁など他の植民地における利権絡みの事項についても多数の許認可権を設定している。また、政府の緊縮財政の旗印のもとに、植民地の一般会計からの補充金を大幅に削限したが、これは財政面における事実上の拓務省イニシアチブの拡大を意味しているであろう。

以上述べてきたように、昭和初期における植民地統治の政治制度は極めて複雑なものであった。これらから霧社事件の政治史を考察する上でいくつか与件と考えられる点を挙げて置こう。

①台湾総督の権限は台湾島内に限っては従前の通りであるが、本国政府との関係においては拓務大臣の監督下に置かれていること。

②両者の行政責任の範囲については、朝鮮総督との均衡上不明確な点が在ったと考えられること。

③台湾総督は実際上政党人であり、政府与党の政治的利害と連動する傾向が強いこと。

④この連動は政権野党に対しては結束する方向で働き、政府部内では官僚機構・政策面での対立面があらわれること。

これらの与件を考察の軸としつつ、霧社事件をめぐる政局の動きを、拓務省と台湾総督府、政府与党サイドと野党等との対抗関係に視角を据えて考察してゆきたい。

五　拓務省と総督府の霧社事件解釈

霧社蜂起は台湾総督府を苦境に追い込んだ。総務長官人見次郎は「応援警察隊並ニ派遣軍隊ト連絡ヲ保チ極力速カニ騒擾ヲ鎮圧スル様[63]」に水越台中州知事に命令しながら、軍側に対しては「支援ニ留メル」ように要請している。火の手が拡がるのを恐れながらも、消火活動が大規模であっては火事の大きさを示すようなものである。総督府は火の粉が飛び火するのをまず懸念した。他の「蕃人達」が「刺激」されて動き出しはすまいか。背後に「本島人の操縦」があるのではないか。これら総督府の懸念は実際多くの人が予想したらしく、「流言蜚語」となって飛び交った[64]。

本島人林啓明は……「花蓮港庁下蕃人も蜂起せり云々」と不実の流言を放ちたるを以て拘留七日に処せられたり。

霧社暴動事件は殆ど内地人のみ惨殺されて本島人の被害が一人も無いことから警察隊は騒擾事件の裏面に本島人があって巧に使嗾して騒擾を勃発せしめたとにらみ、内偵中その嫌疑が愈々濃厚となったので埔里を中心として警察隊は三〇日朝来続々本島人を検挙しつつあり、総督府警務局からの報告により台中地方法院も事態を重大視し武井検察官が埔里に急行し警官隊の指揮にあたる可く同日午後埔里に向かった[65]。

例を挙げれば右の如くである。結果的には総督府の懸念は「杞憂」であったが、統治が揺さぶられたこともまた事実であった。かくして総督府は台湾島内外に向けて、霧社事件を出来る限り小さい事件であるかのように見せかけるべく腐心したと言える。とりわけ石塚総督は「内地」の反応を非常に気にしていたようである。貴族院各派に「諒解電報」を打ったことは既に述べたが、本国からの新聞記者にも、一〇月三一日次の様に語っている。

今回の霧社事件は帰任の途次船上にて無線電信を接受して初めて承知した。実に意外の感にうたれた。……之は如何なる原因からか未だ判明しないが、由来蕃人の頭脳は極めて単純であるから今回も何等かの誤解に基くものでないかと思ふ、此他に格別重大な事柄の潜んでゐる様な事はないと思ふて居る、自分の恐れるのは内地の人々にはこの辺の事情が判らぬから、此の暴動の比較的大きいのを見て直ちに重大な原因があろうと早合点される事である。(66)

陸軍の出動をみた今、小さな事件と言うことは総督府には不可能である。ただ、些細な原因にも拘らず「蕃人の頭脳が単純である為に」あるいは「一部凶暴な不平分子の策動によって」大事件になってしまったのだ、と主張する途は残されていた。以後の台湾総督府の公式発表や首脳部の見解を辿ってみると、彼らの認識の射程距離もさることながら、いわば「逆フレーム・アップ」の観を呈している。

一一月二日付の『大阪朝日』には人見総務長官の談話が載っているが、その要点は次の通りである。

①蜂起は「突発的」なものである。

②原因は出役労役の賃金の安さ、霧社分室主任の妻が霧社と敵対関係にある部族の出身であること、などであろう。

③花岡一郎（本名ダッキス・ノービン）が蜂起に如何に関わったかについては、彼の遺書「義理にひかれて……」が参考になる。

④日月譚工事は事件とは無関係である。

人見の発言は詳細には判らないが、その言及範囲をみると「霧社事件の争点」とも言うべき点をそれなりによく捉えている。第一に、蜂起が「計画的」なものか、それとも「突発的」なものか、についてだが、これは事前予知の可能性の有無に関わるため、総督府の警備体制が問われることになり、相当に関心が持たれた事柄であった。もし警備体制が不備だとすれば、事は人事政策に及び、現に川村前総督はこの点をまっさきに突いている。人見発言はこの点に留意したものであろう。しかし、単に現象的な証拠（食糧のストック）などからこの点を判定するわけにはいかないのである。何故なら、蜂起計画をいかに秘匿するか、という主題は指導者モーナ・ルーダオにとって実に重要な成功への鍵の一つであったはずだからである。

第二の原因についての言及は、その余りに素早いことに不審の念を抱かせられる。人見の談話は一一月一日のことと思われるが、この日は霧社に派遣された森田理蕃課長が、巡査部長樺沢重次郎と巡査石川源六に対し原因究明方法を指示した日である。[67]つまり総督府の調査は開始されたばかりなのである。

第三の花岡一郎(ダッキス・ノービン)の動向については、彼を「理蕃教育」の象徴ともみなしていた総督府にとっては大きな衝撃であったが[68]、奇妙なことに人見の発言以外、彼に触れた総督府側の発表が見当らない。「花岡一郎問題」は(そして花岡二郎〔本名ダッキス・ナウイ〕の名も)消えてしまうのである。

第四の「日月潭工事」とは台湾電力の日月潭水力発電所の工事のことであり、当時発電所工事の財源を求めるべく外債を募集中であったから、それへの影響を慮ったものであろう。事実、一〇月三一日付の『時事新報』は、台電外債四千五百万円、ニューヨーク市場で正式交渉開始、一〇月中に解決するはずだったが、暴動が「誇大に宣伝された結果」、支障をきたした模様、という内容の記事を載せている。霧社事件報道に対する総督府の気の使い方には、海外の投資家に不安を与えてはならない、という配慮もあったのではなかろうか。台湾電力の社長松木幹一郎は一一月二七日基隆より門司に到着し、「霧社事件のため事業上に大影響あるが如く誤伝する向があるが、これは実情を知らぬ者の想像で、この工事に蕃人土工の必要を感ずるほど蕃人が役に立つものではない。」と、必死に事件と工事の関係を打消している。[69]

人見の発言に続いて一一月二日夜、警務局は『霧社蕃人騒擾事件経過』[70]と題する一日までの事件概略を公表したが、注目された事件の原因に関しては、①賦役回数の増加、②高山族女性と日本人警察官の関係(未確認、と断っている)、③モーナ・ルーダオの不平、の三点を挙げているが、人見発言と異なっている点は、まず③が加わっていることである。モーナ・ルーダオは「性兇暴」にして「傲慢」であり、常に自分の「勢力拡張」を狙い、妹（テワス・ルーダオ）が日本人警官に捨てられた件でも日本人を怨んでいた、と説明されている。①については「安い賃金」については触れず、奇妙な論理を展開している。即ち、元来霧社「蕃人」は他より使役されるのを潔しとせず、男子は狩猟、女子は農耕、労役に従事という風習であったが、「然るに最近各蕃社とも争って其改善に力むる傾向あり」「其結果として、勢ひ出役回数の増加するは免れざる所にして之に含む所ありたるもの」と推定している。さすがに総督府もこんな無茶なこじつけは通らないと見たのか、総括的文書『霧社事件の顚末』（後述）ではこの論理を引込めているが、責任回避も極まれりと言う他はない。

右の人見の発言と警務局の発表は、総督府の島内外へ向けての宣伝工作の性格を充分に帯びたものであると同時に、拓務省の生駒管理局長の来台を意識したものであろう。生駒の調査に一定の枠をはめることは拓務省に対する総督府の立場を弱めないためにも必要だったからである。

生駒は、一一月四日、基隆に到着した。記者団の質問に対し生駒は、①原因の調査は理蕃政策の完備を期する上で一段と参考になる、②責任者処罰は総督の専権事項、③松田拓相の来台は中止、等の諸点について答えている[71]。眼を惹くのは松田の来台中止であるが、松田の渡台目的が霧社事件に関するものか、一〇月に計画した日月譚視察[72]のためか、判然としない。

これより先、台湾総督府の石井警務局長は坂口不二男警視を伴なって台北を発し、埔里で出迎えの水越知事、三輪捜索隊長を同行して、一一月二日早朝、霧社に入った。石井は入山するとまず陣地まで赴き鎌田支隊長に感謝の言葉を述べ、今後の協力を懇請し、続いて水越、三輪から報告を受けると、森田理蕃課長には月半ばまでには原因調査の報告を出すよう言い置いて、午後二時過ぎには下山してしまった、と森田は書いている[73]。石井の霧社滞在はわずか半日である。ついでながら総督府の局長クラス以上の首脳部で、事件後霧社に足を踏み入れたのは石井と内務局長石黒英彦のみである。前述したように石塚も人見も足を運んでいない。総督府の姿勢の一端を窺うことができるだろう。

石井は台北に帰ると、①暴動の原因は既に発表した通りで（二日の発表を指す）要するに「蕃人の兇暴性」が因であって、教育の限界を感ずる。②「突発性」は明瞭。③電話の故障はよくあることだ。（蜂起側の電話線切断が「計画性」の証明である、とする見解があった。）④機関銃は廃物同様のものである。（蜂起側に奪われたことは軍にとって極めて不名誉なことであって、石井の軍に対する配慮である。）等の主旨の談話を発表した。[74] 総督府が霧社事件をどういうものとして描きたかったかは、ここでもはっきりする。

石井と入れ替わる様にして、拓務省生駒管理局長が前台東庁長斎藤透（初代能高郡守でもある）を同行して霧社の現地調査にやってきた。入山は七日。斎藤は「蕃通」（高山族の事情通）ということで総督府側が生駒の案内役として配したものであるが、「本省」の局長の接遇としては意を尽くしたものとは言えないであろう。後になって、「現職にないものを引張り出して同行させるとはどういうことか」と野党に突かれた点である。それはともかく、生駒は九日台北に戻り、延々一九日まで台湾に滞在している。

さて、今日我々は統治機関による霧社事件の原因分析に関する報告を三点手にすることができる。その第一は台湾総督府の『霧社事件の顛末』[75]（以後『顛末』と略称）であり、公表されている。第二は警務局の『霧社事件誌』（以後『事件誌』と略称）、そして第三に生駒管理局長の手になる『霧社蕃騒擾事件調査復命書』（昭和五年一二月二八日付、以後『復命書』と略称）であり、後二者は秘密文書である。『事件誌』は霧社事件そのものを知る上で第一級の資料であり、原因分析については詳細な記述になってはいるが、基本的に『顛末』の挙げている三原因、即ち〈建築材料運搬の苦痛並に賃銀支払遅延に対する不平〉、〈「ピホ・サッポ」並に「ピホ・ワリス」等の画策〉、〈「マヘボ社」頭目「モーナ・ルーダオの反抗心」〉の枠を出てはいない。そしてこの三原因の前提として、「血を見ると理性喪失」する「伝統性」などという「本性論」の立場も共通しており、『顛末』が若干高山族の社会組織に触れているのも、「僅かの禁厭に於てさへ蕃社全部の問題として考慮せらるること多し」と、「反抗心」の点火拡大を都合よく説明する材料にしているだけで、「理蕃政策」との相互関連に触れようとしていない。

これに対し、生駒の『復命書』は、モーナ・ルーダオ等の部族的（あるいは民族的）主体性と日本の統治の衝突、「理蕃行政」の実態の二つに視角が拡大している点が、前二者の分析と本質的に異なっている。生駒が前台中州知事であったことを思えば、どこまでが生駒自身の分析なのか疑わしいのであるが、拓務省の認識の基礎データとなったものであるので、総督府に欠落している（せざるを得ない）二つの視角を中心としながら記しておきたい。

生駒はまず「事件ノ原因ニ関スル考察」の章の冒頭で、「理蕃事業」が「蕃人生活ノ安定」に寄与したと評価しつつも、高山族が「先住民族タルノ自覚ヲ有シ山地ニ於ケル諸般ノ自由ハ自己の完全ニ享有スベキヲ信ジ」、モーナ・ルーダオもまた「公明ナル精神ニ基ク理蕃ノ苦心ニモ拘ハラズ」「日本官憲ノ統治ノ下ニ在リテ尚常ニ一種ノ圧迫ヲ感」じていたのも「諒トスベ」きで、「殊ニ官憲ノ措置ニシテ或ハ彼等ノ習慣ニ背キ或ハ彼等ニ苦痛ヲ感ゼシムルニ於テハ一層其ノ感ヲ深フスルヤ明ナリ」と述べる。[76] 即ち「先住民族」の「外来者ノ圧迫ニ対スル反撥」が蓄積されてきた、と観察している。さらに「蕃地ニ於ケル警備開発ノ進捗スルニ従ヒ蕃人ノ労力ヲ使用スルノ必要亦漸次増加シ来ルハ亦自然ノ勢ヒニシテ蕃地ニ於ケル各種ノ土木工事、交通等ニ原則トシテ蕃人ヲ使役スル状態ニ在」ったが、彼らは「他ノ原始的種族ニ於テ往々見ルガ如ク規則正シク労働ニ従事スルノ風習ナキノミナラズ」「斯クノ如キ労働ヲ蔑視」していた、と述べる。実に不思議なのはこの論理展開でゆくなら、「理蕃事業」や「山地開発」そのものが高山族の生存を脅している、と結論づけられて良さそうなのに、反抗することが悪になってしまうことだ。この転倒はどこで起るものなのか。

「開発ノ過渡的時代ニ在ル霧社蕃一帯ニ不安不満ノ空気」（傍点引用者）の中にモーナ・ルーダオがいた。モーナ・ルーダオは「性格兇暴」にしてその言動は「不穏」、しばしば「官命」に服さない剛毅不屈な男であったらしい。[77]「官ニ於テハ常ニ「モーナルダオ」ヲ最注意スベキ要視察人トシテ監視シ或ハ機ヲ見テ之ヲ除去スルヲ適当ナリト思料シタルモノ、如キ」（傍点引用者）であって、モーナ・ルーダオがこれに対し「機先ヲ制シ」たのだと生駒は推察している。「官」（恐らく霧社分室か能高郡警察課であろう）がモーナ・ルーダオを抹殺する意図を持っていただろうことは推測に難くない。この点に言及している資料は『復命書』以外に見当らないが、モーナ・ルーダオ達が蜂起するに至った動機を考える上で重要であろう。

蜂起が「計画的」なものか、「突発的」なものか、という点について生駒は「何故ニ予知シ得ザリシヤ」の節で、「要スルニ「モーナルダオ」ガ数次ノ失敗ニ鑑ミ事件直前迄謀議セザリシコトヲ主トシ、一般蕃情査察ニ於テ周到深刻ナラザリシコトヲ従トスルモノト云フ可キナリ」と結論づけている。[78] 察知できるような現象がなかったのは、「計画性」がなかったのではなく、その逆で「モーナ・ルーダオの周到な考慮」があったためだ、とする生駒の推察は鋭いものである。そしてモーナ・ルーダオの周到さには霧社の「警備状態ニ対スル彼ノ観察」が付加されていたのである。

生駒は嘆きの調子を含ませて「理蕃行政」に言及する。

斯クノ如ク一般ニ警備ニ弛緩ヲ生ズル傾向アルハ要スルニ太平ノ余弊ニシテ理蕃行政ノ重要性ヲ漸次軽視スルガ如キ傾向ヲ生ジタルニ胚胎スト云ハザルベカラズ例ヘバ理蕃関係ノ警視定員ハ漸次平地ノ定員ニ組替ヘラレ……又理蕃系統出身者ノ進路ハ漸次梗塞セラレテ前途ニ対スル希望ヲ失ハシメツ、アルガ如キハ大ニ考慮ヲ要スル所ナリ。[79]

続いて生駒は「郡警分離問題」を持出す。「郡警分離問題」とは郡守が従来持っていた警察権を分離して警察行政へ統一させる機構改革案であった。鷲巣敦哉は『台湾警察四十年史話』（一九三八年）の中でこう語っている。

郡守から警察権を取って了ふと云ふことは内務部系統の人々は昔から反対であります。……故に郡警分離は警察部長会議等では常に高唱されてゐるに拘はらず、知事さんの所謂地方長官会議では、多くの場合反対論が勝を占めるらしいのであり、亦総督府に於ても内務局に於ては反対論が高唱されるらしいのでありますが、この時の内務局長は文教局長から抜擢された石黒〔英彦〕氏であります。抜擢の光栄に酬ゆる意志かどうか、先づ内務局長さんが郡警分離の成案《（ママ）》者となり、片や石井（保）警務局長さんと合議して、ここに一つの成案を得て、拓務省の意向を捜ることになったのでありますが、拓務省では元台中州知事の生駒さんが管理局長として頑張って居り、反対論だと吹聴されたものであります。然し総督さんが断乎としてやらうとすることに反対の出来るものでもなく……。

ここに語られている限りは「郡警分離」が「内務系」と「警察系」のテリトリーの争奪をめぐって問題となっているようだが、「理蕃行政」そのものの重大な転換がこれには含まれていた。今詳述する余裕を持たないが、『牧野伸顕文書』[80]で見ると、特別行政区域（いわゆる「蕃地」）の普通行政区域への編入、州理蕃課の廃止等の根幹的な制度変更の一部であった。生駒は言う。

「最近郡警分離問題ニ関連シ州理蕃課ヲ廃止スルコトニ内定シ居リタルハ理蕃関係者ノ士気ヲ阻喪セシメタリト聞ク」。こうして理蕃課は地位低下と共に人材を欠くようになり、「理蕃行政ノ緊張ヲ欠ク亦故ナキニアラズト云フベシ」。また「蕃地警察官ノ定員ニ対シ多数ノ欠員ヲ置」くようになったとも『復命書』は述べている。

生駒の批判は拓務省の意見を代表すると言うよりは、現地官僚の「内務系」（その実体は不明確だが）の代弁者の言辞と言うべきであろうが、以上のことを手掛りとして次の様な仮説を立ててみたい。山地開発を推進する政策手段をめぐって台湾の官僚機構内部に論争が存在し、この論争の争点は特別行政区域の存廃等にまで至る「理蕃行政」の根幹的課題を含むものであること。石塚総督の意向によって総督府としては「改革」の方向へ動いていたが（因みに昭和六年度予算要求に際し総督府は郡警分離に伴う行政費として五〇万円要求していた。[81]）なお拓務省の方針如何で流動的な状態にあったこと。

以上でひとまず生駒の『復命書』の検討を終えることにする。霧社事件の「原因究明」さらには「責任所在」に関わる拓務省と総督府という言わば「タテ」の関係は、「理蕃行政」あるいは「山地開発」をめぐるヨコの関係を内包している、と言ってよいであろう。だが「本国政治」のファクターをこれらの諸関係に投入した時、論点は大きくずれて行く。例えば総督府の『顛末』、生駒の『復命書』は政局の中でいかなる意味を持ち得たであろうか。

生駒がまだ台湾に滞在していた一一月一四日、一発の弾丸が浜口首相の腹部を貫ぬいた。政局は一挙に混乱の度を深めてゆく。

六　政　局

浜口首相が行動の自由を失なったことによって政局の流れは一変した。民政党は衆議院において絶対多数の議席を占めてはいたものの、権威ある指導者を失ない、内務大臣安達謙蔵と鉄道大臣江木翼をそれぞれリーダーとする二大派閥の対立を露呈するに至った。この対立を緩和するために、伊沢多喜男や「党長老」の若槻礼次郎らは党外の外務大臣である幣原喜重郎を臨時首相代理に立てたが、「政党政治に逆行する措置」として野党殊に政友会に絶好の攻撃材料を与えることは必至であった。また、内閣の弱体化を見透した貴族院が活発な動きを展開する形勢ともなり、民政党の政権担当の姿勢は全く防戦一方に追い込まれたのである。

このような政局転換のさなかの一一月二三日、生駒管理局長は神戸港に帰着したが、迎えた記者達に対し事件原因について確答を避け、善後処置についても「あちら〔総督府〕の人たちに万事まかせてあるので……」と言葉を濁して東京に向った。[82] 二四日朝上京した生駒は松田拓相を私邸に訪ねたあと午後四時から拓務省首脳会議に臨んだ。議題は生駒の報告とその検討はもちろんとして、「理蕃政策」、責任者の処分問題にまで及んだ。『都新聞』（一一月二五日付）は拓務省首脳部が「従来の理蕃政策に欠陥あるを認め、慎重考究の後改善を加えることに意見の一致を見た」と報じている。『大阪朝日』は「霧社事件の責任者処罰／相当広範囲にわたるか」の見出しの許に突込んだ観測記事を載せているが、それによると、水越台中州知事は現地責任者として辞任は免れず警務局長その他の高官の責任についてはデリケートな状況にある、となっている。「その他」とは無論人見総務長官、石塚総督を指すが、前出の『都新聞』は「大体石井警務局長及水越台中州知事以下に止め《ママ》、石塚総督に及ぶ如きなき模様」だとしている。いずれにしてもここで確認できることは、①「責任者処罰は総督の専権事項」とした生駒の言明とは異なり、拓務省当局自身が処罰範囲を検討していること、②責任の及ぶ範囲については「下から上へ」どこまで責任が及ぶかといった観点から、言い換えると「政治責任」ではなく「行政責任」の観点から検討されていることである。「処罰」はそのまま「辞職要求」ではなく、中間段階がいくつかあろう。しかし、この問題が台湾総督府の枠内を越えて、総督府―拓務省の枠にまで拡大したことは重要である。

結局この日の会議では人見総務長官の上京を待って再度検討することになったが、翌日の閣議で松田拓相は「将来の理蕃政策を改善するの要あるを認め、これに就き相談的に私見をのぶるところにあった」と報じられている[83]。この「私見」がいかなるものかは不明だが、生駒の『復命書』中の「郡警分離問題」の扱い方、総督府の昭和六年度予算要求に「郡警分離」に伴う費用として五十万円が計上されていたこと等を考えると、拓務当局が査定にあたってこの問題を考慮したことは確かであろう。

人見総務長官は一一月三〇日東京へ着いたが、車中人見は生駒と違って随分多弁であった。人見の車中談等を総合すると[84]、①出役の辛さは若干あったと思われるが賃金ピンハネの事実はない。②蜂起は計画的なものではない。③直接の原因はモーナ・ルーダオの扇動だが、すでに死亡しているので詳細は不明。④佐久間総督以来の撫育主義は変えない方が良いが、巡査本位の理蕃は考えもの。⑤石井局長、水越知事の辞表提出の噂については言明の限りでないが、彼らに責任はない。⑥自分も総督も相当の決意を有している、というものであった。

人見と拓務省首脳との協議は一二月一日拓相官邸で開かれた。人見の報告とその検討に一時間費された後、松田と人見の秘密会談が持たれている。その内容は石塚に提出された石井と水越の辞表の取扱いなど「責任問題」を中心とするものであったようだが、松田は口をつぐんでいる。人見が携えてきた総督府の認識、主張と拓務省側のそれとは隔りがあった。『時事新報』（一二月四日付）は「理蕃政策変改か否か／人見長官の報告にあきたらぬ拓務省」との見出しの許に、拓務省は事件は「計画的との見方」を取り、警官の威圧的態度、強制労働など理蕃政策に欠陥があると見なしている、と観察し、「総督府の意向如何に拘らず、従来の理蕃政策を根本的に改革せんとするのではないかと見られて居る」と論じている。

上京した人見への援護射撃の意味もあったのであろう、石塚総督は台北で次の様に語っている。

人見長官からは何等報告に接しないが予定の如く事件の真相を報告したまでと思ふ、長官の進退については自分も予め相談を受けていた。責任問題につき中央においてかなり重視しておるが、これは中央においてこのたびの蛮害の真相、蛮界の事情などが委しくわかっていないのと、政治問題たらしめんとする策士によりかもしだされた事と思ふが、従来台湾の蛮害では責任者をださなかった訳ではない、しかしその時代には警察本署は総督府にあったのだ、今度石井局長、水越知事は逸早く進退伺ひを自分までだしてをるものの局長は間接的地位だ、知事だけは郡守に対する監督不行届の責任は免れぬだろう、自分の進退については考へてをらぬ、貴族院方面の空気が強硬との事であるがそれは判っている。公正会の一部で問題にしているのだ、議会で一応問題となろうが質問があればある方が却って良い、説明の材料は十分にあるのだ。(85)

石塚はここで本音を語っている、と見るべきであろう。人見の上京に際して石塚が与えた主たる使命も、この線で拓務省側を説得することにあった、と見て良さそうである。また、松田の方でも責任問題が石塚にまで及ぶことは極力避けたい意向で、その為には松田自身が貴族院各派、各政党の所に出向いて了解を求めてもよいとその気持を漏らしている位であるから、[86]政策上の対立点や処分の線引きを知事までとするか局長までとするか等の相違点があったにしても、石塚の「行政責任」の論理と同じ土俵で綱引きをするつもりであったと推測される。

だが浜口内閣とその与党は浜口の負傷と党の内紛という重荷を背負ってしまった。石塚には貴族院の一部が自分を標的にして策動しているに過ぎないので正面から反撃すれば足りる、と見えたろうが、火種が大火事にならぬという保障はない。『都新聞』(一二月二日付)は報じている。

閣内有力者中には、議会に於ては事件の原因及び理蕃政策の当否如何よりも寧ろ石塚総督、人見長官の進退如何に重点が置かれる情勢に鑑みれば、石塚総督、人見長官は自発的に進退を決すべきであり、政府も亦これを認めるであろう、との意見を有しているものもある。(傍点引用者)

台湾総督府首脳部にとっては冷淡極まりない、そして政局の見通しとしては透徹した見解というべきである。政府部内にこのような情勢判断が現出したことは松田拓相を迷わせずには置かない。新聞は、入院加療中の浜口を訪れてその意向を打診するわけにもいかず、石塚と人見の進退について思いあぐねている松田の姿を伝えている。[87]ここにおいて拓務省―台湾総督府の枠内での事件処理、即ち霧社事件の原因と総督府の「理蕃政策」の相関の強弱によって「責任問題」を論ずるコンテキストと、その脈絡内における官僚機構の力のバランスの針の振れぐあいが結論を導くという構図とは崩壊したのである。そして代って「政権保持」の論理が登場したが、この論理は「閣内有力者」にとどまらず、民政党及びその周辺の幹部によっても主張された。これは政界の舞台裏での動きであり、ここに伊沢多喜男が登場する。政府の総督更迭のレールに対して石塚が最後の抵抗を試みている頃、こんな「裏話」が『時事新報』(三一年一月一六日付)に載っている。

〔石塚が責任を取れ、という強硬な貴族院方面の〕此の空気を早く捉へたのは平素から石塚総督とシックリゆかぬ伊沢多喜男、菅原通敬両氏である。親しく、或は人を通じて、万一政府が石塚総督を現任に留めて議会に臨まんか、霧社事件の責任問題は勢ひ拓務大臣の責任追及となり、頗る重大化するであらう、政府は宜しく断乎として石塚総督を辞職せしむべきである、と松田拓相に進言したと云はれる。（〔　〕内は引用者）

この記事の中に朧げながら伊沢の影が立ちのぼっているのが見える。伊沢が民政党の陰の指導者として民政党政権保持に腐心していたのは当然として、もう一歩を進めれば貴族院同成会や「七日会」の民政党内務官僚グループのリーダー[88]としてのポスト配分への思惑を読むことも可能かも知れない。確証は無いのだが、石塚更迭に伴なう人事の際、「伊沢系」と目される太田政弘、塚本清治等が起用されたことを考えると、伊沢の「思惑」が匂わないでもない。

それでは霧社事件をめぐる政治情勢は実際にどのようにして展開していったのか。迫りつつあった第五九帝国議会の観測記事を追ってみよう。

台湾霧社事件は議会の問題となることは明瞭で、過般来貴族院研究会に於ても重大視している。政府はその責任者の処罰範囲に於て統治上の責任者として石塚総督の進退を問題とすることは事態の重大に《ママ》鑑み慎重な態度を採って居るが、政府の態度如何によっては貴・衆両院の糺弾は免れ得まいと見られる。（『万朝報』一二月一日）

石塚総督に非難昂まる／〔公正〕会内には同事件に関する石塚総督の言動を不謹慎なりと非難するものが相当多いから、来議会に於てもこの問題は貴族院で重大化されるだろうと見られている。（『時事新報』一二月四日）

貴族院では当然のことながら政友会系の各派から攻撃の火の手があがった。まず公正会は一二月三日、政務調査部第三分科会を開いたが、石塚総督から名指しされたせいであろう、席上「石塚台湾総督の言動に慎重を欠くものありたることを非難するものが相当あり[89]」、種々審議の結果、松田拓相もしくは人見総務長官を招いて、事件の原因、責任の所在について説明を求める、ということになった。しかしこの説明聴取会が実現したかどうかは資料的に不明である。同じ動きは研究会でも起り、一二月六日研究会政務審査部第七部会は、松田、生駒、人見の三者を招致し、説明聴取を行なった。政府は貴族院に対しては低姿勢で臨むとの方針であったから、松田は現地警察官の質の低下などにも言及して研究会側の疑問にも理があるという姿勢を示した。その効あってか、結局「責任問題」は持ち出されず説明会は低調なまま終了してしまった。表面にあらわれた動きとしては、他に川村前総督の属する交友倶楽部にも「強硬意見」が伝えられたが、「空気険悪」とか「妖雲」という風に報道される貴族院で実際何が起っているのかは、極めて分りにくい。

研究会の政治活動のモチーフについて次の様な定式化がある。

研究会の力は積極的に政治の中枢を掌握しようという方向に向かっているわけではない。かれらは貴族院令によって保障された特権を維持するためにこの力を用いるのである。したがって研究会は、それとなんらかの形で提携しないことには貴族院を操縦しえない政府からさまざまの提携の条件を引き出すためにこの力を用いるのである。（伊藤隆『昭和初期政治史研究』二六三頁、傍点は原文）

弱体化した民政党内閣は深刻化した不景気の克服等の政治課題を抱え、労働組合法、小作法等の成立を目玉としていた。これら政策遂行のためには貴族院における与党への多数派形成は不可欠であった。霧社事件をめぐって立ち昇る「貴族院の妖雲」とは、台湾統治政策や「理蕃政策」の是非を問う形をとりながら、「提携の条件」を作り出そうとする貴族院各派の動態を表現したものである、と解するのが至当であろう。質問予定者への働きかけなど政府の対貴族院工作は、これに対する政府の対応である。

さて野党はどのような動きを見せていたのだろうか。

新聞に報道された範囲内では、政友会に目立った動きはない。議会において政府を追及することは伝えられたが、政務調査会の拓務行政担当の第一三部(90)の動きも表面化していない。したがって政友会がどのような角度から霧社事件を問題にしたのかは、五九議会を待たねばならないのだが、政局の裏面で暗躍した者達の形跡が残されている。

事件後また政友会幹事長森恪は、大川周明と河本大作とを築地の待合に招いて相談したが、まず森が台湾の蕃人にまで排日運動がおこるとは容易ならぬことだと述べた。大川が台湾統治の失敗をつき、日本の行き詰りを改善しなければならぬと強調したのに対し、森はやがて開会される議会で民政党の退嬰外交を徹底的に追究すると語った。文治主義の弊害が説かれ、武断的植民統治の復活がとなえられたのである。河本はこの年の七月に予備役に編入されていたが、森の委嘱をうけて霧社事件の調査にでかけた。（篠原一・三谷太一郎編『近代日本の政治指導』所収、関寛治「大陸外交の危機と三月事件」）

森、大川、河本三者の結びつき、森の意図、河本の調査結果等、極めて興味のそそられる記述であるが、平野零児の筆になる河本の伝記小説『満州の陰謀者』[91]等のほかには確証するに足る資料に乏しいので別の課題として置きたい。ただ指摘して置かなければならないことは、関氏が前掲論文中[92]、霧社の反乱が「間島暴動以上の衝撃《イムパクト》を即座にまた直接的に幣原外交の上におよぼすことになった」と評価しているのは、議会での論戦等を見ても首肯できない。霧社事件は外交問題として取りあげられてはいない。

一方、無産政党とりわけ全国大衆党は、指導部と一般党員のギャップを見せながらも、独自の取り組みを見せた。大衆党の第二回全国大会は、一二月一日から三日間開かれたが[93]、二日の本部報告についての質問の最中代議員から「台湾霧社問題（二項略）に関し本部は何等の声明をなさざる理由」は何か、と鋭い疑問が投げかけられた。三日目には「台湾問題に関する件」の緊急動議が提出され、「来るへき第五十九議会に於て霧社事件の徹底的暴露を為すへく之れが調査竝材料蒐某《ママ》の為め浅原健三（中央執行委員）河野密（機関紙部長）の両名を台湾に派遣する」ことが決定された。両名のうち浅原は党組織再建のため香川県に赴くことになったため、河上丈太郎（中央執行委員）が代った。台湾民衆党の歓迎と総督府の弾圧を受けながら、一九三一（昭和六）年一月六日から河上、河野の両名は調査活動を行ない、[94]神戸に帰ったのは同月一八日、その夜党神戸支部で「霧社事件真相暴露演説会」を開いた。浅原健三代議士はこの調査に基づき衆議院で質問を行なっている。

政局は流動的であった。衆議院においては政友会、無産政党の力を押え込むだけの議席を民政党は持っていた。貴族院での多数派形成、これが大きな課題であって、なお情勢は混沌としていた。松田拓相の決断はずるずると延びて、責任問題の結着のタイムリミットを休会明け（一月二二日）に設定せざるを得なくなった。最高潮がまもなくやってきた。

七　総督更迭

人見総務長官の滞京は一一月三〇日から三週間余りに及び、東京を離れたのは一二月二三日のことであった。人見の任務は霧社事件の善後処置と昭和六年度台湾総督府特別会計予算についての拓務省との折衝であったが、東京の空気は次第に人見を失望に追いやるものであった。上京早々、拓務省との意見の食違いが表面化したことは前に述べた。ついで、予算の石塚色の目玉というべき「郡警分離」に伴う予算措置として計上された五〇万円という金額も、一二月六日拓務省査定の段階でバッサリ削減されてしまった。人見は余程口惜しかったと見えて、辞任した後も「分室巡査の独裁は感心できない」と郡警分離案を主張したという。[95]その上、政府与党の中にすら石塚等の辞職を慫慂する声があがる。その中で、財政面の善後策は進捗の度を見せた。一二月一七日、一九日の両日に各々閣議決定された臨時支出は次の通りである。[96]（括弧内右は警務局要求、左は決算[97]）。

○霧社地方鎮定費…………五二八、二七七円

（六九七、六〇〇円）

（五二三、二四七円）

○霧社地方臨時警備費……一四一、三四四円

（三二四、一四一円）

（一八八、六六六円）

（注）主として前者は銃器弾薬、後者は給与、建設費から成る。

霧社事件に伴う総督府の臨時支出は全予算規模のほぼ〇・七パーセントであった。

人見としては自分と石塚総督の進退問題の結論を得てから帰路に着きたかったであろうが、松田拓相は決断しかねていた。

> 台湾霧社蕃事件の責任所在問題に関し松田拓相は、必ずしも之が解決を年内になさねばならぬ問題とはしていないが、休会明け議会に臨むについては是非之を解決して臨まねばならぬ。而して之が解決に先立って浜口首相と是非会見懇談するの必要があり、又さうせねばならぬ、と言ふ口吻を洩らしてゐる。（『都新聞』一二月一八日）

右の記事では、幣原首相代理ではなく浜口にわざわざ会う必要があると松田が言うからには、松田の肚は石塚更迭であろう、と推測している。しかし、むしろこれは松田が彼の一存では決められない、ということを表わしていると見た方が妥当のようである。政府部内や伊沢等に更迭論があることは確かだが、民政党内には更迭の要なし、とする意見も強かった。民政党幹事長富田幸次郎は議会対策を問われて「相手が生蕃だから普通の人間とは違ふ」から台湾総督に責任はない、と述べているし[98]、年末になっても「引責辞職は悪例を残す」（傍点引用者）という点から与党幹部に更迭反対論が多かった[99]。幣原は民政党員ではない。党総裁浜口の意向を知ってこそ松田は決断できるのである。

幕引きへの筋書は次のように読めてくる。石塚が辞職しないで済むならそれに越したことはない。貴族院の大勢が更迭要求に傾いた場合、石塚擁護は松田拓相への連鎖攻撃を及ぼしかねないから、石塚更迭もやむを得ない。ただし、

引責辞職では民政党内の不満が大きいから、自発的辞職という形をとる。この形では責任が問題ではないのだから、局長、知事クラスに責任は取らせない。松田拓相の取りうる選択は以上のようなものであったと考えられる。

一二月二四日、第五九帝国議会が召集され貴衆両院とも即日成立、開院式のあと休会となり、休会明けは翌一九三一（昭和六）年一月二二日と決定された。

情勢は急傾斜していった。人見の帰台に照準を定めたかのように、一二月二八日付の『時事新報』は二面トップに「霧社事件の責を負ひ／石塚総督近く辞任／自発的意志と政府の高等政策から」の見出しを掲げ、政府は「責任の範囲は出来るだけ狭い範囲に止める方針の下に台湾統治の全責任を負ふ石塚総督の引責辞職は避くべからざるとせらるるに至った模様である」（傍点引用者）と報じた。根拠は何か。

蓋し石塚総督の治績に就ては政府部内に於てすら兎角の論難あるに加へ、今期議会に於て特に空気険悪を伝へらるる貴族院方面に在っては、霧社事件を以て第二の尼港事件なりとしてゐる程であるから、勢ひ責任問題の追及は極めて苛烈なるべきを予想せられ、之が為め（ママ）本問題に対する政府の措置を憂慮する政府支持派の某有力議員は、過般親しく松田拓相と会見して問題の性質を説き、貴族院の大勢を伝へて石塚総督の引責は此の際躊躇すべからざる所以を勧告し、慎重なる考慮を促したが為め（ママ）である。（傍点引用者）

取材源は政府ではない、「某有力議員」である。誰だろうか。伊沢多喜男と考えて間違いなかろう。政府も党も辞職、なかんずく引責辞職の線で意志統一されてはいない。むしろ政治工作をわざと新聞に流すことによって、政府や松田拓相の決断を促すことに狙いがあったと見てよさそうである。「高等政策」とは石塚を「犠牲の山羊《スケープ・ゴート》」にしたてあげることの代名詞であろう。御丁寧に石塚の「決意」までが流されている。

「石塚総督とても一身上に深慮すべき問題もあることとて霧社事件の責を負ふことは敢て辞する所に非ずとの決意をなせる由」

ここに政府への圧力に加えて、石塚に向っての辞職勧告も読みとれる。「権謀術数の大家」伊沢の巧妙極まる一石、と思わざるを得ない。後任の総督は「伊沢系」の太田関東庁長官、その後釜には後藤文夫、[100]という『時事新報』の予想はこの推測を裏づける。

一二月二九日、拓務事務次官小村欣一が死んだ。松田は、政友会にも受けが良いと言われた前東京市長堀切善次郎を後任に据えた。

こうして一九三〇年代の第一年目は暮れたのであった。

年明けて昭和六年。休会明けまで二〇日余り、台湾総督更迭問題は政府与党一体となっての政治課題となった。焦点は貴族院工作の首尾如何に絞られてきた。

政府が貴族院に張りめぐらせたアンテナともいうべき研究会、公正会出身の政務官などから、次の様な情報が幣原と松田にもたらされた。[101]即ち、石塚を辞任させないと貴族院各派の空気悪化を誘発助長する。霧社事件は総督政治の「官紀曠廃」のひとつの現われ、とする見方が多い、というものであった。ことここに及んで石塚更迭は免れない形勢になったと見てよい。しかしなお、拓相への波及を食い止めることと、後任をどうするかの難問がある。

一月六日の初閣議ではもっぱら対貴族院対策が議題となり、「諒解運動」担当の布陣が次の様に決定された。関東庁長官太田政弘（貴・研究会、長官就任まで民政党員）が「貴族院係」として工作の中心となり、その補佐として法制局長官川崎卓吉（貴・同和会）、内閣書記官長鈴木富士弥（衆・安達系）、塚本清治（貴・研究会民政系）、伊沢多喜男（貴・同成会）、上山満之進（貴・同和会）という顔触れであった。貴族院工作の対象となる問題は、近衛文麿の副議長就任問題など他にもあるが、新聞で見る限りもっぱら台湾総督人事が中心といってよい。右の布陣を見ても伊沢、上山、川崎は台湾統治経験者であり、総督人事が工作の中心であることが窺える。しかもこの工作の方向は、太田、塚本、上山、川崎といういわゆる「伊沢系」と目される人々が中心であることからして、「石塚更迭—後任選考」を予定のコースとして取っていると考えられる。政府は比較的政党色の薄い同和会と男爵中心で強硬派の少ない公正会に伊沢、川崎をさし向けて外堀を埋め、前警視総監で貴族院方面の弱みを握っていると言われた太田政弘に研究会を押えさせる、という作戦であった。

一月六日、太田政弘大連を出発、七日、石塚英蔵一家と山本光雄秘書官らを載せた大和丸、基隆出港。着京は太田が七日、石塚が一一日。太田の出発は石塚より一日早い（航路日数の関係で、この差は四日と開いた）。太田の先発は意図された結果なのか、偶然なのか、いずれにしても石塚にとっては決定的な差がここで生じたことになった。

太田は着京後直ちに幣原首相代理、鈴木内閣書記官長を歴訪、ついで松田拓相を訪ね霧社事件をめぐる問題について協議に入った。研究会への工作の他、松田と太田の間で何が話しあわれたか明らかでないが、太田が研究会にあるといっても手ぶらであるはずがない。石塚総督を更迭する約束位は提示したのではなかろうか。一月一〇日付の『時事新報』は早くも、後任に太田が内定、発表は石塚上京、辞任の後、と報じている。結果としてこれが正確であったが、新聞辞令では大井成元（公正会、陸軍大将）、原脩次郎（民政党総務、党内随一の台湾通と言われていた。後若槻内閣で拓相）、川崎卓吉らの名が挙げられている。[102]

一一日午後一時、鉄道大臣江木翼は東大病院に浜口を訪ね、石塚を更迭することで合意に達した。政府与党の最終的結論である（この時刻、石塚は東海道線を東上しつつあった）。後任について、この時江木は浜口に三案を示したという。[103]第一案は太田政弘。力不足の声もあったらしいが、伊沢が推挙。第二案は江木の推す塚本清治、そして第三案は川崎卓吉で松田拓相の推挽による。浜口は川崎の手腕を見込んでいたので手離すのを惜しみ、塚本は太田より東大卒業年次が四年遅い、等の事情から結局台湾総督に太田政弘、空席となる関東庁長官に塚本清治、ということに落ち着いたという。

江木は浜口との協議を終えるとすぐ電話で松田を呼び出した。松田は浜口の意志として右の結論を聞いたのである。

一三日に石塚の辞表受理、一四日に後任上奏、という段取りであった。要するに政府のしつらえた舞台での石塚の役まわりは辞表提出のみであった。なお人見以下の進退については新総督の手で行なう、というのが松田の腹づもりであった。

今や「犠牲の山羊」たる役割を配された石塚は、刻々東上する車中で何を考えていたのだろうか。

前年の暮れもおしつまった一二月二七日、人見総務長官が台北に帰ってきた。石塚が大きな挫折感を味わされたことは想像に難くない。同三〇日、植民地当局による霧社事件終結宣言ともいうべき「諭告」を石塚は発した。愈々上京を眼前に控えた石塚は、中央が重大視していることは承知している、万一のときは一人で責任を負う、と語ったが[104]辞職を決意したとまで言えるかどうか、少なくとも覚悟はしたようであった。『霧社事件の顚末』を総督府が発表した翌日の一月七日、石塚は妻と二人の娘を連れ、山本秘書官を同行して、基隆港大和丸船上の人となった。二五個という荷物の数が石塚の覚悟を思わせ、見送りは盛大であった、と報じられている。むろん表向きは二〇日間という期限付きの上京であった。一〇日門司着。玄海灘の大吹雪に苦しめられた石塚は船室に閉じ込もり、山本秘書官を通じて『霧社事件の顚末』を発表した。同船してきた柳沢保恵（貴・研究会）は台湾での霧社事件調査についてコメントを求められ、「一口にかれこれ判定すべき筋合のものでない、然しこれ位の問題の為に総督や長官が軽々に更迭されることはよくない、と自分は信じている」と注目すべき発言をしている。[105]

一一日朝、石塚一行は台湾電力の松木社長らの出迎えを受け神戸着。東上の車中で次の諸点を明らかにしている。[106]①反抗者に対しては匪徒刑罰令を適用せず、移住させる方針で政府と協議する。②平穏に過ぎて多少弛緩したことは否めないが、「理蕃政策」は歴代総督の伝統的政策であって誤まりは認められない。運用の細目は改善すべき点がある。③責任問題については辞任によって他の部下に累を及ぼさないことを望む。

初めの二項目はともかく、第三項目は石塚の本音かどうかは怪しい。これは松田が用意した策であった。その松田との協議については「十二日会ふかどうかは解らないが、兎に角、一回で万事解決するに至るやどうかは解らない、二、三回懇談することになるかも知れないよ」と、政府に抵抗することを匂わせている。

この夜東京に着いた石塚は浜口を見舞い、翌一二日早朝、松田拓相を訪ねた。松田は筋書き通り石塚が動くものと踏んで、辞表提出までのスケジュールを示すと、さっさと宮内庁主催の鴨猟に出かけてしまった。新聞には石塚が非公式に辞意を表明したことが伝えられたが、拓務省側が流したものであろう。石塚は総督としての威信を大いに傷つけられた。葉山への伺候を終えると、風邪と称して自宅に引籠り秘書官を通じて、辞表は未提出だ、と強調させた。翌朝、松田は石塚に辞表を出させるつもりで電話した所、浜口との会見後でなければ何事もするつもりはない、と松田との会見を拒否したのである。

実は石塚は上京早々浜口に会った時、進退等について再度の会見を申入れてあった。

浜口首相は、「台湾総督の進退問題並びにその後任については既に松田拓相と幣原首相代理の協議に一任して居り、而して幣原外相の首相代理問題について反対党は議会の問題とせんとしている折柄、政府部内の者、即ち石塚台湾総督が幣原首相代理を認めざるが如き行動を執るは甚だ不穏当である、単なる病気見舞ならば別であるが、総督対首相としての会見ならば幣原首相代理となすべきである。」(『都新聞』一月一四日)として石塚を近づけようとしなかった。石塚にはこの中央政界の機微がつかめなかったのであろう。

松田は俄然窮地に立った。石塚があくまでも辞表を提出しなければ「抱合い心中」どころか内閣の命運にかかわる。幣原を正式に首相代理に決定したこの日の閣議の最中、急拠、松田は浜口に石塚と会うよう要請の使者を走らせた。民政党の方でも、桜内幸雄、牧山耕蔵の両総務が東大病院に駆けつけた。石塚は二つの条件をつけていた。辞職理由を「霧社事件の責任を負うて」と明記すること、幣原の取次ぎがなければ松田には会わない、の二つである。

アノ辞表ハ、敢テ事柄ノ真否ハ争フ必要ハナイガ、従来ノ辞表ト例ヲ異ニシテ居ル、従来ハ親任官ナドガ辞表

ヲ提出サレルニハ、私ノ知ツテ居ル限リニ於テハ、病軀其任ニ堪ヘズト云フコトガ慣例ノヤウニ聞イテ居ルガ、
今度ノハ霧社事件ニ付テ責任ヲ痛感シタト云フ字ガアル。（衆議院予算委員会、政友会浜田国松の発言[107]）

後に浜田が追及したように辞職理由の明記は「事務上」と「政治上」の責任（もしそうなら松田に及ぶはずだ、と浜田は主張した）を区分しかねない微妙なニュアンスの違いを持っていた。また幣原の取次ぎ要求は、総督に対する拓務大臣権限を著しく弱めるものと言えよう。石塚の要求は総督と拓相権限（台湾総督については一応明文化されてはいたものの）の政治的未結着部分をうまく突いたものといえよう。

一四日、浜口は自分から招いた形にして、渋々石塚と会って、辞意の表明を受けた。政府はこの会見について議会で突込まれたときは「単なる友人の見舞い」として押し通すことにしたが、不手際は覆うべくもない。一五日午前一一時半、石塚は幣原を訪問、辞意は伝えたものの辞表は出さず、依然松田に会おうとしない。「今更どうなるものでもない」と松田は不快気に吐き捨てたという。

ともかく政府は石塚辞任に漕ぎつけた。そしてこの段階では石塚のみを更迭するつもりで、幣原と松田は外務省で石塚の到着を待った。午後二時半過ぎ漸く石塚がやって来た。松田はまたもや不意を突かれた。石塚は自らの辞表と共に人見総務長官、石井警務局長、水越台中州知事の辞表を一括して提出したのである。連袂辞職である。総督府側の拓務省への最後の抵抗ともいうべき事態に松田は狼狽し、撤回するよう説得したが[108]、石塚は「本人達の意志だから」と引込めようとしない。結局、政府は石塚の辞表は受理、その他については「保留する意味で受理」し、特に石井を極力慰留したのであったが、実らなかった。一説に[109]、松田は初めは石塚のみ更迭、ついで石塚、人見を更迭し、石井、水越は懲戒のみにとどめ留任、というつもりであったが、石井、水越ともこの要請を断った、という。

一六日、定例閣議で石塚の辞任を承認、後任に太田政弘を決定し、同日官記伝達式が行なわれた。石塚は辞任にあたって声明を発表したが[110]、この中で「責任を自己一身に引受くべく努力したが遂に其実現を見るに至らなかったのは

遺憾である」と暗に松田の苦境を皮肉っている。この日、勢いづいた政友会は事態がこうなった以上、松田の責任追及は当然という態度を決定した。翌一七日、総務長官の後任に高橋守雄（前兵庫県知事）、二〇日、警務局長に井上英（前佐賀県知事）が任命された。以上の人事と共に、政府は松田拓相には責任が及ばないとの態度を決めた。

第五九議会の休会が明けたのは一月二二日である。

八　第五九帝国議会の論戦

一月二四日、衆議院本会議における浅原健三の質問を皮切りに、霧社事件をめぐって長期にわたる、かつ時としてきわめて激烈な論戦が議場で闘わされた。論戦の舞台は、衆議院においては、本会議、次いで予算委員会、さらにその第一分科会、再び予算委員会で、七人の代議士が計七日間にわたり質問を行い、またこれと平行して、貴族院においては、本会議、予算委員会で、五人の貴族院議員が計一〇日間にわたり質問を行なった。

石塚総督以下の更迭によって政府を攻める側は最大のターゲットを失い、結論から言えば松田拓相に対する不信任案も出ず、政府は追及をかわすことができた。

にもかかわらず、議会におけるおびただしい質疑の内容はわれわれに実に多くの事柄を教えてくれる。多岐にわたり、時にはあちらこちらに議論が飛ぶ質疑を、その主題に沿って分析すればおおよそ以下のような三つのレベルに整理できよう。

第一に、もっとも包括的な質疑は、台湾統治の方向および体制のレベルに属するもので、台湾統治の方針・目標、「南支・南洋政策」上の位置づけ、明治憲法の適用問題、総督の任用資格（武官か、文官か）などに関するものである。

第二のレベルは台湾における植民地政策、とりわけ「理蕃政策」に関するもので、警察官による山地行政、警察官の待遇と綱紀問題、山地開発、郡守の権限から警察権を分離する問題等である。

第三のレベルが核心というべき霧社事件そのものに関する論議で、蜂起に関するものと鎮圧行動に関するものの二つの部分に大きく分けられる。蜂起に関しては、その実態（規模、モーナ・ルーダオの指導性、ダッキス・ノービン〈日本名、花岡一郎〉の役割、計画性など）、原因（各種山地開発事業への出役労働、警察官による賃金ピンハネなど）、性格（抗日、内乱か騒擾か）などが質疑の対象となっている。一方、鎮圧行動に関しては、「味方蕃」の利用、軍隊出動の根拠、戦術の妥当性、なかでも毒ガス使用問題に焦点があてられている。

この三つのレベルの議論に対応する形で、台湾における行政機構と軍事機構の「責任」、およびそれぞれの上部組織である拓務省、陸軍省の「責任」が問われたわけである。なお「責任」問題も、直接的な「行政責任」と間接的な「政治責任」の二つが区別されて議論されている。

これらの質疑のすべてを検討することは紙幅の都合から不可能なので、ハイライトと思われる部分について言及しよう。

第一に、台湾統治の方向と体制について。日本の台湾支配の正統性については、浅原健三（全国大衆党）が「世界平和の為に、人類愛護の為に、今回の霧社事件に翻然として日本植民地の解放を即時なさる御考はないか(11)」と、幣原首相代理に質問したのを除けば、少しの疑問も挿しはさまれていない。しかし、志水小一郎（貴・研究会）の次の発言は、「正統性」を保持し続けることの不安を表わしていよう。

今や植民地の人心は台湾でも朝鮮でも何処でも同じことでありますが、甚だ険悪であります。殊に亜米利加の「ウイルソン」が所謂民族自決と云はんが如きことを言ひ始めましてから、植民地の人民にして完全な独立を理想として居るものは台湾朝鮮ばかりではないのです、世界各国何処の植民地でも亦さふであると云ふことは専ら聞く所であります。殊に我国の或る政党の如きものは帝国主義の戦争を否認し、徴兵令を否認し、併せて植民地人民の完全独立を政綱に掲げて居るのである。然るに斯う云ふ状態であるのに、植民地総督が選任宜しきを得ずして、植民政策が甚だ不満足であると云へば、実に寒心に堪へぬのであります。[112]

台湾統治の方針については、原内閣以来の「内地延長主義」がほぼ再確認されている。

小野寺章（衆・政友会）――台湾統治の根本方針は、同化主義を採るのであるか、或は不同化と言ひますか、植民地本位の主義を採られるのであるか。[113]

松田拓務大臣――同化主義とか云ふ主義ではありませぬ、或る部分は、内地延長主義で以て統治して、台湾を完全なる帝国の構成部分として、善良なる帝国臣民の一部として、内地同様に之を導きたいと云ふのが統治の方針でありますけれども、台湾には小野寺君の知って居る通り、特殊の風俗習慣がありまして、之を急激に変革することは出来ないので、十分尊重しなければならぬ、内地の法令を適用出来る場合には、成べく之を行ひたいが、特殊の法令を向ふに行ふ時分には、勅令を以て之を行ふと云ふことをする、特別の事情がありましたならば、台湾総督は特別の事情に関する法律を拵へる、即ち律令を制定して統治すると云ふのが統治の根本方針でありまして、善良なる帝国の臣民として教化を図り、訓育を行ふと云ふことを根本方針に致して居ります。

その他、台湾総督の任用資格について「台湾の如き植民地の総督は警備の点から見ても、亦綱紀の点から見ても、人事更迭の点から見ても、私は理想的には人格の立派な武官総督の方が安全である」[114]（湯地幸平、貴・研究会）と述べる者もいたが、総じて霧社蜂起を契機に、台湾統治の方針・体制、植民地政策全般を再検討しなければならない、という調子は稀薄である。蜂起の主体が漢族でなく高山族であった事実が、彼らに「安心」を与えたことがその理由の一つではなかろうか。

次に、第二のレベルの理蕃政策に関する論議と、第三のレベルの霧社事件そのもののうち特に原因をめぐっての論議を検討してみたい。

政友会（系）は、石塚総督（浜口内閣）の代にいたって、理蕃政策が変更され、この変更が霧社蜂起の原因になったことを立証しようとした。この論法の正否の前に、霧社蜂起の「原因」としてどのような点が論及されたかを見ておこう。

浅原健三（衆・全国大衆党）――吾々の同志河上丈太郎、河野密を派した今回の霧社事件に於ける調査を基礎と致しますれば、今回の霧社事件の原因は六ツに分れて居る、第一は木材運搬に関する苛酷が蕃人の反感を招いたこと、第二は蕃人に対する労働賃金の不払が反感を激化したこと、第三は蕃人取締警察官の不公正（中略）、第四は警察官の蕃人の手に生産せられたる蕃産物の掠奪（中略）、第五は蕃人に対する総督府の強制貯金の制度（中略）、第六は蕃人を高地から平地へ移動せしめる為め、蕃人の耕地主要生産物である所の藷又は粟の生産を禁止した結果、蕃人の間に極度なる生活難を招来し〔たこと〕[115]。

浜田国松（衆・政友会）――浅原君は五、六の直接間接の原因を御挙げになって居りますが、私の調査研究に依れば（中略）尚ほ理蕃政策上、理蕃事務上、多数なる廃頽不振の事実が包含されて居るのであります（中略）、第一は警察官の蕃婦関係、第二は収監者の待遇問題、第三は蕃通官吏の罷免、第四は郡守、警察分離問題、第五は日月潭工事、第六は台湾総督府撫育費の削減（中略）、其他画一教育の強制、風俗習慣の打破（中略）が、今日の事件の原因となって居る[116]。

湯地幸平（貴・研究会）――綱紀弛緩の結果警察官が多数の警察官が蕃地に勤務中生蕃の婦人と関係をした（中略）、若し生蕃の婦人が拒む場合に於ては官権を濫用して其目的を達した、是が一箇所でなく数箇所に是は亙って居る、是が根本の原因だと私は思ひます[117]。

これらの諸点について、松田拓相は台湾総督府の公式見解（『霧社事件の顚末』）を詳しく繰り返したのみで、あとはことごとく否定した。

さて、政友会（系）の論法を見よう。

川村竹治（貴・交友倶楽部）――抑々斯る惨事を惹起した其直接の原因と致しましては指摘すべきものが種々あるでありませうが、其根本たる禍根は政府の理蕃事業軽視（中略）である。例へば蕃情に精通せる主脳官吏を一掃したる如き、或は蕃界駐在の警察官吏の待遇を薄くしたるが如き、或は蕃地に駐屯したる警備軍隊の撤廃を決行したるが如き、又は制度を改正して理蕃課を廃して一般警察との合同を企てたるが如き、歴代伝統の理蕃政策を根本より破壊し、理蕃警察の系統を混乱せしめ、著しく其事務を弛緩せしむるに至った[118]。

石塚総督の代に根本的な「理蕃政策」の変更があったのだろうか。

松田拓務大臣――制度の改変と云ふこともありませぬ。理蕃事業の伝統的《ママ》の破壊もありませぬ。是は川村君が台湾の総督を致した時と毫も違ひはありませぬ。故に斯かることが原因となって霧社事件は起ったものではありませぬ[119]。

松田は、歴代政府、歴代総督の理蕃政策は「恩威平行主義」であって一定不変であることを繰り返している。「理蕃政策」の具体的な中身については、台湾総督府特別会計中の理蕃関係費の減額状況を坂本一角（衆・政友会）が質問したが、昭和四年度四八三万円余、同五年度四五九万円余（池田蔵六総督府財務局長答弁）であり、特別行政区域（いわゆる「蕃地」）警察官の人員は定員二〇六一名（全島四八〇一名の四割強）に対し、実員一七三〇名であった（上記質疑[120]）。その他、山地警察官の給与に対する特別加俸の減額、理蕃警察人事において「蕃通」（高山族統治に熟練した警察官のこと）を罷免し、未経験者を起用したこと、などについても具体的事実があげられたが、松田は霧社蜂起の直接の原因にはなっていないとして、追及をかわしている。

さて、第三に霧社事件の鎮圧行動に関する質疑のうち、陸軍の軍事行動とりわけ「毒ガス」問題がどう取り扱われているかを見てみよう。

浅原健三――陸軍大臣に御尋ねしたいことは、今回の霧社事件に対する陸軍当局の討伐方法に就いてである、千数百の軍隊を派遣し、機関銃を乱射し、飛行機を飛ばし、最後には毒瓦斯まで放散されて居るが、何故に斯の如き惨酷なる討伐方法を御用ひになったかと云ふことである、更に陸軍大臣に御尋すべきことは、今回の霧社事件に対する陸軍当局の討伐方法は、欧羅巴大戦に於ける経験を基礎とした、演習で為されない経験を今回の討伐に御用ひになったと云ふことである。(121)

宇垣一成陸軍大臣――抵抗する者に対して軍事行動を致す場合に、大砲を使ひ、機関銃を使ひ、或は飛行機を使ふと云ふことは、是は戦闘行為として当然のことと考へて居るのであります、又毒瓦斯を使ったではないかと云ふ御問がありましたが、有毒の致命的の害を与へる瓦斯は使って居りませぬ（中略）、よく欧米諸国で警察等が使って居ります催涙瓦斯を使ったのである。(122)

浜田国松――治安維持の必要なる限度を越えたる、所謂消極的の防衛の程度を越えて、積極的に討伐をせられたから、茲に蕃人の一部が衣食の求むべき所なくして、餓死に代へて自ら三四十人づつ集団となって、首を縊って死んだと云ふ事実がある（中略）、私は陸軍大臣より少しく御弁明を得て置きたいと思ふ。(123)

宇垣陸軍大臣――〔軍隊が〕鎮定の衝に当って見まするると、やはり抵抗の範囲を越えて、彼より我に逆襲を加へて来ると云ふやうな状態であります、それ故に已むを得ず軍隊は武器の使用に移った訳であります（中略）、僅か一週間の中に鎮定の効は挙げて居ります（「毒瓦斯はどうか」と呼《（ママ）》ぶ者あり）毒瓦斯は使って居りませぬ（「新聞に書いてあるではないか」と呼《（ママ）》ぶ者あり）新聞に書いてあることは知りませぬ。(124)

以上見てきたように、帝国議会における論戦は、台湾統治の方針・体制、理蕃政策、霧社蜂起と鎮圧行動のおのおののレベルにおいて闘わされたのであるが、各問題次元に対応する「責任」の追及はいずれも野党側にとって不十分なものに終わった。台湾統治の方針・体制についてはもともと無産政党を除いて各政党政派による意見の相違はなかったし、理蕃政策についても「民政総督」と「政友総督」の差は明瞭ではない。浜口内閣の財政緊縮政策が植民地予算にやや波及した程度である。蜂起の直接の原因となった事柄はかなりはっきりしてはいるが、当事者の警察官はすでに亡い。台湾の各レベルの統治責任者は更迭されているし、軍の壁は厚い（というより真剣な追及の対象になっていない）。

結局、責任問題追及の論理は、石塚総督以下四高官の更迭を手掛りとするしか、政府批判派には手がなかった。度々登場した浜田国松は、霧社事件における拓務大臣の責任は、シベリア出兵時の尼港（ニコライエフスク）事件における陸軍大臣の責任と同様な性質をもっている、と主張した（尼港事件の際、民政党の前身である憲政会が陸相、政府の責任を問い、内閣不信任案を提出したことを、浜田は想い出させている[125]）。幣原首相代理は、霧社事件は「事務官の事務上の不注意」で起きたもので、まったく尼港事件とは性質が異なる、と反論したが、浜田はさらに松田にこう迫った。

浜田国松――事務官の事務的の失策であるならば、内閣は何故に台湾総督の辞表を陛下に御進達をせられたか、台湾総督がまさか人足問題に付て、又材木の問題に付て支配をした訳でもあるまい（中略）総督の辞表は政治的事務的の責任から進達をせられて置いて、自分の間際に来ると溝を一つ拵へてしまって（中略）責任無しと言ふ（中略）あの〔石塚総督の――引用者注〕辞表は、敢て事柄の真否は争ふ必要はないが、従来の辞表と例を異にして居る、従来は親任官などが辞表を提出されるには、私の知って居る限りに於ては、病軀其任に堪へずと云ふことが慣例のやうに聞いて居るが、今度のは霧社事件に付て責任を痛感したと云ふ字があるのでせう（中略）理由の書いてある辞表を陛下に御取次を申上げ、己は責任なしと君は思ったか（中略）総督が辞職する以上あなたも辞職するが宜しい、そんなことでは、政党政治家とは言へませぬよ[126]。

松田拓務大臣――総督以下が其責に任ずれば、私が罷める程度には達して居ないと私は考へて居る、私は責任は――責任論は……（発言する者多し）。

武内委員長――静粛に願ひます。[127]

松田拓相は追いつめられながらも、どうにか自分のポストをひとまず守った。浜口内閣も議会を乗り切った。石塚総督を更迭したことにより貴族院を満足させたことをその一因と数えてよいであろう。

こうして、議会閉会（三月二七日）とともに中央政界の論議も終わり、昭和政治史における霧社事件も、一九三〇年一〇月の蜂起をめぐっては、いちおうその幕を閉じたのである。

中央政界が再び「霧社」に接するのは、それから約一ヵ月後、四月二五日のことである。この日、一〇月の蜂起に参加し、警察の監視下にあった高山族は、鎮圧に協力した「味方蕃」に襲われ、一五歳以上の者はほとんど生き残れなかった。この襲撃が警察当局の教唆によるものだということが明らかになったのは、昭和四五年のことである。[128]

結　論

植民地における政治過程の基本的な特質のひとつは、政治の主体と客体とが民族を境界線として厳しく分離・固定され、構造化していることだといえる。そして「有効な」植民地統治とは、この統治―被統治関係が保障され、再生産されることである。

しかし、植民地を歴史研究の課題とするとき、これを政治史の視角に限っても、統治―被統治の直線的関係を述べることは、第一歩に過ぎない。それは政治権力の所在を示しただけだからである。統治―被統治の基本的関係を単純に理解すると、統治する側の「支配の意図」のみが強調され、統治される側の「不成功に終った抵抗の歴史」ばかりが描かれることになる。

このような理解の欠点は、第一に、生きた歴史的現実があらかじめ予定された結論のデータを提供する役割を与えられてしまうことであり、第二に、因果関係を単純化しすぎて考察が粗雑になってしまうことである。詳しく例証することは別課題に譲るが、幾つかの研究に見られる、朝鮮三一独立運動と「文官総督制」の実施を単純に因果づける指摘はその一例である。[129] これでは何故他ならぬ文官総督が朝鮮で実現せず、台湾で実現したのか、という単純な問にすら答えられない。

霧社事件をめぐる政治過程の研究は、次の視角に意義を与えたと考える。

植民地における政治過程は、植民地をめぐる政治過程と連結点を持っていること。（常に連結するとは限らない。）

この連結点の有無、およびそのあり方を規定する条件は、即ち、植民地における政治権力の存在形態を規定する条件は、次の四つに要約しうる。

①被統治側の動向（抵抗、武装蜂起、協力、反発、挫折と受忍、等々。）

②植民地における統治機構。

③本国、中央の政治権力との関係。

④本国の政治情勢。

ここでは、植民地政治権力がどういった政策を（例えば鉄道、土地、阿片、山地開発、その他）どのように実行するかの問題を一応区別しておく。

さて具体的に見てゆこう。

霧社蜂起に対する最初の対応は当然のことながら地方警察権力の発動であった。蜂起の規模が明らかになるにつれ、台湾全島、即ち台湾総督府の全警察機構の動員となり、遂に台湾駐屯軍の出兵が必要と判断されるに至った。この判断には台中州知事の判断が大きく影響していると見られる一方、総督府には躊躇の色があった。軍は極めて積極的であった。鎮圧行動中唄やかれた総督府と軍の不和は、この辺に遠因があったのかも知れない。しかし、ともかく重要なことは第一に台湾総督が文官であって兵権を持っていないため、軍事行動にコミットしにくいことと、第二に、陸軍系統については行政、政治両面にわたって責任追及がされなかった（一部例外はあったが）ことである。台湾総督が軍司令官を兼ねていたと想定してみると、「責任問題」その他の局面展開は随分異なったものになったろう、と思われる。

蜂起は一一月一杯でほぼ鎮圧された。事件の規模はともかくとして、総督府は地方的事件として扱い、行政上の（事務上の）責任を問う方針であった。石塚総督が主張したように、原因が行政上のミスにあるのだから、能高郡、台中州レベルの行政責任を総督権限を行使して問えば済む、というのである。植民地における統治機構内での処理である。

だがすでに台湾総督に対し監督権限を有する拓務大臣が存在していた。拓務省そのものの行政官庁としての権威はむしろ低いと言ってよいだろう。しかしそれとの折衝なしに事をすますことは不可能である。それでも松田拓相の認識が拓務省―総督府の枠内、即ち「理蕃政策」の評価をめぐる土俵の中でならば、総督府側としても右の処理が可能であったろう。

しかし、松田拓相がその一員である民政党浜口内閣は、屋台骨に大きなひびが入っていた。松田が政治的攻撃の標的にされることは浜口内閣に一層深手を負わせ、その命脈を尽きさせることになりかねない。逆にここに政治的狙いが生ずる余地があったといえよう。貴族院の動きは霧社をめぐる政局において極めて重大な要因であった。

日本の近代政治史上、貴族院ほどわかりにくい存在はない。様々の局面でかなり決定的な役割を果しながらも、その政治史上の評価、分析、批判的検討の成果は極めて乏しい。ことに山県有朋の牙城という性格がもはや失なわれたこの時期についてそうである。

貴族院においても政党化が進んではいたが、政府に対する態度は問題に応じて流動的であり、多数派は争点ごとに常に形成されるものであった。霧社事件はこの多数派形成のため政治的争点、というより材料となったのである。何故なら、事件そのものが「不祥事」であり、「官紀の弛緩」を意味するものと考えられたからであり、かつ、前に述べたように政治的狙いの生ずる余地があったからである。不快さがつきまとうのは、これによって彼らが何を得たかが不明瞭な点にある。いずれにしても貴族院において石塚攻撃にまわった勢力は、川村前総督のような政友会系議員と、霧社事件処理を政治問題化することによって政府から何らかの譲歩を引出せると考えた議員によって構成されていたと考えられる。

だが、最大野党たる政友会は何をしていたのか。議会で多くの質問者を立てた他には、鳴りをひそめていると言ってよい位、表立った動きを、この政党は見せていない。幹事長森恪は、秘密裡に河本大作を、表では代議士坂本一角を調査目的で台湾に派遣したが、政局の中でこれらを有機的に位置づける資料は目下のところ筆者は入手し得ていない。政友会は議会に於て、霧社事件の原因を川村から石塚への交代に伴なう「理蕃政策」の変更に求めたが、明瞭な区別をつけられず、松田拓相の「政策の継続性」の論理の壁を破れなかった。民政党と政友会は植民地統治に関しては交替可能な集団だったのである。

全国大衆党をはじめとする無産政党は、下部党員からの突きあげで始めて一定の闘争を組んだが、解放の理念以外に有効な政策実行能力に乏しかった、と言える。

かくして本国の政治情勢は、民政党の陰の有力リーダーである伊沢多喜男をして、「政権保持の論理」を持ち出さざるを得ない危機感を抱かせた。植民地統治機構内での処理という枠は崩壊し、それと共に事実上植民地統治政策は論争点から外された。議会で使用された言葉は統治政策に関わる言葉であっても、いずれも松田の責任を立証する論理の構成材料に過ぎない。

伊沢の動きは松田拓相の判断に極めて大きく影響した。伊沢は恐らく浜口をも説得したのではなかろうか。民政党内に不満はあったが、結局石塚更迭の結論が打出され、民政党をその政治力の背景とする石塚は押し切られてしまったのである。

以上で植民地における政治過程を規定する条件の概観が得られよう。なお解明を要する幾つかの問題点を挙げておきたい。

第一に、石塚の総督就任後の政策をめぐる評価である。少なくとも彼の更迭に無関係ではなさそうな政策として、「郡警分離案」と日月潭水力発電所の建設とがある。前者については生駒局長の主張にみられるように、拓務省側と総督府側に意見の対立があった。日月潭問題についてはどうか。同じ民政系の総督でありながら、発電所建設に消極的であった伊沢や上山とは異なって、石塚は最初からこの事業に積極的であった。その背景には大蔵大臣井上準之助の意志があったという(『松木幹一郎』[130])。井上は台湾電力の社長として松木を起用した当人でもある。この事業成否の鍵は外債募集にあり、山地開発の安全性は海外投資家(モルガン財閥)の当然注目する所であったろう。石塚更迭はこの角度からも検討される余地がありそうである。

第二に、これに関連して植民地における利権の問題がある。文官総督が政党政治家の行動様式を台湾に持ち込んだ、と指摘する資料は多い(例えば橋本白水の『東台湾叢書』[131])。この行動様式が利権とどう結びついているか、そしてそれが総督府の政策とどう絡まりあっているかの検討は、なお今後の課題である。石塚が去って伊沢系の太田政弘が来る、ということの意味はこの文脈で理解される必要があるかも知れない。

昭和政治史における霧社事件の研究は、日本本国における政党政治の展開と植民地統治の関係、「文官総督制」の歴史的意義の解明など、なお多くの課題を導き出したと言えよう。これらの課題を研究の展望とし、また、この研究が日本近代政治史に別のページを書き加える可能性を覚えながら、稿を閉じる次第である。

注

(1)『万朝報』一九三〇年一〇月二九日、三〇日、他各紙。
(2)語句の一部に他紙と若干の異動がある。
(3)『東京朝日』(以下『東朝』と略す)三〇年一〇月二四日。
(4)衆議院議員、民政党顧問、前総務。
(5)『東朝』三〇年一〇月二八日。
(6)宇垣一成『宇垣一成日記』みすず書房、一九六八年、昭和五年一〇月三〇日の条に霧社事件についての宇垣の感想がある。
(7)『時事新報』(以下『時事』と略す)三〇年一〇月二八日。
(8)『民政』三一年一月号。
(9)『東朝』三〇年一〇月二八日、及び、『時事』同日。
(10)『時事』三〇年一〇月二九日。
(11)木戸幸一『木戸幸一日記』東京大学出版会、一九六六年、上巻五八頁、なお台湾総督の注に〔太田政弘〕とあるのは〔石塚英蔵〕の誤り。
(12)『東朝』三〇年一〇月三〇日。
(13)『都新聞』(以下『都』と略す)三〇年一〇月三〇日。
(14)『大阪朝日』(以下『大朝』と略す)三〇年一〇月三一日、及び、『時事』一一月一日。
(15)『万朝報』三〇年一一月一日。
(16)台湾軍司令部『昭和五年台湾蕃地霧社事件史』(一九三三年頃、以下『事件史』と略す)昭和五年一一月一六日の条。
(17)『大朝』三〇年一一月二日。
(18)『時事』三〇年一二月三日。
(19)台湾総督府警務局『霧社事件誌』(稿本河原功氏蔵、以下『事件誌』と略す)一七八頁。

(20) 江川博通『霧社の血桜』一九七〇年、四二頁。
(21) 森田俊介『台湾の霧社事件』伸共社、一九七六年、八七―八頁。
(22) 同右、九三頁。
(23) 『現代史資料22　台湾(二)』みすず書房、一九七一年（以下『現代史資料22』と略す）所収。但し後半部分が欠落している。全文は吉川哲編『霧社事件の真相』新高新報嘉義支局、一九三一年、二八頁以下を参照のこと。
(24) 前掲『現代史資料22』所収。
(25) 『事件史』二九頁以下。
(26) 『事件誌』一八一頁。
(27) 台湾総督府『台湾事情』昭和六年版。
(28) 『事件誌』によれば水越の出兵要求は「午前十一時」となっているが、地方課長の動きから判断して『事件史』の記述の順序に従う。
(29) 『万朝報』三〇年一〇月三一日。
(30) 『現代史資料22』五九七頁。
(31) 前掲『台湾事情』三八頁。
(32) 『事件史』『事件誌』より算出。
(33) 第一七回総選挙（三〇年二月二〇日）の結果。遠山茂樹・安達淑子『近代日本政治史必携』岩波書店、一九六一年。
(34) 伊藤隆『昭和初期政治史研究』東京大学出版会、一九六九年、二五九頁。
(35) 伊藤隆、前掲書二七二頁。
(36) 『時事』三〇年一〇月七日。
(37) 『大朝』三〇年一〇月五日。
(38) 『国民新聞』三〇年一〇月四日。
(39) 『大朝』三〇年一一月一一日。
(40) 『万朝報』三〇年一一月五日。
(41) 『大朝』三〇年一一月一一日。

(42)『万朝報』三〇年一一月六日。
(43)内務省警保局『特高月報』(復刻版)政経出版社、一九七三年、昭和五年一一月分三三頁。
(44)前掲『特高月報』。
(45)『万朝報』三〇年一一月四日、九日。
(46)昭和五年一一月分、四八頁。
(47)山崎丹照『外地統治機構の研究』高山書院、一九四三年、二四頁。
(48)小川平吉文書研究会編『小川平吉関係文書』みすず書房、一九七三年、所収。
(49)『東朝』二七年九月九日。
(50)『東朝』二七年九月二五日。
(51)『東朝』二七年九月八日。
(52)『東朝』二七年九月九日。
(53)山崎丹照、前掲書三一—三頁。
(54)升味準之輔『日本政党史論』東京大学出版会、一九六八年、第四巻二一九頁以下。
(55)宮川次郎『新台湾の人々』拓殖通信社、一九二六年、七頁。
(56)伊沢多喜男伝記編纂委員会『伊沢多喜男』羽田書店、一九五一年。
(57)馬場恒吾『政界人物評論』中央公論社、一九三〇年。
(58)『東朝』二九年七月上旬。
(59)『東朝』二九年七月一一日。
(60)伊藤隆、前掲書八四頁。
(61)山崎丹照、前掲書三八—九頁。
(62)『東朝』二九年七月七日。
(63)生駒高常拓務省管理局長『霧社蕃騒擾事件調査復命書』三〇年一一月、謄写版、一三六頁(以下『復命書』と略す)。
(64)『現代史資料22』六〇四頁。
(65)『都』三〇年一〇月三〇日。

(66)『万朝報』三〇年一一月一日。
(67)森田俊介、前掲書一五九頁。
(68)詳しくは、戴國煇「霧社蜂起と中国革命（上）」、『思想』七四年二月号、参照。
(69)『時事』三〇年一一月二八日。
(70)『現代史資料22』五九八頁。
(71)前掲『霧社事件の真相』一二九頁。
(72)『東朝』三〇年一〇月二六日。
(73)森田俊介、前掲書一四二頁。
(74)前掲『霧社事件の真相』一一七頁。
(75)『現代史資料22』所収。
(76)『復命書』一一九―一二〇頁。
(77)同右、八八頁。
(78)同右、一〇〇頁。
(79)同右、一二六頁。
(80)『現代史資料22』所収。
(81)『大朝』三〇年一二月七日。
(82)『大朝』三〇年一一月二四日。
(83)『万朝報』三〇年一一月二六日。
(84)『東朝』三〇年一二月一日他各紙。
(85)『東朝』三〇年十二月二日。
(86)『都』三〇年一一月二五日。
(87)『万朝報』三〇年一二月二日。
(88)伊藤隆、前掲書七三―八頁。
(89)『都』三〇年一二月四日。

(90)台湾総督府の元官僚、『植民政策と民族心理』の著者東郷実はこの部の理事であった。
(91)自由国民社刊、一九五九年。
(92)四四一頁。なお「モーダルナオ」とあるのは「モーナ・ルーダオ」の誤り。
(93)前掲『特高月報』昭和五年一二月分二六頁。
(94)詳しくは、ねず・まさし『日本現代史7』三一書房、一九七〇年、七五頁以下。
(95)『大朝』三一年一月二〇日。
(96)前掲『事件誌』及び『昭和五年度台湾総督府特別会計決算書』。
(97)この他陸軍では「台湾匪徒鎮定費」として、一一万円が臨時に支出された(『昭和五年度陸軍省所管経費決算報告書』)。
(98)『時事』三〇年一二月二三日。
(99)『都』三〇年一二月二九日。
(100)伊沢が台湾総督在任時の総務長官。
(101)『万朝報』三一年一月六日。
(102)同右、三一年一月一〇日、一一日。
(103)『東朝』三一年一月一六日。
(104)『大朝』三一年一月六日。
(105)同記事中、「貴族院を代表して」とあるが、内容等は資料的に明らかでない。
(106)『時事』三一年一月一二日。
(107)『第五九帝国議会衆議院予算委員会議録』
(108)『都』三一年一月一六日。
(109)『時事』三一年一月一七日。
(110)『万朝報』三一年一月一七日。
(111)『衆・議事速記録』第五号、昭和六年一月二五日、七八頁。
(112)『貴・議事速記録』第一〇号、昭和六年二月五日、一〇九頁。

(113)『衆・予算委員会議録』第二一回、昭和六年三月一二日、二八頁。
(114)『貴・議事速記録』第七号、昭和六年一月三一日、六二頁。
(115)『衆・議事速記録』第五号、昭和六年一月二五日、七七頁。
(116)同右、第六号、昭和六年一月二七日、八五頁。
(117)『貴・議事速記録』第七号、昭和六年一月三一日、六一頁。
(118)『貴・議事速記録』第九号、昭和六年二月三日、九一頁。
(119)同右、九四頁。
(120)『衆・予算委員会議録』第九回、昭和六年二月三日、二〇―二一頁。
(121)『衆・議事速記録』第五号、昭和六年一月二五日、七七頁。
(122)同右、七九―八〇頁。
(123)『衆・議事速記録』第六号、昭和六年一月二七日、八八頁。
(124)同右、八八―八九頁。
(125)『衆・予算委員会議録』第九回、昭和六年二月三日、二七―二八頁。
(126)同右、二九―三〇頁。
(127)同右、三〇―三一頁。
(128)前掲『霧社の血桜』二八五頁以下。
(129)例えば中塚明『近代日本と朝鮮』三省堂、一九七七年、一二二頁。
(130)松木幹一郎伝記編纂会、一九四一年、一七九頁以下。
(131)橋本白水を中心とする東台湾研究会が台北で発行した叢書。内容、発行年等については北海道大附属図書館『旧外地関係資料目録』(一九七五年)参照。

補注

[1] 高山族　台湾に「先住」した民族の呼称、すなわち中国大陸から漢民族が渡って来る以前に、南方のマレーポリネシアから台湾に来て定住した部族の総称と概念については、歴史的・政治的・行政的な変遷があり、また、民族

学・言語学的な研究の進展とも関わっている。清朝時代は「蕃人」、日本統治時代は「生蕃」、「高砂族」などという統治側による蔑視的な呼称も使用され、中華民国政府は「山地同胞」、「高山族」を使用した。台湾の先住民族運動の展開と台湾の政治的社会的な変化の結果、現在では、「原住民」、「原住民族」の呼称が定着するにいたっている。したがって本稿を最初に執筆した当時使用した「高山族」という呼称は必ずしも適当でないかも知れないが、歴史論文もまた歴史的制約条件のもとにあり、あえて変更しないこととした。なお、先住民族運動と「原住民」の呼称問題については、若林正丈「現代台湾のもう一つの脱植民地化――原住民族運動と多文化主義」(『台湾原住民研究』第一一号、二〇〇七年)を参照されたい。

［2］　情報ルートのうち軍系統　霧社事件当時の台湾軍司令部、陸軍省など軍事関係資料については、春山明哲編・解説『台湾霧社事件軍事関係資料』(十五年戦争極秘資料集　第二十五集、不二出版、一九九二年)を参照されたい。本書に収録した「日本陸軍にとっての霧社事件」は、同書の解説である。

日本陸軍にとっての霧社事件
――〈解説〉『台湾霧社事件軍事関係資料』――

一　軍事関係資料の霧社事件研究における意義

霧社事件は謎に満ちている。その理由は必ずしも資料が乏しいからではない。それどころか、一九三〇（昭和五）年の霧社・タイヤル族による抗日蜂起の当時から今日に至るまで約六〇年間、この事件をめぐる記述は枚挙にいとまがなく、連綿として書きつづけられてきた、とさえ言えるくらいである。例えば霧社事件に関するもっとも包括的な研究成果である『台湾霧社蜂起事件――研究と資料』（戴國煇編、社会思想社。以下、『研究と資料』とする）中の「霧社蜂起事件関係文献目録」（河原功編）に収録された資料は二九三点にのぼっている（ちなみに「霧社事件」は、台湾軍司令部による命名である。なお、事件の概要については、多数の資料があるので省略したが、詳しい経過については『研究と資料』所収の春山編「霧社蜂起事件日誌」を参照されたい）。

しかし、歴史研究の立場からの疑問を含めて、この事件に関する数々の謎は、近年になるまで容易に解くことができなかった。その大きな理由のひとつとして、蜂起弾圧の中心的な役割を担った台湾軍、及びその行動を本国で支えた陸軍の動向に関する資料が、これまで限られた範囲でしかその存在が知られていなかったことが挙げられる。今回、復刻された軍事関係資料は、霧社事件の全体像を構成する上での中核的な資料であり、史実の一端をさらに深く解明する手掛かりとなるばかりではなく、旧帝国陸軍の戦史一般の資料としても恐らく一級の価値を持つものと言えるだろう。

さて、霧社事件に関する疑問は、おおよそ次のように分類することができる。

㈠蜂起の原因や背景に関するもの。㈡蜂起や鎮圧の実態に関するもの。㈢結果や事件の影響に関するもの。

なかでも、当時からもっとも問題となり、真相が不明のまま現在にいたった謎として、「毒ガス」は果たして使用されたのか、という謎がある。今回収録された資料は、この問題の核心にせまることができる資料であるが、これについては後述する。

これらの疑問に十分回答が出せない理由がいくつかあった。その第一は、徹底的な殺戮によって蜂起側が沈黙させられたことである。特に、第二霧社事件、すなわち翌一九三一年春に警察によって引き起こされた投降者の虐殺によって、蜂起側が「証言」できる者をほとんど失ったことが大きく影響している。第二は、軍事・警察行動の本来持っている秘密性によるものである。加えて、事件の原因に関しては台湾総督府が責任を問われ、鎮圧の手段に関しては台湾軍が批判される、といった当時の政治状況の展開によって、両者が組織防衛の手段を講じたことも見逃せない（本書所収の「昭和政治史における霧社事件」を参照）。そして、第三に「現場」が台湾中部の山岳地帯という遮断された地域であったことである。この孤立性は、軍による入山禁止・制限措置によって完全なものとなり、統治側の「情報コントロール」を容易にしたのである。

しかし、これまでの研究や考察、それに関係者の証言などにより、事件の謎のうち㈠、㈢については、相当明らかになってきたと言える。資料面に関して言えば、『研究と資料』に収録された「霧社事件誌」（台湾総督府警務局編）、「霧社蕃騒擾事件調査復命書」（拓務省管理局長・生駒高常）等が、警察・行政側による包括的かつ体系的な内部資料である。また、『現代史資料22　台湾㈡』（山辺健太郎編、みすず書房。以下、『現代史資料』とする）に収録された資料群の大部分は、当時台湾総督であった石塚英蔵の秘書官が分類保管していた「石塚英蔵氏関係書類」（東大史料編纂所蔵）に含まれていたものである。

このように、台湾総督府及びその本国の監督機関である拓務省の資料については、そのコアというべき部分が一般に利用しうる状況となってきた。残された最後の資料群が、本書（『台湾霧社事件軍事関係資料』不二出版、一九九二年）に収録された軍事関係資料である、といっても過言ではないだろう。

二　出動軍隊と霧社事件の「情報ルート」

霧社事件に際して出動した台湾軍の主力は、台湾歩兵第一連隊第三大隊（台中）、同第二連隊第一大隊（台南）、同第十中隊（花蓮港）、飛行第八連隊（屏東）、台湾山砲兵大隊（台北）、基隆重砲兵大隊（基隆）、台湾憲兵隊（台北）等であり、総計一六七七名にのぼる。霧社現地に派遣された各部隊は、軍が警察部隊に代わって鎮圧の第一線に立った一〇月三〇日から、主力が撤退した一一月二五日までは、台湾守備隊司令官・鎌田弥彦少将の一元指揮のもとに支隊として編成された。以後霧社警備隊が残置され、台湾軍の全てが下山したのは蜂起からちょうど二か月目の一二月二六日であった。

さて、収録された個々の資料の紹介に入る前に、霧社事件の「情報ルート」、すなわち台湾統治機構のうち事件に関係した主要な機関（臨時に設置された機関を含む）相互の間で、情報がどのように流れていたかについて、一瞥しておきたい。

（霧社）	（台北）	（東京）
捜索隊本部・警察各部隊　台中州――	台湾総督府――	拓務省
鎌田支隊司令部・軍各部隊――	台湾軍司令部――	陸軍省・参謀本部
（野戦憲兵）――	（台湾憲兵隊）――	（憲兵司令部）

右に概観するように、地理的なポイントとしては、蜂起―弾圧の現地である霧社、台湾全島の中央統治機構の所在地である台北、本国政府所在地である東京の三か所が主要な地点である。統治機構のラインとしては行政と軍に大別され、さらに軍の中では憲兵のラインが相対的に独立して存在している。ただし、行政といっても高山族居住地については、その大部分が特別行政区として、一般行政区域とは区別され、警察行政のもとに置かれていたことを付言しておきたい。

行政のラインのうち、臨時の措置として霧社に置かれたのが捜索隊本部である。霧社は当時、台中州能高郡霧社分室管内であったが、事件発生後、全島の警察に非常招集がかけられ、本部が組織された。本部長には台中州警務部長が充てられ、総督府に対する連絡や報告は台中州知事が行っている。後述するように、戦闘に関しては軍が第一線に立ったため、このルートの情報は事件の原因や背景を中心としたものとなっている。しかし、軍の行動に関しては随時報告を受けているほか、軍が秘匿しようとした情報（例えば化学兵器）の一部が、知事から総督への報告に散見されるなど、興味深いものがある。

三　『昭和五年台湾蕃地　霧社事件史』について

『昭和五年台湾蕃地　霧社事件史』（以下、『事件史』とする）は、霧社事件についての台湾軍の「正史」ともいうべき資料である。しかし、その書誌事項は残念ながら完全ではない。

まず、編纂刊行者であるが、「凡例」の二に「本書ノ記事ハ各隊陣中日誌、出動各隊各人ノ提出セル参考書類竝台湾総督府ノ発表事項ヲ基礎トセリ」とあるように、そして記述内容の全般から見ても、台湾軍司令部と断定して間違いない。しかし、「凡例」の一に「本書ハ……公刊セシモノナリ」とあるにも拘らず、国立中央図書館台湾分館に所蔵されている資料には奥付が無く、編纂刊行者の記載がない。また、このため刊行年もはっきりしない。数カ所に蔵書印が刻印されていることからわかるように、もともとこの資料は台湾総督府図書館の蔵書だったものを同館が継承したものである。図書館に収められたくらいであるから、一定部数は印刷されたはずであるが、他の場所での所在は確認できていない（なお、本書への収録にあたっては同館所蔵資料の河原功氏蔵のコピー版を底本とした）。

『事件史』は、本文と付録計一六四頁、挿図一一、附表三、附図六からなっている。全体は五章構成で、当然のことながら、「台湾軍司令部及各隊ノ行動」（第四章）に関する記述がもっとも詳しい。しかし、編纂の方針にあるように（「凡例」三）、「事件ノ特異性即チ特殊ノ地形、生蕃ノ事情竝出兵ノ経緯ヲ比較的詳細ニ記述」する方針が取られ、主として、第一、二、三章が、これにあてられている。

そもそも、台湾軍が『事件史』を編纂刊行した意図は、これも「凡例」によれば「此種特殊戦闘法ノ研究ニ資セムカ為」であった。およそ軍が戦闘行為を行った際には、なんらかの「戦史」が編まれるはずであろうが、霧社事件の場合、軍の関心は「特殊戦闘法」であり、「事件ノ特異性」にあったと考えられる。

この間の事情をもっとも良く示しているのが、台湾軍参謀・服部兵次郎の「霧社事件に就いて」（『偕行社記事』第六七九号、昭和六年四月。『研究と資料』所収）である。服部は、霧社に出動した鎌田少将指揮下の支隊司令部にあって、作戦計画の立案、戦闘行動の指揮など作戦指導一般の統制にあたった陸軍歩兵大佐であり、霧社における「戦争」の実質的な指導者といってよい人物である。

さて、この『事件史』を読む場合に、参照比較すべき資料がいくつかある。ひとつは、服部の「霧社事件に就いて」であり、台湾軍の意図、関心、戦闘方法の核心が浮彫りにされており、これを参照することによって、『事件史』に記述された戦闘経過の「意味」を知ることができる。また、比較して気がつくことは、『事件史』の記述が、昭和五年一一月六日以降、きわめて簡略になることである。このことは軍が公けにしたくなかった事柄（たとえば「毒ガス」に関すること）がこの時期にあることを暗示していて興味深い。

もうひとつは、許介鱗編『証言　霧社事件』（草風館、一九八五年）である。これは、当時一四、五歳の少年であったアウイ・ヘッパハ（中国名、高愛徳）が、蜂起に参加した人々から聞いた話をまとめあげたものであり、小説的構成ではあるにせよ、蜂起側の貴重な記録である。さらに、ピホ・ワリス（中国名、高永清）著、加藤実編訳の『霧社緋桜の狂い咲き　虐殺事件生き残りの証言』（教文館、一九八八年）は、証言録であると同時にピホ・ワリスの魂の歌でもある。これらと『事件史』、さらには本書に収録された他の軍事関係資料とを詳細につきあわせる必要があろう。

四　『霧社事件陣中日誌　自昭和五年十月二十七日至同年十二月二日』について

『霧社事件陣中日誌』（以下、『日誌』とする）は、台湾軍参謀部が、台湾軍司令部、霧社の支隊司令部、各出動部隊等の動向、戦闘経過等を、日誌形式で編集したものである。原本は稿本で、六五四頁（陸軍罫紙で三二七枚）に及ぶ。表題には「陣中」となっているが、これは戦闘現場という狭い意味ではなく、『日誌』には台湾軍司令部の命令、軍司令部と支隊司令部との間の往復電報、本国の陸軍中央とのやりとり等、幅広い情報が含まれており、霧社事件資料中の白眉である。

期間は表題にあるとおりだが、ちなみに一〇月二七日は、台湾総督府の要請を受けて飛行隊が出動した日であり、一二月二日は支隊司令部が台北に帰還した日である。なお、台湾軍はこのあとも臨時警備隊を霧社に残置した。この警備隊を含め、台湾軍がすべて霧社から撤退したのは、一二月二六日のことである。

台湾軍司令部の各種の記録の中で、『日誌』はどのような位置を占めていたのだろうか。直接の記述はないが、『日誌』の一一月五日のところに（以下、『日誌』一一・五、のように表記する）、宮下大尉が台北の軍司令部から霧社に派遣されることになったくだりで、「従来宮下大尉担任ノ戦闘詳報ハ天本少佐陣中日誌機密作戦日誌ハ山瀬少佐引継クコトトセリ」とあるのを見ると、少なくとも軍司令部には、「戦闘詳報」、「陣中日誌」、「機密作戦日誌」の三種類があったことがわかる。表紙に「戦闘詳報ニ記載セルモノハ記述ヲ省略セリ依テ既ニ送付セルモノヲ以テ補ハレタシ」と補記してあるのが、この裏づけのひとつだが、「戦闘詳報」と「機密作戦日誌」は所在がわかっていない。

これらのことから、『日誌』は、霧社事件に関する台湾軍の総括的な記録の中にあって、個々の詳しい戦闘経過および機密を要する作戦を除く、軍の行動全般をカバーする役割を持っていた、といえる。今後、他のふたつの記録の発掘が待ち望まれる。

五　『霧社事件関係陸軍大臣官房書類綴』について

この資料（以下、『書類綴』とする）は、陸軍省の霧社事件関係資料のうち、主務課保存の分以外のものを陸軍大臣官房において綴ったものである。資料は総計一六三点に及ぶ（資料中の「霧社事件ニ関スル件目録」の番号と資料の点数は一致しない。ひとつの番号のもとに複数の資料が綴られている場合がある）。

『書類綴』中の資料の大部分は、おおよそ次のように分類することができる。

㈠　台湾軍司令官発、陸軍大臣宛の電報等

「台参電」第一号〜第七四号（一〇月二七日〜一二月一八日）の記号番号を持つ電報、および「台参甲」の記号を持つ「詳報」の送付通知から成るが、後者の「別冊」すなわち報告書の本体は綴られていない。

㈡　憲兵司令部発、陸軍省宛の電話報告記録

これらには、台湾憲兵隊長発、憲兵司令部宛の電報（おそらく一部）が陸軍省に回付されたものが含まれている。

㈢　拓務省管理局長発、陸軍次官宛通報

これは、台湾総督府発、拓務省宛の電報、報告等が陸軍省に回付されたものである（「台湾ニ於ケル蕃人騒擾事件ニ関スル件」）。

（なお、『昭和五年台湾霧社事件給養史』は、台湾軍経理部から陸軍省に送付されたため、この『書類綴』（第四九四七号）に含まれていたものであるが、もともと独立の刊行物なので、本書収録にあたっては、『書類綴』とは別の取扱をした）。

この『書類綴』によって、台湾軍から陸軍省へどのような情報が流れていたかを知ることができることはもちろんである。それ以上に興味深いことは、「台湾軍が陸軍中央に知らせなかった」、あるいは「事前に承認を求めず独断専行した」史実の存在である。これは「陣中日誌」と比較すると分かる。その事例はいずれも「毒ガス問題」に関連があるのだが、これについては後述する。

六　『昭和五年台湾霧社事件給養史』について

この資料（以下、『給養史』とする）は、昭和六年三月三一日付けで台湾軍経理部が編纂したもので、謄写版四二二頁という大部なものであるが、その詳細をきわめた記述は、軍隊の「生活ぶり」を知る上でまことに好個の資料である。

「給養」とは、ところでなにか。「凡例」によれば、『給養史』は「霧社事件ニ従事シタル台湾陸軍諸部団体ノ給養金銭被服其他経理ニ関スル一切ノ事項ヲ叙述ス」とあるから、広くは経理部の所管事項全体を給養と考えても良さそうである。実際、『給養史』は、金銭、補給、給養、被服、陣中事務用品其ノ他ノ軍需品、兵站、酒保というように章立てされ、経理部が行う事務万般が記述されている。しかし、狭い意味では「第四章　給養」にあるように「兵隊にメシを食わせること」、いわば「炊事」を意味している。

さて、『給養史』の記述の中で、重要な点をいくつか挙げておきたい。

第一は、霧社事件に出動した軍隊の人員である。一九―二〇頁の表により計算すると、計一六七七名となる（うち、戦死二二名、戦傷二五名）。軍隊の出動全期間にわたる人員については、前述した『事件史』その他の資料にも出ていない。貴重な表である。

第二は、霧社事件に要した軍の経費である。この数字の把握は少し面倒である、というより定義が必要となる。ひとつの例として、六三頁にある「霧社事件所要経費調書」では、経理部の分が九万七百九円七六銭、憲兵隊の分が三千六百二十二円六〇銭、となっている。これは、一一月三〇日までの調査に基づくもので、調査中のものは含まれていない（また、軍が一旦支払ったが、総督府との協議により府側が大部分負担とすることとなった鉄道輸送賃等がある）。さらに、大蔵省の査定額があり、最終的な昭和五年度決算の数字がある。これら軍の経費と総督府の経費、さらには台中州等の地方庁の経費などを、今後総合的に計算する必要がある。

第三は、兵器関係のデータが「給養史」には含まれている。この理由は、兵器部にストックが無いものを試作したからであり、「毒ガス」に関するものが重要である。これについては、後述する。

七 「毒ガス」は使われたか——霧社戦史の一考証

霧社事件で台湾軍は「毒ガス」を使用したのか。この問題にアプローチするには、「事件ノ特異性」に対応した軍の「特殊戦闘法」とはなんであったのか、そして、特殊戦闘法の採用に至った背景はどのようなものであったか、という広い枠組みで問題を設定する必要がある。しかし、本解説はこれを目的とするものではないし、紙幅の余裕もない。そこで、以下では、本書に収録された軍事関係資料の意義を具体的に明らかにし、その資料操作法の一例を提示するという範囲で、「毒ガス」に焦点を絞った若干の資料構成を試みるにとどめたい。

(一) 「兵力ヲ以テ反徒ヲ平定スルニ決ス」——台湾軍、第一線へ

渡辺台湾軍司令官がみずから石塚台湾総督を訪問し、武力平定の必要を力説して総督の同意を取り付けたのは、蜂起から四日目の一〇月三〇日の夜のことである(『日誌』及び『事件史』一〇・三〇)。命令は直ちに霧社の鎌田守備司令官等に下り、陸軍大臣、参謀総長に報告された(『日誌』一〇・三〇、『書類綴』四四三四の一九)。

(二)「瓦斯弾ヲ投下スルヲ最効果アルモノト認ム」——飛行隊長の意見具申

三一日、総攻撃は開始された。しかし、鎌田はまもなく「本戦闘ノ特質特ニ地形ノ関係上戦闘持久ニ陥ルヘキヲ察シ」た。マヘボ渓谷に巌窟があり、大量の物資が集積されているとの情報がもたらされたからである(『日誌』及び『事件史』一〇・三一)。

一一月二日、渡辺飛行隊長は以下のように意見を具申してきた。「敵ハ「タロワン」南方凹地及「マヘボ」渓ニ退却セルモノノ如ク、爾後萬大大渓大地隙方向ニ退却スル公算大ナリ。之等地方ノ地形ニ対シテハ瓦斯弾ヲ投下スルヲ最効果アルモノト認ムルヲ以テ、引続キ相当長期間本事件ニ参加スルモノトセハ、瓦斯弾送付方取計ハレ度」(『日誌』一一・二)。

(三)「化学的攻撃方法講セラレ度シ」——軍司令部への要請

一方、退路を断つ手段として検討された森林焼討計画も失敗した。かくて、守備隊司令部は軍司令部に打電した。「支電第一五号 一一、二日敵蕃ニ対シ焼討ヲ行フ企図ヲ有スルモ、焼討攻撃ハ爆撃等ヲ以テスルハ地形上不徹底ノ虞アルヲ以テ、化学的攻撃方法講セラレ度シ」(『日誌』一一・二)。このことは、守備隊から水越台中州知事にも報告され、総督にも通知されているが、ここに重要な事実がある。総督に届けられた「支電第一五号」の写しには、「化学的攻撃方法」の前に「エーテエテリット、ホスゲン等を以てする」という方法の内容が例示されているのである(『現代史資料』六三頁)。『日誌』が改竄された可能性を窺わせる(なお、「エーテエテリット」は「イペリット」の誤記と思われる)。

㈣「糜爛性投下弾及山砲弾ヲ使用シタシ至急其交付ヲ希望ス」――陸軍省への要請

台湾軍司令官は現地の提案を採用し、陸軍大臣に打電した。「特殊弾申請／昨二日飛行隊長ノ意見具申ニ基キ、陸軍大臣ニ対シ左ノ申請ヲナス／申請／反徒ノ退却区域ハ断崖ヲ有スル森林地帯ナルニ鑑ミ、糜爛性投下弾及山砲弾ヲ使用シタシ、至急其交付ヲ希望ス」（『日誌』一一・三）。ここで注意すべきは、「糜爛性投下弾」と「糜爛性山砲弾」の二種の兵器が申請されたことである。単なる山砲弾はストックがあり申請の必要はなかった。この電報が陸軍省に着いたのは三日午後一時のことである（『書類綴』四四三四の三二）。

㈤「瓦斯弾ニ関スル事項ハ暗号ヲ以テセラレ度」――陸軍省の回答

台湾軍からの要請に対する陸軍省の回答は、『書類綴』四四三四の三〇と三一の間にあり、番号がついていない。陸軍省発信の電報が綴られているのも異例である。全体を掲げる。「兵器送付ニ関スル件　昭和五年十一月五日午後三時二十分発／副官ヨリ台湾軍参謀長へ（暗号電報）／糜爛性弾薬ノ使用ハ対外的其他ノ関係上詮議セラレス、将来瓦斯弾ニ関スル事項ハ暗号ヲ以テセラレ度」（『日誌』一一・五、には「陸二八五号」として通牒が記録されているが、記述の順序が異なっている）。

㈥　本国から送付された兵器

陸軍中央は、実際にどのような対応措置をとったのであろうか。ここに、本国から輸送された兵器をリストアップしてみよう。

イ、制式投下爆弾　　重量一二、五キログラム、三〇〇発。一一月三日に門司発、七日基隆着（『日誌』一一・七）。

ロ、山砲用催涙弾　　「緑弾」、「甲一弾」という別名を持つ。

一一月一四日夜、恒春丸で基隆着。

ハ、山砲用焼夷弾　　「甲二弾」という別名を持つ。ロと同便で一四日着。

ニ、投下用焼夷弾　　試作品であり、一一月二〇日、技術本部員兼科学研究所所員相馬少佐らとともに着台。

これらのうち、糜爛性かどうかは別として、瓦斯弾に該当するものは、ロの「山砲用催涙弾」である。これについては(九)で後述するとして、その前に台湾軍の措置をフォローしたい。

(七)「弾尾翼」を付けた「代用投下爆弾」の投下

陸軍中央への申請と平行して、台湾軍は飛行機から投下するための兵器の試作にとりかかっている。

「今回ノ蕃人騒擾事件ニ於テ投下爆弾ナキタメ、応急処置トシテ三八式野砲榴弾塡薬弾ニ旧式手榴弾ヲ加工シテ装着シ、弾尾翼ヲ附シタルモノヲ試用セリ」（『日誌』一〇・三〇）。

出動した飛行第八連隊には制式投下爆弾のストックがなかったので、中央へ申請する一方、「代用爆弾」を兵器部において研究に取りかかった。二八日中に五発を試作、二九日に試験したところ、成績良好だったので、増産の上、前線部隊に補給した（『日誌』一〇・二八）。

(八)「瓦斯弾」の試作と投下

研究と試作は、しかし、投下爆弾だけではなかった。

「特殊弾ノ送付／本日中央研究所ニ依託シアリシ特殊弾各三発試作終リシヲ以テ、之ヲ鹿港飛行隊ニ送付セリ」（『日誌』一一・四）。

この動きは、なぜか台湾民衆党によって直ちに察知されている。

「民衆党幹部蔣渭水の常雇車夫林宝財は十一月四日午前十時三十分（中略）「飛行機より毒瓦斯を投下する不都合なり、新聞紙に発表を禁ずるも已に我が中国人も知り諸外国人も知悉せり、何れ国際問題となるべし」」そして、翌五日、内閣総理大臣、拓務大臣、陸軍大臣宛に「今回蕃人暴動に対し国際間に使用禁止せる毒瓦斯を以て攻撃せり、非人道の行為なり」との抗議電報を打った（『現代史資料』六〇五〜六〇六頁、六〇三頁）。

さて、霧社から台北には、以下のような電報が頻りに発信されている。

「支電四五《（ママ）》号／四、瓦斯弾ノ補給ヲ望ム」（『日誌』一一・五）。

「支電第四七号／明日ハ現態勢ノ儘ニテ「マヘボ」渓ノ砲撃及瓦斯攻撃ヲ実施スル予定」（『日誌』一一・五）。

「支電六九《（ママ）》号／明日ハ瓦斯弾ヲ投下スル外砲撃ヲ連続ス」（『日誌』一一・七）。

「支電第七六号／本日午前八時頃瓦斯爆撃実行後制式爆弾投下ノ予定」（『日誌』一一・八）。

これら一連の動きは陸軍中央に報告された形跡がない。しかし、もうひとつ「情報ルート」があった。憲兵隊である。台湾憲兵隊長発、憲兵司令官宛の電報の内容が電話で陸軍省にもたらされた。

「明八日ハ午前七時頃ヨリ飛行ニ依リテ、六発ノ瓦斯弾（青酸及催涙弾）ノ効果試験ヲ為ス予定ナリ、右弾薬ハ中央研究所作製ナリ」（『書類綴』四四三四の六三）。

一一月七日、台湾軍は総督府と協定を結び、軍の主力を霧社から逐次撤退させ、警察部隊に引き継ぐこととなった。「討伐」の目的を大部分達成したと判断したからでもあるが、満期兵の退営、初年兵入営の時期が迫っていた。引き継ぎを安全円滑に実施するため、攻撃強化が必要であった。

そして、翌一一月八日、霧社の天候は晴であった。

「支電第七八号／四、飛行隊ハ今日瓦斯（甲三）弾午後新ニ到着セル爆弾六個ヲ投下セルモ効果不明」（『日誌』一一・八）。

飛行隊長は、台湾軍司令官に対し「九日迄ノ使用爆薬」として、「爆弾甲、乙、丙各三発」を報告している（『日誌』一一・一〇）が、陸軍省兵器局長に対する報告からは、この甲乙丙は省かれている（『日誌』一一・一二）。

ところで、本書収録の『給養史』五〇頁に「霧社事件所要経費算出明細書」が載っている。そのうちの「兵器補修費算出内訳書」の表中に、「投下爆弾弾尾」、「瓦斯弾々体」、「焼夷弾々体」という兵器の名称、その員数、単価、小計が記載されている。

以上から、第一の結論を得ることができる。すなわち、台湾軍は中央研究所に投下用の瓦斯弾（甲三弾）を試作させ、少なくとも三発を一一月八日に投下した。その成分は青酸及び催涙性ガスを発生させるものであり、その容器は瓦斯弾々体に投下爆弾弾尾を付けたものであった。また、その単価はそれぞれ九円八〇銭、三円三〇銭であった。なお、瓦斯弾の形状、製造にあたった中田鉄工所等については、連温卿の記述がある（詳しくは、河原功「霧社事件の語るもの」、『アジア』一九七一年一二月号参照）。

㈨　本国から輸送された「山砲用催涙弾」による砲撃

一一月一四日、台湾軍司令部は霧社の守備隊に対して、次のような電報を打った。

「電第三八号／二、本日基隆著《（ママ）》ノ山砲用催涙弾二〇〇、焼夷弾五〇ハ、船延著《ママ》ノタメ明十五日発送十七日頃霧社著《ママ》予定」（『日誌』一一・一四）。

これらの弾薬は、一四日夜、恒春丸に搭載されて基隆に到着し、一五日に発送されている（『日誌』一一・一五）。なお、「十四日ノ情況、付図」によれば、この山砲用催涙弾は「山砲緑弾」と表記されている。

台湾軍主力が霧社を撤退する日は迫っていた。それに先立つ総攻撃の日が一一月一八日である。この日午後八時二〇分、軍司令部に以下の報告が届いた。

「支電第一四八号／三、砲兵隊ハ「マヘボ」渓ノ敵ニ対シ（中略）正午ヨリ約一時間甲一弾百発射撃セルモ其効果不明ナルモ第四岩窟付近ニ犬ノ鳴声ヲ聞ク／五、甲一弾射撃終了後約百五十名ノ良蕃ヲ「マヘボ」渓ニ進入偵察セシメタルニ、其効果ナキニ非サルモ蕃人ハ依然タリ」（『日誌』一一・一八）。

もうひとつ記録が残っている。台中州知事が軍隊からの情報として総督に送ったものである。それによれば「臭気甚しく且涙を催したるにより渓水を飲みたるに其効力を失ひたるにより更に猛烈なるものに非ざれば効力無しといふ」(『現代史資料』六三一〜六三二頁)。しかし、一方「特筆スヘキハ想像ニ過キサルモ催涙弾ノ効果」とする評価もあった(『日誌』一一・二二、天本少佐の報告)。

以上から、第二の結論を得ることができる。すなわち、陸軍中央は「山砲用催涙弾」二百発を送付した。輸送にあたった恒春丸は一一月一四日夜基隆に到着、山砲用催涙弾は霧社に発送され、一八日の総攻撃に百発が使用された。その効果についてｔは、軍においても評価が分かれている。

㈢ 広島から霧社へ——山砲用催涙弾と「毒ガスの島」

「山砲用催涙弾」(甲一弾、緑弾)と称されたものが、果たして「毒ガス」であったのか。そうであるにしても「糜爛性」であったかどうか、今回収録の資料によってもなお確実なことは言えない。これ以上の探究は無理なのであろうか。ここに、別の糸口がある。それは、この弾薬の製造場所がどこか、という問題である。輸送にあたった恒春丸は、どこから積み荷を積んだのか、と言いかえてもよい。

旧日本陸軍が初めて毒ガスの製造を本格的に開始したのは、一九二八(昭和三)年、つまり霧社事件の二年前であった。広島県の大久野島に開設された「東京第二陸軍造兵廠忠海製造所」がこれである。従業員二〇人余り、翌四年からイペリットの実験製造を開始している(服部忠『秘録　大久野島の記』、粟屋憲太郎「戦前日本における化学兵器の研究・開発について」、『近代』神戸大学教養部、一九八五年三月号参照)。

催涙性か、糜爛性か、その毒性の種類と強さはともかく、山砲弾二〇〇発分に装塡するに足る薬品を製造する能力を持つ工場は限られるであろう。霧社事件当時存在した軍の化学兵器工場は忠海製造所のみ、という事実を考えると、山砲用催涙弾がここで製造された可能性はきわめて高い。軍による「催涙性」という記述が正確なものであるとすれば、当時の忠海製造所の生産実績からみて、「毒ガス」の成分は塩化アセトフェノンではなかろうか。霧社の謎を解く鍵のひとつは広島にある。

（大久野島の毒ガス工場については、中国放送の尾崎祈美子さん、藤田一成氏にご教示いただいた。ここに謝意を表するとともに、共同の探究努力が続けられていること、その成果の一部が、一九九〇年八月一二日、中国放送のテレビ番組『みつめる90』シリーズ中で「鎮圧——毒ガス戦の幕開け」として放映されたことを追記したい。）

ウットフが織り給ひし人々

——〈解説〉林えいだい『台湾植民地統治史』——

「写真を読む」ために

戦前、日本統治時代の台湾山地に井上伊之助というひとりの日本人がいた。一九二六（大正一五）年、井上が著した『生蕃記』につぎの一節がある。

台湾の北蕃タイヤル族は人の生るるをテミヌヌ、ウットフ（神が織る）死ぬるをマショック、テミヌヌ、ウットフ（神が織り上げた）と言ひ其の好運をビラク、チヌナヌ、ウットフ（神の美しく織り成したるもの）否運《ママ》をヤッカイ、チヌナヌ、ウットフ（神の悪しく織り成したるもの）と言ふとのことである。

井上とはどんな人であろうか。内村鑑三がこの書に寄せた序によれば「私の知る範囲に於て君は台湾生蕃の霊魂救済を其生涯の事業として居る唯一の日本人である。君の父君は台湾で製脳業に従事中生蕃人の殺す所となった、そして君は日本人として父の仇を報ゆるの心を以て生蕃人救済に其の一生を委ねられたのである」。

しかし、この『生蕃記』が収められた戦後刊行の『台湾山地伝道記』(井上伊之助先生著書刊行会、一九六〇年)を読むと、井上は一九一一(明治四四)年の入山以来、内村や賀川豊彦らの支援も得て粘り強くキリスト教の布教を求めたが、ついにその志を果たすことなく空しく一九四七(昭和二二)年帰国した。台湾総督府は「理蕃政策」の一環として、山地での宗教活動を許可しなかったからである。井上は公医として山地住民の医療活動にその活動を限らざるをえなかった。しかし、そのことが井上を霧社事件に結びつけたとも言える。

台湾山地の少数民族タイヤル族の神、ウットフは人間を織り、人生を織る。その織り布の縦糸横糸に日本人もまた織り込まれたと言うべきであろうか。少なくとも井上は自分をそう考えていたように思われる。

写真は見て眺めるものであるが、ときには「読む」ことも出来、またその必要を感じることもあるものである。この解説は、歴史の中の「写真を読む」(織り布の糸を手繰ろうとする)本書(林えいだい『台湾植民地統治史――山地原住民と霧社事件・高砂義勇隊』梓書院、一九九五年)の読者のために、ささやかな道案内を務めようと試みたものである。

いうまでもないことであるが、台湾先住民族の歴史は台湾史全体の流れの中で、さらに世界史の中のアジアの視点で捉えるべきものであろう。そのための台湾の歴史に関するもっとも基本的な概説書は、さしあたり、戴國煇『台湾――人間・歴史・心性』(岩波新書、一九八八年)、戴國煇編『もっと知りたい台湾』(弘文堂、一九八六年)、若林正丈・劉進慶・松永正義編著『台湾百科』(大修館書店、一九九〇年)などが参考となる。

「理蕃政策」と先住民族調査――資料編所収「アミ族調査報告」の背景

台湾の先住民族は単一の民族ではなく、民族学では言語や文化等の相違により、タイヤル、サイセット、ツオウ、ブヌン、ルカイ、パイワン、ヤミ、アミ、ピューマの九部族に分類している。十七世紀以降台湾に来たスペイン人、オランダ人、漢族、そして日本人よりも「台湾に先住した民族」であり、その起源はマレー・ポリネシア方面と言われている。清朝時代には漢族化の度合により「生蕃」及び「熟蕃」、日本統治時代は「蕃族」、後期には「高砂族」及び「平埔族」とそれぞれ支配者側から概称されていた。戦後、国民政府は「高山族」、「山地同胞」と呼んでいる。いずれにしても「先住民族」に対する「後来民族」の立場からの呼称である。

さて、本書資料編所収の「アミ族（キュウイ部族）調査」に関する文書は『生蕃事情』と題されたファイル中の文書である。このファイルは明治末年から大正初年にかけて台湾憲兵隊の花蓮港分隊璞石閣分遣所に勤務していた伊藤（後に山田）良が日本に持ち帰ったもので、一九一三（大正二）年五月一三日付けの署名捺印がある（以下「山田ファイル」とする）。なお、山田ファイルには「璞石閣高山蕃事情」と題する「ブヌン族（巒蕃・群蕃・丹蕃）調査」に関する文書も綴じられている。残念ながらいずれも後半が欠けている。

「山田ファイル」のテキストクリティークだが、実はそう容易ではない。おそらく、台湾総督府の地方行政機関である花蓮港庁璞石閣支庁が作成した「蕃社台帳」のための調査報告書の一部を陸軍用箋等に写したものではなかろうか。この文書の考証のためには、台湾先住民族に対する日本の統治政策の展開のあらましを背景として知る必要がある。

台湾総督府が山地の支配と開発に本格的に乗り出したのは、領台以来約二〇年に及ぶ漢民族による抗日武装闘争を一応押さえ込んだのちの一九〇三（明治三六）年からである。児玉源太郎台湾総督と後藤新平民政長官は、先住民族の大部分の居住地を「蕃地」とし、その行政を警察機関に一元化した。その翌年、蕃地経営上の基礎資料として「蕃社台帳」の様式が定められ、種族・管轄庁ごとに「蕃社」別の支配的人物、地理、社会組織、物産、慣習、理蕃の沿革、蕃語などの記録が作成されることになった。この「蕃社台帳」は中央の警察本署のほか、各庁と支庁に備え付けられることになっていた。「山田ファイル」には「明治三十九年璞石閣支庁調査之部」とあり、この時期のものであることを示しているが、文書そのものはこの時期のものではない。

一九〇九（明治四二）年、佐久間左馬太総督は軍隊と警察を大規模に動員して蕃地の討伐を開始した（「五ケ年計画理蕃事業」）。蕃地は道路、各種の施設、電流を通した鉄条網、地雷、大砲等によって封鎖され、銃器・弾薬の押収と蕃地住民の帰順を目的として容赦ない戦闘がしかけられた。その実態は「蕃地の戦争」にほかならない。

この理蕃事業の一環として、総督府の警察本署は蕃務本署に改められて調査課が新設された。地方行政機構も十二庁制となり花蓮港庁が設置され、璞石閣支庁は花蓮港庁の管轄下に入る。翌一九一〇（明治四三）年に蕃社台帳の様式が改正され、調査項目が大幅に増えた。「山田ファイル」の「アミ族・キュウイ部族」に関する文書の項目と内容を見ると、若干配列が異なるもののほぼ改正様式と一致する。また、気象データは一九一二（明治四五）年のものである。したがって文書作成の時期は大正二年頃と推定できる。もっとも、アミ族は台湾東部の平地に居住し、比較的平穏に総督府の支配に服していたので討伐の対象にはならず、税制その他順次普通行政に近い形が取られつつあった。「山田ファイル」に「明治三十九年璞石閣支庁調査之部」とあるのは最初に「蕃社台帳」が作成された年に近いのではないか。

ところで五ケ年計画が開始された一九〇九（明治四二）年、臨時台湾旧慣調査会第一部法制科に蕃族科が設置され、警察機構と連携しながら調査が本格的に進められることになった。この調査会は後藤新平が台湾経営を「科学的調査」に基づいて実施するために設置した機関である。その成果である『蕃族調査報告書』（全八冊）中には二冊アミ族を対象としたものがあるが、キュウイ部族は含まれていない。したがって、この「アミ族・キュウイ部族調査」はかなり珍しいものかも知れない。民族学専門家の教示を得たいものである。

台湾総督府の理蕃政策の研究は日本では実に手薄である。台湾総督府編『理蕃誌稿』（全四巻、青史社、一九八九年）が復刻されており、今後の研究の進展を望みたい。先住民族の民族学研究は、戦前の鳥居龍蔵、伊能嘉矩、森丑之助、移川子之蔵、臨時台湾旧慣調査会、宮本延人、馬淵東一らの研究蓄積が再活用されつつあるようだ（宮本延人『台湾の原住民族――回想・私の民族学調査』六興出版、一九八五年）。国立民族学博物館は日本の台湾先住民族研究の中心であり、同館編『台湾先住民の文化　伝統と再生』（国立民族学博物館、一九九四年）によれば、八〇年代以降、台湾では先住民族の権利回復と新しい民族のアイデンティティの確立に向けてのさまざまな活動が行われているようである。

霧社事件と日本人

霧社事件については、実に多くの日本人が「言葉」を残し、現在なお書きついでいる。その中で「代表的な日本人」の印象に残る言葉を、「霧社事件と日本人」を歴史の文脈で今後考えるための備忘として再録しておきたい。

牧野伸顕内大臣が昭和天皇に拝謁した時のことである。天皇は霧社事件について「由来、我国の新領土に於ける土民、新附の民に対する統治官憲の態度は、甚だしく侮べつ的圧迫的なるものやに思はれ、統治上の根本問題なりと思ふが如何」と問うた。牧野はそのことは「多年の病弊にして誠に遺憾」だが、首相や拓務大臣の責任問題になると重大な結果を招くので、幣原首相代理には言わない方が良いのでは、と申し上げると、天皇は「それもそうだね」との御言葉があったという。(『木戸幸一日記』昭和六年一月二十日)

神々はこの不潔な地球の表から消え去りつつある。北国にあっては、アイヌは毎年減っている。(中略)南方にあっては、マレー原住民がほとんど絶滅しつつある。進歩の炬火は、彼らの路を照らすどころか、彼らの生命そのものを破壊しつつある。(消えゆく「カミ」)

鬱積した悲しみと不平は、どこかにその吐け口を見出さずにはいない。でなければ、容れ物自体を粉々にしてしまう。台湾の「原住民政策」は、安全弁を許さないほど厳格に構成された。佐久間総督が、仮借なき抑圧というばかげた空想にとりつかれて以来、高貴なる「野人」は、恨みの感情を蔵してきた——それもきわめて当然である。(「原住民の統治」)

後の二つの文章は『新渡戸稲造全集 第二十巻』所収の「編集余録」、一九三〇(昭和五)年一一月六日と一九三一(昭和六)年一月一四日の分で、霧社事件に関する新渡戸の「言葉」であり、原文は英語である。

昭和天皇は、皇太子時代の一九二三(大正一二)年に台湾に行啓している。また、「不用意なひとこと」が田中義一内閣を倒壊させたことは天皇の記憶に新しいはずである。新渡戸は後藤新平のもとで台湾製糖業の革新を行い、昭和初期には国際連盟事務局からも引退し、霧社事件の前年から『英文大阪毎日』のコラムを書いている。

霧社事件は人を惹きつける。とりわけ日本人を誘い込む磁力があるらしい。ことに、霧社事件を知った人々は霧社を訪れたいと思い、そこを訪れた日本人は「表現への衝動」を抑えることが難しい。霧社事件には謎が多いが、この事件と日本人のかかわりようも、また、考えてみるべき現象と感じられなくもない。

一九三八（昭和一三）年秋、ひとりの小学校の女教師が研修旅行の一行に混じって霧社に登って行った。

霧社台地へついたのは、夕暮れに近かった。桜樹の多いところで、霧社分室（埔里街の郡県本部からの分室という意味）や、診療所、官舎、旅館などがかたまって建っている。山の頂きが平らな土地をなしているのだ。／桜温泉という旅館へスーツケースなどあずけると、一行はそのまま霧社公学校をたずねた。事件当時には、その台地を南の方へのぼったところに、公学校があり、二百十名の子弟が在学していた。（中略）／桜は、やはり四月に咲く。阿里山の方の桜は山桜で白いが、霧社地方のは紅色をしている。血桜、と物騒な名で呼ばれる。（坂口䙥子『霧社』）

この霧社行きが女教師と「蕃地・霧社」を結びつけ、女流作家を誕生させたとも言えるだろう。その作品は、「蕃地」、「蕃婦ロポウの話」、「タダオ・モーナの死」、「霧社」などで『蕃社の譜』、『霧社』（「坂口䙥子作品集」コルベ出版社、一九七八年）に収録されている。霧社事件は坂口によって、日本文学に表現の場を得た。そして、坂口にとって日本軍が蜂起鎮圧に「毒ガス」を使ったかどうかの問題は、「文学的な問いかけ」でもあったようだ。

「毒ガス」は使われたか

「その噂」は当初からあった。軍が武力による蜂起鎮圧に乗り出した一〇月三〇日からわずか七日目の一一月五日、台湾民衆党は内閣総理大臣、拓務大臣、陸軍大臣宛に「今回蕃人暴動に対し国際間に使用禁止せる毒瓦斯を以て攻撃せり、非人道の行為なり」という電報を発送しようとして差し止められた。この問題は第五九帝国議会でも浅原健三代議士（全国大衆党）が「毒瓦斯まで放散されて居るが、何故に斯くの如き惨酷なる討伐方法を御用ひになったか（中略）、欧羅巴大戦における経験を基礎とした、演習で為されない経験を今回の討伐に御用ひになった」と宇垣一成陸軍大臣に質問したが、宇垣は「有毒の致命的の害を与える瓦斯は使って居りませぬ（中略）、よく欧米諸国で警察等が使って居ります催涙瓦斯を使ったのである」と答弁している。

蜂起鎮圧に際して軍が毒ガスを使用したかどうかは、霧社事件の性格を決定付ける重要な要素のひとつであり、また、どのような状況下で（日本）人がこの種の兵器に頼るかという意味ではかなり普遍的なテーマともなりうる。かねてから私はこの問題に関心を持ち資料考証もしたことがあるので、その概略を紹介しておきたい。

まず、霧社事件の根本資料で刊行されている主要なものを三点挙げておく。

山辺健太郎編『現代史資料22　台湾（二）』みすず書房、一九七一年（石塚英蔵台湾総督関係文書、牧野伸顕文書等）

戴國煇編著『台湾霧社蜂起事件　研究と資料』社会思想社、一九八一年（台湾総督府警務局、台中州能高郡警察課、拓務省等の関係文書、研究論文等九編、日誌、文献目録）

春山明哲編・解説『台湾霧社事件軍事関係資料集』不二出版、一九九二年（台湾軍司令部「霧社事件史」、台湾軍参謀部「霧社事件陣中日誌」、「霧社事件関係陸軍大臣官房書類綴」、台湾軍経理部「霧社事件給養史」を収録）

私が考証を試みたのは『台湾霧社事件軍事関係資料集』の解説「日本陸軍にとっての霧社事件」（本書所収）である。詳しくはこの小考を参照いただくとして、考証の結果はつぎの四点に要約される。

（一）　毒ガス使用に至る経緯は、飛行隊長の意見具申、霧社現地守備隊司令部の要請、台湾軍司令部の「糜爛性投下弾及山砲弾ヲ使用シタシ至急其交付ヲ希望ス」との要請（一一月三日）、陸軍省の「糜爛性弾薬ノ使用ハ対外的其他ノ関係上詮議セラレス、将来瓦斯弾ニ関スル事項ハ暗号ヲ以テセラレ度」との回答、を経て以後厳重に秘匿されたこと。

その後、実際に使用された毒ガスは二種類あった。

（二）第一の毒ガスは、台湾軍が中央研究所に試作させた「投下用の瓦斯弾（甲三弾）」である。これは「三八式野砲榴弾塡薬弾ニ旧式手榴弾ヲ加工シテ装置シ、弾尾翼ヲ附シタルモノ」で、その成分は「青酸及催涙弾」、少なくとも三発が一一月八日に飛行隊により投下された。なお、瓦斯弾々体と弾尾は中田鉄工所等で製造され、その単価はそれぞれ九円八〇銭、及び三円三〇銭であった。

（三）第二の毒ガスは、陸軍中央が送付した二百発の「山砲用催涙弾（山砲緑弾、甲一弾）」である。これは恒春丸に積み込まれて一一月一四日夜に基隆に到着、霧社に発送され、一八日のマヘボ巌窟への総攻撃の際、百発が一時間にわたり射撃された。

（四）恒春丸に積み込まれた「山砲用催涙弾」が製造された場所は、一九二八（昭和三）年に広島県大久野島に開設されていた、当時唯一の化学兵器工場である東京第二陸軍造兵廠忠海製造所である可能性がきわめて高い。

さて、最近私は武田英子さんが『地図から消された島　大久野島毒ガス工場』（ドメス出版、一九八七年）で同様な考証をされていることを知った。武田さんにお聞きしたところ、資料の出所はかつて私がある会で報告するために作成したレジメとのことで、史実探究の道の広さを嬉しく感じたことを記したい。武田さんのこのご著書は大久野島に焦点をあてたものであり、当時の忠海製造所における開発製造状況からすると、緑弾の成分は臭化ベンジルまたは塩化アセトフェノンであると示唆されている。だとすれば宇垣が答弁したように「催涙性」ということになろうか。しかし、投下用瓦斯弾には青酸が含まれていたし、山砲緑弾も警察用ではなく化学兵器として開発されていたから「充分な毒性」を持っていたとも考えられる。なによりも開発製造が緒に着いて日が浅く、糜爛性のイペリット、ルイサイト、窒息性のホスゲンを使用しようにも出来なかった技術的制約を考慮すべきであろう。なお、探究すべき点が残されており、大久野島関係資料の発掘が望まれる。

タイヤル族・セーダッカの「証言者」

霧社事件における蜂起側住民の数少ない生き残りで、私達に史実と人間の魂の記録を残した二人の霧社山地先住民についてふれておきたいと思う。ともに花岡一郎（ダッキス・ノービン）と花岡二郎（ダッキス・ナウイ）と同じホーゴー社出身であるピホ・ワリス（日本名は中山清、中国名は高永清）とアウイ・ヘッパハ（元アウイ・パワン、日本名は田中愛二、中国名は高愛徳）である。この二人は日本人にメッセージを発信し続けたタイヤル族・セーダッカの「証言者」であった。また、その存在は霧社事件の歴史的研究のひとつの大きなきっかけを与えたとも言える。

一九六二（昭和三七）年、大田君枝と中川静子という日本女性が霧社を訪ねた。そこで出会った人々が下山豊子（霧社分室主任の佐塚警部の娘）、ヤワイ・タイモ（下山豊子の母で佐塚の妻）、高永清とその妻の高彩雲（オビン・タダオ、日本名は高山初子）、そして高愛徳であった。このことがひとつの契機となって、霧社事件の共同研究、そして『台湾霧社蜂起事件　研究と資料』の刊行にいたるのだが、それはさておく。

霧社事件の史実を研究しその真実を知る上で大きな障害になっていたのは、事件の記録ないし証言が総督府や台湾軍から一般の日本人にいたるまで、植民地統治側のものに限られていたことである。台湾軍の陣中日誌のような公表されることがなかった第一級の史料であれ、その立場の限界は覆い難い。山地先住民族側の記録がなかった理由は、蜂起前に一二三六人を数えた部落六社の住民のうち、移住地川中島で生き残りえたのはわずか二四四人であり（一九三三年末現在)、しかも戦前戦後を通じて「語る」には困難な状況が続いていたからである。

ピホ・ワリスが残した記録は『霧社緋桜の狂い咲き　虐殺事件生き残りの証言』(加藤実編訳、教文館、一九八八年)である。事件当時一六歳だった彼は危うい所を小島源治巡査に命を助けられたものの、「味方蕃」に斬られた同族の首の登録係をさせられる(付言すると、「第二霧社事件」が警察の教唆により惹き起こされた謀略だったことを、戦後告白したのが小島である。江川博通『霧社の血桜』一九七〇年)。ピホは川中島に移住させられたのち、警察の命令により花岡二郎の未亡人初子と結婚させられた。戦争中に医師試験に合格、戦後は医療活動を続ける傍ら台湾省議員を務めたこともあり、のち碧華荘という旅館を経営、前記の中川をはじめ多くの日本人が訪ねた旅館である。

さて、数冊のノートにびっしりと書き込まれた記録は、ピホ・ワリス自身の体験記録と同時に調査と探究の記録であり、なによりも蜂起を含む霧社事件の渦中で死んでいった同族ひとりひとりの鎮魂の誌であると言えよう。私の見るところでは、彼の記録姿勢は「証言」というよりも「歴史家」のそれであり、E・H・カーが『歴史とは何か』で主張した「歴史とは歴史家と事実との間の相互作用の不断の過程であり、現在と過去との間の尽きることを知らぬ対話なのであります」という言葉を想起しないではいられない。彼のこの記録でもっとも私の心に残った一節を掲げる(「随稿」)。

霧社事件五〇年目にあたる一九七九年はピホ・ワリスの母が自殺し、父が陣没して五〇年目でもあった。ある晩のこと、ピホは盛大な中日合同の晩会に参加した。そこでは日本人もホーゴー社の者も一緒になって酒を盛り、灯をともして、楽しく跳舞している。「瞬間私の亡母が古来の盛装を着用して舞り《ママ》乍ら私の前に姿を現して来た。私も亡母も異常によろこんで抱きついていた。母は私に亡父の行方を聞いた」。ピホは父がタロワン高地で日本軍と戦って死んだことを告げたところ母は悲しい表情を見せない。ピホは五〇年振りだから母と一緒の写真を撮ってくれとカメラマンを促した。「トタンに此のことは夢であったことに気がついた今まで見た夢で一番懐かしい夢であった」。一九八二年の暮れにピホ・ワリスは亡くなった。六六歳。中川静子（中村ふじゑ）に「ピホワリスの墓碑銘――高永清さんを偲んで」（『台湾近現代史研究』第五号、一九九三年緑蔭書房より復刻）がある。

『証言霧社事件　台湾山地人の抗日蜂起』（草風館、一九八五年）は、アウイ・ヘッパハが林光明（下山一）の日本語力と、抗日戦を戦い抜いたアウイ・タダオ（ロードフ社）の記憶力と、許介鱗（台湾大学）の社会科学と編集力を、いわば引き出して書いた「証言」とも言える。かつて私はこの本について「語り継がれてきた、そして語り継がれるべき、いまひとつのセーダッカの叙事詩である」と評したことがある（『中国研究月報』一九八六年七月号）。「霧社事件は計画的な、思想的背景のある革命です」と中川に語ったアウイの明快さは、霧社事件の歴史的性格の探究にとって「研究仮説」の役割を果したとも言える。が、軍事関係資料を読みあさった私にとって、もっとも印象に残ったのは土地の名前であった。「ジャングルのなかの抗日戦」と題された章から拾ってみよう。「クルフカッフルの戦い」、これは台湾軍司令部の『霧社事件史』では「五〇六〇高地」と表記されている。「ブットツの戦い」、安達少佐率いる台南の歩兵第二聯隊が包囲され、戦死一五名、負傷二一名の大損害を出して撤退した「一文字高地」にいたる稜線での戦いであり、霧社抗日戦史における蜂起側の最大の勝利であった。アウイ・ヘッパハによれば、この戦いを指揮したのは、蜂起の指導者モーナ・ルーダオの長男タダオ・モーナである。

このブットツの敗戦が現地出動軍に与えた衝撃は大きかった。鎌田支隊長（少将）はこの日、台北の軍司令部に対して可能な限りの山砲弾、手榴弾、そして「瓦斯弾」の補給を要求し、戦術を歩兵前進から山砲と飛行機による砲爆撃に切り替え、「味方蕃」を大量に投入することにしたのである。

アウイは、あの運動会場の日「少年組」の一人として大人達を手伝い、戦火の山岳地帯をさ迷い、「第二霧社事件」

の時、収容所で襲撃され、川中島に移住した。一九四二（昭和一七）年、川中島からも「高砂義勇隊」に青年が出征している。アウイは青年団長だった。戦後、バス会社を経営し、南投県議員を一六年務めた。ピホ・ワリスより二歳年下である。

セーダッカの二人の「証言者」の比較は私の好むところではない。歴史の闇の中ではどんな生涯もほの暗く、ときに輝くものだからだ。

ピホとアウイが川中島で暮らしていた頃、井上伊之助が近くの眉原で公医をしていた。高山初子が花岡二郎の遺児を出産した時、ヘソの緒を切って手当てしたのは井上であり、またマラリヤ患者の治療にあたっている。ある時、井上は「霧社事件で日本人を殺した確証のある者を調査して処分する」ための総督府、台中州の関係者会議に呼ばれてこう尋ねられた。「何かよい薬はありませんか？　傷もつかず反抗もせず、ころりと行く薬ですよ」。井上が断固反対したため、三七名は留置処分となった。一九三一（昭和六）年一〇月一五日の帰順式に逮捕された人々の殺害された遺体は、戦後になって発見されている。

ある霧社青年の日中戦争と太平洋戦争

ピホ・ワリスが同族の首の登録係をしている時、同じように小島源治巡査のもとに保護され、「伯父の首だけは見たくない」と念じていた三歳年上のマヘボ社の青年がいたという。青年の名はアミン、日本名は近藤霧男、伯父とは霧社蜂起の指導者モーナ・ルーダオである。アミンは、モーナの妹テワス・ルーダオと日本人巡査近藤儀三郎の間に生まれた子供だったという。山地支配の一環として日本人警察官が山地先住民の有力者の娘と結婚することが奨励された時期がある。しかし、このような結婚が永続することが困難なことは容易に想像がつくだろう。近藤が花蓮港庁に転勤となりテワスが身ごもった頃、彼は行方不明となり、やむなくテワスは霧社に戻りアミンを産む。

アミンという霧社の一青年にふれることについて、実のところ私にはためらう気持ちがあった。というのは、ごく最近知った『大酋長モーナの戦い——霧社蕃人蜂起事件秘話』(於保忠彦、芸文堂、一九九一年)にアミンのことが書かれているのだが、この本はノンフィクション小説の形式が採られており、また、他の資料で確認できていないからである。しかし「アミンと一緒に遊んだのが私の小学校六年生頃で、殆どの者は、彼の素姓を知らなかった」(著者「あとがき」)その理由にはうなずけるものがあり、「小島源治氏の炉端談話」が見聞資料として挙げられていることも説得的である。今後の史実探究のために紹介する次第である。

一九三七(昭和一二)年七月の蘆溝橋事件の勃発と戦火の中国大陸への拡大は、台湾における皇民化政策の推進と戦争動員への端緒となり、まず、台湾人が軍夫として大陸へ瀬踏み的に送り込まれた。このころ、アミンは小島のはからいで彰化近郊の和美の陣家の養子となり、陳阿民となっていた。第一回台湾人義勇志願軍夫の募集に「陳阿民は率先して応募し一〇月の武漢三鎮攻略戦に、(中略)後に海南島作戦にも参加し」、一九四〇(昭和一五)年に勲七等の勲章を授与されたという。一九四二(昭和一七)年、フィリピンにおける第二次バターン半島攻略戦に、第一回高砂義勇隊(当初は「高砂挺身報国隊」)が送り込まれた。「阿民は高砂族出身である為、先輩軍夫として小隊長格でこれら高砂の青年を引きつれ、台湾軍と共に比島戦線に出征」、バターンからルソン島内陸部へと転戦した。一九四二年四月、トラック輸送隊の一員としてマニラを出発した阿民は、ラグナ湖、シニロアンを経由、ハラハラ峠で攻撃され戦死、三一歳だった。

高砂義勇隊については、『旧植民地の落し子 台湾「高砂義勇兵」は今』(石橋孝、創思社出版、一九九二年)、『忠列抜群・台湾高砂義勇兵の奮戦』(土橋和典編、戦史刊行会、一九九四年)、『台湾高砂義勇隊 その心には今もなお……』(門脇朝秀編、あけぼの会、一九九四年)などが最近刊行されているが、アミンの名は見あたらない。日本人と山地先住民族セーダッカとの血を受けた霧社青年は、台湾人陳阿民として死んだのであろう。もし、戦後、中国となった台湾に彼が生き延びたとしたら、どんな思いで日本と日本人を眺めたであろうか。

おわりに

ものごとがひとつの原因では生じないように、人もひとつの理由では行動しないもののようである。まして、書くということになるとなおさらである。林えいだいさんから「写真集」の解説を依頼された時、最初はご遠慮したいとお答えした。なにしろ初対面の方ではあるし、第一私は台湾先住民族の歴史について研究したことはないからである。ただ、私の手元に、数年前に山田豊さん（朝日新聞社勤務）からお預かりした資料があり、気になりながらもそのままにしていた「宿題」があった。この機会に林さんに活用していただければ、と九州に送った。これがふたつ目の理由。そして、「戦後五〇年」のめぐり合わせにもなにかの機縁と、ある時ふと思ったのが三つ目。

書き終わって気がついたのだが、結果としてやはり「写真集」の解説にはなっていないようだ。二〇年余り前、霧社事件の共同研究に参加した頃から、私の心の隅に堆積してきた「霧社事件と日本人」というテーマが少しその像を結んだのである。少なくとも、その要素のいくつかが析出したのが本稿であり、私なりの「写真の読みかた」というにすぎないものになった。

しかし、しばらく遠ざかっていた資料読みの楽しさと、歴史に生きた人々への粛とした感覚とを思い出す機会を得たことを林さんに感謝したい。

タイヤルの神、ウットフが織り給いた細い糸をたぐったような気もしている。

（一九九五年七月二二日　記）

台湾原住民タイヤル族一女性の命の記録

――〈書評〉中村ふじゑ『オビンの伝言』――

「六〇年安保」の翌年、闘争の挫折感から逃げ出そうと外国旅行を思いついた若い日本人女性がいた。最初に着いた外国のはずの台湾で彼女はさまざまな「日本」に出会う。日本語を流暢に話す人々、日本家屋と神社跡、抗日運動家、太平洋戦争の死傷者たち……。こうして日本の台湾植民地支配を調べ始めた彼女の注意を惹いたのが「霧社事件」だった。昭和五年一〇月、台湾中部山岳地帯の原住民タイヤル族が武装蜂起し、日本の軍隊・警察によって鎮圧された事件の真実とは。この疑問を胸に彼女は標高千メートルを超える霧社に向かう。そこで出会ったのが事件の生き証人であり、のちに語り部ともいうべき存在となったタイヤルの女性、オビン・タダオである。

著者の中村ふじゑは、オビンが一九九六年に八三歳で亡くなるまで三五年間、毎年のように霧社を訪れ、ふたりは母娘のような間柄になった。その中で残された録音テープ、手紙、写真、そして数々の思い出をもとに、「いつもオビンがそばにいるよう」に感じながら、「彼女といっしょに書いたともいえる」（あとがき）本書（中村ふじゑ『オビンの伝言――タイヤルの森をゆるがせた台湾霧社事件』梨の木舎、二〇〇〇年）は、決して単なる回想ではない。オビンの生涯を辿ることは、霧社事件を横糸として、台湾・日本関係の近現代百年の縦糸を紡ぐ作業にほかならないからである。

本書は、台湾原住民の一女性の日本語で書かれたおそらく最初の評伝であろう。オビンの生涯は過酷な運命に翻弄されながらも、「生」と「命」への献身に貫かれている。

ホーゴー社頭目（村の長）の娘としての平和で裕福な幼年時代。警察による山地行政（理蕃政策）下の公学校入学と高山初子という日本名の付与。聡明な彼女は同族の中で高い教育を受けた。そして花岡二郎（ダッキス・ナウイ）との結婚。当局の政略とはいえ愛する夫と穏やかな暮らしを営んでいた初子は、一七歳の秋「その日」を迎える。警察の圧制と重労働に耐えかねたセーダッカ族の叛乱で、老若男女の区別なく一三四名の日本人が殺された。警察駐在所に勤務する夫は蜂起した同族とともに自殺を決意する。初子も死のうとするが、二郎に「生きられるだけ生きなさい」と言われる。初子のお腹には三ヶ月の子が宿っていたのだ。

蜂起は近代兵器で武装した日本軍警によって鎮圧され、さらに昭和六年には警察の教唆により同族による捕虜の襲撃殺害という陰惨な事件が引き起こされる。初子はわずかに生き残った者達と川中島に強制移住させられ、男の子を産む。やがて、初子は中山清（ピホ・ワリス）と再婚させられる。苦学して公医となったピホ。初子も助産婦の資格を取り、娘も生まれるなどして生活の再建が進む。が、日中戦争から太平洋戦争へ、皇民化政策の強化は原住民を高砂義勇隊として戦場へ駆り出す。オビンの弟も南方で戦死する。

日本の敗戦とともに台湾は中国へ返還され、オビンは中国名・高彩雲となり、高永清となったピホとともに戦後の台湾を生きぬいていく。

「語り部」としてのオビンの陰にはその夫ピホの生涯にわたる事件探求があったことを忘れてはならない（ピホ・ワ

リス著、加藤実編訳『霧社緋桜の狂い咲き　虐殺事件生き残りの証言』教文館、一九八八年)。また、オビンと中村との出会いは霧社事件の本格研究の契機ともなり、中村や評者も参加した台湾近現代史研究会による『台湾霧社蜂起事件――研究と資料』(戴國煇編著、社会思想社、一九八一年)など多数の研究論文や著作の刊行につながっていく。近年、山地原住民は台湾の民主化プロセスの中で主体性の回復を求め、民族自身による歴史が書かれはじめている。本書はオーラル・ヒストリーの一種として、その端緒ともいえる。

「オビンの伝言」はまだ日本人には十分に受け止められていない、との著者のメッセージがタイトルには込められている。多くの若い日本人にも読んで欲しい本である。

語り継ぐセーダッカの叙事詩
――〈書評〉アウイヘッパハ『証言霧社事件』――

「霧社事件は計画的な、思想的背景のある革命です。」

アウイ・ヘッパハ（中国名、高愛徳）が、霧社を訪れた二人の日本人に、こう「証言」したのは一九六二年の春のことである（大田君枝・中川静子「霧社をたずねて」、『中国』一九六九年八月号）。台湾の先住者、高山諸族に属する霧社のタイヤル族が、日本の山地支配に抗して武装蜂起した一九三〇年から数えて、実に三二年もの歳月が流れていた。この当時、日本人に対して霧社の人々の口は未だ重く、また、霧社事件について戦後世界の新しい光を照射して書かれた著作は皆無に等しかった。このような状況の中で、アウイ・ヘッパハのメッセージを伝えたルポルタージュは、日本における「霧社関心」の先導的役割を果したと言うことができる。

それから今日まで、さらに二四年。この間に現われた霧社事件に関する研究、回想、ルポ、事件を題材とした小説の類は、数の上から見れば決して少なくない。むしろ、日本の旧植民地台湾をめぐる主題の中で、霧社事件は日本人によってもっとも多く採りあげられたものとなった、とさえ言えるかも知れない（この現象自体、また別のテーマになりうるだろう）。

さて、日本の山地支配の治者として、また蜂起の「被害者」としての立場からの叙述、あるいは、学術研究的であれ単なる見聞記的であれ「第三者」の立場からの著作が圧倒的多数を占めてきた中にあって、蜂起側に属したセーダッカ族（霧社のタイヤル族は、みずからをこう呼ぶ。セーダッカとは、もっとも高い山に住む、の意という）の言葉が全く書き留められなかったわけではない。

霧社蜂起とその翌年の「第二霧社事件」（日本警察当局が蜂起に参加しなかった高山諸族をそそのかして、投降した人々を多数殺害させた事件）を通じての、きわめて数少ない生存者の貴重な「証言」も存在する。アウイ・ヘッパハと同じホーゴー社（蜂起部落のひとつ）出身のピホ・ワリス（中国名、高永清）の回想録とノートは、彼自身は武闘に参加しなかったとはいえ、その代表的なものと言える（中川浩一・和歌森民男編著『霧社事件』三省堂、一九八〇年、見上保著『台湾霧社事件の今昔』自費出版、一九八四年、参照）。ただ、これまで活字になったものに関する限り、それらは断片的もしくは部分的叙述にとどまっている。

以上のような霧社事件の「叙述史」において本書（アウイヘッパハ著、許介鱗編『証言霧社事件――台湾山地人の抗日蜂起』草風館、一九八五年）は、その「作り手」、叙述の全体性、周到な構成、の三点で光彩を放っている。本書の構成に沿って、これらの点に触れていこう。

全体は三つの部分（第一〜三編とする）及び霧社事件関係年表から成っている。第一編はアウイ・ヘッパハを「語り手」（この意味はあとで詳らかにする）とする「証言　霧社事件」である。「ジャングルのなかの抗日戦」と題する霧社蜂起のいわば「戦史」を核として、その前史たるセーダッカ族と「悪い日本人」との抗争史と、第二霧社事件とその結末が描かれ、全体として霧社事件の、そしてセーダッカ族の抗日・生存闘争史のパースペクティブを得ることができる。

霧社の「戦史」に関しては、台湾軍参謀本部編『霧社事件史』(この書の原資料として防衛庁戦史部蔵の陸軍大臣官房書類綴等が存在する)、台湾総督府警務局編『霧社事件誌』等があるが、蜂起側の実戦経験に基づいて日本語で描かれたものとしては、本書が唯一のものである。今後、これらの比較検討作業が必要となろう。

日本側史料の中では「敵蕃」などという集合名詞でしか表わされないセーダッカ族が、ここではタダオ・ノーカン、アウイ・テミ、ポホク・ワリスといった固有の名を持つ勇士達として登場し、生き生きと密林や断崖を駆けめぐる。台湾軍の記述では、五〇六〇高地とかマヘボ社上方高地とかいった地図の記号表記にすぎない地点が、クルフカッフルの戦い、ブツトツの戦いというように戦場として迫ってくる(ついでながら、クルフカッフルの戦いでチリ・パワンが倒した中尉の姓は「荒木」ではなく「荒瀬」である)。

本書の第二編は「座談会　私の霧社事件」である。編者許介鱗を進行役に、アウイ・ヘッパハと林光明が、霧社事件の「謎」あるいは論争点をひとつひとつ検討している。この座談会参加者三人の組み合わせは、霧社事件の歴史的含意というべきものを、実に鮮やかに我々に悟らせる。

許介鱗は、中国大陸からの後発移住者として先住高山諸族を山地に追い込んだ漢族系台湾人の子孫であり、アウイ・ヘッパハは、現在の中国名高愛徳とは別に日本名田中愛二をかつて持っていたセーダッカ族である。そして、林光明は、日本人下山治平を父とし、タイヤル族ペッコ・タウレを母として生まれた混血の日本人下山一であった。台湾というひとつの島を縁として歴史に織り込まれた三人とも言えるかも知れない。(林光明の両親の結婚が、台湾総督府の非人間的政策の結果であることは、この座談会での林光明の発言に詳しい。しかし、苛酷な状況下にあっても人の愛を貫こうとした下山一家の苦悩には胸を打たれる。)

霧社事件は、その名がシンボルであるかのように、霧のベールに包まれている。蜂起の主導者モーナ・ルーダオは何故戦いのさなかに姿を隠したのか、蜂起は計画的なものだったのか、セーダッカ族と漢族の連帯は存在したか、「理蕃政策」（日本の山地支配政策）の模範的人物に造形されたかに見えた花岡一郎（ダッキス・ノービン）と花岡二郎（ダッキス・ナウイ）の自殺の真意は何か、そして、日本軍は毒ガスを使用したのか、などなど。

これらの問いに対してアウイ・ヘッパハ、林光明がどこまで答えているかは、読者の判断にまかせよう。ただ、冒頭に引用したアウイ・ヘッパハの断言に比較すると、二〇年余を経た今日、彼の証言は真実の奥深さにずっと接近しているように思われる。

最後の第三編は、許介鱗による「解説」である。本編は、霧社事件は台湾の山地に住む少数民族の「人間宣言」である、との認識に立って、台湾総督府の「理蕃政策」の本質と実態を、霧社に焦点を絞り込む形で、歴史的に解明しようと試みた力作である。と同時に、編者自身の「霧社事件像」の提示であり、様々の「謎」への回答ともなっている。

それと明示されてはいないけれども、編者が中川、見上の二書（先述）を手厳しく批判していること、また、『台湾霧社蜂起事件　研究と資料』（戴國煇編著、社会思想社、一九八一年）を駆使していることが読みとれる。ただ、批判対象を明確にせずに論じているために、闇に向かって切り込んでいる感がぬぐえない。さらに重たい気持にさせられるのは、セーダッカ族の二人の「証言者」アウイ・ヘッパハとピホ・ワリスの「比較論」である。両人それぞれに「霧社事件史」があり、「戦中史」また「戦後史」があった。それらを概括し、評価するのは我々の「自由」であろう。しかし「なんぢらの中、罪なき者まづ石を擲て」（ヨハネによる福音書）とは、歴史の真実を探求する者にとっても銘記すべき言葉ではなかろうか。とりわけ、ピホ・ワリスが神に召された今日にあっては。

さて、アウイ・ヘッパハを「語り手」とした意味を述べておこう。座談会の編で触れられているが、「証言」はアウイ・ヘッパハが書き、林光明が仕上げたものであり、その内容はアウイ・ヘッパハが通訳を務めた捕虜の供述、川中島移住地での大人達の体験談、あるいは実戦経験豊かな生残りの勇者（アウイ・タダオら）の記憶にも、多くを負っている。アウイ・ヘッパハは、単なる一人の「証言者」ではなく、セーダッカ族を代表する「語り手」の役割を果している、と言えよう。

「証言」は、語り継がれてきた、そして語り継がれるべき、いまひとつのセーダッカの叙事詩である。

「虹の橋」を渡るキリスト者
――井上伊之助の「山地原住民伝道」覚書――

ウットフ（神）様のみちびきで　幸い私がここに来た！
遠い東の都より、はるばる来にし友もあり
聖者［ひじり］の書きし文読みて　聖きなが霊なぐさめん！
逝けよ、いとしいサヨンさん　ホーゴーウットフ（神の橋なる虹）渡ってけ
ウットフ様の御もとまで　後から私も登ってく
若しや私が落ちるなら　御身の小さき手を貸して　助けておくれサヨンさん！
井上伊之助「ホーゴーウットフ渡ってけ」(1)（抄）

はじめに――「近代台湾」の中の「上品な日本人」

井上伊之助という名前を私が知ったのは、霧社事件の共同研究においてであった。戴國煇さんが『思想』に書いた「霧社蜂起研究の今日的意味」[2]という記念碑的な論文の中で、戴さんは『民族学研究』に掲載された日本の「理蕃政策」(台湾原住の少数民族に対する支配政策―後述)に関する座談会における井上伊之助の、「蕃人」の首狩りは植民者に対する抵抗でもある、という趣旨の発言を貴重なものとして引用している。また、宇野利玄君が『展望』に発表した「台湾における『蕃人』教育」[3]に井上伊之助の話が出てくる。井上の台湾との関わりの簡潔な要約であり、宇野君の含蓄あるコメントが附されているので、やや長いが紹介する。

一九一一(明治四四)年に高山族へのキリスト教伝道を志して台湾に渡った井上伊之助は、大津蕃務本署長のはからいで、新竹庁樹杞林カラパイ蕃人療養所勤務を命ぜられている。しかし、キリスト教徒であったゆえか、彼の情熱が政策的利用の意図を越えていたためか、下村民政長官など一部総督府官僚からさえ熱意を評価されながらも、伝道は許可されず、一九一七(大正六)年には病を得て本意を果たさないまま台湾を去らなければならなかった。彼は、のち再び台湾に渡り療養所勤務につくが、一九四五年の敗戦まで、ついに、伝道が許可されることはなかったのである。この例に、日本当局の高山族に対する宗教対策の性格が如実に現れていないだろうか。たとえ、宗教をもって宗教を制する方策を採ったにしても、そのとき、宗教が真に宗教的であってはならないのである。[4]

こうして「台湾の『山地』で伝道している人がいた」という記憶が頭の隅に残っていたためか、だいぶ後になって神田の古本屋で見つけたのが『生蕃記』という本である。著者は井上伊之助その人、大正一五年警醒社書店の刊行で、内村鑑三の序文が付いていたことが目を惹いた。さらに月日が経過したある時、九州在住の林えいだいさんという方から『写真記録　台湾植民地統治史――山地原住民と霧社事件・高砂義勇隊』[5]という本の解説を頼まれた時に、書棚に眠っていた『生蕃記』を取り出して読んで書いたのが「ウットフが織り給ひし人々――台湾先住民族の霧社蜂起」である（本書所収）。この時、初めて井上伊之助の魂のようなものに触れ、また、タイヤル族の神というべき「ウットフ」の存在と、人が生まれることをタイヤル語で「ウットフが織る（テミーヌン、ウットフ）」と表現することを知った。またある時、タイヤル族の青年として初めて東京大学教授の若林正丈君のもとに留学に来たイバン・ユカン君[6]に会ったことがある。この「テミーヌン、ウットフ」という言葉は実際にはどう発音するのかと聞いたら、彼がタイヤル語で発音してくれたことを印象深く覚えている。彼が台湾から送ってくれたコピーが『福音と歴史』という雑誌に九回連載された石倉啓一著「台湾における井上伊之助先生」[7]である。この論考は台湾で幼少期を過ごされた日本人クリスチャンの、台湾における現地調査と人々との出会いを折り込んだ本格的な井上伊之助の評伝である。

二〇〇二年五月、早稲田大学の台湾講座で「近代台湾の中の日本人」という視角で講義を依頼された時に、近代日本つまり大日本帝国の周辺に台湾があるというイメージで歴史地図を頭の中に描いていたのを逆転させて、近代台湾が中心にありそこに日本が係わったというような見方があるのではなかろうか、という発想が湧いた。仮想的な「台湾アイデンティティー」の位置に身を置いてみた時に、日本人として残る名前、「近代台湾」にとって意味がある日本人は誰だろうかと考えた。「近代台湾」というのは国家として存在していないし、台湾人の台湾としては存在していない。「存在していない存在としての近代台湾」という視角をどうすれば設定できるのか。私が想い出したのは一九九四年一二月七日の大江健三郎氏のノーベル賞受賞記念講演「あいまいな日本の私」[8]である。彼は「ディーセント(decent)」、「上品な、品の良い」日本人というイメージを取り上げ、「世界の周縁にある者として」、「人類全体の癒しと和解に、どのようにディーセントかつユマニスト的な貢献がなしうるものかを、探りたい」と講演を結んでいた。

「近代台湾」と関わりを持った日本人の中で「上品な日本人」というのは誰だろう、と考えたときに真っ先に浮かんだのが井上伊之助だった。

井上伊之助のようなキリスト者を信仰者の立場ではなく、「歴史の中」でとらえるにはどうすれば良いのだろうか。本稿はこの問いに接近するための私の研究ノートであり、井上伊之助論のための「覚書」である。

一　井上伊之助の生涯

井上伊之助自身は自分の生涯をどう思っていたのだろうか。日本に帰国してまもなく、「台湾伝道の思い出」の中で井上はこう書いている。

わたしの過去を顧れば「冒険」の二字につきる。神様に対しては「恩寵」の二字である。世の篤信家なれば「信仰生涯五十年」というべきであるが、わたし如き不徳不信の者は失敗の生涯五十年というべきである。河上博士の辞世の句の如く「棄てし身を日に日に拾う命かな」との感が胸一杯になる。渡台当時に殉教したなら幾分か後世のために益になったかも知れぬのに、生きて今日まで恥をさらしている。あのパウロの言った如く「わが願いは世を去りてキリストと共に」あることであるが、私の信仰が成熟せず、いまだ天の安息に入る資格がないのか、今日まで生きながらえてきた。(9)

これを読んだときに私は「冒険の二字につきる」というところに非常に興味を引かれた。「信仰」とか「伝道」という言葉ではなく、「冒険」であったというのである。これは何を意味しているのだろうか。

井上伊之助は、その生涯に自伝的な叙述を三冊出している。その最初のものが先に触れた『生蕃記』(一九二六年)である。二冊目が戦後の一九五一年に出版された『蕃社の曙――台湾伝道の思い出』で、これに収録されている自伝的小説「死を賭して」という短編と「四五年間の私の祈り」という文章は、三冊目の『台湾山地伝道記』に収録されていないが重要なものである。一九六〇年に刊行された『台湾山地伝道記』は、『生蕃記』と『蕃社の曙』の主要部分を収録し、戦後の文章、詩、「台湾関係来信」などを新たに追加したものであり、一九九六年に井上伊之助の三男の井上進氏がこれを増補復刻している。『蕃社の曙』の序文に「私は四十年間の日誌と新聞雑誌に載せた文献全部を台湾に放棄して帰り、何の参考書もなく記憶に残っていることだけを書いた」とあるように、戦後書かれたものは事実関係に多少誤りとか矛盾があるので、記録として利用する場合には資料考証をかなり綿密にする必要がある。このうち、三〇冊の日誌が台湾に保存されていて一九五八年に井上のもとに戻ってきたという。[10] きわめて貴重な記録であり、公刊されることを希望している。

さて、井上伊之助の生涯を略述する。

井上伊之助は一八八二（明治一五）年九月二日、高知県幡多郡西土佐村に、父・井上弥之助、母・花の次男として生まれた。「小生の郷里は高知県の西端にて、高知市へ三十里、伊予の宇和島へ七里、いずれも交通不便の地にして、徒歩または人力車、河船等を利用するの他なく、小生在郷中はキリスト教の伝道者は一人だになく」[11] と井上は書いている。父・弥之助は「祖父より相続したる沢山の財産を自ら消費したれば、老ひて苦しむは自業自得だと云って居られた」[12] が、何とか飯が食えるだろうと台湾に渡り、賀田組の製脳所で樟脳を製造する仕事に就いた。賀田組というのは、大倉喜八郎が台湾を拠点にして成功した財閥である大倉組の元台湾総支配人賀田金三郎が作った会社で、官衙用達・建築・物品販売・運送業を営んでいた。[13]

一八九九（明治三二）年、伊之助は村を出て高知県中村町役場に勤めた。この町で初めて路傍伝道を聞き、幸徳秋水らの社会主義演説に耳を傾けた。翌一九〇〇年に上京し中央郵便局に勤める。このころ井上は「『萬朝報』で同国出身の関係上、黒岩涙香、幸徳秋水、堺枯川などの文章を愛読すると共に内村鑑三先生の論文にチャームされて」[14] いたという。社会主義とキリスト教の間で揺れていたものでもあろうか。一九〇三（明治三六）年、井上のキリスト教への傾斜は決定的になり、中田重治[15]、笹尾鉄三郎[16]らの中央福音伝道館の聖書学院で学び始め、中田から洗礼を受けた。井上二一歳の時である。その一方、井上は内村鑑三の『聖書之研究』を読み講演を聴きやがて面識を得るが、これについては後述する。

一九〇六（明治三九）年、井上の生涯を方向付ける事件が起きる。八月一五日、大宮・氷川公園の関東修養会に出席中、井上は父・弥之助が台湾花蓮港の「蕃地」で殺害されたという連絡を受けたのである。「人を離れて唯独り松原に隠れ、終日父の死に就いて考へた」井上は「キリストは汝の敵を愛せよと教へられ、ご自身を十字架につけた敵の為に祈り給ふた」ことなどを思い、「今日から毎日生蕃の為に祈らう」と決心したのであった[17]。一九〇七（明治四〇）年、井上は聖書学院を卒業し、千葉県の佐倉に赴任、伝道に従事する。

一九〇九（明治四二）年、千葉県銚子、犬吠崎の松林の祈りにおいて井上は「台湾の蕃人伝道の召命」を受ける。『生蕃記』には、「徹夜の祈をして、自分の過去、現在、未来を黙想して居ると『汝、我を愛するか』静かなれど厳かなる聖声が私の霊に響く。『然り、主よ我汝を愛す』と答へ、『我羊を牧へ』と三度之を繰返し、最後に『我羊とは誰か』と自問自答し、予て祈り求めつつある蕃人伝道の問題に到着した」、井上が「聖意をなし給へ」と祈ると、「汝は妻子、親族、友人を離れて台湾に行き、蕃人に福音を伝へよ」との使命を受けた、という風に書かれている[18]。井上は中田の紹介で伊豆の病院で医療の研修を受け、英国のミッションである「日本伝道隊」のウィルクスら[19]の資金援助を得るなどの準備を進めた。こうして「妻子を東京に残して、冒険的旅途に就いた」のは、一九一一（明治四四）年一〇月であった[20]。

台湾における井上の活動については、石倉啓一が次のように時期区分している。

第一期　一九一一（明治四四）〜一九一七（大正六）年　新竹州カラパイ社療養所時代

（この間の五年は福岡と種子島で伝道活動）

第二期　一九二二（大正一一）～一九二九（昭和四）年　新竹教会牧会と巡回伝道、白毛療養所時代

第三期　一九三〇（昭和五）～一九三九（昭和一四）年　バイバラ、マレッパ、ナマカバン療養所時代

第四期　一九三九（昭和一四）～一九四七（昭和二二）年　内湖、仁済院、養神院、天送埤時代

井上は渡台すると台湾総督府の大津麟平蕃務本署長に面会して「希望を述べ、便宜を与へる様依頼せしに、幸に諒解されて何とか方法を講ずべし、との事」で、ほどなく「蕃地事務ヲ嘱託ス、樹杞林支庁カラパイ蕃人療養所勤務ヲ命ス」という辞令を受ける。[21]ただし、台湾総督府は「蕃地」におけるキリスト教の伝道活動を禁止していたので、井上は聖書を使って福音を説くというような直接の伝道はできなかった。医療行為あるいは自分の祈る姿を通じて感じてもらうという形でしかできなかったわけで、結局、台湾では最後まで宗教活動という意味での伝道はできなかった。その点からすれば井上の活動を「山地伝道」と言いきることはできない面もあり、石倉啓一は「医療伝道」と表現している。また、中村勝は井上の台湾先住民との共生生活と人倫関係本位の実践に着目して、「生活伝道」と表現している。[22]

第一期における井上の活動については、『生蕃記』中の「蕃界生活」に活写されている。井上は内地から妻の千代子と長男の献を呼び寄せ、カラパイ療養所を拠点とした医療活動を行なった。また、タイヤル語の習得に努め「角板山蕃語講習所」でタイヤル語の研修を受けている。一九一五（大正四）年、下村宏が民政長官に就任するに伴い、山地における井上の活動を評価し、伝道禁止措置の見直しを示唆したことに期待して、井上は伝道許可願いを総督府に提出したが、理蕃当局の反対で実現しなかった。一九一七年の二回目の申請も却下された。この年、井上は眼病、腎臓炎などを煩い、心身ともに衰弱したため、辞職し内地に帰った。その後、福岡、種子島で聖公会の伝道に五年間、従事している。

一九二二（大正一一）年、井上は賀川豊彦[23]の支援を得て再び台湾に渡った。賀川は、井上に「生蕃伝道」への提携を申し出て、十年計画によるタイヤル語聖書（マタイ伝）の完成、「蕃童」数名の教育などを提案したのである[24]。この第二期の当初、台湾総督府はかなり井上を警戒し（井上の言い方によると「ブラックリスト」に載って）、蕃地も巡回医療ならいいが定住することは禁止されたので、新竹の日本基督教会での伝道と「蕃地」の巡回医療による活動をせざるを得なかった。その後、規制が解かれ、一九二六（大正一五）年には台中州白毛社に医務嘱託として入ることができた[25]。井上は三回目の伝道許可願書を提出したがこれも不許可となった。この年、井上は『生蕃記』を出版している。一九二九年には台北放送局での原住民についてのラジオ放送が総督府の忌憚に触れて一旦辞職させられた（のち復帰）。

一九三〇（昭和五）年、井上は台湾総督府の「限地開業医」という地域を限った開業医の試験に合格し、初めて医師としての正式な資格を得た。この年、霧社事件が起こるのだが、これについては後述する。翌一九三一年、井上は台中州の「蕃地」バイバラに医務嘱託として赴任し、ついで霧社の奥地のマレッパ社に転勤する。一九三六年にはブヌン族の部落であるナイフンポ社を経てナマカバン社に転勤、マラリヤとアメーバ赤痢の治療に奮闘した。

一九三九（昭和一四）年、井上は五七歳となり「霊肉が衰弱して、山の生活にたえられないようになった」こともあり、山地に別れを告げ、台北市外の内湖に愛生医院を開業した。一九四一年には貧民救済のための台北仁済院に勤務、さらに養神院に移ってここで敗戦を迎えた。

台湾が中華民国政府の統治下に入った後、井上は一旦台湾省に留用されるが、台湾に永住したいという希望を持ち、東部宜蘭の奥地の天送埤に開業した。日本人に対する帰国命令が出されるが、台湾側の様々な関係者の努力で命令が取消され、台湾に残れる状況になったのも束の間、一九四七年の「二・二八事件[26]」の結果、日本人に対する留用政策が変更され、井上も日本に帰らざるを得なくなったのである。妻千代子と三人の子供を連れての引揚げであった。井上夫妻は厳しい生活の中で六人の子供のうち、三人を台湾で亡くしている。

帰国後、井上は東海大学で保健衛生学講師などを務め、『蕃社の曙』や『台湾山地伝道記』などの著述のほか伝道活動に従事した。亡くなったのは一九六六(昭和四一)年六月二〇日、八四歳であった。その四年後、千代子夫人も亡くなっている。埼玉県入間メモリアルパークの井上伊之助一家の墓碑には「愛」の文字、十字架とともに「トミーヌン・ウットフ、台湾タイヤル族語、神は織り給う」と刻まれている。(27)

二　日本の植民地台湾統治政策における井上

台湾における井上の活動を台湾総督府の植民地政策の観点から見る場合、三つの視点、すなわち原住民に対する「理蕃政策」、医事衛生行政、そして宗教政策からの視点からの検討が必要であろう。ここでは、今後の研究課題として、この視点に関わる問題を若干提示するだけに留める。
井上が最初に台湾に渡った一九一一(明治四四)年、台湾の「山地」はどんな状況にあったのだろうか。
台湾は一八九五(明治二八)年、日清講和条約により清国から日本に「割譲」された。しかし、日本による台湾の統治は長期にわたる軍事・警察力の行使による「武」による支配であった。大江志乃夫は「植民地戦争」という概念を提出し、「台湾植民地戦争」を次のように時期区分している。(28)
第一期　一八九五年五月〜一八九六年三月　戦時編成師団による台湾の一応の平定
第二期　一八九六年四月〜一九〇二年八月　「平地」の漢族住民によるゲリラ的抵抗の鎮圧
第三期　一九〇六年四月〜一九一五年四月　「山地」の台湾先住民族の軍事的制圧(「理蕃」)
このうち第三期は佐久間左馬太台湾総督の時代である。佐久間は一九一〇年から一九一四年まで「五カ年計画」で

「理蕃事業」、すなわち台湾先住民族の武力による「討伐」政策を実行した。井上が山地に入ったのは「理蕃事業五カ年計画」の二年目であり、一旦内地に戻ったのが一九一七年であるから、井上の台湾における活動は「理蕃」という名の「戦争」が最も激しく展開された時期と重なっている。

総督府は台湾先住民族を「蕃人」や「生蕃」と呼称し、彼らの居住・生活地域を「蕃地」、「蕃界」としてこの広大な地域を「隘勇線」によって封鎖した。隘勇線とは山地に開いた道路である「隘路」と、土嚢や土石によって守られ銃眼を備えた「隘寮」から成り、電流を通じた鉄条網が張られ、地雷が埋設され、時には野砲や山砲が備え付けられた。この隘勇線は日本人警察官の指揮のもとに、「本島人」と呼ばれた漢族を主とする「隘勇」が守備にあたったのである。ピーク時には隘勇が約五千人、隘勇線の総延長距離は約六〇〇キロメートルに及んだ。総督府はこうした「隘勇線」により「蕃地」を軍事的に封鎖しつつ、大規模に軍と警察、漢族系台湾人を動員して討伐作戦を展開していった。[29] 投降・帰順した「生蕃」は狩猟の手段である銃器を取り上げられ、強制的な集団移住により占有していた土地を失った。また、生産・生活手段についても狩猟や焼畑農業から定地の畑作・稲作への転換が推進され、「蕃童教育所」や産業指導所が設置された。[30]「理蕃事業」は、台湾先住民族の社会組織、経済構造、生活文化、風俗習慣の根底からの大変動をもたらしたのである。

井上の最初の赴任地であるカラパイ社は「平定」後まださほど時間が経っていない地域だったようである。[31] 井上が入山した明治四十四年十二月二十一日の日記には「入山（警砲を発しつつ）」とあり、「内湾発電所（隘勇線の鉄条網に送電する所）」に到着したのち、隘勇数名に護衛されながらブロワン監督所に行き、警察官の出迎えを受けている。『生蕃記』掲載の日記には「蕃人襲来」、「蕃情不穏の報」、「蕃害」、「巡査馘首」などの記録がしばしば登場する。

このような「蕃地」の状況の中で、台湾総督府の大津蕃務本署長が井上に対して「蕃地医療」を特別に許可した背景には、井上個人に対する便宜供与というよりも、「討伐」後の「蕃地対策」の実験という意味があったと考えられる。一九一〇（明治四三）年には「帰順蕃人撫育ノ一手段トシテ宗教ノ感化ヲ必要ト認メ[32]」、試験的に仏教諸派の僧侶を布教師として「蕃地」に派遣したこともあった[33]。大津は一九一三（大正二）年の講演で、「懐柔」の手段として布教と医療に言及し、「宗教ノ力ト医者ノ力トニツ有シテ居ル人」を「非常ニ望ム次第」と述べている[34]。

台湾の医師制度は一八九六（明治二九）年の医業規則から始まるが、一九一六（大正五）年に台湾医師令が公布され、「医師の資格を有せざる者に対してもその経歴学力を審査して特に地域を限り医療行為を許可し」、「三ヶ年を一期として蕃地、離島等に配置し、期間満了後であっても成績良好なものには引続き許可する」ことになった[35]。これを「限地開業医」（乙種医師）というが、井上は制度制定以前からこの業務を実質的に行なっていたわけで、総督府は井上の実績を評価してこの制度の有効性を確認した、という面もあるかも知れない。

井上は「蕃地」における伝道許可を三度申請し、すべて却下されている。このような台湾総督府側の宗教政策をどういう風な角度から見るべきであろうか。台湾総督府は一般行政区域での日本人・台湾人を対象としたキリスト教の布教については比較的寛大であり、そもそも新渡戸稲造（殖産局長）、長尾半平（土木局長）など台湾総督府の幹部や各地の学校教師にもクリスチャンが多くいる。実際、長尾は井上の伝道後援会の理事長を務めたこともある[36]。それに比べると山地の布教制限はきわめて厳しい。山地にキリスト教が広まるということを恐れたのだろうと推測されるが、今後調査を要するところである。

三　内村鑑三と井上伊之助

キリスト教伝道者としての井上伊之助を考える上でもっとも重要な存在は内村鑑三[37]であろう。井上は「感恩記[38]」として「内村先生とわたし」と「内村先生のお手紙について」を書いている。

『萬朝報』の内村の文章に魅せられた井上が、『聖書之研究』を読み始めたのは一九〇三（明治三六）年の冬頃だったという。井上は「余は愛読者ではない。熱読者である」と書き、友人からは「内村イズム」と冷やかされるほどに、内村に傾倒していった。[39] 井上の記憶ではこの年に初めて内村鑑三の講演『聖書の真髄』を聞いたという。[40] しかし、『内村鑑三全集』の年譜[41]によれば『聖書の真髄』の講演は一九〇四年の一一月六日に東京基督教青年会館で行なわれているので、井上の記憶違いかも知れない。

内村は『聖書之研究』に読者への「課題」を出して投稿を募ったことがある。その課題のひとつが「キリストの謙遜　腓立比（ピリピ）書第二章五―九節」で、井上はこれに応募したところ第一席になり、その「読者所感」が『聖書之研究』[42]に掲載された。井上が内村に面識を得たのは一九〇七年千葉県山武郡鳴浜村の夏期懇話会[43]であった。それまで井上は内村の講演を聞いたり、自宅の近くで内村の散歩する姿を見かけたりしたのだが、声をかけることができないでいた。内村鑑三はこのような井上を非常に信用した。内村の弟子になりたいとか、懇意になりたいというクリスチャン希望者あるいはクリスチャンが大勢内村に接近してくる中で、これだけ謙虚な人は珍しいということだったらしい。一九一一年には内村と一緒に伝道に出かけることになったが、子どもの病気などで辞退している。台湾に渡る前日に井上は内村の家に暇の挨拶に行き、祈りと激励の言葉をもらっている。「先生のお顔に接しお言葉を聞くことは出来なくなりましたが、霊的にはまったく一体となり『聖書之研究』や著書を通じて日夜、語り合う感をいたしました。」と書いている。[44]

内村は井上の台湾における活動の意義をきわめて高く評価し、物心両面から終生にわたって支援している。一九一五（大正四）年、井上は「蕃人研究の一端」と題した文章を内村に送った。内村はこれを『聖書之研究』に掲載するとともに、「蕃人の習慣、言語等は甚だ面白き研究材料に有之候、必しも宗教に関する者に限り不申候、彼等をすべての方面に於て知るの必要有之候、唯研究の精密なるを要し候」と井上に書き送っている。[45] また、健康を害して帰国した井上に対して、内村は「自今十分の御休養を望み候、十年休んで一年善く働くを得ばそれにて事は足り申候[46]」と励ましている。井上は台湾から自分で作ったバナナを郵便で内村に送ったことがある。当然だが全部腐っていて、内村は「郵便をもってする御地よりのバナナ輸送は成功の見込無之候間、今後は御差控えくだされたく候[47]」と礼状をしたためた、というエピソードもあって微笑ましい。

一九一八年ごろ、内村は全集の編集助手を井上に依頼するが、自分は語学も出来ないし目も悪いしと言って辞退している。後に、井上は千載一遇のチャンスを逃したと残念がっている。内村鑑三は折りにふれて井上に送金している。たとえば、一九二二年六月の井上宛の書簡では、「小生等も貴兄の貴き御仕事に幾分なりとも携はるの特権に与り度く依て別紙甚だ小額には候へ共生蕃伝道事業費の中に寄付仕り候間[48]」と書き送っている。この年の一〇月内村は世界伝道協賛会を結成し、中国およびアフリカ伝道の献金を開始した。しかし、井上は感謝しつつもこの組織からの寄付は辞退している。また、一九二六年の七月三〇日に軽井沢で開かれた井上伊之助の台湾伝道後援会で内村は講演し、この日の日記に「井上伊之助君の台湾生蕃伝道後援会の催しに係る集会に出席し講演の役を務めた。来会者二百余名、内に十名程の外国人（宣教師ならん）を見受けた。土人教化の必要並びに福音宣伝の幸福に就き一時間程話した[49]」と書いている。

内村鑑三の門下もまた井上を支援した。

矢内原忠雄は一九二七年台湾の視察調査と講演旅行の際、白毛社の井上を訪ねている。「側にあったバナナの根に腰かけて内村先生や東京の教友たちの近状を聞かせていただいた。そして自分の現状を語って内村先生に伝言を依頼した。種々話したいこともあったが、ついて来ていた刑事君が立ち会っているので思うようにならず残念であった[50]」と井上は書いている。矢内原は『帝国主義下の台湾』で「稀に井上伊之助氏の如く高山蕃人に対する基督教伝道の特志家出づるも、総督府は之が伝道を許可しないのである。（略）我国民がこれ迄異邦人伝道を行ひ得ざりしは其原因何処にありや[51]」と書いた。

政池仁[52]は一九三八（昭和一三）年、内村門下の台湾人伝道者の謝萬安と共に台中州新高郡ナマカバンに井上を、[53]一九四〇年には台北市外内湖庄の井上夫妻を訪ねている。政池は井上の帰国後、主宰する『聖書の日本』に井上が書いた「台湾高砂族伝道の思出[54]」を三回連載した。この連載が契機となって『台湾山地伝道記』が書かれたのだが、塚本虎二はこれに「『台湾山地伝道記』に寄す」と題して序文を書いている。塚本も内村門下である。

画家の石河光哉[55]も内村の門下である。石河は日本で初めてベツレヘムまで出かけキリストの故地を訪ねて絵を描いた人で、その帰途台湾に寄って井上を訪ねてその肖像画を描いている。[56]石河は絵を描いて売った金を井上のところに送金していた。

こうしてみると、井上の台湾における活動を内村鑑三とその門下の人達が相当支えていたことが分かる。このことはもう少し深く考えて見る必要があろう。

井上は一九四七年に日本に帰国してすぐ多摩墓地の内村鑑三のお墓参りに行っている。

内村鑑三以外にもクリスチャンの支援はあった。植村正久[57]は大正五年に台湾に行き、井上の伝道許可願の活動を支援する。「蕃人伝道許可さるれば、日基の人となって貰ふ様」という条件付であった。井上も許可が出るなら植村の教会活動に参加する形で援助を受けようと考えたが、結局これも失敗する。[58]実は植村正久自身が山地伝道について相当な計画があったらしい。[59]
賀川豊彦は前に触れたように、一九二二（大正一一）年の春に井上をバックアップするために一年分の資金援助をした。賀川の提案は第一期十ヵ年という長期の計画で、聖書・マタイ伝のタイヤル語による翻訳と「蕃童」数名を教育して将来の準備をすることであった。[60]賀川はこの年の二月から三月の初めにかけて台湾で伝道しているから、[61]計画はこのときのものであろう。賀川に「台湾の生蕃」という一文がある。[62]「私は台湾の生蕃の道徳生活を聞かされ、彼等の驚くべき、純潔な生活を知って、自ら恥る処があった。」と始まる短文は、もしかすると井上から「聞かされ」たものに触発されたのではなかろうか。しかし、賀川の支援は彼の欧米旅行などにより継続しなかった。

井上の交友関係あるいは周辺人物の群像が実に面白い。詳述する紙幅はないので備忘のため留めておきたい。遠藤千波（本名は遠藤亀蔵）。歌人でキリスト教の伝道者。井上の聖書学院の同窓生で若くして亡くなった。大谷虞《はるか》は高知の人で植村正久の門下。井上の伝道許可願いに協力した。[63]緒方正基[64]は警察官でタイヤル語の第一人者。蕃語講習所の教師、その後警察官を辞めている。タイモ・バットというタイヤル語の名前を持っていた。稲垣藤兵衛[65]は井上の親友の一人。台北大稲程で塾を開き、貧しい台湾人の子供を預かって教育した。芸娼妓自由廃業運動を推進。ロシン・ワタン（渡井三郎）。タイヤル族。台湾総督府医学専門学校卒業後、公医として医療活動。

井上と交友があった人々については、彼の人物と活動を知る上で今後調べたいと思う。

さて、植民地統治下台湾における井上の活動をどのようにキリスト教信仰と結びつけて理解すべきであろうか。石倉啓一は井上の生涯を通観したのち、井上と政治＝植民地台湾支配との関係を考察している。

井上の身分、資格が明かに「植民地下級官吏」であったにもかかわらず、そのような資格で、原住民族や台湾人に接したのではないことも、『伝道記』の精神および彼の具体的な生き方から見て、明かである。ましてや原住民族を、上から見下す憐憫をもって対したのではない。彼の日常生活一切が、彼らに捧げられた。ほんとうに原住民族の一員となって、実際に彼らの一人一人に対し、あつい祈りと愛によって、友人として彼らに接した。「植民者」としての身分あるいは「植民地官吏」の資格にありながら、キリストの信仰のゆえに、その限界とする身分や資格を現実に打ち破って行くのである。[66]

「深層において反植民者の位置に立っていたのではなかろうか」と井上を把握する石倉は、しかし井上の政治に対するかかわり方は、徹底的に信仰に基づいたものであり、「かれの日常の生活において政治の占める意味はほとんどない」、「彼は平凡な庶民の一人であった」とする。そして、このような井上の態度は「ロマ書一三章一節」の聖句、「すべての人は、上に立つ権威に従うべきである。なぜなら、神によらない権威はなく、およそ存在している権威は、すべて神によって立てられたものだからである。」および七節までの言葉による信仰生活が井上の生き方であった、と指摘している。

また、石倉は井上の信仰の特質について、聖霊を重んじる、祈りを中心とし愛に生き抜く、徹底的に待ち望む姿勢、上にある権威に従った信仰生活、超教派的性格、という五点にまとめている。このうち、超教派的性格というのは、井上が中田重治、笹尾鉄三郎らの中央福音伝道館（のちの「ホーリネス」）の神学校を卒業しながら、ミス・グレンのヘフジバ・ミッションによる千葉伝道に従事したこと、台湾伝道のための資金を聖公会の日本伝道隊のウィルクス師の援助に依ったこと、無教会の内村鑑三とホーリネスの笹尾鉄三郎を「霊の父母」と呼んで終生敬愛したこと、二度目の伝道許可願に際して植村正久の日本基督教会に転会する条件を受け入れたことなどを指している。石倉の見るところでは、井上が「蕃人伝道」を神よりの命令として全人格的に受けとめていたとする。であるから、「福音が第一であった。この意味で、彼は内村の無教会キリスト教を生き抜いたのである[67]」。

こうして、石倉は井上伊之助が内村鑑三の継承者のひとりである、と結論づけている。

四　表現者としての井上伊之助――『生蕃記』を中心に

井上は決して多いとは言えないが、歴史的に貴重な著作を残した。なかでも一九二六（大正一五）年に刊行した

『生蕃記』は彼の活動と思想と感性を知る上でも、台湾山地の原住民とそれに対する日本の統治政策の一端を知る記録としても、きわめて重要なものであろう。

『生蕃記』の「序に変へて」で、井上はこう書いている。

現在の自分として彼等のために出来得ることは何であらう。與ふ可き物質は何物も無く、彼等に接して伝道することは許されず、唯僅かに可能なるは彼等の実状と自分の希望を宣伝して、教化の促進を図る事と、彼等の有する＝次第に失はれつつある＝貴きものを記録に遺して将来伝道を許可された暁、それに奉仕する人々の参考として彼等子孫の教化資料たらしめん事である。（略）此書は二十年前の七月三十一日に、蕃人の為に馘首され、悲惨な死を遂げた父の血痕であり、二十年間の私の涙の結晶、祈のエッセンスである。また彼の野蛮と嘲られ、生蕃と侮られて、所謂文明人より擯斥されて居る高砂族、十三萬人に同情し、彼等の友となり、彼等の為に何事かを為さんとする者の叫びである。

また、「生蕃」という呼称について、「私は従来彼らに対して生蕃、蕃人などの軽視的、名称を用ふるを好まず」、タイヤル、あるいは全体を表す場合は高砂族という風に呼んできたが、本書の中では従来の言葉もあるし混乱するといけないのでそういう言葉を使うけれどもけっして侮って使っているのではない、とも書いている。実際、彼は『台湾日日新報』などのメディアや総督府の当局者に改称を提唱し、働き掛けている。(68)

さて、本書は五部構成となっている。第一部「献身より入山まで」は、「献身より入山まで」と「蕃界生活」の日誌であり、『台湾基督教報』に掲載されたものを中心にした明治四四年一二月から大正五年一二月までの記録である。井上は渡台当初から発表を予定してかつ発表しながら日記を書いているので、純然たる日記と見るべきものではなく、読者を想定した日記形式の記録である。第二部「帰還より再挙まで」には、「不可解な理蕃政策」、「蕃人伝道の門出」、「懐かしきカラパイを訪ふ」などの論説・随筆、「ミカの悪夢」という短編のほか、森丑之助「蕃地に培れし信仰の幼芽」（『台湾商事報』大正六年八月二六日の記事の転載）、内村鑑三の井上宛書簡、「タイヤル族の先覚者渡井三郎（ロシン・ワタン）君の書簡などが含まれている。第三部は「蕃人教化の急務」で、井上の祈禱会における講演、論説のほか、他の人が書いた関係文献で構成されている。

特に井上が書いた「あゝ我等生蕃の運命」は読んで胸打たれる文章である。これは北海道のアイヌが滅亡の危機にあるという記事を読んで触発され、一九二三（大正一二）年四月、東宮（皇太子、後の昭和天皇）の台湾行啓を期に書いたものである。井上は「生蕃」に成り代わって書いている。

日本文明人諸君、私共は野蛮人であります。文字を知りません。又商工業の道も知りません。農業とても芋と陸稲と野菜の極めて簡単なる、辛ふじて生命を保つに足る丈けで何一つとして文明のことは知りません。然しながら私共も人間に生まれた以上、人間自然の道は知って居ります。博愛とか平等とか、自由とか権利とか義務などゝ云ふむずかしいことは知りません。けれども私共にも暖かい血は通ってゐます。どうか私共のハートに触れてください。さすれば私共のハートは皆様のハートと一つになるのであります。（略）私共の運命は皆様の掌中にあります。殺すも生かすも自由であります。皆様が同胞主義とか人類愛とか云ふことを、言葉でなく思想でなく実際に行つて下さるならば、私共は皆様と共に永遠に生存して行くことが出来るのであります(69)

井上は、「皇太子殿下、台湾行啓の光栄を感謝し十三萬余の高砂族に代わりて、我同胞、七千萬人に此の一編を捧ぐ」とこの文章を結んでいる。

第四部は「蕃人研究」で、『聖書之研究』に掲載された「蕃人研究の一端」と民話・伝説などをわかりやすく書いた「創生談より衣食住まで」、及び大谷慮の論説「蕃人の芸術及宗教」が含まれている。第五部が「過去における教化事業」で、オランダ・スペイン・清国時代から日本統治までのキリスト教布教や「理蕃事業」の歴史に関するもの、及び森丙牛（丑之助）の文章を収録している。

いささか詳しく『生蕃記』の内容を紹介したのは、この書が宣伝・啓蒙の書であると同時に記録文学にもなっていること、そして多様な内容から成る五部構成は台湾先住民族に関する一種の百科全書としての意味を持っていたと考えるからである。内地の日本人がポピュラーに読めるものとして恐らくこれが最初のものではなかろうか。

中村勝は、井上の『生蕃記』を詳細に分析し、タイヤル人の「ウットフ・ガガ」の精神世界の発見、すなわち「ウットフ神」の下に結集した人倫共同体を「律法（ガガ）」として把握した、という点に井上の功績を見ている。[70] きわめて重要な指摘と思われるが、この問題の検討は今後の課題にしたい。

付言すれば、井上には創作への志向があり、短編小説（『ミカの悪夢』、『死を賭して』、『蕃社の偉人』）のほか、散文詩、短歌、俳句の作品がある。本稿の冒頭に抄録した散文詩は、「左は昭和二年の夏、青山学院生徒なる信友と共にカラバイを訪ひし途中の出来ごとを下手な散文詩にせるもの」という前書きが付けられた「ホーゴーウツトフ渡って け」という詩の後半部分である。井上の短歌はとても素直で技巧の無いものが多い。夢の中で作った、精霊に励まされて作ったというような短歌である。

五　霧社事件

井上が霧社事件について書いたのは帰国した翌年一九四八年である。霧社事件勃発の「ちょうどその二、三日前にわたしは不思議な夢を見た。わたしはタイヤル数名と大きな岩窟の中にいた。ちょうどトンネルのようであったが、天井の上の方に一尺ぐらいの円い穴があって、そこに銃口をあてて発砲していた。[71]」

この夢の内容は、霧社事件の予兆であり、蜂起したモーナ・ルーダオ達と井上が一緒になってマヘボの岩窟に立て篭もって抗戦している光景を思わせる、まことに「不思議な」夢である。さらに不思議なことに、井上はなにか見えない糸でもあるかのように、霧社事件に引き寄せられている。

前に述べたように、一九三一（昭和六）年五月、井上はバイバラ駐在の医務嘱託になった。バイバラは霧社事件の後生き残った人々が強制的に移住させられた「川中島」の近くである。ある時、霧社事件で日本人を殺した確証のある者を調査して処分する協議会が開かれ、「責任ある某官吏から『何か良い薬はありませんか？　傷もつかず反抗もせずコロリといく薬ですよ』と、真面目な顔で私に返事を求めた。私は暫く黙想して『薬はありますがわたしは医者として、殺すために薬を使うことはできません。決して殺すようなことは無いと言って連れてきておいて、今となって毒殺などしては日本の威信にもかかわることであるから、かかる手段は絶対に反対だ』と答えた。（略）この事は長い間忘れていたが、こんど手記をものしているうちに記憶がよみがえって来た。思えばこれは、わたしの生涯における実に重大な事件であった[72]」。これは実に重大な「証言」である。この三十数名の男達は結局拷問されて日本刀で殺害され、その白骨遺体が戦後だいぶ経ってから発見されている。

もうひとつエピソードが残っている。井上はオビン・タダオ（花岡初子）が出産した時に手当てをしているのである。彼女はダッキス・ナウイ（花岡二郎）と政略的に結婚させられたが円満な夫婦仲であった。霧社蜂起の時に二郎は結局残って自殺するが、奥さんだった初子はお腹に赤ちゃんがいたので二郎は「自分から死のうとしないで、生きられるだけ生きなさい。きっと大丈夫、生きられる」と夫から励まされて霧社から脱出した。川中島に移住後、出産した時に近くのバイバラにいた井上伊之助が呼ばれて手当てをしたのである。井上は書いていないが、オビン・タダオは当然良く覚えていて、『オビンの伝言[73]』で回想している。なお付言すると、台湾長老教会総会山地宣道委員会の『台湾山地教会』によれば、霧社事件以降、台湾総督府は徹底的に山地のキリスト者を弾圧したため、約二千人が秘密集会を持ち、地下にもぐって礼拝したという[74]。これからの研究課題である。

おわりに

『台湾山地伝道記』の復刻版に「井上伊之助先生の生涯」という文章がある。筆者の伊藤邦之という人は無教会派クリスチャンで、井上伊之助の晩年、非常に深い交流があった人である。伊藤は井上について「高貴にして勇気のある人だった」と評し、「(神は) 自分とその友人たる高砂族とを遣わして、両者を通して聖業を為し給う、という自覚を最後まで非常に鮮明に持っておられました。」と書いている。

晩年井上は意識も濁りがちになって、「どうしたら台湾に樟脳の木を上手に植えることができるんだろうか」と何度も言ったそうである。そして、「亡くなられる一週間ほど前にお伺いした折にはしきりに『トミーヌン・ウットフ』とおっしゃっておられました。それは神様が織り上げてくださった、という意味です。つまりちょうど人が布を織るように神様が自分の生涯を織り上げ給うたという感慨であります。先生は若い頃『たとえいかに粗末な物でも織り上げて死にたい』と記していらっしゃいましたが、いよいよ地上を去る日が近づいたとき、しきりにその『トミーヌン・ウットフ』という風におっしゃっていた[75]」。

ここには井上の生涯を象徴するような「言葉」が書きとめられている。「樟脳の木」と「トミーヌン・ウットフ」とである。

『生蕃記』に「樟樹と亡父」という一文がある。「樟木を見る毎に想ひ起すは亡父の事、若し台湾に樟樹無かりしなれば父は渡台しなかつたであらう。従てあの悲惨なる最後は遂げられなかつたであらう。父が蕃人の殺害に遇はなかつたなれば生蕃の伝道などは迚も思ひつかぬ事である。[76]」という井上の感慨を引き出したのは、台湾に豊富に産する樟樹の乱伐の状況であった。当時の世界的商品であり、台湾総督府の主要財源のひとつであった樟樹の良木は山地にあり、この山地の資源開発が「理蕃事業」の目的でもあった[77]。「樟樹を上手に植える」ことが出来れば山地先住民の悲惨さを減らすことができると井上は考えたのであろう。

冒頭に掲げた詩にある「ホーゴーウットフ」に、井上は「神の橋なる虹」という註釈を付けている。彼の戦後まもなくの著作である『蕃社の曙』の表紙には、教会の十字架の上空に虹がかかっている絵が描かれていて印象的である。井上伊之助はタイヤルの神の、「虹の橋」を渡るキリスト者だったのではなかろうか。

注

(1) 井上伊之助「台湾高砂族伝道の思出(三)」、『聖書の日本』一四八号、一九四八年九・一〇月、一七頁。

(2) 戴國煇「霧社蜂起研究の今日的意味――台湾少数民族が問いかけるもの」、『思想』五八四号、一九七三年二月。戴國煇編著『台湾霧社蜂起事件――研究と資料』(社会思想社、一九八一年)所収。

(3) 宇野利玄「台湾における『蕃人』教育――霧社蜂起から皇軍兵士への道」、『展望』一九六号、一九七五年四月。前掲『台湾霧社蜂起事件――研究と資料』所収。

(4) 宇野、前掲論文、『台湾霧社蜂起事件――研究と資料』九七―九八頁より引用。

(5) 林えいだい編『写真記録　台湾植民地統治史――山地原住民と霧社事件・高砂義勇隊』梓書院、一九九五年。

(6) イバン・ユカン、若林正丈「『台湾の主人』として――少数民族青年は訴える」、『世界』一九八九年三月。若林正丈『転形期の台湾――「脱内戦化」の政治』(田畑書店、一九八九年)所収。

(7) 石倉啓一「台湾における井上伊之助先生(一)~(九)」、『福音と歴史』一一~二〇号、一九八〇年一月~一九八二年。

(8) 大江健三郎『あいまいな日本の私』岩波新書、一九九五年。

(9) 井上伊之助『台湾山地伝道記』(新教出版社、一九六〇年)、二〇一頁。「台湾伝道の思い出」は井上伊之助『蕃社の曙』(ともしび社、一九五一年)からの転載である。同書の井上の序文によれば、一九四八年に『恩恵』というガリバン刷りの一枚ものに連載したものだという。

(10) 同上、二〇二頁。
(11) 前掲『台湾山地伝道記』三〇一頁。「三十五年前の古手紙」。
(12) 前掲『生蕃記』一三頁。
(13) 賀田組については、大倉財閥研究会編『大倉財閥の研究――大倉と大陸』(近藤出版社、一九八二年)所収、森久男「初期大倉の対外活動」中の「台湾植民地経営と大倉組」参照。
(14) 前掲『台湾山地伝道記』二七〇頁。
(15) 中田重治(なかだ・じゅうじ)(一八七〇―一九三九)。弘前生れ。東京英和学校中退、アメリカのムーディ聖書学院に学ぶ。一九〇一年米国人カウマンと共に神田に中央福音伝道館を創設。全国に支部を展開、東洋宣教会と称する。一九一七年日本ホーリネス教会を組織。内村鑑三らと「再臨運動」を展開。『日本キリスト教歴史大事典』(教文館、一九八八年)、九九〇頁より。米田勇編著『中田重治伝』(中田重治伝刊行会、一九五九年)五八四頁に聖書学院の記述がある。
(16) 笹尾鉄三郎(ささお・てつさぶろう)(一八六八―一九一四)。伊勢生れ。慶應義塾中退、米国で入信。バックストンの勧めで福音伝道館に参加。一九〇一年中田重治と協力し聖書学院で教える。同院長。前掲『日本キリスト教歴史大事典』五七二頁より。
(17) 前掲『生蕃記』二頁。
(18) 前掲『生蕃記』三頁。
(19) ウィルクス(Wilkes, A. P.)(一八七一―一九三四)。イギリス教会宣教師。一八九七年来日。バックストンに協力して松江で伝道。一九〇四年日本伝道隊を設立、諸教派の伝道を支援。前掲『日本キリスト教歴史大事典』一〇六四頁より。
(20) 前掲『生蕃記』四頁。
(21) 同右、四―五頁。
(22) 中村勝『「愛国」と「他者」――台湾高地先住民の歴史人類学II』(ヨベル、二〇〇六年)の「第一章　生きられる自他――台湾生活伝道者・井上伊之助伝」は、思想的・哲学的な考察に満ちた井上論である。しかし、相当に難解なところもあり、あらためて触れる機会を持ちたいと思う。

(23) 賀川豊彦(かがわ・とよひこ)(一八八八—一九六〇)。神戸生れ。徳島中学在学中、一九〇四年マイアースから受洗。一九〇九年神戸のスラム街に住み伝道。米国プリンストン大学に留学。伝道者、日本基督教団教師。労働運動、農民運動、協同組合運動を指導し、農民福音学校、神の国運動を推進した。戦後、日本社会党の結成、新日本建設キリスト運動、世界連邦運動など。『日本キリスト教歴史大事典』二八四—二八五頁。

(24) 賀川との関係については、前掲『生蕃記』一二五—一三〇頁、「蕃人伝道の門出」に詳しい。

(25) 一九二六(昭和元)年以後、一九四七年の帰国までの井上の活動については、『台湾山地伝道記』所収の「台湾伝道の思い出」(二〇一—二六二頁)参照。

(26) 「一九四七年二月二八日に台湾で起きた、民衆による反国民党暴動。腐敗官僚による専制支配と社会経済秩序の混乱、台湾人への蔑視・差別に対する怒りが爆発したもので、武力弾圧により二万人以上が犠牲になり、外省人と本省人の対立を生んだ。」(『広辞苑』)

(27) 『台湾山地伝道記』(一九九六年復刻版)の口絵写真による。

(28) 大江志乃夫「植民地戦争と総督府の成立」、『岩波講座 近代日本と植民地2 帝国統治の構造』(岩波書店、一九九二年)、所収。

(29) 台湾総督府の山地政策については、小島麗逸「日本帝国主義の台湾山地支配——霧社蜂起事件まで」、前掲『台湾霧社蜂起事件——研究と資料』所収(四七—八三頁)を参照。

(30) 近藤正己「台湾総督府の「理蕃」体制と霧社事件」、前掲『岩波講座 近代日本と植民地2 帝国統治の構造』所収、を参照。

(31) 前掲小島論文中の「隘勇線前進図」(出典:持地六三郎『台湾殖民政策』冨山房、明治四五年刊)による。『高砂族調査書第五編』(台湾総督府警務局理蕃課、一九三八年)によればカラパイ社の「帰順」は明治四三年と考えられる(同書、八〇頁)。

(32) 台湾総督府警務局編『理蕃誌稿第三編上巻』、八一—八三頁(青史社による復刻版、一九八九年、南方資料叢書一〇—一二、理蕃誌稿一二)。

(33) 台湾総督府の原住民に対する宗教政策に関連するものとして、黄智慧(木村自訳)「日本植民地期における台湾原住民族宗教研究のながれ——「官」「学」両伝統の形成と軋轢」、『台湾原住民研究』一〇号、二〇〇六年三月、が参考になる。

(34) 前掲『理蕃誌稿第三編上巻』四一一―四一二頁。

(35) 丸山芳登編集・発行『日本領時代に遺した台湾の医事衛生業績』一九五七年、一一一頁。

(36)『台湾山地伝道記』、二〇六―二〇七頁。

(37) 内村鑑三（うちむら・かんぞう）（一八六一―一九三〇）。江戸生まれ。札幌農学校在学中にハリスから受洗。一八八七年米国アマースト大学卒業。一九九一年「不敬事件」により第一高等中学校を退職。一九九七年『万朝報』英文欄主筆。一九〇〇年『聖書之研究』創刊。日露戦争で非戦論を主張。一九一八年中田重治らとキリスト再臨待望運動を展開。『日本キリスト教歴史大事典』一七六頁より。

(38)『台湾山地伝道記』二六三―二七八頁所収。

(39)『聖書之研究』九〇号、一九〇七年八月、四六頁。「余は聖書之研究雑誌より何を得し乎」に対する井上の投稿文。

(40)『台湾山地伝道記』二六三頁、「内村先生とわたし」。

(41)『内村鑑三全集』第四〇巻（岩波書店、一九八四年）、「年譜」四二三頁。

(42)『聖書之研究』八六号、一九〇七年四月、四九―五一頁。井上にとって「初めて活字になった私の文章」であった。『台湾山地伝道記』二九六頁。

(43) 前掲の「年譜」によれば、鳴浜夏期懇話会は一九〇七年八月三～七日に開催された。この時出席した井口喜源治の筆記記録が鈴木範久『内村鑑三談話』（岩波書店、一九八四年）に収録されている。「教友諸君の聖句」のところに「井上生」とあるのは伊之助だと思われる（二〇五頁）。

(44)『台湾山地伝道記』二六八頁。今井聖書館の図書室にある『聖書之研究』の定期購読者リストに「台湾・井上伊之助」とあるのを筆者は確認した。

(45) 内村から井上宛書簡（一九一五年二月三日付け）、『内村鑑三全集』第三八巻、一二二頁。

(46) 内村から井上宛書簡（一九一七年九月二日付け）、『内村鑑三全集』第三八巻、二七二頁。

(47)『台湾山地伝道記』二六九頁。内村から井上宛書簡（一九一四年二月一一日付け）、『内村鑑三全集』第三八巻、七八頁。

(48) 内村から井上宛書簡（一九二二年六月一三日付け）、『内村鑑三全集』第三九巻、二七頁。

(49)『内村鑑三全集』第三五巻、七九―八〇頁。

(50)『台湾山地伝道記』二一七―二一八頁。なお、矢内原との面談の日を井上は四月一〇日としているが、石倉啓一氏は『矢内原忠雄全集』第二九巻の年表により、四月三日と考証している。石倉前掲「台湾における井上伊之助先生(九)」。

(51)『矢内原忠雄全集』第二巻「植民政策研究II」(岩波書店、一九六三年)、「帝国主義下の台湾」三五四頁。

(52)政池仁(まさいけ・めぐむ)(一九〇〇―一九八五)。愛知県赤坂町生れ。東京帝大理学部卒。一九二三年今井聖書館の内村鑑三の講義に出席。山形県小国で伝道。一九三三年静岡高校教授を辞任して独立伝道者となる。一九三八年『聖書の日本』主筆。戦後、平和運動、「日本友和会」理事長。『日本キリスト教歴史大事典』一三一四頁などによる。

(53)『政池仁著作集一五下　旅行記二・評伝』(キリスト教図書出版社、一九九四年)三九六頁。同書所収の政池による「台湾旅行記」、「台湾旅行感想記」は興味深い記録である。また、『政池仁著作集一六　交友録上』(一九八七年)には、「台湾山地伝道の成功者　井上伊之助先生」という追悼文が収録されている。

(54)井上伊之助「台湾高砂族伝道の思出(一)(二)(三)」『聖書の日本』一四六号(一九四八年七月)、一四七号(一九四八年八月)、一四八号(一九四八年九・一〇月)。なお、一三六号(一九四七年八月)に政池の筆と思われる「高砂族伝道の成効《ママ》者井上伊之助氏」が掲載されている(二頁)。

(55)石河光哉(いしこ・みつや)(一八九四―一九七九)。画家。長崎県島原生れ。一九一三年内村の聖書講義に出席。東京美術学校洋画科卒。一九二六年から四回エルサレムなどに旅行し「聖地画」を描く。内村鑑三、矢内原忠雄の肖像画も描く。堀孝彦「内村鑑三と画家・石河光哉」、『「内村鑑三」と出会って』(堀孝彦・梶原寿編、勁草書房、一九九六年)所収。

(56)『台湾山地伝道記』所収の「生蕃記」の扉に、「昭和八年一二月　マレッパ社にて」と題された井上伊之助の肖像油絵の写真が掲載されている。

(57)植村正久(一八五八―一九二五)。牧師、神学者。江戸・芝生れ。一八七三年バラから受洗。一八八七年東京番町一致教会(のちの富士見町教会)を設立。生涯その牧師を務める。明治学院教授。東京神学社を創立し、神学教育と伝道者の育成を進めた。一八九一年『福音新報』を刊行。『日本キリスト教歴史大事典』一六五頁による。

(58)『生蕃記』一〇五―一〇八頁。

(59)佐波亘編著『植村正久とその時代』第三巻（復刻三版）、教文館、二〇〇〇年。「八　台湾・朝鮮関係」のうち、台湾関係の記述（二七三―二九六頁）を参照。植村の台湾伝道については、高井へラー由紀「日本統治期台湾における日本人主流派教会による台湾人伝道――一九三〇年代の日本基督教会および日本組合基督教会を中心に」、『キリスト教史学』六一号、二〇〇七年七月。

(60)『台湾山地伝道記』一一七頁。

(61)『賀川豊彦全集』第二四巻、キリスト新聞社、一九六四年。

(62)『賀川豊彦全集』第二三巻、五五―五六頁所収「暗中隻語」一六五「台湾の生蕃」。

(63)大谷虞については、秋山繁雄『続明治人物拾遺物語――キリスト教の一系譜』（新教出版社、一九八七年）に「大谷虞」（七七―九六頁）がある。

(64)井上伊之助「角板山と緒方正基君」、『生蕃記』所収。

(65)『台湾山地伝道記』三〇四―三〇六頁に「街の奇人、稲垣藤兵衛氏」という井上の追悼文がある。

(66)石倉啓一「井上伊之助」『内村鑑三の継承者たち』（教文館、一九九五年）、七九―八〇頁。

(67)石倉啓一「台湾における井上伊之助先生（七）」『福音と歴史』一七号、一七―一九頁。

(68)『台湾山地伝道記』二二五―二二六頁。

(69)『生蕃記』一七一―一七二頁。

(70)中村前掲、『「愛国」と「他者」』、「九　失われて居る蕃人を尋ねて」及び「一〇　生きられる自他――問題の前進」（一四七―一六三頁）。

(71)『台湾山地伝道記』二一九―二二〇頁。

(72)同上、二二三―二二四頁。

(73)中村ふじゑ『オビンの伝言――タイヤルの森をゆるがせた台湾・霧社事件』梨の木舎、二〇〇〇年、六六頁。

(74)石倉啓一、前掲「台湾における井上伊之助先生（七）」参照。

(75)『台湾山地伝道記』（復刻版）、三六一―三六二頁。

(76)『生蕃記』二二一―二三頁。

(77)大江志乃夫、前掲「植民地戦争と総督府の成立」、『岩波講座　近代日本と植民地2　帝国統治の構造』九―一〇頁。

II

台湾統治政策の展開
——原敬・後藤新平・岡松参太郎

近代日本の植民地統治と原敬

はじめに

近代日本の植民地研究の分野においては、これまで支配の実態面から日本の植民地政策の特質を明らかにする研究が蓄積されてきた。今後もこの作業は一層必要と思われる。

しかし、台湾、朝鮮といった個々の植民地の政策実態の解明の進展に比較すると、政策遂行の基本的なフレームである統治体制の研究はまだ遅れている。個々の植民地統治機構に触れられることはあっても、それらを通ずる日本の植民地支配全体のシステムの研究は未だ少ない。

この結果、植民地統治体制が日本の国家全体のシステムに占める政治的位置を明確にすることができず、したがって、日本本国の政治の構造的変化と植民地支配とは余り関係がないと見なされがちである。このため、また逆に植民地における政策的変化や本国政府の対応が、すべて「支配の意志」という単一にして自明なものに結びつけられやすい。

けれども、これらは研究方法の問題という面もあるが、それ以上に日本の植民地支配のシステムがそもそも中央政治過程と切断されるように設計された結果ではないか、というのがこの稿のモチーフのひとつである。

本稿では、日本の植民地統治体制と国家体制の関係を歴史的に把握するための方法として、まず統治体制の改革および統治政策の手直しのプロセスと、政党政治の確立過程とが同時に進行した、第一次世界大戦後の原敬内閣期に着目した。そして、これまで注目されて来なかった政党の成長とこの時期の植民地支配の方向性との関係を、主として政党指導者原敬の政治指導を通じて検討する必要を感じた。さらに、原の政治指導の背景にある彼の植民地に対する考え方、および日本の植民地支配のプロトタイプというべき台湾統治体制の基本的性格の把握を出発点に据えるべきだと考えた。

したがって、本編の構成はこの逆の順序になっている。

なお、原による改革と手直しに至るまで、植民地現地で統治の任にあたった軍指導者と官僚群、および彼らの本国における政治的後盾である藩閥・陸軍指導者群の動向の究明は、本来この研究とセットになるべきものであるが、次の機会を待ちたい。

（注──本文中の傍点は断りのない限り、すべて引用者による。また引用文中〔　〕内は引用者による補足である。）

一　明治憲法体制と植民地

一八九五（明治二八）年四月、日清講和条約により日本は台湾を領有した。台湾を統治するにあたって政府当局者が直面した問題は複雑であり、また多岐にわたっていたが、なかでも統治体制の構築はもっとも根本的な問題のひとつであった。

明治憲法の定める政治秩序が確立しつつあった当時の日本にあって、台湾統治の任にあたる者は、統治体制の構築という課題を明治憲法下の政治制度を通じて達成しなければならなかったのである。

台湾統治体制の構成要素の中でも、とりわけ立法制度はその創設時以後長期にわたって様々な論議を生み、植民地問題の焦点のひとつであった。それらの内容と意味はなんであったのか、また立法制度を含む台湾統治体制は、明治憲法体制下でどのような政治的位置を占めていたのか、これらを本章で扱うことにする。

1　台湾統治と委任立法問題

(1)　六三法と帝国議会

第二次伊藤内閣の首班伊藤博文は、内閣に設置された台湾事務局の総裁として、台湾統治体制の構築に着手した。明治憲法体制の設計者は、また植民地統治体制のプロトタイプである台湾統治体制の設計者でもあった。

台湾支配のシステムの設計にあたって、きわめて重大な問題のひとつは、統治に必要な法律を誰が制定するのか、という問題であった。明治憲法は「凡テ法律ハ帝国議会ノ協賛ヲ経ルヲ要ス」と定めていたが、台湾の実情はこの条項を遵守するわけにはいかない状態にある、と政府は認識していた。憲法の要請と統治の必要というジレンマに悩んだ政府は、司法省顧問の御雇外国人カークウッド[1]に諮問した。
植民地統治の「先進国」イギリスの法律家カークウッドの回答は「台湾制度、天皇ノ大権、及帝国議会ニ関スル意見書」[2]にまとめられている。この意見書によれば彼の立論の要点は次の二点であった。

㋑明治憲法はその施行区域を明示していないが、憲法発布の勅語その他より推論すれば、発布時の領土が施行区域である。したがって天皇の大権は新領土台湾においては憲法による制限を受けない。ゆえに、天皇は帝国議会の協賛を得ることなく台湾に関する法律を制定することができる。

㋺しかしまた一方、憲法は国家機関の運用を規定するものであって、日本の領土であるならばその新旧を問わず適用されるべきものである。ゆえに、植民地に関する立法はすべて帝国議会の協賛を要する。

つまり、帝国議会の協賛を経ないで天皇が（実際には天皇が命じた臣下が）立法することは、㋑によれば「合憲」であり、㋺によれば「違憲」であり、どちらも憲法解釈として合理的である、というのである。カークウッドは統治政策としては㋑の解釈に基づいて天皇大権のみによる立法を可としたのだが、次のようなコメントを付している[3]。

今日本ニ於テ輿論ノ傾向民政主義《デモクラチック》ヲ執ルノ跡アリ、是ヲ以テ余ノ解釈ヲ実行セントスレバ従来政府ト親シカラザル議会ニ於テハ、政府攻撃ノ議論沸騰スルモ計リ難シ。

けだし日本の政情に通じた者のコメントと言うべきであろう。
さて、政府はどのようにしてこのジレンマを解消しようとしたのだろうか。
台湾の立法制度を定める法案は第九議会に提出された。「台湾ニ施行スヘキ法令ニ関スル法律案」がこれである。カークウッドの懸念したようにこの第九議会は必ずしも「政府ト親シカラザル議会」ではなかった。よく知られているように、伊藤と自由党は議会前に「提携」の関係にあることを公表していたからである。

法案は衆議院で先議された。その全文を次に掲げる。[4]

第一条　台湾総督ハ其ノ管轄区域内ニ法律ノ効力ヲ有スル命令ヲ発スルコトヲ得

第二条　前条ノ命令ハ台湾総督府評議会ノ議決ヲ取リ拓殖務大臣ヲ経テ勅裁ヲ請フヘシ

台湾総督府評議会ノ組織ハ勅令ヲ以テ之ヲ定ム

第三条　臨時緊急ヲ要スル場合ニ於テ台湾総督ハ前条第一項ノ手続ヲ経スシテ直チニ第一条ノ命令ヲ発スルコトヲ得

第四条　前条ニ依リ発シタル命令ハ発布後直ニ勅裁ヲ請ヒ且之ヲ台湾総督府評議会ニ報告スヘシ

勅裁ヲ得サルトキハ総督ハ直ニ其ノ命令ノ将来ニ向テ効力ナキコトヲ公布スヘシ

第五条　現行ノ法律又ハ将来発布スル法律ニシテ其ノ全部又ハ一部ヲ台湾ニ施行スルヲ要スルモノハ勅令ヲ以テ之ヲ定ム

政府委員として台湾総督府民政局長水野遵は、この法案の趣旨を次の様に説明した。[5]すなわち、「土匪」（抗日武装ゲリラのこと）の乱が止まない「人情風土」の異なる台湾の状況からして「内地ト同様ノ法律命令」は施行できず、また台湾は遠隔地であるから内地において立法することは「泥坊ヲ見テ縄ヲ綯フ」に等しい。ゆえに、台湾総督（台湾の行政機関たる台湾総督府の長）に「法律同様ノ効力」を有する「命令発布ノ権」を与えることが必要である、と。

前に述べた「ジレンマ」に対する政府の解決策はこの法案に示されている。つまり、この法案はカークウッドの類別による㋑天皇大権のみによる立法、㋺すべて帝国議会の協賛を経る立法、のどちらでもない。第一条は、台湾総督（天皇の臣下）による「法律ノ効力ヲ有スル命令」（法律そのものではなく）発布という立法形式を定めたものであって、条文の上においては㋑に近いが、同時に、第一条自身が法律の一部となるものであるから㋺の形式を取っているとも言える。また第五条の「法律」とは言うまでもなく帝国議会の議決を経た法律であるから、㈣のカテゴリーに入る。しかも第一条と第五条の立法の範囲については条文は何も言っていない。

この法案の立案過程で政府がどのように法理論を構成したのか、まだ知られていない。しかし、明治憲法に照してこの法案を解釈しようとした帝国議会のメンバーの試みによって、政府もまた解釈を確定せざるを得ない立場に立ったのであり、議会における質疑そのものが双方の理論構成の場になったのである。

質疑が開始されるや直ちに憲法による法案解釈が現われた。たとえば次の様なやりとりである。(6)

中村克昌（自由党）「〔第一条は〕一般民政上ノ諸般ノ事ニ就イテ命令ヲ発スル大権ヲ付スルト云フコトデアルカ、果シテ左様デゴザイマスレバ、随分非常ナル大権ト申サナケレバナラヌ、我憲法ノ第八条九条等ニゴザイマス通、法律命令ハ我国デハ天皇ノ外之ヲ発スル大権ハゴザイマセヌガ」。

水野政府委員「全ク是ハ憲法トハ関係ナイノデゴザイマス、憲法ハ未ダ台湾ニハ全部行レテ居リマセヌ」。

桜井義起（無所属）「何所ノ土地ト雖モ我帝国ノ所有ニ帰スルト同時ニ憲法ヲ行フコトハ無論ノ事デ、少シク台湾ニ憲法ガ行レテ居ラナイト断言セラルヽノハ、何カノ語弊デハナカラウカ」。

水野「憲法ノ全部ガ行レテ居ナイ、申換ユレバ、憲法ノ中デモ、此臣民ノ権利義務トカ云フコト抔ハ実際行レマセヌ、併ナガラ憲法上ノ天皇ノ大権ガ台湾ニ行レテ居ルコトハ無論デゴザイマス」。

蒲生仙（無所属）「抑モ立法ノ事ハ憲法ニモ明文ノゴザイマスル通リ、『天皇ハ帝国議会ノ協賛ヲ以テ立法権ヲ行フ』ト云フノデアル、此度ノ法律案ト申スモノハ、其手続ヲ履マズシテ法律ノ効力アル命令ヲ台湾総督ヨリ発スルト云フ」。

水野「是ハ蒲生君ノ御引キニナリマシタ憲法第五条……ニ基キマシテ……提出致シマシタ」。

水野の答弁によれば、憲法に定めていない法案第一条の立法形式を、他ならぬ憲法第五条の規定に従って採用しようというのである。第五条に従うとすれば、他の条項、とりわけ「法律ニ依ツテ」等と憲法に明記してある、いわゆる「法律事項」をどう扱うかについて疑問が生ずるのは自然であろう。

高田早苗（進歩党）「法律デ出来ルダケノ事柄ハ何デモ皆命令デヤラセルト云フ積デアルノカ……憲法ヲ見マスルト云フト、或ル事柄ハ例ヘバ租税ニ関スルト云フヤウナ事柄ハ是ハ憲法ガ明ニ法律ヲ以テシナケレバスルモノデナイト明ニ書イテアル……縦令今議会ノ協賛ヲ経テ一ノ法律ヲ拵ヘテ……モ、憲法デ明記シテアル事柄ダケハドウモ出来ナイ筈ノモノデアラウ」[7]。

水野「政府ノ執リマスル所ハ、憲法上ノ議論ハ因ヨリ攻究ハ致サンナリマセヌガ、台湾ノ実際ノ状況如何ト云フコトニ就イテ大ニ注意ヲ致シマシタ」。

高田早苗「多少憲法ニ抵触ヲシテモ実際ノ状況台湾ダケハ仕方ガナイト云フコトニナレバ、台湾ト云フ処ハ即チ憲法以外ノ処ト云フコトニ御看做シニナツテ居ルノデアルカ」。

水野「〔法律事項に関する憲法の規定が〕後トカラクツ付イタ台湾ニモ行ハレルト云フコトニ為リマスルト、是ハ学理論、即チ憲法学者ノ議論ニ為ツテ居リマシテ、其事ニ就イテ政府ハ可否モ何モ茲デハ申シマセヌガ、政府ノ見ル所デハ、行ヒ得ベキダケハ無論行レル、例ヘバ天皇ノ大権ノ如キハ、主権ノ移動ト即時ニ台湾ヘハ行レテ居ル、併ナガラ其他憲法二章以下ノ臣民ノ権利、徴兵ノ義務、租税ノ義務ト云フヤウナモノハ行レテ居ナイ、ソレ故ニ宜シク此命令ヲ以テヤルト云フコトニ、法律ノ委任ヲ受ケヤウト云フ方針デゴザイマス」。

この水野の答弁を見ると、政府の理論構成は、憲法の部分施行説に立って、非施行部分の法律事項に関する立法を帝国議会の制定する法律をもって、台湾総督の命令に委任する、とまとめられる。

さて、自由党は当初この法案に反対の態度を取っていた。重要法案は予め自由党に内示する、という政府と自由党の提携条件はこの法案には適用されなかったようである。しかし、政府も自由党も提携を維持するつもりであったため、法案に有効期限を設けることで妥協が成立した。自由党の重岡薫五郎は賛成討論の中で「本案ノ精神ト云フモノハ台湾総督ニ我立法権ノ一部ヲ委任シ、吾々立法部カラ之ヲ割イテ」権力を与えるという「変則」なものであって、あくまでも「本則」でない、したがって期限を付けるのである、と主張した(8)。一方、進歩党は違憲論の立場から反対票を投じたが、結局賛成多数でこの法案は衆議院を通過した。衆議院における修正、つまり期限の付加は次の第六条に規定された。

第六条　此ノ法律ハ施行ノ日ヨリ満三箇年ヲ経タルトキハ其ノ効力ヲ失フモノトス

貴族院では異議を唱える者もなく、簡単にこの法案は通過した。明治二九年法律第六三号「台湾ニ施行スヘキ法令ニ関スル法律」はこうして制定された。法律番号が「六三号」であったため、以後、この法律をめぐる論議は「六三問題」と呼ばれるようになったのである(9)（本稿ではこの法律を単に「六三法」と略記する）が、あるいは「委任立法問題」とか「律令問題」とも称された。台湾総督の発する命令を「律令《リツレイ》」と称したからである。

第九議会で三年の期限を付された六三法は、その後、原敬内閣期まで時限法として存続された。行論の便宜のために、六三法およびその継承法の帝国議会における審議一覧を左記に掲げて置く（算用数字は議会回数、〔　〕内は内閣名、年は通過年）。

9　〔第二次伊藤〕　一八九六（明治二九）
13　〔第二次山県〕　一八九九（〃　三二）
16　〔第一次桂〕　一九〇二（〃　三五）

21〔同右〕　一九〇五（〃三八）
22〔第一次西園寺〕　一九〇六（〃三九）
27〔第二次桂〕　一九一一（〃四四）
37〔第二次大隈〕　一九一六（大正　五）
44〔原〕　一九二一（〃一〇）

(2)　法学者の見解――美濃部学説を中心に

六三法が施行されて以後、様々な立場の人間が多種多様な角度からこの法律を論じた。まず、(1)で見たように、帝国議会のメンバーが（当然ではあるが）この論争に参加した。彼らの議会での発言は、多面的な政治的配慮に基づくものであり、また法案に対する態度は多く議場の外で決定されるものであるから、議事録を額面通り受取るわけにはいかないけれども、議会という舞台の重要性、前後八回も議題に上ったという論議の長さ、という単純な理由からだけでも、それは「六三問題」の源泉でもあり、主要部分と言いうるものであった。

論争に参加した第二のグループは、一過的ではあったけれども、高野孟矩の支援に集まった人々である。乃木希典総督の時代に台湾総督府法務部長と高等法院長を兼任した高野は、彼を非職処分にした時の松方正義内閣に対して、裁判官に身分保障を与えた憲法第五八条を武器として抵抗したのであった。[10] 田中正造のような政府反対派が高野の抗議行動を支援し、また閣内でも同調者が現われたために、この問題は一遍に拡大した。高野らは直接六三法に異議を唱えたのではなかったけれども、台湾に憲法が施行されているという前提で闘ったので、結果的に六三法違憲論に力を与えたのである。

第三のグループは在台日本人植民者である。彼らの台湾社会における構成とそのそれぞれの立場は複雑であって、六三法に対する態度は一様ではない。たとえば、台湾のジャーナリスト出身の衆議院議員である小林勝民は、台湾を「内地同様に」すべしという立場から六三法を批判したが、[11]その理由のひとつは日本人植民者の無権利状態に対する不満にあった。この問題は、なお後考を要するだろう。

そして、第四の論争参加者が法曹界と法学者、ことに憲法や行政法を専門とする公法学者であった。

法曹界では、たとえば花井卓蔵のような極めて有名な弁護士（同時に衆議院議員でもあった）が、六三法違憲論を展開するとともに、「匪徒刑罰令」や「罰金及笞刑処分例」（いずれも律令）のような抗日闘争弾圧立法が刑法に較べて極めて苛酷であると難じて、議会で審議するよう求めた。[12]議会ならばこの種の法律の成立は阻止できると花井は考えたのである。

在台の法曹、ことに弁護士のなかには弁護士活動の自由を求めて、弁護士法や裁判所構成法の台湾への延長施行を要求する者もおり、大正期に入るとこの要求は六三法改正とリンクされ議会にも持ち込まれている。

次に法学者の見解をやや詳しく見たい。

言葉の本来の意味から言えば、法学者が大学の教壇で、あるいは学界の雑誌や講演会で、さらにはまた彼らの著書において、発表したり説いたりした六三法をめぐる法解釈こそが論争の名にふさわしいのかも知れない。法学者の見解の学問的影響力と社会的政治的影響力を区別して論ずることは、現在でもそうであるように、難しい。しかし、少なくとも憲法のような最高の法典の、権威ある学者による解釈の政治的影響力は無視しえないほど大きいことは確かであろう。六三問題に即して言えば、有力な憲法学者達の間で論争が存在すること自身が、六三法の「問題性」を政府や議会に意識させ続けたのである。

台湾は明治憲法が施行されて以来、初めての日本の「新領土」であった。憲法学者にとって、「新領土」に法律面からアプローチすることは、新しい刺激的なテーマであっただろう。

台湾総督府学務部長を罷めたばかりの伊沢修二は、一八九七（明治三〇）年一〇月、法学者や法学士を前に「帝国憲法ノ全部ヲ台湾ニ実行シ得ベキヤ否ヤノ疑問」と題する講演を行い[13]、台湾の住民構成を紹介すると共に、憲法の各条項を全部かつ住民一律に施行し難いことを指摘して、台湾に憲法を施行する問題についての研究の必要を訴えた。このすぐあと、先に述べた高野の事件が起り、法曹界はこぞって憲法五八条の、ひいては憲法そのものの台湾施行問題を論じたのであった。この頃から学界誌に少しずつ六三法と憲法を論じた論文が登場して来る。論争参加者が増加し、法理上の論点も出揃って来るのは、一九〇一（明治三四）年以後、とくにピークは日露戦争前後であって、のちに有力な憲法学者となる人々の登場と一致する。次に、その一部を掲げる（単行本は記述の一部に含まれているもの）。

有賀長雄「台湾ニ関スル立法ノ錯誤」『国会学会雑誌』明治三四年六月
菊地駒次「台湾ノ国法関係ヲ論シテ律令違憲論ニ及フ」同右、明治三七年二月
市村光恵『憲法要論』同年四月
清水澄『国法学第一編憲法篇』同年七月
美濃部達吉「律令ト憲法トノ関係ヲ論ス」『法学志林』明治三八年一、三月
穂積八束「台湾総督ノ命令権ニ付キテ」『法学協会雑誌』同年二月
上杉慎吉『帝国憲法』同年一〇月
穂積八束『憲法提要』明治四三年一二月
美濃部達吉「帝国憲法ハ新領土ニ行ハル、ヤ否ヤ」『国家学会雑誌』明治四四年七月
美濃部達吉「日本殖民地法ニ就テ」同右、明治四五年一月

まず、なぜ六三法が憲法解釈上の問題となるのかの理由を整理して置こう。

㈠　六三法の「法律ノ効力ヲ有スル命令」とは憲法第八条の「法律ニ代ルヘキ勅令」と同じ意味か。もし同じならば天皇のみが発布しうる権限を台湾総督に与えることになる——第八条疑義。

㈡　六三法は、法律を以て立法権を命令に委任するものではないか。憲法はこれを許しているか——第九条、委任立法疑義。

㈢　憲法には納税や兵役など法律を要する事項、したがって命令では規定しえない事項が列挙してある。法律はすべて帝国議会の協賛を要する。ゆえに六三法により法律事項を命令で規定することは、憲法違反ではないか——第五、三七条疑義。

㈣　憲法第四条は「此ノ憲法ノ条規ニ依リ」天皇は統治権を総攬する、と規定している。台湾に及ぶ天皇の統治権は憲法の条規に依って行われるべきではないのか——四条疑義。

他にも細かい点はあるが、一応これで充分であろう。つまり、「台湾に憲法は施行されているか否か」、これが六三法の憲法上の疑義（合憲か、違憲か）を解決するための先決問題なのである。

ところが、明治憲法にはその施行区域についての明文規定がなかったので、憲法学者達は何かで補わねばならない。穂積八束や清水澄は「施行説」（積極説、と呼ばれた）を展開した。穂積は、施行区域の明文規定が無い以上、憲法は「帝国ノ領土ニハ必ス行ハレ帝国ノ領土以外ニハ当然ニ行ハレサル者ト解スベシ」とし、憲法に照らして六三法の違憲性を説いた。

我政体ハ憲法ヲ以テ国家最高ノ意志トス立法権ノ所在及行使ヲ定ムルモノハ法律ニ非スシテ憲法タリ故ニ憲法ノ委任ニ由ルニ非サレハ憲法上ノ立法機関以外ノ者ヲシテ立法ノ権ヲ行ハシムルコト能ハサル……法律ニ代ハルヘキ命令ヲ発スル事ハ法律自ラ為シ能ハサル所トス。……

台湾ニ怪物アリ法律ニ非ス又命令ニ非ス律令ト自称シテ白昼公行ス明治ノ昭代一ノ源三位ナキカ嗚呼源三位ナ

キカ(14)

「民法出テ忠孝亡ブ」という名文句を吐いた穂積の面目が「怪物論」によく顕われていよう。

清水澄の立論も穂積と同様であって、立法権の委任は「憲法ニ規定シタル法律事項ト命令事項トノ分界ヲ紊ルノミナラス議会ノ側ヨリ考フル時ハ議会カ法律案ノ制定ニ参与スルノ権限ヲ動カスコトヽナルナリ」とする。(15)もっとも清水は、穂積と異なり、広範囲な立法権の委任は憲法上認められないとはしたが、一定の範囲内ならば委任は許される、と考えた。市村光恵は『憲法要論』では清水と同様の学説を展開したが、後には美濃部説に近い立場に転向した。上杉慎吉は委任立法の法理では穂積と同じ立場を取っているが、憲法施行の点では美濃部に近い表現をしている。

以上述べた「積極説」に対抗したのがいわゆる「消極説」である。

「消極説」とは、憲法は当然には新領土には施行されない、とする説である。美濃部達吉、後期の市村光恵、菊地駒次などがこの説に属する。この中で、美濃部学説をやや詳しく検討してみることにする。

美濃部は「律令ト憲法トノ関係ヲ論ス」で、まず「積極説」には二つの異なったタイプがある、と指摘する。

一ハ新領土ノ取得ト共ニ憲法ハ当然新領土ニ其ノ効力ヲ有スト為スニ在リ。他ノ一ハ憲法ハ仮令当然ニハ其効力ヲ新領土ニ及ホサストスルモ、少クトモ明治二十九年法律第六十三号ハ憲法カ台湾ニ行ハルヽコトヲ以テ其ノ前提ト為スモノニシテ、此ノ法律ニ依リテ憲法ヲ台湾ニ施行シタルモノト看做サヽル可カラスト為スニ在リ。

第一のタイプは先に述べた積極説であり、第二のタイプは、前に触れなかったけれども六三法という実定法からの解釈であって、初期の市村光恵や議会のメンバーの多くに支持された見解である。

第一のタイプの積極説に対し、美濃部はこう反論する。

凡テ法ノ施行区域ハ国家ノ定ムル所ニ依ル、憲法モ亦之カ例外ヲ為スモノニ非ラズ、領土ノ一部ニハ憲法ヲ行ヒ他ノ一部ニハ憲法ヲ行ハストスルモ毫モ憲法ノ性質ニ反スルモノニ非ス。……

凡テ法ハ社会ニ伴テ存在ス、社会ノ状態ニシテ異ナラハ法モ亦従テ異ナラサルヲ得ス〔憲法制定当時はいかなる新領土を取得するか、またその社会状態がどんなものかも全く立法者は知らなかったのだから〕憲法カ当然新領土ニ行ハルト主張スル者ハ立法者ヲシテ天眼通タラシメントスルモノナリ。

したがって、憲法は「当然ニハ新領土ニ行ハル、モノニ非ラス」。（ただし、埋立地のような新領土には憲法は施行されるから自説を「折衷説」と称してもよい、と美濃部は言っている。）

次に、第二のタイプの積極説にもこう反論する。六三法の制定は憲法施行を格別意味しない。なぜなら、憲法が施行されていない以上「君主ハ如何ナル方法ヲ以テモ統治スルコトヲ得」る、したがって、親裁、総督への委任、議会の協賛、いずれの方法をも取り得る。六三法の制定は偶々この最後の方法を取ったまでである——というのが美濃部の解釈である。

憲法（あるいは広く国法）上の台湾の法的地位に関する美濃部の学説の骨格は以上に引用した論文に明快にあらわれている。

美濃部は、憲法解釈と台湾に対する立法政策とを区別する。憲法解釈においては、台湾に憲法は当然には施行されず、天皇の自由な統治下にあるとして、一見天皇の統治権を大きく解釈しているようにも取れるが、実はそうではない。帝国議会の権限は「君主ノ統治ニ服スル区域ト相上下ス」るのである。また、台湾統治の方法は「君主ノ自由」であるが、六三法の制定のように帝国議会の協賛をもって立法委任を行うのは「政策上ハ甚タ適当ノ処為」である、と言う。さらに、憲法を新領土に直ちに施行しても、一定時期の後に施行しても、全く施行しなくてもよいが「其ノ最モ通常ニシテ又最モ事宜ニ適セルハ第二ノ方法」だろう、と述べている。

美濃部を除く他の大部分の憲法学者にとって、六三法の問題は単に明治憲法の学理的解釈あるいは有権解釈の評価の問題にすぎなかった。しかし、美濃部にとって植民地の存在は、第一に憲法の立憲主義的解釈に関わることであり、第二に植民地立法政策上の課題を提起するものであった。次の美濃部の講演中の一節にそれを窺い知ることができる。[16]

憲法を行ふといふことは果して如何なる意味でありませうか抑々憲法を施行することの最も重大な意義の存する所は、言ふまでもなく国会制度及び国会制度に伴ふ所謂三権分立主義に在るのであります……〔朝鮮、台湾においては〕国会議員を選出する権利も無く、立法権と行政権とは少しも分離されて居らず、司法権の独立も完全ではなく、権利の剝奪でも、自由の侵害でも、租税の徴収でも、刑罰法規でも、凡て行政機関の命令を以て定むることが出来るとすれば憲法に依つて統治して居るといふ痕跡は果して何処に之を求めることが出来ましようか。

（傍点原文）

美濃部は、このような問題を「今更事新らしく」論じなければならないのは「一般殖民思想の如何に幼稚であるかを示すもので、日本の殖民政策の為めに寧ろ嘆ずべきこと」だと述べ、大学に「殖民地法」の講座を設けることを提唱したのであった。

以上検討してきた憲法学者の見解の論争点は、憲法が台湾に施行されている、という立場をとるか、当然には施行されていない、という立場をとるか、の選択にあった。この論争自身は法理論上のものであって、台湾をどのような法的状態に置くべきかという立法政策上のものではなかった。したがって穂積のように積極説をとる場合でも、立法は総督ではなく議会でやるべしという主張であって（貴族院議員としてしばしばこう発言した）、例えば憲法第二章の臣民の権利を台湾住民に与えよ、という主張は全くしていない。

この点で美濃部は憲法学者の中では例外的と言える存在であろう。美濃部は憲法が全体として台湾（のちには植民地一般）に施行されていない事実を重視したのであって、施行するなと主張したわけではなく、家永三郎氏がこの点を「植民地人民に権利を与えようとしなかった」と解して、美濃部の「帝国主義的限界」とされるのは、やや的を射ていない見解と思われる。[17] 彼の主張は、むしろ本国における憲法状況に対する美濃部の立場と結びつけて考えられるべきことであろう。なお付言すれば、彼の立法政策論は部分的には、台湾議会設置請願運動の理論的根拠とも整合性を持つものであった。

2　明治憲法体制と植民地

六三法の第九議会通過により台湾統治の立法制度の根幹を定めることに成功した政府は、同時に台湾総督府条例（台湾総督府機構の整備）、同評議会章程（六三法第二条による律令審議のための府内部組織の規定）、拓殖務省官制（台湾および北海道の行政の中央主務官庁の設置）等を制定し、行政制度の確立を図った。司法面では本国の司法制度を延長せずに、律令第一号をもって台湾総督府法院条例を定め、台湾総督府という行政組織の中に司法組織を包摂した[18]（このため「司法権の独立」が保障されないとしてしばしば批判が起った）。

軍事面では、台湾総督府条例の第二条、「総督ハ親任トス陸海軍大将若クハ中将ヲ以テ之ニ充ツ」との規定によって、台湾総督の任用資格を武官に限り、同第三条および第六条によって、台湾総督は「委任ノ範囲内ニ於テ陸海軍ヲ統率シ」「兵力ヲ使用スルコトヲ得」ると規定され、軍隊統率権の一部と兵力使用権を持つ強力な武官総督制が定められた。

第二次伊藤内閣以後の台湾統治体制の変遷については詳述する紙数がないので極く簡単に留める。

まず、財政制度では台湾経営費が増大し国の財政を圧迫しつつあった状況に鑑み、台湾の「財政の独立」を図るため、一八九七年（第二次松方内閣時）に台湾総督府特別会計法が制定され、台湾の財政は一般会計から分離された。

次に台湾総督府の主務官庁であった拓殖務省は一八九七年に廃止され、再び台湾事務局が設置された。以後、内務省（九八年）、内閣拓殖局（一九一〇年）、内務省（一三年）、内閣拓殖局（一七年）を経て拓務省の設置（二九年）に至るが[19]、台湾総督の権限が強大なこともあって、総督府に対する政府のコントロールは必ずしも強いものではなかった。

最後に台湾総督の武官専任制であるが、この制度は創設後まもなく大いに揺らいだ。一八九七年の松方内閣時に、政府部内で台湾統治の不振を打開するために総督の任用資格制限を撤廃して広く人材を求めるべきだ、という議論が起った。[20] 政府においては武官制廃止論と維持論が対立して容易にまとまらず、松方首相は両論の選択を明治天皇の勅裁に仰いだほどであった。結局、高島鞆之助陸相や川上操六参謀次長ら陸軍側の主張が通って、新たに制定された台湾総督府官制の中で武官総督制は維持されたのであった。元来、この武官制は陸軍の主張であった。台湾事務局において先の条例が審議された時、川上を除いて他の事務局委員はすべて文官説を主張したのであるが、伊藤は川上の主張を採用した。当時委員であった原敬は伊藤が「陸軍の感情を考へ」武官制の断を下したのだろう、と観察している。[21]

なお、付言しておけば台湾総督府官制は初めは単に勅令で定められていたが、一九〇〇年四月、第二次山県内閣の手によって「枢密院諮詢事項ニ関スル御沙汰書」の中の「枢密院官制第六条第六ニ依リ諮詢スヘキ事項中別記ノ勅令」に、「台湾総督府官制ニ関スル勅令」が加えられた。[22] これにより、台湾総督府官制は枢密院の諮詢事項となり、政府の判断だけでは改正できないこととなったのである。

以上見てきたように第二次伊藤内閣時に創設された台湾統治体制は、原内閣に至るまでほぼ基本的に維持されたばかりでなく、日露戦争後の植民地（租借地も含めて）拡大にあたっては、この体制がプロトタイプとなったのである。たとえば、委任立法制度は朝鮮においても採用され（明治四四年法律第三〇号朝鮮ニ施行スヘキ法令ニ関スル法律）、植民地長官の武官専任の資格は、朝鮮総督、関東都督（ただし陸軍武官のみ）にも与えられている。

日本の植民地統治体制のプロトタイプとなった台湾統治体制は、明治憲法によって基礎づけられた政治秩序の空間にひとつの異域をもたらした。それは、台湾という日本とは異なった伝統的社会を明治国家に包摂したことによる結果であり、この結果の政治制度的表現である。逆に言えば、政治的な異域を設定することによって、台湾の日本帝国への統合が図られたのである。

植民地台湾が明治国家内の政治的異域であることの制度的表現のひとつが六三法による委任立法制度であった。この制度によって台湾は明治憲法を頂点とする本国の諸法令の法域とは異なる法域を形成した。これによって、憲法の定める国家機関、とりわけ帝国議会の権限は制限され、台湾住民（特に被支配民族）の権利義務は台湾総督の手に握られることになった。

この異域性を一層強めたのが武官専任制である。台湾総督について言えば、初代総督の樺山資紀が海軍大将であったことを除けば、桂太郎、乃木希典、児玉源太郎、佐久間左馬太、安東貞美、そして明石元二郎に至るまで悉く陸軍の将官であった。このポストの独占によって、本国における陸軍の政治的地位の変化が台湾総督というポストの政治的性格に一定の影響を与えることになるのである。

このように植民地台湾の統治体制が明治憲法体制下にあってひとつの政治的異域を形成したことによって、この異域性のもたらす政治的利害が生ずる。ここで政治的利害とは必ずしも植民地における利害のみを意味しない。政治の主体（たとえば政党）が利害と判断するもの全体を意味する。

たとえば、帝国議会とりわけ衆議院は委任立法たる六三法を「違憲論」や「変則論」から度々論じたが、この論議は衆議院に政治活動の場をようやく得た政党の立場を考慮することによって説明されうる。彼ら政党に属する代議士は植民地に選挙区があるわけではなく、台湾に関係をもつわずかの例外的議員を除いては、政党は植民地の利害とは直接の接点を持たなかった（この事情は段々変ってくるが）。政党にとって重要だったことは、六三法が委任立法であり、憲法が本来与えている議会の立法権を一時台湾総督に貸し与えていることであった。つまり、いつかは回収されるべき権限なのであった。この権限回収にあたっての有力な武器が明治憲法であった。政党は憲法の正統性を盾に取って時の政府を揺さぶり、あるいは取引に応じたのである。法学者が論じなかった点はここにあった。

明治憲法体制下における政治的異域の形成は様々な政治的利害を生じさせた。と同時に、この異域性は明治憲法の

「正統的」解釈からの乖離である、とする観念をも生じさせたのである。つまり、植民地統治体制の引照基準として明治憲法を考える傾向が存在したのである。

明治憲法体制下における植民地統治体制に含まれた重要な政治的意味のひとつは、統治体制の引照基準としての憲法の存在そのものであった。

この含意を明瞭にするものは、現実の政治的行動であるだろう。原敬を考察する必要性はここにある。

二　原敬の植民地論

政治家を評価する尺度とは一体何であろうか。ことにその存在に言及しないでは歴史が書けないような政治家の場合、一定の尺度というものがあるだろうか。

原敬は評価の難しい政治家である。彼は後世の者が見れば、見たいように見えるのである。原の活動領域がほとんど「政治」そのものの領域にわたっていたからであろう。「政治」の貌が捉え難いように、原の像も結び難いのである。

この節では、原の活動領域のうち、彼が政党政治家として出発する前の、植民地に関わりのある言説を取り上げる。そして、その言説を原の政治思想として見ることにしたい。そうすることによって、日本の植民地イデオロギーのひとつの典型を抽出することができ、その具体化を説明できると考えるからである。

原の植民地論のうち、今の所知られている最も早いものは、彼が外務次官当時、台湾事務局委員として事務局の会議に提出した「台湾問題二案」である。(23)

原は「台湾ニ関スル諸種ノ問題ヲ議スルニ先《ママ》チ、第一ニ左ノ二案ヲ孰レニカ決セラレンコト」を希望する。その二案とは、こうである。

甲　台湾ヲ殖民地即チ「コロニイ」ノ類ト看做スコト

乙　台湾ハ内地ト多少制度ヲ異ニスルモ之ヲ殖民地ノ類トハ看做サヾルコト

この甲乙二案を敷衍して、原はこう説明する。

甲案ニ依ルトキハ欧州諸国ニ数多ノ適例ガアルガ如ク、台湾総督ニ充分ノ職権ヲ授ケ、而シテ台湾ヲシテ成ルベク自治ノ域ニ達セシムルコトヲ要ス。

乙案ニ依ルトキハ恰モ独逸ノ「アルサス、ローレンス」ニ於ケルガ如ク、又仏国ノ「アルゼリイ」ニ於ケルガ如ク、台湾総督ニハ相当ノ職権ヲ授クベシト雖ドモ、台湾ノ制度ハ成ルベク内地ニ近カラシメ遂ニ内地ト区別ナキニ至ラシムルコトヲ要ス。

では、甲乙いずれをとるべきか。

本員ノ所見ヲ以テスレバ無論ニ乙案ヲ可トス

なぜなら、台湾と内地とは距離的に近接しており、将来の通信交通はますますこの距離を縮めるであろう。況んや台湾の人民は「欧州諸国ノ異人種ヲ支配スルガ如キモノトハ全ク情況ヲ異ニスル」人民である。

乙案採用の場合の具体的な統治体制に関する原の案は以下の通りである。

法律——「現行法律中台湾ニ施行シ得ベキモノハ漸次之ヲ施行」し、その他は台湾に対する特別法および緊急勅令による。

ただし「帝国臣民ノ籍ニ入リタル支那人」に対しては「多少其制度ヲ異ニスルニ非ザレバ之ヲ統治スルコト難カルベキニ因リ」当分の間「法律ノ効力ヲ有スベキ勅令」を発布する。

官制——台湾総督は台湾における最高の行政官とする。ただし、常に台湾事務大臣の命を承け、その監督を受ける。

軍事、通信、鉄道、税関、裁判等の事務は内地当該官庁の直轄とする。

要するに「一時ノ便宜ヲ図リ台湾総督ニ与フルニ文武諸般ノ職権ヲ以テスルガ如キコトアラバ、国家遂ニ其弊ニ耐ヘザルニ至ルベシ」、というのが原の主張である。台湾総督に文官が予定されていることは言うまでもない。「台湾問題二案」に見られる原の論理は次のようにまとめられる。

㋑ 台湾認識――二つの「近接」、すなわち内地と台湾は「地理的」「人種的」に接近している。

㋺ 統治体制――台湾の制度は「成ルベク内地ニ近カラシメ遂ニ内地ト区別ナキニ至ラシムル」を目指す。

このような原の考え方を「内地延長主義」と呼ぶことにする。「同化主義」という、戦前の植民政策学上の、あるいはしばしば標榜された植民地イデオロギー上のタームを使用しない理由は、「同化」を直接の目標にするというよりも「同化」(むしろ近接性と言うべきか)の可能性を前提条件として制度を先行させる原の考え方の特質を「内地延長主義」という表現によって、より際立たせることができると考えるからである。また、原自身、「同化主義」よりも「内地延長」「内地同様」というタームを好んで使用したのである。

原の「内地延長主義」をもう少し詳しく検討し、その背景となっている思想を見ておこう。

一八九七(明治三〇)年、大阪毎日新聞社編輯総理として再びジャーナリストとしての活動に入った原は、折から明治外交の最大の懸案であった条約改正が成就し、新条約実施を目前に控えた時期にあたり、「新条約実施準備」と題する論説を『大阪毎日新聞』に載せた[24]。

この論説はそれが取扱う主題の範囲の広さ、論旨の周到なことなどからして、後年の政治家原の考え方を知るのに好箇な資料であるが、容易に入手しうるので全体の紹介は省略する。

まず「新条約実施の範囲」では現行(明治二九年)の台湾統治体制をこう批判している[25]。

新条約実施の準備としては台湾の情況を今日のまゝに置くことを得ざるは勿論のことなり。台湾に関して吾輩の所見を述ぶれば、今日の制度は根底よりして誤れるものなり。一二の官制を改正し二三の吏員を換ふるも到底改良の実を挙ぐること能はざるべし。必らずや根底より之を一変して其制度を改め其官吏を換ふるを要するものなり。……台湾は永く特種の制度を布くべき殖民地に非らずとの観念を以て、司法制度なり行政制度なり事情の許す限りは総て内地同様の行政を布くの方針を執らざるべからず。

特に原が強調したのは司法制度の延長、とりわけ裁判官の身分保障である。高野事件（第一節1、(2)参照）に触発されたものであろう。「如何なる口実あるも法官の位地を不安の地に置くは文明世界に許すべからざる事態なり」と述べる。そして「台湾問題二案」の論旨と同じく「内地同様の行政」を布くこと「否らずんば到底台湾の改良を図ること能はず、台湾を改良せずんば新条約実施の為めに不測の禍害あらんも知るべからざるなり」と警告する。新条約は台湾にも実施すべし、とする原にとって内地の制度の延長はその前提条件なのであった。

次に「支那人」の項で、原は台湾の「支那人」に触れている。他の外国人と同様「支那人」にも「内地雑居」を許すべし、との主張の中でこう述べる。「支那人」の風俗には阿片をはじめとして賭博淫猥不潔破廉恥等、多々あり我国人がこれに感染することを恐れ、雑居に反対する者があるが、「彼等に居住の自由を許して内地に雑居せしむるに於ては、彼等支那人こそ大体に於て我風俗に感化せらるべく我国人の彼等の風俗に感化せらるゝことは万之なかるべし。近来台湾の情況を見るも、彼等支那人は多数なること勿論なるに拘らず、漸次に我風俗に感化し得べき傾向は既に已に窺知し難きにあら」ず。[26]

原は「台湾の情況」と言っているが、もちろん実見に基づくものではない。

原は「支那人」のみならず、具体的に多数の外国人を論じているが、それら外国人が新条約締結国の人民であると否とに拘らず、全く等しい待遇を与えよ、と主張する。それは国内法についても同様であって、およそ日本に住み、日本で活動する外国人は内地人民と区別さるべきではない、というのが原の考え方であった。

たとえば、外国人の内地居住については「居留地の痕跡をして成るべく速かに消滅せしむる」[27]ことによって「内地開放」を進めることを主張し、商工業については「外国人は何れの地に在るも内国人と同様に自由に商工を営むことを得る」のであるから「外国人たると内国人たるとを問はず日本国内に於て営む商工業は総て日本国の商工業にして其営業者の国籍を問ふを要せず」と論ずる。

原にとって、日本国内における「内外の区別」「彼我の区別をなすの感情」は「排外の僻論」すなわち攘夷論に由来するものであって、国内における内外国人の自由な競争による各方面の発展を阻害するもの、と考えられたのである。

では、この自由と平等は何の下におけるそれなのか。

新条約実施後は外国人は総て我法律命令の下に服従すること内国人に異らざるものなり。[28]

教育制度を例に取ろう。原は内国人と外国人とのそれぞれの設立に係わる学校の間に制度上の区別を立てようとする論に対しこう反論する。[29]

〔これらの論あるは〕畢竟其論者中に排外思想ありて、成べくは外国人の設立に係る学校の隆盛ならざることを望み、又は外国人の設立したる学校は我子弟をして愛国心を薄からしむるならんと恐るゝが為めなり。然れども是れ実に一笑にも値せざる過慮にして、内外国人孰れの設立に係るものにても、我法律規則の下に設立したる学校の隆盛は即ち我教育の隆盛なり。

原の主張をあえて大胆にまとめれば、日本国の法制度の下における平等の実現、その平等な条件のもとにおける自由な競争の実現、と言えよう。

この法制度の整備によってこそ「同化」が達成される、と原は見る。

既に全国を開きて外国人を雑居せしむる以上は、彼等外国人をして出来得る丈け速かに其外国人たるの性格を失はしめ、以て我臣民に同化し、遂に我忠愛なる臣民たるに至らしむるを要するものなり。而して此目的を達せんには外国人の子弟をして内国人の子弟と同一なる学校に於て同一なる教育を受けしむるに若くはなし。[30]

では、「同化」が進まないとどうなるのか。

彼等外国人は外国人として永く存在し、随て内国人も亦常に彼等外国人を疎外するの恐あるべし。

原の植民地論における「内地延長主義」の背景にある思想の一端をここに窺い知ることができよう。植民地台湾に対する「内地延長主義」は、日本内地の法制度の下における「彼我」の平等主義の延長である、と言えよう。すなわち、原の植民地論は彼の「政治思想」の植民地（もまた日本であるから）への適用と言えるのである。また、原の「同化主義」は「人種的近接性」を必要条件としていない。すべての外国人を対象にしているのである。

原の植民地論は後年になっても、基本的には変化がなかったと思われる。

一九一一（明治四四）年四月、「将来朝鮮に対して如何なる政策を取る意見か」と井上角五郎に尋ねられて、原はこう答えている。[31]

朝鮮は之を普通の殖民地視せず遂に日本に同化せしむべし、又朝鮮人は同化し得べき人民なり、故に台湾に於ける支那人などを遇する如き方針は甚だ不可なり、随て教育も朝鮮人に対しては別種のものを施さんとする者あるも由なるも是れ大なる謬見なり、日本人と毫も異らざる教育を施すべし、只だ日本人と異る所は日本語を十分に教ゆる事の必要あるのみ、斯くせば将来府県会の類も望み又国会議員を出す事も望むならんが毫も差支なし、恰も内地に於ける琉球又は北海道の如きものとなして妨げなきなり。

こう井上に語ってからほどなく、原は「清韓漫遊の旅」に出て、寺内朝鮮総督治下の朝鮮を見聞してきたが、その感想をこう日記に書き付けた[32]。

余が嘗て考居たる通、朝鮮人は日本人と同様の教育を施し日本に同化せしむること益々確実なるが如し。

原の考え方にフランスの政治思想やフランス的「同化主義」の影響を見ることは可能かも知れない。少なくとも大東亜戦争期の「同化主義」とは異なった構造を持っているように思われる。いずれにせよ、日本の植民地主義イデオロギーがなぜ同化主義的になってゆくのかを考える上で、原の思想は一つの素材を提供している。

三 植民地統治体制問題の展開——原の政治指導を中心に

植民地台湾が明治憲法体制下に政治的異域として統合された結果、国家運営の他の領域にもまして植民地は議会ひいては政党の関与し難い領域となった。日露戦争後、植民地が拡大することによってこの異域はますます拡大したが、このことは陸軍を有力な支柱とする藩閥の拡大をも意味した。

一方、政党なかでも原に率いられた政友会は、藩閥との妥協と抗争を通じて着々と権力への接近を図ったが[33]、その際国家組織から政党をしめ出すための制度はすべて政党の攻撃対象であった。政治的異域である植民地の政治体制は政党人によって次第にこの対象のひとつに加えられていったのである。本節では、このプロセスの最大の推進者であったと思われる原の活動を中心に、植民地統治体制問題の展開を追うことにする。

1 憲法解釈と植民地統治論の間

六三法の最初の延長は第二次山県内閣によって行われた(第一三議会)。この延長は、伊藤が自由党と提携したのと類似のパターンで、つまり山県と憲政党の提携によってなされたのである。この議会では民政長官に就任したばかりの後藤新平が政府委員としてデビューしており、花井卓蔵（第一節2参照）が六三法違憲論をひっさげて登場したが、質疑のパターンは第九議会と余り変らなかった。ただ、貴族院議員となった伊沢修二が、律令議決機関である台湾総督府評議会のメンバーに二名の台湾人を加えることを提案したこと[34]がひとつの変化であった。これは台湾人に参政権を付与せよという要求（極めて微弱ではあったが）のうちで最も早い時期に属するものであろう。もちろん、この伊沢の提案は実現せず、原内閣時の第四四議会に至るまで参政権問題は議会に登場しなかったのである。

二度目の延長は一九〇二年、第一次桂内閣の第一六議会であった。

この時、原はまだ衆議院に議席を得ていなかったけれども（この年八月当選）、政友会幹部（常務委員）として、六三法の改正を主張した。政党政治家原にとって、内地延長主義からする最初の体制改革の試みであった。

さて、原が用意した修正案はどんなものであったか。平田東助（農商務相）に語ったところでは、次のような内容であった[35]。

若し政友会並に政府に於て余の意見を容るゝものとせば台湾に施行する内地の法律は其都度勅令を以て発布すること現行法の如く、而して緊急の場合には台湾総督は法律の効力を有する命令を発布し議会に事後承諾を求むる事となり、其法律の効力までに至らざる相当の程度に於ける罰則を附したる府令は台湾総督之を発布する事。

つまり、台湾総督の律令発布権を緊急の場合（六三法第三条）のみに制限し、なおかつ議会の事後承諾を必要とするように（緊急勅令と同様に）しよう、というものであって、かつて「台湾問題二案」で原が主張した勅令中心の案に近いものである。しかし、この修正案は、桂と政友会の妥協を図った井上馨の原への働きかけ等により陽の目を見なかった。

衆議院における政友会議員の質問はさして熱の無いものであったが、六三法制定の趣旨について後藤新平がその「一番ノ要領」は「総督府ニ全権ヲ委任シ、内地ト異ナツタル所ノ制度ヲ以テ」統治するために制定したのであり、憲法上の議論があったため「其精神ガ十分貫クヤウニスルコト」が出来なかった、と述べたのに対し、重岡薫五郎が「違憲的ノ嫌ヒハアルガ」短期間の存続だけは仕方ないというのが制定当時の政府と自由党の交渉結果である、と後藤に釘をさしている。(36)

衆議院における論戦は六三法の論戦史の中でも、児玉総督が唯一度みずから議場に赴いて議員の説得を試みたという点で注目すべきものである。児玉の答弁の要点をいくつか挙げよう。

まず、現行の委任立法制度について「何時マデモ此六十三号ヲ以テ永久ニ維持シヤウト云フ単純ナ考ヂヤゴザイマセヌ」と児玉は述べ、「吾々ハ変更スル考ヲ持ツテ居ル」「此場合ハ無論帝国議会ノ或程度マデノ協賛ヲ経ルコトハ是ハ執ルベキ手続デアラウ(37)」と議会の気を引いている。では、この「変更」はどのような統治方針に基づいてするつもりなのか。児玉はこう答えている。(38)

我々モ為シ得ル限リハ、此新領土ノ民ヲシテ皇化ニ浴セシメテ、真ノ忠義ノ民タラシムルコトニ、十分努メマス積リデゴザイマス、併シナガラ……急ニサウ云フコトハ望マレナイ……何ニシロ殆ド三百万ニ近イ支那民族ヲ有ツテ為シテ居ル国デゴザイマス、ソレモ既ニ彼ノ地ニ移住シテ以来少ナクトモ三百年ノ星霜ヲ経テ来テ、立派ニ台湾ハ台湾デアルト云フ、一ツノ形ヲ形造ツテ居ル今日デアル故ニ吾々ノ十分ノ望ヲ達シマスモノハ少ナクテモ此人間ガ二世期《ママ》変ラウ、変ハツタ暁デナケレバ、斯ノ如キ望ミヲ全ク達スルコトハ、私ハムズカシイト云フコトヲ御答申シマス。

一方ニハ真ニ忠良ノ民タラシムルコトニ導キ、一方ニ於テハ努メテ彼ノ地ノ富源ヲ開発シテ、母国ノミノ厄介ニナラヌヤウニ、一助トナルヤウニシナケレバナラヌ。

児玉は漢民族の「日本化」の必要性は否定しない。しかし、それは「二世紀モ経チマシタナラバ、台湾ノ民族ノ固有ノ性質モ多少変ツテ来マセウ」という程、遠い将来のことである。

一概ニ之ヲ忠良ノ民タラシムルト云フコトニナリ、固著シマシタナラバ或ハ台湾ヲ占領シテ、是ヲ基礎トシテ南ニ進ムト云フ所ノ国是ガ崩レテ来ヤシマイカト考ヘマス。

即ち、児玉は同化を急ぐことが「我帝国ノ勢力ノ南ニ及ブ」政策の妨げになることを懸念しているのである。二〇〇年という途方もない時間の長さに、毒気を抜かれたのか、神鞭知常（憲政本党）の「文明ノ民ニ導ク」のに二世紀もかかるとは悲しいことだ、という感想のみで議員達は児玉を解放した。

引続く委員会における議論は、第一三議会におけるそれとさして変りばえしない。花井卓蔵がさらに法理を緻密に展開し、六三法の「非立憲性」を攻撃して憲政本党、三四倶楽部と共に反対票を投じたものの、政友会、帝国党（合せて三〇〇議席中一七一議席）の賛成多数で、六三法延長法案は衆議院を通過した。

六三法の有効期限が再び切れる一九〇五（明治三八）年三月末日は第二一議会の会期中で、日露戦争の最中であった。先回第一六議会で児玉総督が議会に対して約束した六三法「変更」の成案が出来ないまま、児玉は満州に赴くことになった。このため桂首相は再延長案を原に打診したが、原も戦時中のことゆえ「此際新規なる法制を設くる時期にもあらざるべし」と考え、「根本的改革は平和克服後に譲る」こととし、有効期限の短縮だけを条件に延長に同意する旨、桂に伝えたのであった。(39) 桂は政友会と憲政本党の延長に対する同意を取りつけて、「平和克復ノ翌年末日迄仍其ノ効力ヲ有ス」という六三法延長法案を提出した。

こうして法案の通過そのものは容易であったが、議論の内容はこれまでの議会のそれとはかなり異なったものであった。

第一に、憲法解釈論が後景に退いたことである。この変化を象徴的に表わしているのが、一三議会以来六三法違憲論を主張してきた花井卓蔵の「転向」であった。花井は次の様に演説した。(40)

私ハ明カニ諸君ニ向ツテ自白ヲ致シマス、……明治三十一年以来本案ハ憲法違反ナリト絶叫シタ私デアリマス……ガ、今日ハ……憲法違反ナリトハ云ハナイノデアル。

憲法違反デアルト云フ論ノ根本ト云フモノハ、……立法権ト云フモノヲ、他人ニ渡ス、譲ル、委任スルト云フ事柄ハ、憲法ガ我等ニ与ヘタル立法権ヲ放棄スルモノデアル〔加えて〕帝国ノ法規条章上ニ於テ……委任ト云フコトヲ是認シタ明文ガナイデハナイカ……ト云フノガ、委任論ノ法理論ト致シマシテハ、基本ヲナシテ居ツタノデゴザイマス。〔しかし法律事項を〕法律自分ガ明文ノ上ニ現ハスノモ、法律カ明文ノ上ニ他ノ権力ノ上ニ委任スルト云フコトヲ言明スルノモ、法律ヲ以テ規定スルコトタルヤ即チ一ナリデアリマスルカラシテ必ズシモ之ヲ以テ違憲ナリト絶叫スル訳ニハ往クマイト私ハ考ヘルノデアル。

即ち、花井は委任立法を認める立場に「転向」したのである。この転向は「違憲論」から「疑義論」への花井の自説の変更であって、彼自身の弁明によると、委任立法の法理・学説が異種併立していることを研究した上でのことであった。「疑義論」に転向した花井は、しかし、六三法延長に賛成したのではなく、「立法部ノ議決」を重んじ、「憲法政治」を実行するために、沖縄県、北海道に行われているような「限地的ノ法律」を帝国議会で議決せよ、と主張したのであった。

憲法論がその影を薄くしたのに対し、前面に登場したのが植民地政策論であった。この植民地政策論は、かつて原が類型化したように「内地同様」にすることを目指すか、それとも「殖民地」と看做すかの、選択の問題として提起されている。大石正己（憲政本党）、花井卓蔵の質問、桂、後藤の答弁を見てみよう。[41]

大石正己「台湾ト云フモノヲ現在及将来如何ナルモノニスルカ、即チ日本本土ト同様ナル領土ニシテ、之ヲ改良進歩スル、所謂日本化スルト云フ方ニシテ、往クノ方針デアルカ、若クハ殖民地トシテ唯土人ヲ満足サセ、若クハ土匪ヲ鎮滅シテ往クト云フ位ノ仮ノ仕事デ来リツ、アルカ」。

桂首相「内地同様ニスルカ殖民地ニスルカトイフ事柄ニ付イテ御答ヘイタシマス無論殖民地デアリマス内地同様ニ

ハ往カヌト考ヘマス」。

花井卓蔵「政府ノ答フル所ハ〔これまで〕内地ト同様ニシヤウ……即チ同化主義ヲ取ルノデアルト云フ趣旨ハ歴然トシテ顕ハレテ居ル……然ルニ今日大石君ノ問ニ対シテ桂総理大臣ノ答ニ依レバ殖民主義デアルト言ツテ居ル」。

後藤新平「殖民地ノ其殖民ナル文字ハ、如何様ナル人ニ依ツテ如何様ニ解釈セラレテ居ルカ、之ハ種々デアリマス……所謂同化主義ト云フコトモ解釈ニ依ツテ種々ニナルモノデアリマス、而シテ同化主義ト云フコトヲ明言シタコトハ無論ナイ、皇化ニ浴セシムルヤウニ他日内地ト一様ニシヤウト云フコトガ、直チニ同化主義ナリト云フ如キハ、或ハ其一部分ハ同一デアリマセウガ、一部分ハ世ニ言フ同化主義ト異ツテ居ルノデス、故ニ之ヲ以テ同化主義ニ反対シタル殖民政策ト看做スト云フコト……又之ヲ以テ同化主義ヲ明言シタリト云フコトモ違ツテ居ルト思ヒマス、是ハ議論ノコトデハナイ私ハ事実ノ弁明ヲ致シテ置クノデアリマス」。

後藤の言わんとしていることは明瞭であろう。後藤はよく知られているように、台湾統治にあたって「無方針の方針」「生物学主義」を標榜した。(42) このことを叙上の議論に即して解すれば、「同化主義」「殖民主義」は規範概念であって、事実の前には意味をなさない、と言いたかったのだと考えられる。何故議会はこれを解さないか、と。しかし、議員の中のあるものは桂が「台湾は植民地である」と発言したことに対し「吾々議員トシテ実ニゾツトスルデハゴザイマセヌカ」と反応し、「台湾ハ確カニ殖民地ニ相違ナイ」として議論を展開した竹越与三郎は、「馬鹿ナコトヲ云フナ」「ソンナ愚論ガアルカ」などという議場騒然たる罵声に野次り倒されてしまった。(43)

第二一議会はかくして「植民地ではない」台湾の六三法延長案を通過させたのであった。

この年の春、原は政権を政友会にもたらすために、第一次西園寺公望内閣を成立させるための協定を桂首相と取り交わした。

2　植民地の拡大と原の挑戦

(1)　三一法の成立

一九〇六（明治三九）年一月、原は第一次西園寺内閣の内務大臣に就任した。原がその権限をフルに活用して政友会の拡大強化に努めたことはよく知られているが、今や、彼は台湾総督の監督権を持つ、台湾主務大臣でもあった。というのは、前に述べたように一八九八年の総督府官制改正以後、台湾総督は内相の監督を受けることになったからである。

原は既に見てきたように台湾総督に立法権を委任することは好ましくないと考えていたし、一方、台湾総督府側では第一六議会以来果すことの出来なかった児玉総督の議会に対する約束、即ち台湾に関して「根本的な制度を樹立する」という課題を抱えていた。

児玉―後藤ラインの構想した「根本制度」は明治憲法の改正を含む大規模なものであるが、総督府・政府部内から外には出なかった。この構想とその背景については本稿の主題からややはずれるので別稿に譲るが、その骨子は明治憲法に新たに台湾統治を規定する第七七条を設け、憲法下の台湾に特別の制度を樹立しようというものである。用意された法案の名は、台湾統治法と台湾会計法であり[44]、一九〇五（明治三八）年の春にはその内容がほぼ固まっていた。原はこの案を台湾の「半独立」を狙うものとして拒否したのであった[45]。

原が第二二議会に提出した法案は次の様な簡単なものであった[46]。

明治二十九年法律第六十三号ニ代ハルヘキ法律案

第一条　台湾ニ於テハ法律ヲ要スル事項ハ勅令ヲ以テ規定スルコトヲ得

第二条　法律ノ全部又ハ一部ヲ台湾ニ施行ヲ要スルモノハ勅令ヲ以テ之ヲ定ム

第三条　台湾総督ノ発シタル律令ハ仍其ノ効力ヲ有ス

附則

本法ハ明治四十年一月一日ヨリ之ヲ施行ス

この法案の六三法との相違点は、(イ)台湾総督への立法委任を廃止し、(ロ)したがって「手続き規定」も一切削除し、(ハ)有効期限を設けない「永久法」の形式をとった点にある。第三条の経過措置に関する規定を除けば、一〇年前に原が「台湾問題二案」で提案した法律案とほとんど同じであり、第一条が法律を以て勅令に委任する規定であることから「勅令案」と呼ばれた。

原は、台湾の「改良進歩」は著しいが、まだ「内地同様」の地方とは看做せないから、勅令委任により総督権限を縮小して国務大臣が台湾に対する立法の責任を取るようにしたい、と提案理由と趣旨を説明した。[47]この法案が、原の内地延長主義の表現であることは明らかであろう。

この「勅令案」の弱点は、案文に明示されていない部分にあった。原は「目下調査中」と断って、第一条の勅令を発する場合に台湾総督が副署するようにしたい、と述べた。[48]穂積八束は貴族院でこの点を突いたのである。穂積はまず、法律による立法の委任は認められないと自らの学説を開陳し、さらに、勅令の副署は国務大臣にのみ認められているのであって(憲法五五条に言及)、国務大臣でない総督は勅令に副署することは出来ない、と論じた。[49]

貴族院の形勢は穂積発言により原にとって不利な展開を見せたが、この原因は桂にあると彼は考えた。

前総理大臣桂太郎を訪ふ、……鉄道国有問題並郡制廃止及び台湾六三問題等に関し前内閣員の冷淡なる事を詰りたり。[50]

同じ日、貴族院の法案特別委員柳沢保恵が、委員の内相談は否決ということになった、と原に伝えた。原は「夫れは甚だ困る、現行法の六三案にて宜しければ其意味に修正ありても宜し」と譲歩する旨柳沢に答えた。[51]翌日の委員会で修正案を出したのは都筑馨六である。

繁雑になるので都筑の修正案の要点だけを述べれば、㋑総督の委任立法権の存続、㋺主務大臣の律令改廃権（政府は内相にこの権限ありと答弁した）、㋩法的効力における法律勅令の律令に対する優越性、の三点が骨子であった。[52]原は原則的に都筑案に同意を与えている。ところが、都筑が修正理由の中で六三法そのままの延長では衆議院が否決するであろう、と述べたばかりに水野直（研究会）が「衆議院ノ感情如何ヲ察シテ」貴族院が議論することは貴族院の体面にかかわるものだとして反対に廻ってしまったのである。[53] また菊池武夫は六三法の手続き規定の一部を変更しただけの修正案を提出した。菊池案が賛成多数になったことを伝えられた原はこう記している。[54]

此案は都筑馨六の案を否認し菊池武夫の案にて殆んど六三其儘とも云ふべきものにて、夫れならざれば研究会は絶対に反対すべしとて固く執って動かざるのみならず、一旦撤回して更に其修正案を成立せしめんと云ふに付已むを得ず俄に閣議を開き裁可を請ふて撤回して更に新案を提出する事となせり。

こうして、原の委任立法制度改革の試みは貴族院、特に研究会の壁に突き当り挫折した。原はいまいましげに記している。

貴族院の愚論多きは今に始まりたるに非らざるも驚くべき有様なり。

こうして貴族院が作った法律が六三法と同名の明治三九年法律第三一号（三一法）である。三一法が六三法と異なる所は、評議会規定の削除、法律勅令の律令に対する優越（都筑案の㋺）、期限を五年としたことであった。

(2)「台湾型」統治と内地延長主義

委任立法権と委任軍隊統率権という強大な権限を与えられた台湾総督のポストは、児玉源太郎という長閥―陸軍の実力者の長期在任（一八九八―一九〇六）により、陸軍部内のポストと化していった。いいかえれば植民地台湾は陸軍指導者の政策関心の実現の拠点となったのである。

このことを先駆的に示したのが、一九〇〇年の厦門事件である。[55]「対岸（福建省を中心とする中国南部）経営」を核とする「南進政策」を抱懐していた児玉総督は、義和団の乱によって列強の関心が北方に向いた隙を狙って、厦門に兵を進めようとして失敗したが、このことは、陸軍指導者が台湾を単に植民地経営の場としてだけでなく、大陸政策の策源地として考えていたことを示すものである。

その後、陸軍の関心は北方に集中されていったが、「台湾型」の植民地統治体制は、陸軍の政策遂行にとってはなはだ好都合なものであり、日露戦争後、陸軍の実践的指導者となった寺内正毅は拡大した植民地（租借地等を含む）の経営にあたって「台湾型」の統治体制の採用に努めたのである。

そして、この時期、陸軍は寺内によって「長州化」され、藩閥内の存在であったから、陸軍による植民地支配は藩閥による支配をも意味したのである（この点は、北岡伸一氏の『日本陸軍と大陸政策』[56]による）。

拡大した植民地において「台湾型」統治体制が成立することは、「長の陸軍」の強大化を意味し、当然にも原にとっては政友会の行手を阻むものと考えられた。原は出来る限り「台湾型」の出現に抗しようとしたのである。

第一に樺太である。樺太の民政移管にあたって原は、「大体内地同様となし」、「台湾に於けるが如き法律事項を同島長官に委任することを不可と認め普通の手続きに因る事」、「特別会計も特別法院も之を設くるの必要なし」と主張し、寺内や山県の案を次のように評した。[57]

陸軍は〔樺太を〕台湾の小形に規定せんとするも、斯くては到底治績を挙ぐる事困難なるのみならず、人口稀薄の同島には全く不必要なる事明かなり、要するに台湾占領の始に於ける如く陸軍専横を極めんとするに似たり、国家の為め甚だ不利と認む。

原と寺内のマラソン交渉の結果、一九〇七年、樺太庁官制と「樺太ニ施行スヘキ法令ニ関スル法律」が施行された。[58]これらによれば、樺太庁長官は「樺太守備隊司令官タル陸軍将官ヲ以テ之ニ充ツルコトヲ得」と、文官も就任でき、文官長官の場合は軍隊統率権がなく、出兵請求権が与えられる。また、長官には委任立法権はなく、原則として内地法が延長されることとなった。長官人事は、初代こそ陸軍から楠瀬幸彦が就いたが、庁内のトラブルを機に、原は内務省地方局長の床次竹二郎を兼務させ、文官長官を実現した[59]。樺太では、内地延長主義が前進したと言ってよいだろう。

次に、満州経営である。関東州については租借地であって領土ではないから憲法は施行されない、とする見解で政府部内はまとまった。原の内地延長主義は、裏返しの形をとり、関東州については外務省のリーダーシップを重視し、満鉄についてはその経済的機能を重視した。後者の点では満鉄総裁に就任した後藤新平の考え方と共通点もあり、後藤が関東都督府顧問になったことを歓迎して、原は「武人政治は是れにて一頓座」したと感想を書きつけている[60]。しかし、満州経営にあたっては陸軍の発言権は強力であって、関東都督の任用資格は陸軍大将中将に制限された(一九〇六年、関東都督府官制)。なお、この時海軍は資格を希望しなかったという[61]。

満州経営の体制問題については、前記の北岡氏の著作を始め研究も多いので省略するが、大陸政策に関連した抗争には、「台湾型」と「内地延長型」の体制構想の対立という側面があったものと思われる。

第三に朝鮮である。朝鮮併合(一九一〇年)にあたって寺内の果した役割はよく知られている。寺内はここでも「台湾型」の統治体制確立を目指し、さらに台湾よりも強力な総督制を実現した。すなわち、朝鮮総督府官制によれば、朝鮮総督は陸海軍大将のみに限られ、天皇に直隷し上奏権を与えられた。また台湾の三一法とほぼ同一内容の「朝鮮ニ施行スヘキ法令ニ関スル法律」(明治四四年法律第三〇号)(提案者は花井卓蔵であった)により朝鮮総督には、制令制定権が与えられ、委任立法制度が実現した[62]。

朝鮮の委任立法案は台湾三一法延長法案とともに、第二次桂内閣によって第二七議会に提出されたが、三一法と異なり期限が付されていない「永久法」であった。

原はこのころ、桂首相と「情意投合」を遂げていたが、彼はこの関係を利用して、内地延長策を試みたのである。
原と桂の対話を抄録してみよう[63]。
原：律令を提出するや。
桂：提出す。
原：もはや其必要なかるべし。朝鮮総督の制令権に年限なきは不可なり。
桂：朝鮮には日本憲法の及ばざる所と認むるの案は寺内が提議せしも、自分の前の内閣並西園寺内閣に於ても憲法は領地に伴ふ主義を認めたるに因り今更憲法の範囲外と改むるの必要なし。前々来の解釈通になしたり。
原：寺内は樺太問題其他にて憲法の範囲内との解釈は承知し居る筈なり、然るに寺内が右様の提議をなしたりと云ふは不思議なり。

朝鮮には憲法が施行されている、という前提は原の内地延長主義にとって必要な前提であったこと、原はこれを寺内に認めさせようとしていたこと、「憲法は領地に伴ふ主義」は台湾に関してまず確認されたものであること、が右の会話でわかる。

三一法の延長と朝鮮委任立法案は鉄道広軌化問題などとならんで、第二七議会前に調整して置かねばならない問題だと考えた原は、桂に前二者両方を通すことは難しい、と説いた[64]。

而して台湾には入用なく朝鮮には入用あるべきに因り寧ろ台湾の方を思切りて朝鮮の方を助くべし、但し台湾総督は内地地方官と同様の権限となすは事情許さざるべく又不当と思ふに付是れには相当の権力を法律又は勅令にて与ふる事としては如何。

しかし、桂の同意は得られず、原は最終的に政友会にとって死活問題ともいえる鉄道広軌案の延期（事実上の廃案化）を獲得することで妥協を図ったのであった。

なお、付言して置けば前に述べたように朝鮮の法三〇号は「永久法」であって、原はこれに反対している。六三法の例もそうであったが、期限付きという点は議会の質疑では「憲法上の疑義」から付されたように見えるが、実際には政府と取引を望む政党と政府の妥協の表現であった。したがって原の反対は、彼にとって意に染まぬ案である限り期限を付した方が得策であるから、と解される。

理屈の上からは「永久法」といえども「永久」ではあり得ない。しかし、一度期限が撤廃されると議会がもはや議論しようとしなかったことは事実であった。取引の材料が消えたことを意味したからである。

3 「憲政擁護」と武官総督制批判

桂園時代にあっては植民地長官の武官専任制の問題は、原と寺内の折衝のように、あくまで政府部内レベルの問題であった。この事情を一変させたのは、大正政変―第一次護憲運動である。この時期における広汎な藩閥・軍部批判は、植民地長官の武官専任制にまで及んだのであった。

よく知られているように、第二次西園寺内閣は陸相の後任推薦を陸軍に拒否されて崩壊したが、その制度的原因は陸海軍大臣現役武官制にあった。このため「閥賊打破、憲政擁護」のスローガンの重要な具体化のひとつがこの官制の改革要求になったわけだが、植民地長官武官制は軍部大臣現役武官制と同質のものとして、その改革が要求されたのであった。

一九一二(大正元)年一一月末以来の政友会地方組織の決議の一部に、まずこの意味における植民地官制改革要求を見ることができる。

たとえば、政友会岡山支部が一二月九日に決議した宣言文三項目のトップは、

官制を改革し陸海軍大臣および朝鮮台湾の長官を文官となすこと

というものであった[65]。

このような要求を説得的に展開したのが尾崎行雄であった。一二月一六日、明治座で開かれたのちに歴史に残ることになった集会で、尾崎は熱狂的な聴衆の前で演説したが、それは「藩閥の末路」と題されていた[66]。尾崎は、藩閥ようやく衰え、日本は日本全国の人の国家になろうとしているのに、なお長州だけは陸軍に立て籠って日本の政治社会に勢力を振おうとしている、と長閥を激しく、かつ極めて面白く攻撃した。さて、武官専任制について尾崎はこう説いたのである。

> 現代軍人は一般国民よりも一層優勝なる者の如く取扱はれて居り軍人でなければ就くことの出来ない職務が多々ある、他の文官では就くことの出来ない職務がある。例えば陸海軍省の大臣、次官、局長、朝鮮総督、関東州都督、台湾総督の如きは、軍人でなければ就くことの出来ない官職となって居る、日本国民と云ふだけでは是れに就くことは出来ない（中略）如何にも軍人でなければ戦争は出来ますまい、併し陸海軍大臣次官は、戦争をする役目ではない、軍事行政をする役目である、殊に台湾総督の如き役目は、其の仕事の全体の十分の九までは、通常の民政をする仕事であります。然れば其の性質から申しても、軍人よりも行政事務は文官の本職である。故に文官を据へなければならぬと云ふことを主張するのである。（中略）凡そ帝国の臣民たる以上は、文官たると武官たるとを問はす《(ママ)》、適材を適所に置いて、其の事務を挙げたいと云ふのである（中略）文武官何れを問はず適任者であれば宜しいと云ふのが我々の主張であります。

尾崎はその『自叙伝』においても、彼の「憲政擁護」の意味は、純然たる政党内閣を作ること、文武官を対等にし、法令上日本臣民を対等にすること、などにあったと回顧している。尾崎のこの主張は彼の政治信念であろうが、この部分に関する限り原とさほど距離があるとは思われない（純然たるという言葉の意味が問題だが）。

護憲運動は第三次桂内閣を総辞職に追い込んだ。政友会は薩派の山本権兵衛と提携し、第一次山本内閣が成立した。

これを不満とした尾崎は政友会を脱退して政友倶楽部を結成、国民党の犬養毅らと組んで山本内閣の野党となった。再開された第三〇議会において尾崎、犬養らは「内閣の政綱に関する質問主意書」[67]を提出したが（二月二七日付）、その第二項目は軍部大臣に関する次のような質問であった。

現行官制に拠れ（ママ）は陸海軍大臣は現役大中将に限れり現内閣は之を以て憲政の運用に支障なきものと認むる乎

三月一一日、山本は議場において「如何にも現行制度は憲政の運用上支障なきを保し難いのでございます、就きましては政府は之に対し慎重審議を尽して相当の改正を施すことを期して居ります」と答弁した。この段階では質問も答弁も、植民地官制に触れていない。

翌一二日、犬養、尾崎らは山本首相の答弁を不満として「内閣の政綱に関する再質問主意書」を提出した。その第二項はこうなっていた[68]。

現内閣は陸海軍大臣任用に関する官制改正に於て両大臣を武官に限るの制度を廃止するの意ありや否や又朝鮮、及台湾の総督に就ても同一趣意の改正を為すの意ありや否や

二五日、山本の書面による回答は「慎重審議」を約しただけで具体的な回答は避けている。しかし、陸海軍大臣現役武官制については、六月一三日公布された陸海軍省官制によって「現役」の二字が除かれる改正がなされた。植民地官制についてはどうであったろうか。

山本首相は、朝鮮・台湾総督府官制についても、武官専任制の廃止、兵権委任の解除の方向で改正を試みたが、寺内の反対にあって交渉は長びいた[69]。この年の秋、山本は原に改正案を見せ、原は調査を約束したが、この案の具体的内容とその後の取扱いについてはわからない[70]。恐らく改正作業は続いていたのであろうが、翌一九一四年のシーメンス事件による山本内閣崩壊で、官制改正は頓挫した。

この経緯はなお考究を要する。

以上見てきたように、植民地長官の武官専任制は、大正政変—第一次護憲運動の時期に、軍部大臣現役武官制批判のコンテキストの中で問題とされたのであった。そして批判の方向は、武官専任制が長閥の陸軍支配の防壁の役割を果していることに向けられたものであった。これは原が政府機関内部で努力した方向と同じものであり、今度は議会で、あるいは広汎な国民的運動の中で改正が提起されたという点が重要であった。

第一次大戦後のデモクラシーの風潮、反軍国主義の気分が高まっていく中で、武官総督支配の地たる植民地で事が起るとしたら、それに対する反応はどういう性質を帯びるだろうか。大正政変期の植民地官制問題の提起のされ方は、原内閣期の植民地統治批判のパターンに先行する形を持っていたといえるかも知れない。

四　植民地支配の新たな意匠——内地延長主義

1　原内閣の成立と植民地問題の転機

第一次世界大戦が終了する直前の、一九一八（大正七）年九月、原敬内閣が成立した。ドイツ軍国主義の敗北とヨーロッパの衰弱に代るアメリカと日本の国際的地位の向上、ロシア革命と中国ナショナリズムの台頭など国際政治面における大規模な変動と、全世界的な「デモクラシー」と「民族自決」の風潮など、戦後世界の地殻的変化については改めて述べるまでもない。

日本の植民地統治にも新しい局面が到来した。

新しい局面を特徴づける第一のものは、いうまでもなく首相としての原の登場である。原が首相の地位に就いたことは、この時期の外交指導がそうであったように、植民地統治にあたってもはじめて政党指導者がフォーマルな指導者になったことを意味する。しかしながら、植民地長官の専制権力の存在と植民地における政党の活動地盤の欠如は、原が首相になったからといってそのまま彼に植民地統治の指導力を付与するものではなかった。

原の指導力の源泉は、よく知られているように藩閥を圧倒しうるほどに成長した政友会の総裁としての強力なリーダーシップであり、山県や寺内など藩閥指導者に対する卓抜な交渉能力であった。この後者の点は、植民地統治の指導にあたっては特に重要であった。なぜなら、植民地の政治権力は藩閥の中核たる陸軍に握られており、陸軍―藩閥指導者との交渉は不可欠であったからである。

それにもまして重要なことは、これまで述べてきたように、原が政党指導者の中では珍しく「植民地」に持続的関心を払ってきた政治家だということである。もちろん、原のこの関心は植民地社会の現実や民族に向けられたものとは言い難い。しかし、原は植民地における政治権力の存在とその「特殊性」が陸軍―藩閥支配にとって都合良く、したがって政党による国家機構の掌握という原の計画にとっての障害であることを良く知っていた。さらにまた、寺内や長谷川が朝鮮で展開していた「差別的」かつ「威圧的」統治について彼は批判的見解を抱いていた(71)。言ってみれば、原が植民地統治の「政治的イメージ」を明確に持っていたことが、原の登場の最大の意味であった。

原は首相の地位に就くとまもなく、まず植民地統治の体制改革に着手した。そして他の政治課題の解決にあたって彼が採用したと同じ方法で、つまり改革の利害当事者の内部に働きかけ、妥協の条件を作り出すというやり方で、この問題に取り組み始めたのである。

以上のようなコンテキストからみると、原による植民地統治体制の一連の改革は、山県を頂点とする藩閥に対する原の持続的挑戦の一環として位置づけられる。

だが、日本の植民地統治の新しい局面を開くに至ったより根本的な要素は、日本植民地主義足下の民族運動の蜂火であった。

一九一九年の朝鮮三一独立運動の開始は、朝鮮現地の支配機構を激しく揺さぶったばかりでなく、本国政界と世論に大きな衝撃を与えた。朝鮮問題、そして台湾を含めた植民地問題はかつてなかった規模で論じられた。さらに、アメリカを中心とした国際的な反響もまた大きかった。[72]

朝鮮における植民地ナショナリズムの挑戦を受けて、日本植民地主義支配当局は新たな対応を迫られることになったのである。つまり、原は植民地統治体制の改革を統治政策全体の改革として、構想しなければならなかったのである。

2 植民地官制の改革

原が内閣を組織してから半月余り経った頃、朝鮮総督府政務総監の山県伊三郎が原の許を訪れた。山県（伊）は山県有朋の養子であり（このため「小山県」と呼ばれた）、第一次西園寺内閣で原が内相を務めた時、山県系として逓信大臣のポストに就いていた。その後、寺内正毅が韓国統監に就任した時（一九一〇年）に副統監となり、朝鮮併合後は政務総監として寺内朝鮮総督と、ついでその後任の長谷川好道とコンビを組んで、この年九年目に及んでいた。

山県（伊）が原に語るところでは、[73] 自分は武人総督寺内のもとで「不愉快の時代」をじっと我慢してきたが、朝鮮の目下の情況は寺内や長谷川のような武人はもう全く必要ない、長谷川が辞めたいと言っているので、この機に文官である自分が総督昇格を希望しても身分不相応ではないと思う、というのである。

原は、朝鮮総督を武人に限るとしたのは伊藤博文が「不本意」ながら定めた台湾の制度に倣ったものである、と台湾事務局時代の故事を紹介して、山県（伊）の希望には「制度の上にも君自身の為めにも」賛成である、と語った。原はさらに言葉を継いで「但し此事はうかと之を提議せば例の通軍人共反対すべきに因り、此話は此場限りに之を秘し置き好機会を見て余之を提議すべし、其時の故障を避けんが為めに今日より山県公を始め其筋々に十分其理由及び事情を内話し置かれよ」と山県（伊）を説いた。原の脳裡には山本内閣時の不首尾に終った官制改革が去来したのであろう。

原が山県（伊）に対し「制度の上にも君自身の為めにも」と語ったのはリップサービスではなかった。朝鮮総督に文官を任用できるよう官制を改革するにしても、「人」を得ることが出来なければ実施できないのである。原は山県（伊）で行くことにした。この原の人事方針はのちに見る台湾総督に山県閥の田健治郎を起用した事実を想起させる。原自身のこのことについての理由説明は得られないけれども、山県との関係を考慮したものであろう。但し、これによって山県の好意を得んがため、とのみ解釈するわけにはいかない。この点についてはまた田の起用の所で触れる。

山県（伊）に養父説得をさせる一方、原は三浦梧楼を通じて山県に働きかけた。枢密顧問官の地位にあった三浦は政党内閣論者として原に大きな支持を寄せており、原内閣の「御意見番」とでもいうべき存在であった(74)。

三浦からは、この年師走に入ってから、山県が、官制改革は台湾も対象とすること、山県（伊）を登用することに同意した、と話があった(75)。この二点は三浦の提案なのか、山県が条件を出したのか不明である。ともかく事の成り行きは順調に見えた。

さて、長谷川総督の辞意は田中陸相の所にも届いていた。田中がその処置について山県と相談したあと原に意見を聞いた機を捉えて、原は官制改革を切り出したのである（一一月二三日）。原の提案は、朝鮮総督の任用資格を文武併用とし、長谷川の後任に山県（伊）を充てること、軍隊の指揮は陸軍直轄とすること、を内容とするものであった(76)。

田中は年明けた一九一九（大正八）年一月一五日に原の提案に応じた案を出してきた(77)。田中の案の骨子は、

㋑　朝鮮総督の文武併用制への改革を決行する。
㋺　他の植民地については同時にはしない。
㋩　田中自身の発意とする。

というものであった。これによれば、原は田中に対し朝鮮のみならず台湾・関東州についても官制改正の必要がある

と告げたのであろう。

ここに、原は官制改革についての陸軍大臣の支持を調達しえたのである。以後、田中は山県、寺内、および陸軍部内の説得工作を精力的に続けていく。

田中の支持を取りつけ、山県の同意を得たと考えた原は、朝鮮を待たず関東州と満鉄の改革を先に実行した。最も強い反対が予想された寺内が関東都督文官制に賛成したためであろう。前に述べたように、原は満州の経営は満鉄が中心になるべきであると考え、また関東州の行政の外交面は外務省の指揮下に統一的に行われるべきだと考えていた。

二月五日、閣議で田中陸相が関東都督の文武併用制を提案、閣内に異議はなく、枢密院でも原が困惑する事態は起らず、三月二四日官制改正案が可決された。関東州と満鉄関係の制度改正の要点と人事は次の通りであった。

関東都督府の名称は廃止され、関東庁という簡単な名称になり、その長も関東長官となった。関東長官の任用資格制限は撤廃され、ただ陸軍武官が長官に任ぜられた時は関東軍司令官を兼任できることになった。また、関東長官には軍隊統率権はなく、関東軍司令官に対する兵力使用請求権が与えられた。さらに長官は、政務一般に関し内閣総理大臣の監督を受け、その内、渉外事項に関しては外務大臣の監督を受けることになった（以上、大正八年勅令第九四号関東庁官制）。

次に、満鉄の総裁は社長という一般的名称に変えられ、満鉄の社長は関東庁顧問を兼ねることとされた。これら一連の改革で、陸軍は単なる関東州の駐屯軍となり、外務省は関東州の外交事務一般を指導しうることとなり、満鉄はより「会社」らしくなったわけである。

人事面では、関東長官に林権助、満鉄社長に野村竜太郎、副社長に中西清一がそれぞれ任命された。林は駐支公使時代から原による中国政策転換に期待していた人物であり、外務官僚からの人選は外務省のリーダーシップを保障するものであった。野村は山本内閣時に原が総裁に起用し、大隈内閣時に辞職に追い込まれた人物であり、「返り咲き」

である。中西は野村が処分された時にこれに反対して満鉄監理官を辞した後、原内閣では逓信次官のポストに就いた(78)。全体として原の配慮が隅々まで感じられる人事である。

さて次に、朝鮮総督府官制改革問題の展開を見ることにする。朝鮮の方は原も充分根廻しが必要と考えたのであろう、田中陸相には急がないからじっくりやってくれと指示している。ところが、状況が大きく変ることになった。朝鮮三一独立運動の開始である。原の三一運動への対応は後で述べるが、ともかく運動を鎮めることが先決問題となった。

三一運動による状況の変化は原の目指す官制改革にとっては有利なものであった。ジャーナリズムやアカデミズムはこぞって朝鮮問題を論じたが、その論調の多くは寺内以来の「武断政治」を非難するものであり、総督が武官であることと統治が武断的であることが自然に結びつけられて批判が構成されたのである(79)。

議会においても川崎克（憲政会）や植原悦二郎（国民党）が政府に質問書を提出して、「武断政治」を排し、総督武官制を改正するよう求めた(80)。

さらに、四月二九日、長谷川朝鮮総督が進退伺を出した。しかし原としては現行官制のままでこれを受理するわけにはいかず（また武官ということになりチャンスを逸する）、長谷川には「平定」に努力するよう申し送った。原は人事については表立った動きをせず、官制改革を急ぐことにしたのである。

ところが原にとって順調に見えた状況に逆風が吹いた。三つの方向からである。経緯を見よう。

逆風の第一は陸軍部内の動きである。五月二〇日、田中陸相は部内に改革反対の動きがあると仄めかし、二三日にははっきりと意の如くならないと原に伝えてきたのである。たとえばこの動きのひとつに、長谷川総督の寺内や山県に対する官制維持工作があった(81)。

第二は、山県である。田中が原に伝えた所では、山県は文官案に反対、山県（伊）の総督昇格にも反対とのことであった（二三日）。田中は山県の反対と寺内が恐らく反対するであろうこと、陸軍部内で異論があることを理由に、官制改正は断行し人事では海軍大将斎藤実を起用する妥協案を原に示したのである。[82]原は山県の考えを直接確かめないままに、田中の苦境を察して一旦田中案を受け入れたのである。

ところが、病が癒えて久し振りに上京した山県は、原に対し、山県（伊）は三一運動の責任を取って辞表を提出すべきであり、総督昇格には自分は絶対反対する、とは述べたものの、官制改革には全く異論を唱えていない。[83]それどころか田中が寺内の反対を予想して心配すると、山県は「寺内に相談せずしても可なり」と「見切り発車」を勧説してさえいる。[84]

山県の真意が山県（伊）登用への不満にあることを知った原は、再度山県へ働きかけ、朝鮮の事態に関し伊三郎には責任がないことを力説したが、山県は他のポストに頼む、と言って承諾せず、遂に原も諦めたのである。[85]原が朝鮮総督に文官を起用することに失敗した理由は、田中の立場に考慮を払いすぎたことと、山県伊三郎に執着し続けたため他の人物を用意する時間を失ったためであった（政府は長谷川の進退伺の扱いをこの間保留しつづけていた）。原はこの教訓を田健治郎の任命の時に生かしたのである（後述）。

逆風の最後は枢密院審議である。朝鮮総督府および台湾総督府の両官制改正案は、六月二六日、枢密院に諮詢された。重要な改正点は関東庁の場合と同様、総督の任用資格制限の撤廃と兵権委任の解除であった。枢密院では格別の反対論もないのに諮詢後四〇日近く経っても決定がないことを不審に思った原は、この点を山県に尋ねてみると、審査委員長の伊東巳代治が引き延しを策していると言う。[86]伊東は元来文官案に賛成していたから、この引き延しは、後藤新平の勧めにも拘らず原が伊東を軽視したことに一因があるだろう。[87]

これらの逆風が原の構想と手順に狂いを生じさせたのである。

八月八日、ようやく官制改正案が枢密院を通過した。この時までに、原は朝鮮総督に斎藤実、政務総監に水野錬太郎（原の腹心の一人）の起用を決めてその内諾を得たほか[88]、官制改革にあたっての詔勅案も準備していた。また、新聞に発表する談話、ならびに「朝鮮統治私見」（後述）も出来あがっていた。原は枢密院の長びいた審議に苛々し、官制制定を待って直ちに斎藤を現行官制のまま、すなわち斎藤を現役に復帰させて総督に任命することにした[89]。新官制実施準備にはなお一〇日以上かかり、斎藤の任命が遅れるという理由のほかに、これ以上の遅延は「朝鮮人民並に在官者等の不安少なからざる次第にて甚だ不得策」だから、というのが原の説明であった[90]。

これらの経緯から考えて、斎藤の現役復帰は原にとって自らの朝鮮統治政策を速やかに実施するための便宜以上の意味があったとは思われない。

しかし斎藤の起用と現役復帰は、官制改正によって文官を任命することを「自然の約束」（『東京朝日新聞』[91]）と看做していた世論と議会を大いに失望させた。彼らは原が「軍閥」の前に屈服したと見たのである。

この問題の最後に、眼につかないが重要な原の改革をひとつ記して置く。それは朝鮮総督をはじめ植民地長官を政府委員として議会に出席させるようにしたことである[92]。この改革によって、植民地の長は明確に政府の一員となり、議会を意識しなければならなくなった。しかし、原の死後この制度は廃止され復活しなかった。

3　植民地民族運動と内地延長主義

(1)　朝鮮三一独立運動と原の対応

原が植民地官制改革に手を着けはじめた段階では、まだ植民地政策全般にわたる政策転換の具体的プログラムは用意されていなかった。しかし、すでにみたように統治体制のみならず統治政策の中味についても、例えば寺内への批判に窺えるように、原は改革の必要を認めていたのである。

植民地官制改革とそれに伴う人事は、植民地政策を遂行する上での「管制高地」の掌握であって、当然の順序であった。まず、この改革を原は慎重にすすめようとしたのである。

このプロセスに重大な変更をもたらしたのが、ほかならぬ朝鮮における独立運動の勃発であった。

朝鮮三一独立運動は「武官総督」による「武断的統治」の結果起ったのである、とするこの運動に対する当時広く流布した考え方は、その帰結として、「文官総督」と非「武断的統治」を要求する世論を形成したのである。言いかえると、「武官総督」は大正初期の第一次護憲運動の中で主張された「文武平等」からする批判の対象にとどまらず、改革されるべき植民地政策のシンボルとなったのである。

植民地の統治体制の改革は統治政策の改革の一部として構想されねばならなかった。実際に原が用意し、実行に取りかかったプログラムはそのようなものであった。

第四一帝国議会終了後まもなく、三一運動鎮圧策について相談に来た田中陸相に対し、原は「今回の事件一段落を告げたる上は、対朝鮮政策に付一考せざるべからず、今日までの成往にては極めて不可なり[93]」と、朝鮮統治政策の転換の必要性をはっきりと告げた。また原は、上京した山県政務総監に対しても、「平静に帰したる後」においては、「文官本位の制度に改むる事、教育は彼我同一方針を取る事、憲兵制度を改め警察制度となす事等の方針」を内示した[94]。「要するに内地の延長と認めて朝鮮を同化する事必要なり」とし、原の持論である「内地延長主義」の植民地統治論を政策的に表現する方向において、朝鮮統治政策を転換する意志を固めたのであった。

この政策転換の前提は朝鮮の秩序回復、すなわち独立運動の徹底弾圧であった。朝鮮総督府内の文武官の対立は根が深く「文官側は〔長谷川〕総督側の失政の結果なりと窃かに快心の様に云へり[95]」というような報告すら原の耳には届いていたが、まず秩序の回復が優先されねばならず、また独立運動は「海外に対して如何にも重大視するの感を与ふべきに因り、可成秘密にな」さねばならなかった[96]。

その外交政策において列国、とりわけアメリカとの協調を基調にしていた原は[97]、朝鮮問題がアメリカの対日政策に与える悪影響を憂慮したのである。アメリカの政府レベルにおいては、朝鮮は日本の「内政問題」であって「わがフィリピンで暴動がおこった場合」と同様であるとして不干渉の態度を取ったが[98]、民間世論は在朝鮮アメリカ人宣教師の働きかけもあって、日本に対する非難の調子を高めていた。

原は民間人がアメリカ政府の外交政策の決定に与えるインフォーマルな活動を重視していた。というのも、原が訪米時、ルーズベルト大統領に会見した際、ルーズベルトが在朝鮮アメリカ人からの書簡を引き合いに出して日本の朝鮮政策を論じたことがあったからである[99]。

このこともあって、原はアメリカ人宣教師やジャーナリストたちとしばしば会って、対日非難の緩和に努めたのである。

さて、三一運動勃発直後の原の感想にもあるように、彼は「民族自決」を「空説」と考えていた。一体に原の思考にはナショナルなモメントが乏しい。三一運動についても朝鮮人のナショナリズムという観点からこの運動を把握した形跡が見られない。この点で原は大部分の当時の日本人と同様だと言えるであろうが、第二章で述べたように日本のナショナリズムに対する軽蔑や無視の感情が原の三一運動理解と結びついていたのではなかろうか。ナショナリズムに対する軽蔑の一方で、原が日本帝国内における法や制度のもとにおける「平等」や「無差別」を文明と看做したことも前に指摘した。三一運動について原は、朝鮮人の待遇上の差別がその大きな原因であると見ていた。「朝鮮人多数の希望は独立にあらずして内地人と同一の待遇に在り」とは、原がしばしば語った言葉であるが、「同一の待遇」とは日本帝国の法と制度の許における「無差別主義」であった。したがって教育という根幹的な手段を除けば、朝鮮人の風俗、習慣、歴史などについては強制的な「同化」の必要を認めなかったのである。

原の考え方にひとつの具体的な裏付けを与えたと思われるのが、親日派の朝鮮人宋秉畯である。

宋秉畯はしばしば原の許を訪れているが、原の朝鮮事情に対する認識の重要な情報源であったと思われる。たとえば五月一八日の原日記にこうある。

宋秉畯来訪、朝鮮問題に関し種々内談をなしたり、要するに併合当時無事なりしは大体に於て旧朝鮮の悪政を免がるゝ事と信じたるに因る。然るに爾後朝鮮人は失望せしなり、差別的待遇、教育差別、官吏登用の差別、憲兵圧制苛察等総督政治の失政は一般国民に怨嗟の声を発せしめ、首謀者は二十名位ならんが全国呼応するの気運を作れり、宣教師等も不都合なれ共彼等と毫も疎通なし等大小の事実を挙げ総督政治の撤回を求めたり。……宋は先以て総督を文官制度に改むべし、此根本を改めざれば何の改革も無効なり……等内外に就き長時間談話せり、尤もと思はるゝ事多し。

余は目下は鎮静を計るの外なきも大に面目を改むべき腹案ある事を内話せり。

彼余の言を聞きて満足せり。彼は飽まで余と同感にて内治同様に方針を取る事必要なりと云へり。其他農民は其地所を失ふは日本移民の為めなりとて大に日本を怨む、此事は何とか処置し且つ朝鮮の土地開拓は内地朝鮮共に利益すべきに因り拓殖会社に内命ありたしとの事も内話せり。

宋が並べたてた三一運動の原因とも背景とも言うべき事柄は、原に強い印象を与えたものと思われる。原の植民地政策の「綱領」とも言うべき「朝鮮統治私見」[100]の随所で、宋の発言と同趣旨の言及がなされているのである。

(2)「朝鮮統治私見」――内地延長主義の「綱領」

当初の構想とはややずれたとは言え、斎藤実朝鮮総督と水野錬太郎政務総監に対する原の指導性は確固としたものであった。斎藤はシーメンス事件以来引退同然の身であった自分を再び政治の舞台に送り出してくれた同県人（原と斎藤はともに岩手県人）に感謝と信頼の念を抱いていたし、行政官としては素人に近い斎藤は水野に頼っていた。原は水野の行政手腕を通じて自分の政策を実現できる条件を手に入れたのである。

その斎藤と水野に朝鮮統治の指針として与えたのが「朝鮮統治私見」である。

原はこの「私見」執筆の前に、朝鮮統治のおおよその方針について閣議の了解を取り、山県の支持も得ている。「朝鮮統治私見」は（上）（下）二編からなり、（上）は「総論」、（下）は全一五項目に及ぶ「各論」である。以下、全編にわたって原の朝鮮――植民地――統治論を検討することにする（注――読点を補った）。

原は朝鮮に対する「現行制度ハ根本的ニ誤レルモノナルコト」を断言する。なぜか。朝鮮の制度のモデルであった台湾の制度は「欧米諸国ノ殖民地ニ対スル諸制度ヲ参酌シテ決定シタルモノ」であって、その欧米諸国の制度は「本国ヲ去ルコト遠ク」本国人とは言語風俗ばかりか「人種ヲ異ニシ、宗教ヲ異ニシ、歴史ヲ異ニシ」た「根本的ニ相違アル」領土と人民を治めるための「特殊ノ制度」である。しかるに「我帝国ト新領土タル朝鮮トノ関係ヲ見ルニ言語風俗ニ多少ノ相違アリト雖モ其根本ニ溯レハ殆ント同一系統ニ属シ、人種ニ於テハ固ヨリ異同ナク、歴史ニ於テモ上古ニ溯レハ殆ント同一ナルモノト論シ得ル」ほどの「密接ナル関係」にある。特殊な領土を治める制度を模倣して密接な新領土を治めようとした現行制度の過誤は、朝鮮統治の「不成績」と「今回ノ騒擾」からみても明らかである。

では、どうすればよいか。原はまず自説の根拠を二つ提示する。

第一の根拠は、「制度」すなわち「行政上司法上軍事上其他経済財政ノ点ニ於テモ、教育指導ノ点ニ於テモ」「之ヲ同一ニ為シテ而シテ同一ナル結果ヲ得ヘシトノ確信」である。

第二の根拠は、現在の朝鮮人の状態を見ると「何等ノ点ニ於テモ同化シ得サルノ根本的性質ヲ有スルモノトハ認ムルコトヲ得」ない点である。

「故ニ」と原は結論する。「朝鮮ヲ統治スルノ原則トシテハ全ク内地人民ヲ統治スルト同主義同方針ニ依ルヲ以テ根本政策と定メサルヲ得ス」。すなわち、原が好んで用いた用語を使えば、「内地延長主義」の政策である。この政策には「付帯条件」が付く。「唯文明ノ程度、生活ノ状態等遽ニ同一ニスルコト能ハサレハ暫ラク漸ヲ以テ進ムノ方針ヲ定メサルヲ得サルノミ」。つまり、「漸進的内地延長主義」である。

「総論」に凝縮しているこの原の立論は「私見」全編に貫徹している。原の主張はこう要訳しえよう。植民地統治にあたっては「漸進的に明治国家を模倣せよ」なぜなら「同一の制度は同一の結果を生む」から。「同一の結果」とは何か、それが原にとっての「同化」に他ならない。現在は「可能性」としてあるところの、そして将来は「忠良ナル日本国民」への「同化」である。

「各論」というべき「私見」（下）の全一五項目の内容は以下のように分類できる（番号は「私見」中の番号）。

㋑統治体制に関わるもの

総督の任用資格（一）、立法制度（二）、刑法（一二）、国防・司法・財政・経済ほか（三）、特別会計（一五）

㋺朝鮮における統治政策

㋺―1　制度的なもの

地方制度（四）、警察制度（五）、教育（六）、官吏登用（八）

㋺―2　方向的なもの、その他

雑居・雑婚（七）、土地政策（九）、制服帯剣（一〇）、名望家対策（一一）、宣教師（一三）、宗教（一四）

まず、㋑の「統治体制に関わるもの」から見てゆこう。

現行の総督武官制は「英国殖民地ノ総督ヲ参酌シタル上ニ露国ニ於ケル総督政治ヲ加味シタルモノ」すなわち外国制度の「模倣」であるから「文武官何レノ人ヲ以テスルモ差支ナキノ制度」にすべきであるとする。

朝鮮に施行する法律命令は「内地ニ行ハルル法律命令ノ一部又ハ全部若クハ多少ノ修正ヲ加ヘテ施行スルノ原則」を取るべきだとする。総督に制令制定権がある故をもって「殊更ニ特別ナル制度ヲ布カントスル」のは根本的な誤りであるとする。具体的には刑法が挙げられている。朝鮮笞刑令（制令）について原はこう述べる。「朝鮮ノ旧刑法ハ撲殺ト云フ刑スラ存シタルコトナレハ笞杖ノ如キ怪ムニ足ラサレトモ世界大国ノ列ニ加ハリタル我日本ノ版図内ニ此ノ如キ刑ノ尚存在スルハ実ニ慙愧ニ堪ヘサル次第ナリ／速ニ之ヲ改メテ文明的刑法ヲ布ク」べしと。国防・司法および行政全般の制度については「我領内ハ何レノ地方ヲ問ハス同一ナル制度ニ統一スル」を適当としている。ただし、特別会計制度は活用すべし、と存続を主張する。

次に㋺の朝鮮における統治政策のうちのいくつかを見よう。原は朝鮮に「欧米諸国ノ新領土ニ於ケル自治ノ如キモノ」を布くことを認めない。明治国家の地方制度を漸進的に設けること、すなわち「先ツ以テ市町村制類似ノ制度ヲ創定シテ之ヲ実施シ漸ヲ追フテ府県制実施ニ及ブノ方針ヲ確立スベシ」とする。重要な点は、ここで沖縄の例を引いていることである。「恰モ沖縄県ニ於テ此変則ナル制度ヨリ始メタルト同様ノ措置」を取るのが適当であるとする。地方制度に限らない。原は沖縄が「内地同様」になったと同様に、朝鮮・台湾もなりうるとしばしば言明している。「明治国家の模倣」とは、明治憲法体制の模倣であるとともに、明治国家の歴史の模倣でもある。

次に教育である。「人民ヲ愚ニシテ統治ニ便ナラシムルカ如キ方針ヲ取ルハ大ナル誤ナリ」、朝鮮人と日本人との「別個ノ教育ハ朝鮮人ヲシテ充分ナル教育ヲ受ケシメサルノ方針ナルニ依リ朝鮮人ノ不幸モ此所ニ起リ忠良ナル人民ヲ得難キ弊モ此所ニ生ス。……又聞ク所ニ拠レハ朝鮮ノ歴史ヲ教ヘスト云フ是レ実ニ耳ヲ掩フテ鈴ヲ盗ムカ如キコトニテ彼等ニ教ヘストモ朝鮮ノ歴史ハ彼等ニ伝ハル可シ」。

原は、朝鮮の歴史を教えることを禁止することの愚を指摘し、また朝鮮語の新聞発行も許した。それは統治の現実の中では欺瞞に他ならないが、原にとっては「朝鮮的なもの」の禁止は下策であって「淘汰」が上策であったのである。彼は朝鮮人の独立への願望をこう見ている。「何レノ国ニ於テモ其独立ヲ失ヒタル人民カ独立ノ旧時ヲ懐フコトハ数世紀ヲ通スルモ全ク消滅スルコトナカルへシ」と。しかし、原にとってこの独立願望は恐るに足らないものであった。「去リトテ現在其統治ノ下ニ在リテ幸福安寧ヲ得、向上発展スル以上ニハ、彼等ニ旧時ヲ懐フノ念アリトスルモ之カ為ニ叛逆ヲ企ツル如キ者ハ大体ニ於テ之アルヘカラス」、仮りにあったとしても「我兵力富力」は「之ヲ鎮圧スルコト固ヨリ容易ノ業ナリ」。

原の「漸進的内地延長主義」の植民地政策とは、二重の意味で「明治国家の模倣」であった。すなわち、まず明治憲法体制の模倣として、ついで明治国家自身の歴史の模倣として。そして、この場合「明治憲法体制」とは原の構想する帝国日本の再編と統合の方向におけるそれであり、また「明治国家の歴史」とは「文明」という何人にとっても「幸福安寧」を与えうる道を歩んできた国家の歴史でもあった、と考えることが出来よう。

そして、「私見」の発想の中に、往年の原の思想の核がなお生きていると見ても、あながち不当ではあるまい。

(3)　田健治郎の登場

一九一九年一〇月、危篤を伝えられていた台湾総督明石元二郎が死んだ。朝鮮総督人事の失敗に懲りた原は、明石の後任人事を秘密裡にかつ迅速に運んだ。原の腹案は今度も山県系で、貴族院議員の田健治郎であった。田は寺内内閣時の総選挙で政友会のために働いていたし、山県の意中の次期首相候補者の一人でもあった。

原の命を承けた横田千之助法制局長官の台湾総督就任要請を受けた田は、山県の所に相談に行った[101]（原は先手を打って田中陸相を山県の許へ遣っていた）。山県は田が適任であるとしながらも「政党を三分鼎立せしむるといふのが予の宿論であるが、大浦〔兼武〕の死後君以外に一新党を組織する者がいない。君が台湾に往けば政党鼎立の事は水の泡と消え去る[102]」と言って決断しかねている旨を田に告げている。田は、時期を待つ以外に無い、と応えて山県の承諾を得たのであるが、このやりとりからしても、また原が貴族院における田の動きをマークしていることからも、原の人事が単なる山県への妥協以上の計算に基づいていることがわかる。原は山県系を政府に引き付けて置くと共に、その動きを封ずることも考えたのであろう。同時に、田が台湾で成功すればそれで良いし、失敗しても政友会がそれ程傷つくわけでもない。

原はかつて桂から寺内の朝鮮総督留任の了承を求められた時賛成したが、その時こう日記に書いている。「寺内必らずしも適任と云ふべからざるも、目下の事情に於て寺内を据置く方は面倒なく、又寺内幸に成功せば夫れに越したることなく、万一失敗するも彼等仲間のこと故差支なしと思はるゝなり[103]」。山県は内地延長主義の政策を全面的に支持しているし、山県の田に対する影響力は極めて大きいものがあるから、右の寺内に対するほどの計算は原になかったとしても、文官総督制実現後すぐに政友会員を任命するだろうと予測した世間ほど原は単純ではなかったようである。

さて、台湾総督に就任した田は植民地統治の経験が無かった。就任受諾直後、原は田に次の様に言っている。

台湾は朝鮮と異り戦勝の結果領有せしものにて又朝鮮の如く嘗て独立国たりし土地にもあらざれば朝鮮に対するとは自ら事情を異にすべし、但何れにするも同化は必要なれば其辺に十分の注意を要す尚ほ他日篤と相談すべし[104]。

「他日の相談」で原は台湾統治方針に関する「内訓」を田に与えたようであるが、「台湾統治私見」のようなものにまとめたかどうか、今の所わからない。しかし、田は原の内地延長主義政策の台湾におけるかなり忠実な実行者であり、田自身も原と近い考えを持っていたようである。

田は山県の所に行って「台湾統治の大方針」を相談しているが、田の考えはこうであった。

其要在漸次教化台湾人、廃社会的待遇差別、遂為純乎日本人、結局可及政治的平等待遇之事[105]。

山県は大賛成であった。田は同じことを原に話して同意を得ている。

田は台湾に着任後まもなく、新任総督恒例の島内巡視を行ない、内地延長主義政策の具体案作りに取りかかった。下村宏総務長官に調査立案を命じた項目は次の通りである。[106]

㋑笞刑廃止の準備、㋺鉄道車輛増加の計画、㋩諸学校内地人本島人共学の調査、㊁医、農、文科大学創設の計画、㋭戸籍令制定及び台湾人家族帰化入籍の調査、㋬地方制度確立の準備、㋣商業会議所の設立

これらの項目のうち、㋑、㋩、㋭、㋬は原の「朝鮮統治私見」で言及されている政策である。もって、原―田ラインにおける原の指導性の一端を窺うことができよう。

4　「六三問題」の終焉――法三号の成立

一九一六（大正五）年、大隈内閣時に五ヶ年の期限を付されて延長された三一法（明治三九年法律第三一号「台湾ニ施行スヘキ法令ニ関スル法律」、明治二九年「六三法」の後身）の効力は二一年末までであった。従来通り、前年末から始まる帝国議会に何らかの法案が出されねばならなかった。

田総督は、二〇年一〇月二〇日、下村総務長官以下の幹部を集め、委任立法制度について協議した。[107]この段階では、総督府に評議会を新設し、総督の諮問に応じて律令案を審議させること、委任立法は適宜改正し存続をはかること、という方針で政府と交渉することになった。

一一月一五日、田は上京して原とこの問題について話し合ったが、原は次のように語ったと言う。[108]

関委任立法問題者、累多世之紛議、為之根本的解決、予所期待也、唯以法律、設定諮問機関、有誤認台湾全島自治発端之虞、又有拘束総督行動之嫌、抑予所見、不特設諮問会議、除民法刑法商法等属人民之権利義務者之外、諸法律之活用、及法令之制定、一切委任総督之権限、其係人民之私権者、特求帝国議会協賛、其必要属稀有之事、可無為之誤機宜之恐。

原の考え方の核心的部分は「台湾全島自治」の否認にある。また後半の部分は、台湾における立法政策について原がどう考えていたかを最も明瞭に示す部分である。原の日記によれば「総督に相当の権力を授け、法律は議会に提案する方然るべし[109]」というのが原の腹案であったが、「人民の権利義務」に関しては議会の制定する法律によるべし[110]、という主張は、明治憲法の定める法律事項は議会にかけよ、という帝国議会における政党の伝統的主張にほぼ重なるものである。

原の方針によると台湾総督の権限は大幅に縮小されるわけであるが、田の方はそのつもりはなかったらしい。「田は少々修正を加へて現行法を継続せん意思なるも、強ては主張する事なかりしなり」と原は書いている[111]。翌々日、横田法制局長官が委任立法改正法案の起草処理の方針を携えて田の所へやってきたが、それによれば[112]、

㈠内地法の延長は勅令で行う（三一法と同じ）。

㈡内地法を適用できるものは務めてこれを実行する（内地法延長の原則）。

㈢台湾特殊の規定を要するものは総督の権能に委任する（委任立法規定、例外）。

㈣評議会については総督の自由裁量に任せる。

この処理方針で見る限り、現行三一法と異なる所は㈡と㈢、つまり内地法延長を律令制定に優先させる点だけである。㈠については原が得策でないとしたものだが、法律に書かなければ差支えないと判断したものであろう。

この方針に基づいて法制局、拓殖局、台湾総督府からなる委員が法案起草にあたった。出来あがった草案のうちで、横田の処理方針と最も異なる点は㈠に関してであった。起草委員案によれば、内地法の延長は「総督の命令をもって之を定む」となっていた。田はこの条項について、次の様に記している[113]。

是委任立法上、当然之帰結而法理一貫且大伸暢総督之権限者也、原首相之主張、最当其宜也

勅令ではなく律令で法律の延長施行を行う、という案は無論これまでにない総督権限の拡張である。田はこれを原

の主張と受取っているが、そうであろうか。

一二月三日、田は横田に対し、法律の施行権を総督の命令に委任する必要を主張している。(114) むしろ、総督府側委員（皷参事官）が田の意を承けて起草委員を説得し、改正草案が出来あがったものであろう。一二月八日、横田は原の意見をはっきりと田に伝えに来たが、それによれば、起草委員会の原案のうち、内地法の延長施行を総督の命令で行うという条項は、勅令で行うよう修正したい、というものであった。田はこの修正に同意した。(115)

こうして第四四帝国議会に提出された「台湾ニ施行スヘキ法令ニ関スル法律案」を次に掲げる。(116)

第一条　法律ノ全部又ハ一部ヲ台湾ニ施行スルヲ要スルモノハ勅令ヲ以テ之ヲ定ム前項ノ場合ニ於テ官庁又ハ公署ノ職権、法律上ノ期間其ノ他ノ事項ニ関シ台湾特殊ノ事情ニ因リ特例ヲ設クル必要アルモノニ付テハ勅令ヲ以テ別段ノ定ヲ為スコトヲ得

第二条　台湾ニ於テ法律ヲ要スル事項ニシテ施行スヘキ法律ナキモノ又ハ前条ノ規定ニ依リ難キモノニ関シテハ台湾特殊ノ事情ニ因リ必要アル場合ニ限リ台湾総督ノ命令ヲ以テ之ヲ規定スルコトヲ得

第三条　前条ノ命令ハ主務大臣ヲ経テ勅裁ヲ請フヘシ

第四条　臨時緊急ヲ要スル場合ニ於テ台湾総督ハ前条ノ規定ニ依ラス直ニ第二条ノ命令ヲ発するコトヲ得

前項ノ規定ニ依リ発シタル命令ハ公布後直ニ勅裁ヲ請フヘシ勅裁ヲ得サルトキハ台湾総督ハ直ニ其ノ命令ノ将来ニ向テ効力ナキコトヲ公布スヘシ

第五条　本法ニ依リ台湾総督ノ発シタル命令ハ台湾ニ行ハルル法律及勅令ニ違反スルコトヲ得ス

附則

本法ハ大正十一年一月一日ヨリ之ヲ施行ス

明治二十九年法律第六十三号又ハ明治三十九年法律第三十一号ニ依リ台湾総督ノ発シタル命令ニシテ本法施行ノ際

現ニ効力ヲ有スルモノニ付テハ当分ノ内仍従前ノ例ニ依ル

この法案の文面を三一法および六三法のそれと比較すると、第一に「内地法延長規定」の存在（法案第一条）と「委任立法規定」（同第二条）とその「手続き規定」（同第三―四条）の存在は、三一法および六三法と同様である。すなわち、総督への立法権の委任は維持されている。ただし、法案では「内地法延長規定」が先に来て、「委任立法規定」と「手続き規定」とが後に来ており、三一法・六三法とは倒置された構成になっている。また、法案第一条と第二条にはそれぞれ「台湾特殊の事情」等の制限的語句が使用されている。

政府側は、この条文の構成と制限的語句の使用を強調して、台湾における内地法施行の拡大が原則であること、律令制定が特例であることを主張した。[117] これに対し野党（特に憲政会）は、委任立法制度が維持されていることを強調して、法案が「変りばえしない」ものであると主張した。

第二の相違点は、三一法と六三法が時限立法であったのに対し、この法案は附則にあるとおり期限の無い「永久法」である。

政府側は、「台湾特殊の事情」が急速には消滅しないという理由で「特別統治」の必要の長期にわたること、したがって期限を付することは意味がないし、このような法律が廃止される時期が来ることを望むと主張した。野党側には、「永久法」にすることは「総督政治」の永久化という印象を台湾住民に与え得策でない、とする主張もあったが、委任立法制度の「早期」廃止の希望を政府が表明したため、同様な立場からする野党の主張は弱いものであった。[118]

第四四議会における論戦を法案の文面に沿って辿ることは余り意味の無いことである。政友会も憲政会もすでに与党として委任立法を認める法律を通過させた経験を持ち、お互いの主張は「交換可能」と言ってもよいものであった。

この議会の植民地統治史上の意味は、台湾を明治憲法の施行範囲として「立憲的」に「内地同様」のものとしていくという「内地延長主義」の植民地政策が、政府と議会の次元において支配的な位置を占めたことに求められよう。原の議会における説明を用いれば、「出来ルダケ速ニ事情ノ許ス限リニ於テ、内地同様ニ致シタイ」これが「根本ノ主義」であったのである。そして、これは可能である、と原は主張する。なぜなら「現ニ茲ニ内地同様ニナツテ居ル例ハ、琉球デアリマス、併シ琉球ニ行ツテ御覧ニナツタ人ハ、琉球ニ居ル従来ノ人ハ全ク内地ノ人ト同様カト云フト、多少生活ノ有様モ違ツテ居リマセウ、是ハ内地同様ナル制度ヲ布クニ何ノ妨モゴザイマセヌ、斯ウ云フ訳デアル」からである。(119)

原内閣が提出したこの法案は政友会の絶対多数をもって衆議院を通過し、貴族院でもさしたる議論なく成立し、一九二二年一月一日より施行された。法律三号である。一八九六年に制定された六三法以来、二五年を経て成立したこの法律は、日本植民地主義にとって「永久法」であった。すなわち、原の作ったこの法律は以後二四年間再び議会で審議されることなく、日本植民地主義消滅の日まで存続したのである。

むすびにかえて

近代日本の基本的な政治システムである明治憲法体制の設計者伊藤博文は、また植民地支配体制の創設者でもあった。伊藤は台湾事務局総裁として台湾統治体制確立の任にあたり、また初代韓国統監の椅子についた。明治国家体制の創出に関する伊藤の政治思想は詳しく研究され、よく知られているのに対して、彼の植民地（むしろ「新領土」として認識されたのであろうが）統治構想がどのようなものであったのかは、ほとんど明らかでないようである。しかし、天皇の下に国家の各機関が「分権的に」調和のとれた活動をすべきだという彼の思想に含まれた考え方は、台湾統治体制の設計にあたっても取り入れられたように思われる。総督による専制は「地方分権的[120]」であったのである。

原敬は、伊藤が作った明治憲法体制下の政治過程に、伊藤の意図したとは異なる方向で、内容と意味を与えたと言われる（テツオ・ナジタ『原敬』）。原はこの内容と意味の付与を植民地にも拡大しようとしたのであった。なぜなら、植民地といえども日本の領土であり、したがって憲法はじめ日本の法令制度が支配すべき地であったからである。原のこの考え方は、日本の国内にあっては内外（内国人と外国人）の法制度上の区別を立てるべからず、という彼の制度観・国家観と不可分のものであったと思われる。原の「内地同様」という言葉を理解するには、「内地」に対する考え方を知る必要がある。

また、現実の「内地」は、軍人や官僚を核とする藩閥の支配する内地であり、原のような東北人を疎外する内地であった（三谷太一郎『日本政党政治の形成』）。そして、植民地はその藩閥支配の延長であった。したがって原の藩閥に対する挑戦は、当然、植民地における彼らの統治体制に対する挑戦でもあったのである。

このように原の「内地延長主義」は、いわば原の明治国家構想と、政党活動を通じてのそれへの到達という二重の性格を与えられていたと見ることが出来る。彼の「内地延長主義」の具体相が「明治国家の模倣」となり、「明治国家の歴史の模倣」となったのは、この意味で当然と言えよう。

原は内閣組織に至るまで直接植民地統治にタッチする機会がなかった。「内地延長主義」は植民地において実際にテストされることなく保持されたのである。

第一次大戦後、原は首相として植民地統治の任にあたった。植民地ナショナリズムに対応して「内地延長主義」はより具体的に政策として構想されねばならなかったのである。この政策の実態は既にかなり明らかにされているとおり、基本的に植民地における自治と独立の芽をつむ方向性を持っていた。「内地延長主義」は日本植民地主義の新たな意匠の役割を果したのである。

近代日本の植民地イデオロギーの起源と性格の一端は、その政治的側面に着目するとすれば、近代日本の政治過程そのものの中に求めることが出来る、というのが本篇の一般的主張である。

注

（1）William Montague H. Kirkwood. カークウッドについては、手塚豊「司法省御雇外人カークード」、『法学研究』四〇巻三号、一九六七年三月。
（2）伊藤博文編『秘書類纂一八　台湾資料』原書房復刻版、一九七〇年、所収（以下『台湾資料』と略記）。
（3）同右、一〇五頁。
（4）台湾総督府編『台湾ニ施行スヘキ法令ニ関スル法律其ノ沿革竝現行律令』大正一〇年、以下『律令議事録』と略記。
（5）同右、三頁。
（6）同右、四、六、一〇頁。
（7）同右、一一頁。
（8）同右、二一頁。
（9）中村哲『植民地統治法の基本問題』日本評論社、昭和一八年、参照。
（10）苫米地治三郎『高野孟矩』研学会、明治三〇年、水上熊吉編『高野孟矩剛骨譚』広文堂書店、明治三五年。
（11）小林勝民『台湾経営論』堀卯三郎、明治三五年。
（12）花井卓蔵・新井要太郎「律令第一号ヲ非トスルノ件」、『日本弁護士協会録事』七九、八〇号、明治三七年九、一〇月。
（13）『国家学会雑誌』一三〇—一二号、明治三〇年一二月—三一年二月。
（14）上杉慎吉編刊『穂積八束博士論文集』大正二年、七二九—七三二頁。
（15）清水澄『国法学第一編憲法篇』日本大学、明治三七年、五三三頁。
（16）美濃部達吉「帝国憲法は新領土に行はるゝや否や」、『国家学会雑誌』二五巻七号、明治四四年七月。

(17)家永三郎『美濃部達吉の思想史的研究』岩波書店、一九六四年、一一四—一一五頁。
(18)外務省条約局法規課『日本統治下五十年の台湾』(「外地法制誌」第三部の三、一九六四年)。
(19)山崎丹照『外地統治機構の研究』高山書院、昭和一八年。
(20)由井正臣「日本帝国主義成立期の軍部」、『大系　日本国家史5　近代II』東京大学出版会、一九七六年、所収。
(21)原奎一郎編『原敬日記』福村出版、一九六五年、明治二九年二月二日、一巻二三〇頁、以下『原日記』と略記。
(22)久保義三『天皇制国家の教育政策』勁草書房、一九七九年、二八九頁以下。
(23)『台湾資料』所収。
(24)原敬全集刊行会編『原敬全集(上)』(原書房復刻版、一九六九年)所収。
(25)同右、七一二頁以下。
(26)同右、七五四頁。
(27)同右、七三三頁以下。
(28)同右、七八二頁。
(29)同右、七八三頁以下。
(30)同右、七八三—七八四頁。
(31)『原日記』明治四四年四月二四日、三巻一一四頁。
(32)同右、明治四四年五月三日、三巻一三一頁。
(33)テツオ・ナジタ『原敬』読売新聞社、一九七四年。
(34)『律令議事録』六七頁以下。
(35)『原日記』明治三五年二月一八日、二巻五頁。
(36)『律令議事録』一一四、一一九頁。
(37)同右、一四三頁。
(38)同右、一三五頁。
(39)『原日記』明治三八年一月一四日、二巻一二二頁。
(40)『律令議事録』二〇五頁以下。

(41) 同右、一九二―一九八頁。
(42) 鶴見祐輔『後藤新平』勁草書房、一九六五年、第二巻二四頁。
(43) 『律令議事録』二〇九、二一一頁。
(44) 国立国会図書館憲政資料室所蔵「鈴木三郎関係文書」一〇、台湾統治法関係。
(45) 『律令議事録』二六七頁。
(46) 山崎、前掲書三四〇頁。
(47) 『律令議事録』二二三頁。
(48) 同右、二二四頁。
(49) 同右、二三一頁。
(50) 『原日記』明治三九年三月二三日、二巻一七三頁。
(51) 同右。
(52) 『律令議事録』二三六頁。
(53) 同右、二四一頁。
(54) 注(50)に同じ。
(55) 厦門事件に関しては多くの研究がある。『台湾近現代史研究』台湾近現代史研究会編、龍渓書舎刊、第三号、一九八〇年、に掲載の文献目録参照。
(56) 北岡伸一『日本陸軍と大陸政策』東京大学出版会、一九七八年。
(57) 『原日記』明治三九年六月八日、二八日、二九日、二巻一八二―一八四頁。
(58) 外務省条約局第三課『外地法令制度の概要』(『外地法制誌』第二部、一九五七年)。
(59) 『原日記』明治四一年四月二二―二四日、二巻三〇四頁。
(60) 同右、明治三九年八月一日、二巻一九二頁。
(61) 同右、明治三九年七月一〇日、二巻一八五頁。
(62) 前掲『外地法令制度の概要』参照。
(63) 『原日記』明治四三年一二月四日、三巻六三―六四頁。

(64)同右、明治四三年一二月一四日、三巻七〇頁。
(65)『政友』一四八号、大正元年一二月、五二頁。
(66)同右、一四九号、大正二年一月。『尾崎行雄氏大演説集』大日本雄弁会、大正一四年、三二一―三四頁。
(67)『大日本帝国議会誌』第八巻、同誌刊行会編刊、昭和四年、一五一四頁。
(68)同右、一七〇八頁。
(69)山本四郎「第一次山本内閣の研究」『史林』五〇巻五号、一九六七年九月。
(70)北岡、前掲書一一八頁。
(71)後述する「朝鮮統治私見」の各所に原の批判的見解が窺える。
(72)姜東鎮『日本の朝鮮支配政策史研究』東京大学出版会、一九七九年。
(73)『原日記』大正七年一〇月一三日、五巻二五頁。
(74)山本四郎「三浦梧楼小論」『ヒストリア』二六号、一九六〇年二月。
(75)『原日記』大正七年一二月一七日、五巻五〇頁。
(76)同右、大正七年一一月二三日、五巻四二頁。
(77)同右、大正八年一月一五日、五巻六一頁。
(78)北岡、前掲書一二〇、二六三頁。
(79)奥田修三「大正期における朝鮮問題論」、『立命館大学人文科学研究所紀要』一八号、一九六八年五月。松尾尊兊「吉野作造と朝鮮」、『人文学報』二五号、六八年一月。井上清・渡部徹編『大正期の急進的自由主義』東洋経済新報社、一九七二年一二月、第五章「植民政策論」(井口和起)。
(80)前掲『大日本帝国議会誌』第一一巻、昭和四年刊、一二四一、一二四四、一二三九、一三一二―一三一三、一三一七―一三一八、一三〇八―一三〇九頁。
(81)姜、前掲書一五四頁。
(82)『原日記』大正八年五月二三日、五巻九九頁。なお、この問題に関する『田中義一伝記』(同刊行会、一九六〇年)の記述はすべて『原日記』を基にして書かれたと思われる。
(83)『原日記』大正八年六月一〇日、五巻一〇四―一〇五頁。

(84) 山県や田中が原の改革を支持した理由については、北岡氏の前掲書二七一頁参照。
(85)『原日記』大正八年六月一九日、五巻一〇九頁および同月二五日、五巻一一三頁。
(86) 同右、大正八年八月四日、五巻一二五頁。
(87) 同右、大正八年二月五日、五巻六七頁、およびこの時期の原の伊東に関する記述参照。
(88) 同右、大正八年六月二七日、五巻一一四頁。
(89) 同右、大正八年八月八日、五巻一二七頁、および同年九月一九日、五巻一四六頁の清浦枢密院副議長との面談、および原の感想を参照。この点に関する信夫清三郎『大正政治史』(河出書房、一九五四年)の記述(同書八四三頁)、および信夫に対する中塚明氏の批判(「日本帝国主義と朝鮮」、『日本史研究』八三号、一九六六年三月、六〇、六九頁)は、いずれもやや無理な解釈であろう。
(90)『原日記』大正八年八月一〇日、五巻一二八頁。なお『子爵斎藤実伝』(斎藤子爵記念会編刊、昭和一六年)第二巻四二八頁の斎藤発言は、長谷川の官制改革反対運動も考えると、理由のひとつとしては信憑性が高い。
(91) 東京朝日新聞、大正八年八月一三日第三面。
(92) 松岡正男『植民新論』巌松堂書店、大正一一年、五五頁以下に見られる松岡の批判は興味深い。また、今井清一「大正期における軍部の政治的地位」(『論集日本歴史一二　大正デモクラシー』有精堂、一九七七年、所収、同書一三一頁)参照。
(93)『原日記』大正八年四月二日、五巻八二頁。
(94) 同右、大正八年四月九日、五巻八四頁。
(95) 同右、大正八年四月二六日、五巻八七頁。
(96) 同右、大正八年四月四日、五巻八三頁。
(97) 三谷太一郎「『転換期』(一九一八—一九二一年)の外交指導」(篠原一・三谷太一郎編『近代日本の政治指導　政治家研究II』東京大学出版会、一九六五年、所収)参照。
(98) 姜、前掲書七〇頁以下。
(99) 原敬「朝鮮統治私見」(国立国会図書館憲政資料室所蔵「斎藤実文書」九二九)第一三項目。
(100) 注(99)参照。

(101) この辺の経緯は、岡義武・林茂校訂『大正デモクラシー期の政治・松本剛吉政治日誌』岩波書店、一九五九年、四〇頁以下に詳しい。
(102)『田健治郎伝』同伝記編纂会、昭和七年、三七六頁(以下『田伝』と略記)。
(103)『原日記』明治四四年六月六日、三巻一三四頁。
(104) 同右、大正八年一〇月二八日、五巻一六三頁。
(105)「田健治郎日記」(国立国会図書館憲政資料室所蔵)大正八年一一月五日(以下「田日記」と略記)。
(106)『田伝』四〇五頁。
(107)「田日記」大正九年一〇月二〇日。
(108) 同右、大正九年一一月一五日。
(109)『原日記』大正九年一一月一五日、五巻三一三頁。
(110)『律令議事録』付録一五頁以下、および一三二頁以下の田政府委員の答弁参照。
(111) 注(109)と同じ。
(112)「田日記」大正九年一一月一七日。
(113) 同右、大正九年一一月二〇日。
(114) 同右、大正九年一二月三日。
(115) 同右、大正九年一二月八日、および『原日記』同六日、五巻三一七頁。
(116)『律令議事録』付録一―二頁。なお、法三号の法律案と制定法の条文上の異同は第一条第二項の「定ヲ」が「規定ヲ」に修正されただけであるので、本文中では触れなかった。
(117) 同右、一五頁の田政府委員の趣旨説明ほか。
(118) 野党の主張、特に憲政会の修正案については若林正丈『台湾抗日運動史研究』増補版、研文出版、二〇〇一年、一二三―一二四頁参照。
(119)『律令議事録』付録五八頁。
(120) 矢内原忠雄『矢内原忠雄全集第一巻　植民政策研究I』岩波書店、一九六三年、二六六頁以下参照。

明治憲法体制と台湾統治
——原敬と後藤新平の植民地政治思想——

一　明治立憲政と台湾の領有

大日本帝国憲法（明治憲法）を起草するにあたり伊藤博文は、憲法改正の口実となりそうなものは予め除いておく方針を採ったという。日本の領域に関する規定もそのひとつであった。領土は変わることがあり、そのたびに憲法を改正する必要が生じるのは「不磨の大典」にとって好ましくないと伊藤は考えたのである。(1) こうして明治憲法はその施行されるべき領土について明文の規定を欠くことになったのである。

一八九五（明治二八）年、日清戦争に勝利を収めた日本は下関講和条約によって台湾を獲得し、この時首相であった伊藤は台湾事務局総裁として新領土の統治制度の設計を手がけることになった。後藤新平の回想によれば、「台湾領有の時に其の政策の助けとなるべき我国民の経験といふものは何ものも無かつた」上に、「文明的植民政策の準備行為と云ふものは殆どな」く、「国民的帝国主義の先達」である英国の「植民地を統一するの関係即母国と属領地との関係等に至つては夢の如き有様」であった。(2)

一九世紀末は西欧列強の植民地支配が頂点に達していた時期であった。伊藤は、まず植民地統治の「先進国」から来たお雇い外国人の法律顧問たちに諮問した。彼らは、イギリスの覇者としての成功を指摘すると同時に、列強の経験に照らすと、本国の憲法とその法制度を新領土にも施行するかどうかは植民地統治の基本方針の選択であって、その成否を左右しかねない重要問題である、と助言した。

この時期の日本は、明治維新以来の最大の外交課題であった条約改正の実現とその前提条件としての民法、商法など法典の施行が目前に迫っていた。また、明治維新以来の政権担当集団たる藩閥の政治指導者たちの中には、六年間の憲法運用と初期議会の経験から、衆議院の多数を占める政党（民党）との妥協と提携なしに富国強兵・殖産興業という日清戦後経営を進めることは困難であるとの認識が広がっていた。

西欧世界の経験の摂取と立憲国家の円滑な運営、すなわち、明治憲法体制と矛盾することなく、しかも台湾の状況に適合した有効なシステムの考案が伊藤の課題であった。憲法に施行区域の条文を置かなかったことは、この問題を一層複雑にしたのであった。

一八九六年、伊藤内閣は第九議会において、三年の時限立法という条件のもとに自由党と妥協し、「台湾に施行すへき法令に関する法律」（明治二九年法律第六三号、「六三法」と称された）を通過させた。この法律の最大の眼目は、台湾の実情に機動的に適応するために、台湾総督に法律の効力を有する命令（「律令」という）の発布権を与えることにあった。憲法はその第五条で「天皇は帝国議会の協賛を以て立法権を行ふ」と規定していたから、いわば帝国議会の立法権を総督に委任する制度であった。自由党や進歩党は六三法を憲法違反あるいは運用の変則であると主張し、穂積八束や美濃部達吉など憲法学者や法曹界を巻き込んだ政治的論争、いわゆる「六三問題」に発展したのである。(3)「六三問題」は、当初は憲法解釈論が中心であったが、議会による再三の延長を経て、次第に台湾統治の政策論争の性格を強く帯びるものとなっていった。

また、六三法と同時に制定された台湾総督府条例(のち官制)によって、台湾総督の任用資格は武官(陸海軍大将若しくは中将)に限るとされ、陸海軍の統率権と兵力使用権が与えられた。武官総督制は、台湾における抗日武装闘争が激しくかつ長期化しつつあることに対処するためのものであったが、治安確保の後は藩閥・陸軍によるポストの独占という意味を生じることになっていく。

台湾総督の委任立法権と武官専任制は、本国の政府・議会と台湾総督府の関係を軸とする「統治権力のあり方」と、本国の人民に法制度上与えられている権利・義務を植民地人民に与えるかどうかという「統治政策の内容」という二重の意味で、明治憲法体制の解釈と運用に関わる問題であった。そして、この台湾の制度は朝鮮、樺太など日本の植民地統治制度のプロトタイプとなったという点でも、日本植民地主義の政治的特徴を解明する手がかりとなるものである。

この小論では、伊藤が設計した台湾統治制度にそれぞれ異なった内容と方向性を与えた原敬と後藤新平を取り上げ、台湾を明治国家にどのように統合するかという課題についてのかれらの対照的ともいえるアプローチを、明治憲法と「六三問題」を中心に跡づけ、原と後藤の「植民地政治思想」の簡単な比較を試みる。

原と後藤の航跡は、近代日本の植民地全体に残されているとも言える。原は外務次官・台湾事務局委員、政党(政友会)指導者、首相として、後藤は台湾総督府衛生顧問、民政長官(当初は民政局長)、満鉄総裁、拓殖局の副総裁・総裁、外交指導者として、その政治的生涯を通じて、植民地統治上重要な役割を演じているのである。

二　植民地政策の基調と原形

1　西欧世界からの助言

原と後藤が注目に値する点のひとつは、彼らが「政策の原形」ともいうべきものを早くから明確に持っていたことである。その位置と内容を検討するには、まず、原が（そして恐らく後藤も）参考とした西欧世界からの助言、すなわち二人のお雇い外国人、司法省顧問のフランス人ミシェル・ルボンとイギリス人モンタギュー・カークウッドの意見書に触れる必要がある(4)。

ルボンは「遼東及台湾統治に関する答議」において、日本はその国力を以てすれば「島国の強国」としてその版図を拡大することは容易だが、「大陸の強国」になろうとすれば国の生存を危険にさらすことになろう、と観察する。遼東半島は大陸の一部であり、満州との関係、清国の失地回復の動き、国際環境などを考慮すると、将来における遼東の放棄、分離、交換を想定して統治すべきであるとする。このためには遼東は本国とは全く別の「植民地」として統治し、固有の習慣を尊重して可能な限り自治を認めるべきで、憲法や民法を施行したり本国の法制度を延長しようとすれば、フランスが多くの植民地で失敗したように反乱を挑発し危険を招くことになる、という。

遼東半島とは逆に、台湾は漸次及ぶ限り本土に完全に近似させ、将来は「帝国の真の一県」となすべきである、とする。その人民を近似化成するのに多年を要しないだろう、したがって、フランスがアルジェリアで行ったように、台湾人民に対して速やかに大幅な公権（選挙権、被選挙権、任官権など）を与え、日本の刑法を施行し、私権については台湾の習慣を調査の上、日本民法を漸次施行すべきだ、と提言している。ただし、当初は中央政府で余りコントロールせず、総督に広範な権限を委任し、イギリス流の植民地に類似した方式を採るべきである、と付言している。

要するにルボンの助言の基調は「漸進的本土化」にあった。

一方、カークウッドは「台湾制度、天皇の大権、及帝国議会に関する意見書」において、イギリスの経験に従ってインド及び香港、セイロン等の君主直隷植民地（クラウン・コロニー）をモデルとし、天皇大権による本国政府から比較的独立した統治制度を敷くべきであると提案している。そして、「趣味豊富且至難の憲法問題」すなわち台湾の統治制度における天皇の統治権と帝国議会の立法協賛権の関係については、「憲法発布当時の事情を考察し又日本帝国の政局に鑑み、大に台湾植民地の利害を計量し、其間接に母国に及ぼす所の得喪如何んを慮れば、台湾の制度は帝国議会の協賛を得ずして　天皇大権の施行を以て之を制定するは憲法的動作にして違憲に非らず」と論じた。しかし同時に、「今日本に於ては輿論の傾向民政主義《デモクラチック》を執るの跡あり、是を以て余の解釈を実行せんとすれば従来政府と親しからざる議会に於ては、政府攻撃の議論沸騰するも計り難し」とも警告している。

また、台湾への憲法の施行については現在の形のままでは出来ないことは明瞭だとして、(イ)憲法を施行するとすれば、特別の規定あるものを除いては、憲法の条規を適用しないという条規を新たに設ける形で憲法を改正するか、もし、帝国議会がこのような改正を立法権の放棄だとして反対する時は、(ロ)植民地のための法令を以て直接に（または植民地の立法院で）立法する権利を天皇に与える法律を帝国議会で通過させるべきだ、とする条規を憲法に設ける、という提案を行った。

2　「台湾問題二案」と「台湾統治救急案」

一八九五年六月、第二次伊藤内閣は台湾統治制度を立案するため、内閣に台湾事務局を設置した。この時外務省から委員となったのが陸奥外相のもとで通商局長から外務次官に昇進したばかりの原である。彼が残した事務局資料によれば[5]、台湾制度の原案はルボンやカークウッドが言うところの「イギリスの植民地（コロニー）類似のもの」であった。すなわち、㈠台湾総督に立法・行政・司法にわたる広範な権限、特に法律の効力を持つ命令の発布権を与える、㈡台湾予算は帝国議会の協賛を必要としない、㈢総督の任用資格は陸海軍大中将に限り管轄区域内の陸海軍統率権を与える、などとなっている。原はこれらの点すべてに反対・疑問の所見を付している。一例を挙げよう。総督の権限については「国務大臣以上の権力」、その任用については「何故に武官を要するか」、予算については「政府は帝国議会の承諾を得すして如此承認を与ふることを得す」。

原は九六年一月、大磯に伊藤首相を訪ね、台湾統治の基本方針に関する意見書である「台湾問題二案」を提出し、事務局にも送付した。原は、まず次の二案の選択が先決事項だとする。

甲　台湾を殖民地即ち「コロニー」の類と看做すこと

乙　台湾は内地と多少制度を異にするも之を殖民地の類とは看做さざること

甲案に依るときは欧州諸国に数多の適例あるが如く、台湾総督に充分の職権を授け而して台湾をして成るべく自治の域に達せしむることを要す

乙案に依るときは恰も独逸の「アルサス、ローレンヌ」に於けるが如く、又仏国の「アルゼリイ」に於けるが如く、台湾総督には相当の職権を授くべしと雖ども、台湾の制度は成るべく内地に近からしめ遂に内地と区別なきに至らしむることを要す

草稿では次の文言が続く。「右二案は最大緊要の問題にして国家百年の利害は唯此問題の決する所如何に在るへしと信す」。では、甲乙いずれを選択すべきなのか。「本員の所見を以てすれば無論に乙案を可とす」。なぜなら、台湾と内地は地理的に近接しているから、将来の通信交通の発達は人民の往来を容易にするだろうし、台湾の人民は欧州諸国の異人種を支配するようなものとは全く情況を異にするからである、と原は主張した。

しかし、事務局では原の主張は多数の同意を得るに至らなかった。

拓殖務省官制及び台湾総督府官制等、並に法律施行案等を議せり、余は海陸軍は主管省に於て直轄して総督に委任せず並に税関郵便電信等の事務も主務省の直轄となす事を主張したるも多数の意見は之に同意せず、但台湾を一の殖民地類似となすの案は幾分か破れたり。又総督官制に於て陸海軍大将又は中将を以て之に充つるの原案は川上中将を除くの外全会不同意なりしも総理は陸軍の感情を考へたるにや原案を取れり、此日議決の諸案不同意の点多し。(6)

原のこの考えは単に外務官僚の立場からのものではない。九七年、大阪毎日新聞社編輯総理として郵便報知以来のジャーナリストに戻った原は、「新条約実施準備」と題する論説の中でこう主張している。(7)

台湾に関して吾輩の所見を述ぶれば、今日の制度は根底よりして誤れるものなり。(中略)台湾は永く特種の制度を布くべき殖民地に非らずとの観念を以て、司法制度なり行政制度なり事情の許す限りは総て内地同様の行政を布くの方針を執らざるべからず。

大阪毎日の彼の論説は、郵便報知時代のそれと同様、原の思想を見る上できわめて重要なものである。なぜ原は「内地延長主義者」なのか。これについてはあとで述べよう。

さて、後藤新平の台湾統治に関する提案は、芳川内務大臣の求めに応じて台湾事務局総裁としての伊藤首相に届けられた「台湾島阿片制度ニ関スル意見」に始まる。臨時陸軍検疫部事務官長として児玉陸軍次官のもとで帰還兵の検疫事務を完遂させ、内務省衛生局長に復帰して二カ月目、原が台湾事務局委員となった五カ月後のことである。翌二九年四月、後藤は台湾総督府衛生顧問を兼ねることとなり、六月、伊藤首相、桂台湾総督(樺山につぐ第二代)らに同行して台湾を視察した。

三一年、後藤は松方退陣のあとを受けて第三次内閣を組織した伊藤から総督府民政局長に就くことを勧められ、この時井上大蔵大臣から求められて書いたのが「台湾統治救急案」である。(8) 台湾統治の基本方針の提案として、原の

「台湾問題二案」に匹敵する位置を占める、かつきわめて対照的な内容のものである。

台湾行政中最も改良を要する重なるもの如何を問はば、従来同島に存在せし所の自治行政の慣習を恢復するが如きは、蓋し其急務中の最急務なるものならん

なぜなら、台湾人民の自治の制は驚くほど発達し、警察、裁判、土兵、収税の方法に至るまで全て備わっている。「此自治制の慣習こそ、台湾島に於ける一種の民法と云ふも不可なし」。台湾総督府はこの自治制の上に立って、第一八世紀以前の広義の警察制度を確立し以て地方行政制度となすべきである。

台湾の統治をして其完成を期せしめんと欲せば、本国政府は成るべく其施政に干渉せず、其全権を総督に委任し、総督府をして自動的活動を為さしめざるべからず

すなわち、台湾の財政は総督に一任の上、公債を募集して鉄道、築港、水道、下水等の事業を起こし、これらからの収入に阿片、関税等からの収入を以てすれば元利償還は困難ではなく、国庫からの補充金を減額することが可能である、と。

後藤は「拓殖事業に至りては、輓近の科学的政策を採るを要す」として、第一に鉄道、郵便、電信、汽船をはじめとして、道路、治水、水道、下水、病院、学校等を整備する、第二に殖産工業収税等の改良に着手すべきだとする。台湾を「文明的の法令を敷くは可なりと雖、人民未だ旧慣を脱せず、所謂水滸伝的遺風あるを如何せん」と見た後藤は、「文明利器によりて、民心を一変することを力め、法令を以て激変を期する」ことなく、「英国植民の本義」に倣うべきだと主張したのである。

この年三月、後藤は台湾総督府民政局長に就任、児玉台湾総督のもとでその後八年余りに及ぶ台湾経営にあたることになった。その政策の方針は、「台湾統治救急案」にすべて盛り込まれているといっても過言ではない。

三　「特別統治」と「内地延長」の相克

1　明治憲法改正と「台湾制度」創設の試み

一八九八年六月、着任早々の児玉台湾総督のもとに、伊藤首相から憲法、法典及び改正条約を原則として台湾にも施行する旨の内訓が届いた。これは、翌年に予定されていた改正条約の実施とその前提条件である法典施行の台湾への適用問題に対する政府の回答であった。これを受けて、七月、本国における民法全五編の施行と同時に、民事商事及刑事に関する律令とその施行規則が発布され、民法、商法、刑法、民事訴訟法、刑事訴訟法、及びその付属法が台湾にも施行されることになった。しかし、実際には「本島人及び清国人の外に関係者なき民事及商事に関する事項」、「本島人及び清国人の刑事に関する事項」については「現行の例に依る」とされ、「土地に関する権利に付いては当分の内民法第二編物権の規定に依らず旧慣に依る」というように、事実上台湾は本国とは異なった法域とされたのであった。ここで「現行の例」あるいは「旧慣」とは清国時代の法令、台湾の慣習、及び条理であり、これを調査することが司法実務のみならず政策上も必須となったのである。特に、土地の権利確定は地租による歳入を確実にし、台湾経営の財政基盤を確立する上で極めて重要な問題であり、上記の措置に踵を接して臨時台湾土地調査局が設置され、土地調査事業が開始された。

さらに、一九〇一年、臨時台湾旧慣調査会が設置され、その指導者として京都帝国大学教授に就任したばかりの新進の民法学者・岡松参太郎が起用された[9]。後藤はイギリスのインド統治、特にインド原住民の法意識と慣習を基礎としたヘンリー・S・メーンらによる法典編纂事業を模範として、「台湾の永久統治のための守成の策」の樹立を図ったのである。日本における台湾研究と人文社会学的総合調査機関の先駆けとも評価された臨時台湾旧慣調査会は一九一九年の解散に至るまで、『台湾私法』『清国行政法』『番族調査報告書』等の膨大な報告書群の作成と、「台湾民事令」「台湾親族相続令」等の起草を行ったのであった。

また、「六三問題」については、すでに乃木が総督の頃、松方首相に対して「憲法施行に関する総理大臣宛建議書」を提出し、憲法改正も考えるべきだと主張していた。[10] 要するに憲法問題の解決、旧慣調査の実施、新しい台湾制度の構築は三位一体のものであり、後藤は、岡松に政策ブレーンとしての役割をも託したのであった。岡松による台湾制度に関する最初のプランが、一九〇二年夏には完成していたと推定される「台湾の制度に関する意見書」であり、その骨子は次のようなものであった。[11]

㈠憲法を改正して台湾に特別な制度を敷くための法的な根拠を与え、以て台湾と内地を別個の法域とする。

㈡台湾総督の強大な権限とその敏活な行使を保障するため律令制定権を維持するが、その専横を防ぐため、律令に対する法律・勅令の優位、および総督の律令に対する憲法上の責任を明らかにする。

㈢台湾を法人とし、独立した官有財産の保持、自己負担による公債の募集を認めるとともに、その歳入歳出予算は帝国議会の協賛を必要としないものとする。ただし、このような財政の自由に一定の制限を加えるため、台湾会計法を制定し、また、公債の起債及び国庫に義務を負わせる契約については帝国議会の協賛を要するものとする。

㈣台湾総督府評議会に、律令の議決権と予算議定権を与え、台湾人のうち名望ある者を評議員に加えることも政略上は可とする。

六三法の三回目の審議は、一九〇二年の第一六議会（第一次桂内閣時）で行われた。後藤は臨時台湾旧慣調査会が台湾に適した律令を制定するための調査を開始したことを報告し、児玉は六三法の改正を含めて根本的な制度改革を検討中であると答弁した。さらに児玉は秘密会を要求し、憲法改正の意思があること、その大綱としては台湾には原則として憲法を施行せず、総督に立法・司法・行政の三権を与えるつもりであることを言明した。

同じ頃、政友会常務委員となっていた原は、六三法を廃止して内地法を原則とし総督の立法権を大幅に制限する案を平田東助農商務大臣に示しているが、桂と政友会の妥協を図った井上馨の原への働きかけもあり、政友会は延長賛成に回った。この年八月、原は衆議院に議席を得て、いよいよ本格的な政党指導者への道を歩み始めたのである。さて、議会における児玉の「約束」である制度改革の構想は固まりつつあり、この年には「台湾制度ニ関スル原本」として次の諸案が準備されていた[12]。

（一）改正憲法発布の勅語
（二）憲法
（三）台湾統治法
（四）台湾会計法

これらの案は、台湾統治法を中心に何度か修正が加えられ、第二一議会を前にした一九〇四年の秋にはほぼ完成に近づいていたと推定される。その概要はこうである。

「改正憲法発布の勅語」は「朕在廷の官僚幷帝国議会の各員に告ぐ」で始まり、憲法改正の必要性をこう述べる。「台澎は清国に隣接し我か帝都を距ること太た遠く其民族より制度文化人情風俗に至るまで全く我か本土と其趣を異にし之か統治の方法亦自ら我か本土と別異せさるを得す」。よって、帝国憲法に一条を追加し、台湾統治法を制定することにより「永く台澎制度の基本たらしめむとす」。

憲法に追加される一条とは、次のようなものである。

第七十七条　此の憲法の条項は台湾統治法を以て別段の規定を設くるものを除く外之を台湾に適用す
台湾統治法は法律を以て之を定む

台湾統治法案は構成と条文に変遷があるが、最終的な案と考えられるものは、第一章立法、第二章会計、第三章補則、全部で二六条から成る。その内容は、前に触れた「岡松意見書」に沿ったものである。この法案には岡松が書いたと推定される「台湾統治法案に関する大体の説明」という書類が付いており、後藤が原に説明するための材料を列挙したものであった。

この「説明」によれば、台湾統治法制定の趣旨は「新領土統治の主義綱領を定むる」ことにあり、その要点は「律令権の維持」と「財政の自営」にあった。前者は「三百万の支那民族を統治する」ために必要であり、後者は「台湾領有の主眼たる経済的発達」を遂げるため「台湾の財政は其の全責任を以て独立経営せしめ中央政府は之か監督の地位に在る」ことが必要だから、というのである。以下、やや詳しく台湾統治法の必要を各論的に展開しているが、とくに旧慣調査事業を進めるに従ってますます特別立法の必要性が明らかとなってきたので、総督の律令権の維持は是非必要である、と説明している。最後に付帯理由の中で「台湾の政治は支那的ならさるへからす」と断じているのが注目される。

六三法の期限が一九〇五年三月であり、法案の施行期日から見ると、総督府は第二一議会で台湾統治法案等を通過させる意向を持っていたと思われる。しかし、日露戦争の指揮を取るため児玉自身が満州（現中国東北部）に赴くことになり、大きな制度改革は先送りせざるをえなくなった。桂首相は原に対して再度の延長を打診し、原は平和回復の翌年末までという条件で同意している。この折衝の過程で、原は台湾統治法案の説明を受けたのである。次の議会で原はこの時のことをこう言っている。「当時の政府は如何なることを申したか、台湾統治法と云ふ草案を吾々に内示したのである（中略）、是は台湾は殆ど半独立の如き有様になるのである、是は協賛を得べき望みがなからうと云ふことを、私は申した」。

日本国家に内地と台湾の二つの制度を設けるという、後藤のいわば「一国二制度」の試みが、かなり成熟していることに原が相当の危機感を持ったであろうことは容易に想像できる。この議会終了後まもなく原は桂との間で戦後における政権授受の約束を交わした。この日本近代政治史上の重要な転換点は、同時に台湾統治の、また植民地統治全体の緩やかな岐路となったのである。

2　第二二帝国議会における原と後藤の交差

一九〇六年一月、第一次西園寺内閣成立とともに原は内務大臣に就任、内務行政の管制高地はもとより、台湾総督府の監督権と六三法改正の発議権を手に入れたのであった。台湾総督から参謀総長に転任が内定した児玉は、西園寺を通じて退任前に「六三問題」を解決したいとの希望を原に伝えた。原はこれを受けて六三法に代わるべき法律案を第二二議会に提出すべく後藤民政長官と協議を開始した。しかし、両者の主張は平行線を辿り容易に調整がつかなかった。児玉は台湾統治法案のほかにないという考えであり、原はこれまで見てきたように台湾総督の律令権を廃止する考えであったからである。会期末になって妥協案としてまとまったのが「勅令案」であった[13]。

政府が提出し、貴族院で先議された「法律第六十三号に代はるへき法律案」の第一条は「台湾に於ては法律を要する事項は勅令を以て規定することを得」となっていた。原内相は、台湾は「漸次には内地同様に治めさす時期に達するであらう」が、まだ多少特別の取扱をする必要がある。しかし、台湾総督ではなく国務大臣が責任を持って発布することにしたいと説明した。この案は、勅令の起案権によって総督の立法権を維持する一方、発布権を中央政府で持つという点では特殊性を薄めたものでもあった[14]。

貴族院の委員はこぞって反対であった。憲法学者で東京帝大教授の穂積八束は、法律を以て勅令に委任するのは六三法と同様違憲であり、また、総督の責任を明らかにするため副署させる方向で検討中であるという原の答弁に対して、国務大臣でないものが副署するのは憲法五五条違反であると反対した。山県閥の官僚、都筑馨六は、植民地の発達のためには、可能な限り総督に強い権限を与えるべきだと主張した[15]。貴族院における政府案の通過が困難と判断した原は、原案を撤回するという大幅な譲歩を強いられた。貴族院の反対の原因は桂にあると考えた原は、桂を訪ねて「鉄道国有問題並郡制廃止及び台湾六三問題等に関し前内閣員の冷淡なる事を詰」った[16]が、結局六三法を一部修正した法律案を再提出せざるを得なかったのである。

衆議院では、第一六議会で児玉が約束して以来の「根本的改革案」がひとつの焦点であった。六三法審議で常に論陣を張ってきた弁護士の花井卓蔵は、六三法の修正案提出は台湾当局者にとって不本意なはずであり、児玉、後藤が言明したように台湾に関する特別の法律によって台湾に帝国議会外の議会を作り、「一種の台湾的憲法」を作り、衆議院に提出すべきであると論じた。「何故に此態度に出でられないであるかと云ふことを尋ねたのである、所が後藤君は微笑を含んで答を他方面に向けられたのである[17]」との花井発言が印象深い。

原は、花井に対して、当時の当局者がどう言おうと現内閣はそれに全く拘束される必要はない、台湾特別制度は「今日私共の考慮の中にはないのである」、台湾統治法は「台湾を半独立の如き有様」にするものと反論したのである。六三法を一部修正した法律第三一号が公布された四月、児玉は台湾総督を佐久間左馬太に引き継いだ（児玉は七月に没）。南満州鉄道株式会社（満鉄）総裁に就任した後藤は、台湾統治政策の「拡大発展形」ともいうべき「文装的武備論」による経営に着手するとともに、岡松を満鉄理事（満鉄調査部長）に招いて満州旧慣調査を委嘱したのである。

第二二帝国議会は、政治思想を異にする後藤と原が政府の同じサイドで「六三問題」の解決を試みた唯一度の議会であった。このやや錯綜した交差の中で、後藤の憲法改正と台湾統治法による新しい台湾制度の構想は、直接的には政権の中核的担い手となった原によって阻まれたのであった。

3　植民地政策の新たな意匠としての内地延長主義

日露戦争後、日本の植民地が樺太、関東州、朝鮮へと拡大するにつれて、「内地延長主義」の原と「台湾型」（立法権と兵権を持つ武官総督制）を主張する山県、桂、寺内ら「長州の陸軍」の戦線は拡大した。樺太、関東州、朝鮮のそれぞれについて、官制とそれらの地域に施行すべき法律の制定のつど、原は「台湾型」「特別統治主義」に反対した。朝鮮総督の制令権（立法権）をめぐって寺内が朝鮮を憲法外に置こうとした際、原は桂に迫り、「自分の前の内閣並西園寺内閣に於も憲法は領地に伴ふ主義を認めたるに因り今更憲法の範囲外と改むるの必要なし」と桂に再確認させている。(18) 植民地への憲法施行は、原にとって戦略的に譲れない原則であった。

大正政変から第一次護憲運動の時期には、植民地官制の改革が政治的な争点としてクローズアップされた。「閥族打破」のスローガンのもとに、軍部大臣現役武官制とならび武官総督が厳しい批判の対象となったのである。尾崎行雄の有名な明治座における演説である「藩閥の末路」においても、台湾総督の文官制が強く主張されている。原は第一次山本内閣において山本による官制改革を支持したが、シーメンス事件による内閣崩壊で頓挫した。六三法の後身である台湾の三一法も時限立法であり、一九一一年の第二七議会（第二次桂内閣）、一九一六年の第三七議会（第二次大隈内閣）と延長されている。

原が政党政治家として、実質的な植民地統治の指導を行いえたのは、一九一八年九月に内閣を組織してからである。まず着手したのは、一連の植民地官制の改革と人事の刷新である。改革のポイントはふたつあった。ひとつは武官に限るとした総督等の任用資格を文武併用制に改め、文官を任命することによって一般行政と軍事の分離を図ったことである。ふたつめは、行政各部の国務大臣の監督権限の強化である。この改革は、朝鮮三・一独立運動などの影響による紆余曲折はあったが、関東州、満鉄、朝鮮、台湾のすべてにおいて基本的に達成された。

同時に原は、植民地統治政策についても明確に方向転換を図った。その内容をもっとも良く示すものが、閣議と山県の了解を取り付けた上で、新任の斎藤朝鮮総督に政策指針として与えた「朝鮮統治私見」である。[19]「私見」は「台湾問題二案」以来の原の植民地統治思想である「漸進的内地延長主義」の集大成というべきものであった。原はこの中で欧米諸国の植民地をモデルとした台湾、朝鮮の現行制度は根本的に誤りであり、行政、司法から教育にいたるまで、「之（制度——引用者注）を同一に為して而して同一なる結果を得べしとの確信」を根拠として、「全く内地人民を統治すると同主義同方針に依るを以て根本政策と定め」、「漸を以て進むの方針」を採るべきだと主張した。

同じ年、原は明石元二郎の後任として山県閥の官僚、田健治郎を文官として初めての台湾総督に任命した。ついで、一九二一（大正一〇）年の第四四議会で、原は内地法の台湾への延長施行を原則とし、台湾総督の律令権を明確に制限した法律第三号を成立させた。ここに、本国政治における「六三問題」は終止符を打ったのである。民法、商法、民事訴訟法が一部の例外を除いて台湾に延長施行されたのは一九二三年のことである。

この年四月、日本の皇太子裕仁（後の昭和天皇）が台湾を訪問している。天皇が明治憲法体制における最高の機関、制度の頂点であるとすれば、原の「内地延長主義」はその最高の表現を得たことになる。もっとも、二一年一一月に暗殺された原が生きていたら、東宮行啓という手法を採用したかどうか定かではないが。

四　原敬と後藤新平の植民地政治思想

植民地主義を、統治政策の基調あるいはその根拠となる原理の自覚的選択と定義するとすれば、近代日本の軌跡にそれを発見することは甚だ困難というべきであろう。原敬と後藤新平はこの点において際立って例外的な存在であった。この章では、彼等の植民地統治論を政治思想の視座から少し比較して述べてみたいと思う。

まず、国家の中で植民地が占める位置について両者は異なった考え方を持っていた。

原にとって、植民地の問題はなによりも日本の国家制度それ自身の問題であり、内政の延長に位置すべきものであった。「新条約実施準備」で原は、日本の法制度のもとにおける外国人と内国人の平等な待遇と自由な活動を保障すべきであり、制度の同一性こそが外国人の同化の前提であると主張している。[20]「内地延長主義」は、「内地における内外人の制度先行型の平等主義」の植民地への論理的な拡大適用であると見ることができるのである。少し筆を滑らせるなら、原の思想の基底には、彼のような東北人を疎外し、明治維新の勝者たる藩閥が支配する「不平等な内地」の根底的な変革への志向と、明治維新という「革命」後の「制法者」としての自負が激しく沈潜していたと思われる。[21]

これに対して、後藤にとって植民地は、世界的な潮流である「国民的帝国主義」による日本の海外発展そのものであり、広い意味での外交政策の一環としての位置を占めるべきものであった。それは、東アジアの国際環境とりわけ中国、ロシア、アメリカとの関係を考慮しつつ遂行されるべきものであり、その「成功」は西欧文明を摂取した日本が「文明的植民政策」の能力を持つことを世界に証明し、日本の国際的な地位と評価の上昇につながる点で重要なのであった。「文明」とは後藤の場合「科学」であり、医師としての出発から政治家に至るまでの後藤のいわば内燃機関であった。

植民地の位置付けが異なるからには、その制度の目指すべき方向性もまた違ったものになるのは当然である。原にとって、植民地の制度は明治憲法体制というメイン・システムの一部を構成するものであり、それを保障するものが「憲法は新領土にも施行されている」という大前提であり、沖縄や北海道がそうであるように植民地と内地に「多少の相違」があるのは当然であった。後藤にとって、台湾は中国というそれ自体巨大な文明のメイン・システムの一部であり、台湾がいかに「中国的」であろうと(「日本的」でなかろうと)日本国家のサブ・システムとして効率的に機能すれば充分であり、「憲法という恩沢」を与える必要はないと考えたのである。

興味深いのは「同化」についての考え方である。原も同化というタームを使わないことはなかったが、その意味は長い時間をかけて感化しついには帝国の忠良なる臣民に化するという程度の意味であった。そして、制度を同一にすることが将来の結果として同化に至るのであって、その逆ではなかった。議会で原は「私は同化主義と云ふ言葉は一遍も用ひませぬ」とわざわざ断っている。一方、後藤は、同化主義は政策プログラムとしては不可能であり有害だと考えていた。彼自身が好んだ言い方を借りれば「生物学」に基づく統治こそが重要であって「比良目の目を鯛の目につけ替える」ことはできないのであった。

実際の統治政策の上で直接に原と後藤を比較することは困難である。後藤の台湾時代は日露戦争前であり、原の政策指導は第一次世界大戦の後だからである。

児玉・後藤による台湾統治法を核とした「台湾制度」創設の試みの背景となったのは、治安の確立と経済開発という台湾経営の「成功」であった。抗日ゲリラの弾圧と懐柔のために、後藤は大規模な警察力と「保甲制度」という住民連座制を活用し、後藤自身の語るところでは、五年間に約一万二〇〇〇人を「土匪」として殺したというが、このような方法は、本国の刑法、刑事訴訟法、裁判制度では不可能なことであった。また、台湾社会に対する民事諸法の適用も困難であった。「台湾清国の版図に帰すること二百年官に整然たる制法あり民に確固たる慣習あり」と岡松が旧慣調査会報告書に書いたとおり、中国社会の一部である台湾を律するには、「台湾法典」の編纂が必要だと後藤は考えたのである。また、経済開発の面では、社会資本の整備（土地調査、鉄道、築港、水道、水利、病院、学校）、財政基盤の確立（阿片・樟脳・食塩の専売、台湾事業公債、地租）そして糖業を中心とする産業の振興を進めた結果、国庫補助なしに台湾の歳入を確保することが可能になった。台湾総督府はあたかも巨大な事業体であり、台湾統治法はその定款のようなものとさえ考えても良い。

しかし、法律と予算という帝国議会の二大権限を制限することは、政党の力を実質的に削減することであった。後藤の構想は、衆議院で多数を占めた政党が国家機関を運営するという原の政治目標とその政治指導による政友会の持続的発展の前に、実現不可能なものとなったのである。

第一次大戦後の植民地における民族的自覚と政治的な権利の要求は、大正デモクラシーの潮に乗って、台湾においては林献堂ら土着地主資産階級による「台湾議会設置」の請願運動となって登場した。[22] 台湾議会とは、台湾における律令と予算の協賛権を持つ議会であって、「台湾大の自治」要求という点からは、機能的には後藤が構想した台湾統治法の内容と類似するものであった。しかし、原の内地延長主義は「台湾の半独立」を否定するものであり、民族的な政治運動に対抗する日本植民地主義の新しい戦略という政治的効果を発揮するものとなったのである。

このように原と後藤を見る時、後藤の「特別統治主義」の思想は、台湾において「文明としての近代」が希薄であった時期に有効であったのであり、原の「内地延長主義」の思想は、台湾人が「思想としての近代」を発酵させ始めた時代に統治技術として可能になったのである、との仮説に誘われるのである。

注

(1) ジョージ・アキタ、荒井孝太郎・坂野潤治訳『明治立憲政と伊藤博文』東京大学出版会、一九七一年、一三〇頁。
(2) 後藤新平『日本植民政策一斑』拓殖新報社、一九二一年、六、一〇頁。
(3) 中村哲『植民地統治法の基本問題』日本評論社、一九四三年、二三頁以下。
(4) 伊藤博文編『秘書類纂　台湾資料』原書房、復刻一九七〇年、七八—一〇七、三九九—四〇九頁。
(5) 原敬文書研究会編『原敬関係文書　第六巻　書類篇三』日本放送出版協会、一九八六年、二二〇—二三一頁。
(6) 原奎一郎編『原敬日記』第一巻、福村出版、一九六五年、二三〇頁。
(7) 原敬全集刊行会編『原敬全集』上巻、原書房、復刻一九六九年、七一二—七一三頁。
(8) 鶴見祐輔『後藤新平』第一巻、勁草書房、一九六五年、九一二—九一九頁。
(9) 春山明哲「台湾旧慣調査と立法構想」「法学博士・岡松参太郎と台湾」、『台湾近現代史研究』第六号、一九八八年、八一—一一四、一九七—二一六頁(共に本書所収)。

(10) 国立国会図書館憲政資料室所蔵、後藤新平関係文書、R―二三、七―三。
(11) 岡松参太郎「台湾ノ制度ニ関スル意見書」、『台湾近現代史研究』第六号、一九八八年、二一七―二三二頁所収。国立国会図書館憲政資料室所蔵、後藤新平関係文書、R―二五、七―三八。
(12) 国立国会図書館憲政資料室所蔵、鈴木三郎関係文書、一〇、同、後藤新平関係文書、R三一―七七。
(13) 山崎丹照『外地統治機構の研究』高山書院、一九四三年、三四〇頁。
(14) 春山明哲「近代日本の植民地統治と原敬」、『日本植民地主義の政治的展開――一八九五―一九三四年』アジア政経学会、一九八〇年、三六―三八頁（本書所収）。
(15) 台湾総督府編『台湾ニ施行スヘキ法令ニ関スル法律其ノ沿革竝現行律令』一九二一年、二三二―二四六頁。
(16) 前掲『原敬日記』第二巻、一七三頁。
(17) 台湾総督府編、前掲書、二六四頁。
(18) 前掲『原敬日記』第三巻、六三―六四頁。
(19) 国立国会図書館憲政資料室所蔵、斎藤実文書、九二九。
(20) 原敬全集刊行会編、前掲書、七三三―七三七頁、七八二―七八四頁。
(21) 三谷太一郎『日本政党政治の形成』東京大学出版会、一九六七年、四―一〇頁。
(22) 若林正丈「台湾議会設置請願運動」、『岩波講座　近代日本と植民地6　抵抗と屈従』岩波書店、一九九三年、所収。

植民地における「旧慣」と法

法の継受と旧慣

台湾総督府民政長官として八年余にわたり辣腕をふるった後藤新平は、「台湾経営上旧慣制度の調査を必要とする意見」において、台湾の永久統治の法律制度を確立するには旧慣制度調査を系統的・学術的に十分行なわなければならない、と主張し、さらにイギリスのインド統治を引き合いに出して次のように述べている。

英国の印度の制度の如きに至つては、此法律制度の確立と云ふものを以て其統治の基礎としたと言つても不可ならぬ次第である、先づ帝国の台湾に対する目的、地位の類することは、英国の印度に於ける目的、位置と或る点は略々同じである、只大小遠近を異にする許りであると言つても不可ならぬ／英国の印度経営は如何にせしか／十八世紀に於て既に、英吉利本国に於ては尚ほ旧制度を墨守して法典編纂の制定に反対するにも拘らず、直にマコレー、ビーコツク、メーン、スチーブン等の有名なる諸士に嘱託して法典編纂の事業を企て、僅に十三年にして之を完成した、即ち其れを挙ぐれば、刑法、訴訟法、治罪法、相続法、契約法、証拠法等である、／又以つて一ツの殷鑑であると思ふ。（『台湾慣習記事』一九〇一年五月）

一七五七年、プラッシーの戦いを経てインドの支配権を確立したイギリスは、東インド会社法（一七七三年）においてベンガルに総督（Governor-General）と参事会を置き、条例（regulations）の制定権を与えた。ベンガルの初代総督ウォレン・ヘースティングスはインド独自の慣習と制度を尊重することを立法政策と裁判原理の基礎に据えた。イギリス本国の法伝統はコモン・ローと判例法であり「裁判官が法を作る」と言われていたが、このような成文化された法典が存在しない状態についてはベンサム、ジェームズ・ミルなどにより厳しく批判され、インドの統治方式についても同様の批判が行なわれた。

後藤が名を挙げたマコーレーは一八三三年、議会における演説で、インド原住民の法意識と慣習に対する顧慮に立ってインドにおける法典編纂の必要性と可能性を主張した。同年制定されたインド統治法（Government of India Act）は、インド総督に法律および制定法と同一の効力を持つ条例の制定権を与えるとともに、インドにおける司法・警察組織および全ての法の調査を実施するインド法委員会（Indian Law Commission）の設置を定めている。

一八五七年、セポイの大反乱が起こるに及び、イギリスは女王の名による布告の中で「法律の作成・実施にあたって、インド古来の権利、慣行、および慣習（the ancient rights, usages, and customs of India）に対する正当な顧慮を払う」旨を改めて宣言している。これに続いて、インド総督の参事会に法律顧問を置く制度が設けられたが、後藤の挙げたメーン（ヘンリー・S・メーン、Henry S. Maine）は、この顧問の任にあって、インドの法典化（Codification）を進めた人物である。後藤が列挙しているように、一八五九年の民事訴訟法典をはじめとして、インド刑法典、刑事訴訟法典、インド相続法、インド証拠法、インド契約法などが、一九世紀後半に次々に制定されていった。今日、英・印法典（Anglo-Indian Codes）と呼ばれるものである。

イギリスのインド統治を含めて、一八世紀から一九世紀にかけての世界的規模における西欧列強の覇権拡大と植民地獲得の動きは、「西力東漸」として良く知られている。法現象の観点からは、この西力東漸により非欧米地域への西欧法の「移植」、より一般的には「法の継受」（Reception of Law）が生じたとされる。法の継受とは、ある国・民族の法的形成物（法律が代表的）が他の国・民族へと移転・伝播することであり、この場合、その方法・手段が強制的である場合、自発的になされる場合、慣習（自然）的になされる場合のいずれをも含んでいる。中世末から近世初頭にかけてのヨーロッパ、特にドイツは慣習的にローマ法を継受した。インドにおける法典編纂は、インド固有の慣習が顧慮されたとはいえ、イギリス法の諸原則が導入された点においては、強制的継受と言えよう。

明治維新後の日本においては、西欧法の直輸入と「旧慣」による立法の両方が企てられたがいずれも失敗し、ボアソナードらのお雇い外国人の指導と助言のもとに、大陸法（ドイツ法、フランス法など）をなかば自発的に継受した。なかばと言う訳は、諸法典の編纂の手続きとプロセスは日本人がコントロールし参加したものであるが、法典整備、すなわち西欧法の継受は不平等条約改正の前提条件になっていたからである。

法の急激な継受は、継受する側の固有法との交錯、摩擦を引き起こす。一八九〇～九二（明治二三～二五）年の民法典論争のイッシュー・ポイントのひとつは、日本の固有法、あるいはそれを含む習慣・風俗全般にわたる「旧慣」の存在と西欧法の選択をめぐる問題であった。もっとも論議を呼んだ民法典が法典調査会の審議起草を経て公布されたのが一八九六年四月（民法一、二、三編）および九八年六月（民法四、五編）であり、全編の施行が同年七月一六日、すなわち日本が台湾を領有して三年後、後藤新平が児玉源太郎台湾総督と共に台湾に赴任して四カ月後のことであった。

植民地における法の継受現象およびそれと交錯する旧慣の取扱いの究明は、植民地支配の法制度的特質と「同化主義」など植民地イデオロギーの解明に資することが大きいばかりでなく、政治史的にも重要であると思う。以下に、日本統治下の台湾、朝鮮の事例を比較検討してみたい。ただ、いまだ研究蓄積に乏しいので研究ノートの域にとどまることをあらかじめお断りする次第である。

台湾旧慣調査と岡松参太郎

台湾清国ノ版図ニ帰スルコト二百年官ニ整然タル制法アリ民ニ確固タル慣習アリ此制法慣習ハ一朝一夕ニ之ヲ改廃シ得可キモノニ非ス台湾ノ施政ハ必スヤ其基ヲ此制法慣習ノ上ニ置カサルヲ得ス（岡松参太郎『臨時台湾旧慣調査会第一部調査第一回報告書』上巻叙言より）

「旧慣」とは何か。植民地台湾の統治にあってそれは「官ノ制法」「民ノ慣習」のすべてであり、また「慣習」は台湾社会の住民の風俗、習慣、自治制度、人情、年中行事等々を含む、要するに台湾において固有なものの全てであった。この意味で「台湾旧慣調査とは台湾研究の一部」（戴國煇）に他ならない。

「自治制ノ慣習」は台湾における「一種ノ民法」（「台湾統治救急案」）と早くから喝破した後藤新平は、「植民政策は生物学《ビオロギー》である」という自論を展開させるべく、また台湾財政の基盤ともいうべき土地調査事業の実務的必要性に迫られて、台湾旧慣調査の本格的推進を図ったのであった。特に、土地、建物など不動産に関する物権・債権の権利関係、その得喪、継承に関わる契約、相続の慣行など、民事商事領域、広く私法領域の旧慣調査は台湾経営＝資本主義化の根底をなすものとして重要であった。

一九〇一（明治三四）年、旧慣調査のための特設機関として総督府に「臨時台湾旧慣調査会」が設置された。また、相前後して、総督府の肝入りによって民間研究団体である「台湾慣習研究会」が発足するとともに（その機関誌『台湾慣習記事』は全島的なフォーラムの役割を担った）、各地の法院（裁判所）有志による慣習研究会の活動が開始された。これらの機関・団体による旧慣調査の実績、それらが当時の台湾社会の状況をどの程度正確に把握しえていたかの評価は、困難だが大切な課題であろう。「法の継受」の点からみると、総督府法務官僚、判官（裁判官）、検事、弁護士などの司法・法律実務関係者の調査活動が重要である。彼らは単に学術的に調査するのではなく、訴訟や裁判過程を通じて旧慣を斟酌し、かつ場合によってはそれに準拠する必要があったからである。『台湾慣習記事』には「判例」の欄が設けられているが、これによりその一端を窺うことができる。

さて、台湾旧慣調査の全容を紹介する紙幅を持たないので、その中核的組織というべき臨時台湾旧慣調査会と、同会で指導的役割を果たした民法学者・岡松参太郎について簡単に触れておきたい。

岡松参太郎は一八七一（明治四）年生まれ、一八九一年から帝国大学（後の東京帝大）法科大学に学び、九四年英法学科を卒業、大学院では民法を専攻した。岡松の在学時期は先に触れた民法典論争、法典調査会による民法典編纂の時期と重なり、また、法科大学教授には民法起草委員である民法学者・梅謙次郎（後述）がいる。大学を首席で通し、民法前三編の公布に合わせて刊行された彼のデビュー作『註釈民法理由』は、梅謙次郎の『民法要義』と並ぶ人気を博したというから、岡松の民法学者としての名声は若くして確立したと言えるだろう。その後、三年間ヨーロッパに留学、帰国後（一八九九年）そのポストを約束されていた創設まもない京都帝大法科大学の教授となった。

この年、岡松は台湾総督府臨時台湾土地調査局（土地調査事業の特設機関）の嘱託の任を引き受け、翌年『台湾旧慣制度一斑』を作成した。ついで臨時台湾旧慣調査会が発足するとともに、法制担当第一部の部長として調査指導の任にあたった。京大教授兼任の岡松は大学が休暇に入ると渡台し、委員・補助委員の収集した資料を分析・整理し編述を進めたのであった。

臨時台湾旧慣調査会は、当初、法制担当の第一部、農工商経済担当の第二部から成り、さらに一九〇九年から法案の起草・審査担当の第三部（部長は岡松が兼任）を置いた。一九一九（大正八）年の解散に至るまでの同会の調査実績は、『台湾私法』（本文三巻六冊、附録参考書七冊）を頂点とする漢族系台湾人の私法領域の調査、織田万京都帝大教授らが編纂した『清国行政法』（六巻七冊、索引一冊）など清国の行政制度の文献調査、第二部が刊行した『調査経済資料報告』（二冊）などの産業経済調査、『蕃族調査報告書』（八冊）、『番族慣習調査報告書』（五巻九冊）などの高山族に関する調査（高山族は、山地を中心に生活している南方系諸族で、「蕃族（番族）」は蔑称）、『殖民地組織法大全』などの外国の植民地政策の調査などきわめて膨大なものである（臨時台湾旧慣調査会『台湾旧慣調査事業報告』による）。

岡松は右の諸調査のうち主として『台湾私法』の編纂にあたったが、後年は高山族に関心を拡げ『台湾番族慣習研究』（全八巻）を著わした。同書の序文で岡松は、インド諸民族の慣習を研究したヘンリー・メーン（前述）の著『古代法』に刺激を受けたこと、高山族の研究においてヨーロッパに先を越されたくないと考えたこと、「日本のメーン」の登場を望むことなどを書き遺している。後藤が台湾統治をインド統治になぞらえたように、岡松はみずからの役割の内にメーンを想起したのであろう。

台湾旧慣調査のきわめて重大な特徴は、それが法律の編纂＝立法を目指したことにある。一九〇九年から一四年まで、臨時台湾旧慣調査会には第三部が置かれ、岡松部長、石坂音四郎（京大教授・民法）、雉本朗造（同・民事訴訟法）らの法学者、判官・検察官などの司法実務家、台湾総督府高級官僚などを構成員として、台湾における特別諸法の起草・審議を行なった。現在判明しているだけでも「台湾親族相続令草案」「不動産物権総則令案」「台湾佃永田地基仮案」など十数本の草案が存在している。

しかし、これらの草案は大部分制定されるに至らず、一九二三（大正一二）年、日本本国の民法、商法が一部の例外を残し台湾に延長施行されたのであった。その背景には、原敬内閣＝田健治郎台湾総督による植民地政策の転換、すなわち「内地延長主義」の積極的推進があったのである。

朝鮮旧慣調査と梅謙次郎

朝鮮における旧慣調査は、日本による強制的な開国（一八七六年、江華条約＝丙子修好条約）とたび重なる干渉（大鳥圭介公使の「内政改革方案綱目」、井上馨公使の「内政改革綱領」、石塚英蔵・星亨ら日本人顧問による韓国立法政策への関与など）を経て、一九〇五（明治三八）年十二月の韓国統監府の設置とともに開始された。

初代韓国統監・伊藤博文は、日本民法起草委員の一人であった東京帝大法科大学教授・梅謙次郎を韓国政府の最高法律顧問として招聘した。翌年七月に設置された不動産法調査会（会長・梅謙次郎）は、事実上の日本による統治の基礎を固めるため、まず不動産に関する所有権の確定と取引の安全などを目的として土地慣行の調査を行なった。

不動産法調査会の調査実績は『韓国不動産に関する調査記録』『韓国不動産に関する慣例第一綴』『（同）第二綴』『韓国に於ける土地に関する権利一斑』『韓国土地所有権の沿革を論ず』などであるが、これと併行して、土地家屋の登記制度の近代化を目的として「土地家屋証明規則」が公布されている。

一九〇七年、不動産法調査会は発展的に解消し、かわって法典調査局が設置された。梅を顧問とし、倉富勇三郎を委員長とするこの法典調査局は、その官制によれば、民法、刑法、民事訴訟法、刑事訴訟法および附属法令の起案をつかさどることになっており、旧慣調査は明確に立法を目的として計画されている。諸法のうち、民法、商法（梅は民・商統一法典を構想していた）、民事訴訟法については梅が起草することになり、同時に、朝鮮全土にわたる民事慣習調査が計画された。この慣習調査は、一九〇八年五月から一九一〇年九月まで、当時の行政区域全一三道にわたって各道平均二〜五地域、計四八カ所、さらに特別の事項については八道三一地域で行なわれた。調査項目は日本民法・商法の編別構成に従い二〇六項目が立てられている。これらの結果は『慣習調査報告書』としてまとめられた。一方、法案の起草については、韓国民事訴訟法の草案全七五五条が梅の手により作成された（一九〇八年四月）が、結局、法案にまで至らず、民法、刑法なども起案されることなく終っている。

一九一〇（明治四三）年八月の京城（現在のソウル）における梅の急死と日韓併合条約の調印・公布とは、立法事業と旧慣調査にとって大きな転換をもたらした。同年九月に設置された朝鮮総督府には、廃止された法典調査局の職務を継承するものとして取調局が設置されたが（長官は石塚英蔵）、同局は「朝鮮ニ於ケル各斑ノ制度及一切ノ旧慣ヲ調査スルコト」「総督ノ指定シタル法令ノ立案及審議ヲ為スコト」「法令ノ廃止改正ニ付意見ヲ具申スルコト」となっており、立法と調査の関係は法典調査局よりも曖昧なものとなった。実際の運営においても、法律に関しては応急の措置とされつつも、朝鮮民事令、朝鮮刑事令の公布（いずれも一九一二年）という形式により、一部の例外を除いて日本法が延長施行され、同時に、慣習調査は、直接立法に関わるもののみでなく、宗教・寺院、両班・常民の生活状態、農家経済、等々に拡大された。

この後、朝鮮における旧慣調査は、取調局から参事官室、さらに中枢院へと引き継がれ、一般学術調査としての性格と司法実務における日本法の補充資料としての性格を強めていく。調査実績としては、『大典会通』（李朝時代の法典集）の翻刻、『朝鮮語辞典』および『朝鮮図書解題』の編纂（以上、取調局時代）、旧慣調査出張報告一一三冊、同調査資料八三冊、朝鮮金石文の蒐集と『朝鮮金石総覧』の刊行（以上、参事官室時代）、『小作に関する慣習調査書』『民事慣習回答彙集』『李朝の財産相続法』などの民事慣習調査、制度調査（朝鮮の国制、王室、区域、官職、官員、内務、外交、軍制、裁判、財務、地方自治全般にわたる沿革的調査と資料の刊行）、衣食住から遊戯、年中行事にいたる風俗調査、朝鮮史の編纂（以上、中枢院時代）等々に及んでいる（朝鮮総督府中枢院『朝鮮旧慣制度調査事業概要』

による）。

比較の視点と展望

日本統治下の台湾、朝鮮における旧慣調査と立法政策については、相互に比較するためのいくつかの視点を設定することが可能である。

第一に、両方に共通して言えることは、旧慣調査が組織的に行なわれたことである。すなわち台湾では臨時台湾旧慣調査会を中心として、朝鮮では不動産法調査会、法典調査局、朝鮮総督府取調局以下の組織が仕事を継承しつつ、調査が行なわれている。したがって、両地域の組織の任務、構成メンバー、調査方法、刊行物などの実績などについて比較が可能であり、また必要である。

次に、各旧慣調査のかなりの部分が刊行物として残されている。これは調査が一応は学術的成果をも目指した結果であろう。したがって、これら資料が日本帝国の政治的意図と無関係に存在するようになった今日、学問的に受け止めることが可能になっている（戴國煇、後掲参考文献参照）。

第三に、台湾、朝鮮ともに土地に関する法的権利関係の調査、すなわち民法で言えば財産法の部分の調査が先行していることが注目される。この点は日本の政策意図と結びつけて理解する必要があると同時に、台湾、朝鮮のいわば伝統的な社会の固有性がその基底部においてどのように変化したかを検証する材料となろう。

第四に、旧慣調査と立法政策の関連である。台湾総督は「律令」、朝鮮総督は「制令」という法律の効力を有する命令の制定権を有していた（インド・ベンガル総督の権限を想起されたい）。一方、帝国議会を通過した制定法もまた植民地で施行することが可能になっていた。したがって立法のメカニズムとは別に、植民地においていかなる法律

（律令・制令を含む）を施行するかは政策の選択の問題である。ということは同時に、イデオロギーの問題でもある。これまで概観したように、台湾、朝鮮の両方で、旧慣に基礎を置くいわば「特別法」制定の動きが頓挫し、日本法の延長施行が行なわれている。大正期に入り植民地立法政策が大きく転換したとする視角が必要であろう。政策的には「内地延長主義」、イデオロギー的には「同化主義」の本格的な展開がこの時期に生じた、と見ることができる。ごく大雑把な言い方をあえてすれば、台湾、朝鮮は日本法を強制されたことにより、西欧の大陸法、ひいてはローマ法を間接的に継受したのである。

以上の四つの比較の視点に加えて、研究課題の展望を行なうとすれば、台湾、朝鮮の実証的比較のほかに、明治期日本の旧慣と法典編纂事業の関係、とくに沖縄における「旧慣温存期」の問題、「満州」、華北における慣行調査、列強の植民地政策など、近代世界の植民地における「旧慣」と法の全体にまで視野を拡げる必要があると思われる。

参考文献
内田力蔵「インドにおける法典化」、『比較法研究』三一号、一九七〇年三月。

戴國煇「日本人による台湾研究――台湾旧慣調査について」、『季刊東亜』四号、一九六八年八月。

鄭鍾休「韓国における西欧法継受の初期的諸相――日本法との関連(一)(二)(三)」、『民商法雑誌』八八巻四・五・六号、一九八三年七・八・九月。

春山明哲「台湾旧慣調査と立法問題」、『新沖縄文学』六〇号、一九八四年六月。

春山明哲・若林正丈『日本植民地主義の政治的展開　一八九五～一九三四年』アジア政経学会、一九八〇年一二月。

台湾旧慣調査と立法構想
——岡松参太郎による調査と立案を中心に——

はじめに

第一次世界大戦の前夜の一九一四（大正三）年五月、後藤新平は「日本植民政策一斑」と題する講演を行っている。その中に、台湾統治の初期八年余りにわたって民政長官を務めた往時を振り返って次のように述べているくだりがある。(1)

法律六十三号の問題上下に名高き困難となり、世に所謂六三問題は十年来新付の民に三千年来忠節を盡したる母国人と同一に憲法の恩沢を蒙らしめんとする意義に出て、英国愛蘭土政治問題などとは雲泥の差あることを知らざるの罪に座して居らぬかを疑はしめ、論者将来に於て大に後悔する時来ると思ひます。

やや意味のつかみにくい所はあるが、後藤の語調の激しさの中に無念の思いを感じ取ることができる。ここに「法律六三号」とは、日本が台湾を領有した翌年の一八九六（明治二九）年に制定された「台湾に施行すべき法令に関する法律」[2]のことで、その規定によれば、台湾総督はかなり包括的な立法権を行使できることになっていた。一方、明治憲法は「協賛」という形式ではあれ、帝国議会に立法権を与えていたから、この「六三法」が法案として議会に懸けられた当初から違憲論が生ずることとなった。この論議は、法律解釈の問題に留まらず、台湾統治の基本方針をめぐる論争に発展し、長期にわたって政治的イッシューとなったのである。「世に所謂六三問題」である。

後藤の述懐から分かるように、この問題に対する彼の立場は、「新付の民」に「母国人と同一に憲法の恩沢を蒙らしめ」ることには反対であった。では、後藤はどのような対案を用意していたのであろうか。また、なぜ無念の思いが表白されねばならないのか。

ところで、日本が台湾を領有した時、「其政策の助けとなるべき我国民の経験といふものは何ものも無」く、また「文明的植民政策の準備行為と云ふものは殆どない」[3]（後藤）状況であった。台湾統治は基本的な方針も、自覚的な植民地支配のイデオロギーも欠いた状態で開始されたのであった。とすれば、少なくとも統治初期のプロセスを考察する場合、どのような方法をとるべきであろうか。この時期に生じた多種多様な諸問題を「空間的」な視点から眺めるとすれば、(一)台湾島内、(二)台湾と本国日本（内地）の関係、(三)台湾を含む日本帝国の国際環境、の三つの問題領域に分けることができよう。これらの問題領域を、統治する側（主体）の「課題」の形式で述べるとすれば、次のように要約しうる。

1「台湾において何をなすべきか」という、台湾の「経営」の課題。
2「台湾をどのように本国に結びつけるか」という、台湾の明治国家への「統合」の課題。
3「台湾を立脚点として対外的にどう行動すべきか」という、日本帝国の対外政策上の「戦略」の課題。

本稿において筆者は、日本植民地主義のイデオロギーを仮定することは避け、右のような「課題」を想定し、これに対して統治する側がどのような解答を用意したのかを「考察」する、という方法を採用する。そして、三つの「課題」のうち、1および2について、「法と政治」（立法構想とそれに関連する政治過程）の視点から論ずることとしたい。これらのうち、2については若干の説明が必要であろう。というのは、植民地支配を維持する上で、「統合」は必ずしも常に統治する側の課題となるとは限らない、と思われるからである。

よく知られているように、台湾統治が開始された当時の日本は、憲法の発布、議会の開設など近代国家の諸制度の創設がほぼ完了し、また、明治国家最大の外交課題であった条約改正の実施と、その前提条件である民法・商法など諸法典の施行が目前に迫っていた。歴史の皮肉とでも言おうか、日本は近代的（欧米的）な政治制度の確立と法体系の整備を一応成し遂げ、国家としての統一と独立をまさに達成しようという時期に、台湾という巨大な「異域」を抱えることになったのである。

一方、明治憲法体制の確立は、新しい問題を生じさせた。すなわち、憲法の定める政治秩序をどのように解釈し、誰が運用するのか、という問題である。六三法が議会で初めて論議された時、明治憲法の発布からまだ七年しか経っていなかった。この憲法の条規はきわめて簡潔であり、多分に解釈の余地が（特に権力の配分とその相互関係について）あった。なによりもこの憲法は、「新領土」の統治を予定していなかったから、台湾を統治するための規定があるはずもなかったのである。この事情は、法体系すべてについて同様であった。運用の問題は、さらに深刻であった。以前筆者は、原敬の政治指導と植民地統治、特に台湾統治の関係について論じたが[4]、原が長期にわたって六三法の体制、とりわけ総督の権限と任用資格をめぐって桂太郎らに抗争を挑んだのは、ことが「藩閥」と「政党」の関係に深く関わっていたからでもあった。

「統合」をめぐる問題領域、ないし課題の設定は、以上のような日本本国の歴史状況の把握を前提としているのでである。

さて、台湾統治の基盤が確立されたのは、児玉源太郎台湾総督と後藤新平氏政長官のコンビによる、一八九八（明治三一）年から一九〇六（明治三九）年までの期間であった。この児玉・後藤時代の台湾統治の特質とその歴史的意味については、従来、前記の1および3の「課題」に彼等がどう取り組んだか、という視点から研究が積みかさねられてきた、といえよう。また、筆者による原敬の研究は、2の問題領域に属するものであった。この領域において、児玉・後藤と原がどのような関係に立っていたかについては、筆者にとっても疑問のまま残されていたのである。

本稿の課題は、前に述べた方法と視点によって、これまで埋もれていた児玉・後藤による台湾統治の制度構想、とくに憲法改正をも含む立法構想を明らかにし、ともすれば孤立して取り扱われることの多かった台湾旧慣調査がこの構想と密接不可分の関係にあることを論証することにある。そして、論証にあたっては、まず、児玉・後藤の出発点となった統治初期の制度と旧慣調査について検討する。次に、台湾旧慣調査と立法構想の内容については、立法構想に深く関与していたにもかかわらず、まったく忘れられていた法学者・岡松参太郎の調査と立案を中心に述べる。そして、最後にこの「路線」が辿った「命運」を展望する。

一　初期制度構想の素描

台湾統治の制度に関する本格的な調査研究は、文明開化と同様、イギリスのカークウッド、フランスのルボンら、植民地統治の先進国の御雇い外国人に対する諮問をもって開始された[5]。明治憲法体制の設計者であった伊藤博文を首班とする政府が抱いた基本的な疑問は次のふたつに要約しうる。「新領土たる台湾に憲法は施行されるか」という問いと「台湾に関する立法権は誰が行使すべきか」という問いである。この疑問は、憲法がその施行区域について明文をもって規定していないことによって生じたのであった。規定がない以上、解釈によって補充せざるを得ない。カークウッドは、憲法解釈としては、施行説、非施行説のいずれもが可能であること、したがって帝国議会の協賛による立法も天皇大権による立法も可能であるが、植民地統治の制度としては後者が適当である、と答えたのであった。興味深いのは、彼のコメントである。「今日本ニ於テハ輿論ノ傾向民政主義《デモクラチック》ヲ執ルノ跡アリ、是ヲ以テ余ノ解釈ヲ実行セントスレバ従来政府ト親シカラザル議会ニ於テハ、政府攻撃ノ議論沸騰スルモ計リ難シ」[6]。カークウッドの懸念は現実のものとなった。「六三問題」である。

ついで、制度全般の検討は台湾事務局（明治二八・六・一三、内閣に設置）の場に移された。抗日ゲリラによる武装闘争の激化により軍政の施行を余儀なくされた政府は、武力平定後の民政移行の時期を目標としてこの作業を続け、翌年春の第九議会において一応の決着をみたが、それに至るプロセス、すなわち初期制度構想についてスケッチしておきたい。（外務次官として台湾事務局委員となった原敬が遺した文書が近年発見され[7]、構想の変化をかなり再現できるようになった。適宜、原による書き込みも注記しておく。）

初期制度構想のうち、もっとも早い時期のものは、初代台湾総督に任命された樺山資紀の私案である「台湾総督府条例」であり、これによれば「総督ハ天皇ニ直隷シ其管轄区域内ニ在ル陸海軍ヲ統率シ行政司法ノ事ヲ統理ス」るとなっていて、立法には触れていない。伊藤はこの案を承認しなかったので、樺山は総督の権限については規定しない「台湾総督府仮条例」を作り、総督府を開庁した。ついで、軍政の根拠法として「台湾総督府条例」が陸達七〇号として定められた[8]。

さて、台湾の制度に関する法律・勅令案[9]は、その内容、名称とも変化が著しく、相互の関係がつかみにくい。そこで、各案を、

A　基本法——立法・司法・行政等について包括的に規定したもの

B　組織法（台湾）――台湾総督の権限を含む総督府の組織について規定したもの

C　組織法（中央）――台湾統治に関する中央の主務大臣及び官庁について規定したもの

という三つのレベルに分けて示すと、次のとおりである。（ただし、各レベルは完全に分離できない。たとえば、総督の権限はAレベルにも現れる。）

A　台湾条例案
　　↓台湾統治法案
　　↓台湾総督府評議会章程案

B　台湾総督府官制案↓台湾総督府条例草案↓台湾総督府条例案（同修正案）
　　↓台湾総督府民政局官制案

C　拓殖務省官制案　↓拓殖務省官制案

これでわかるように、台湾事務局における制度構想の「原形」と思われるものは、「基本法」たる「台湾条例案」、「組織法（台湾）」たる「台湾総督府官制案」、「組織法（中央）」たる「拓殖務省官制案」の三点セットであった。[10]この関係は「台湾条例案」の第二条が「総督ハ天皇ニ直隷シ台湾条例ノ規定及拓殖務省大臣ノ訓令ニ従イ行政司法ノ事ヲ統理シ」と規定していることで明らかとなる。

「台湾条例案」は、全文二一条、立法、行政、司法及び財政に関する基本的な規定からなり、その点で統治の「基本法」とみなしうる法律案である。この案で注目される点は、第二条から第九条までの立法に関する規定の中で、「立法会議」なるものを勅令で定め、総督はこの「立法会議」の議定と勅裁を経て「法律ノ効力ヲ有スヘキ総督府令ヲ発スルコトヲ得」としている点である。[11]

「台湾総督府官制案」（勅令案）は、全文二五条、その第一条で総督の任用資格を「陸海軍大将若ハ陸海軍中将ヲ以テ之ニ充ツ」とし、武官専任制を規定している。[12]この案に対する総督の修正案にあたると思われるのが「台湾総督府条例草案」であり、総督に対してより強力な立法権及び陸海軍統率権を与えている。この草案を経て「官制案」の修正案というべき「台湾総督府条例案」が作られている。(同第二条の武官専任規定に関して原は「削除」の意を示すと思われる記号を付している。)

拓殖務省は、台湾総督府の中央における監督官庁であるが、「官制案」によれば、拓殖務大臣は台湾総督のみならず、北海道長官または沖縄県知事をも監督することになっている点が、当時の日本帝国内の両地域の地位を表していよう。

さて、先に見たように「原形」としての三点セットは、台湾事務局等の審議を経て、五点セットとなる。すなわち「台湾条例案」が「台湾統治法案」と「台湾総督府評議会章程案」(「立法会議」の具体化)のふたつに分けられ、「台湾総督府官制案」が「台湾総督府条例案」(ここで「緊急府令」のちの「緊急律令」の規定が現れる。『台湾資料』所収のものは修正案)と「台湾総督府民政局官制案」の二つに分けられる。これらと「拓殖務省官制案」と合わせて、つごう五点である。これらの案は、おそらく明治二八年暮れころまでには作成されていた、と考えられる。

明治二九年一月、原は大磯に伊藤首相を訪ね、一通の意見書を提出する。[13]「台湾統治の基本方針に関する原敬意見書」というべき「台湾問題二案」である。この意見書で原は、台湾を「殖民地」とみなすか、それとも「多少制度ヲ異ニスルモ」内地に近きものとするか、の選択が先決であるとして後者を選ぶよう主張した。筆者が以前論考したように、この主張は原の「政治思想」の一環であり、また台湾総督を武官により独占し、強大な職権を与えるという、樺山台湾総督、あるいは川上操六台湾事務局副総裁ら陸軍側の構想に対立するものであった。

この意見書に原は、わずか三条からなる法律案を添付している。この案は勅令による「内地法」の延長施行を原則とし、法律の効力を持つ勅令により「当分ノ内」台湾の事情に応じようとしたもので、原の「内地延長主義」の立法政策が明確に見てとれる。結局、第九議会に提出された台湾関係法令案では、基本法たる「台湾統治法案」は陽の目を見ず、総督の立法権の規定だけが分離され、「台湾ニ施行スヘキ法令ニ関スル法律案」として提出されたのであった。この法案が三年の時限を条件に議会を通過したのが「六三法」(法律第六三号)である。

「六三法」は、台湾総督に対し、法律の効力をもつ命令(「律令」という)発布の権限を与え、その手続を定めていると同時に、内地の法律すなわち帝国議会の協賛による制定法の台湾への施行をも定めていた。しかし、台湾総督の命令権の範囲と帝国議会の立法権の範囲については何ら規定していない。その結果、植民地行政官に包括的な立法権を委任することに対する憲法解釈上の疑義と、帝国議会の立法権を実質的に制限することに対する政治的な疑問とが生ずることとなったのである。また、「六三法」は、法律であれ律令であれ、台湾にいかなる内容の法を施行すべきか、という点についても、全く規定していない。その結果、台湾総督は、議会の「監視」という制約はあるものの、明治憲法体制の「法治的」制約からの相対的「自由」と、台湾在住民の固有の法意識・風俗習慣・文化的伝統に対する柔軟な「適応力」とを手に入れることとなった。

原敬の伊藤宛意見書の「甲乙二案」の選択肢を敷衍するとすれば、「六三法」の法体制は、立法政策上、帝国議会の制定法を主とする日本本国の法制度を台湾にも同じように施行すべきだとする考え方と、総督の律令を主とする台湾独自の法制度の確立を是とする考え方とを、ともに理論的に可能とする体制であった。本稿では、前者を「内地延長主義」、後者を「特別統治主義」と呼ぶことにする。このふたつの「主義」は、単に立法政策上のそれに留まらず、当然のことながら、植民地統治の基本方針にも係わる「主義」であった。(この「主義」は統治初期にあっては、必ずしも植民地主義のイデオロギーを意味しない。)

次の段階では、台湾にどのような法を施行すればよいのか、が問題となる。そのためには、法の適用対象たる台湾とは何か、という問いが必要である。次章で述べる「台湾旧慣調査」とは、この「台湾とは何か」という設問への解答を探る試みにほかならない。旧慣調査は、まさに「日本人による台湾研究」なのであった[14]。

二　旧慣調査前史

台湾総督府の開庁から三カ月余り、民政部門の最高官であった水野遵民政局長心得は、樺山総督に対し最初の包括的な行政報告書である『台湾行政一斑』[15]を提出した。この報告書の中で水野は、行政・警察・外交・財政・流通貨幣・運輸通信・殖産・教育・法務の各分野を取り上げているが、ほとんどの章で「旧慣」、「旧」、「旧制」、「民俗」、「習慣」の文字を用い、民政全般の状況を論じている。「旧慣」とは、のちに誤解を生んだような「古い、滅びつつある」今日でいう狭い意味での「風俗・習慣」ではなく、日本が台湾を領有した時点における、いわば台湾の「総体」ともいうべきものであり、また一面では、統治側の「新」制度や「新」政策の相対的な対立物としての「旧」でもあった。以後本稿において、旧慣の文字を両方の意味で使用することにする。

数多い旧慣の中でも、当初もっとも政策上重要かつ深刻な問題となったのは、阿片と土地所有に関する旧慣であった。このふたつは、漢族系を中心とする台湾人の人心の掌握という課題と総督府の財政基盤の確立という課題に深く結びついており、慎重な対応が必要であった。これらについてはすでに相当の研究蓄積があるので、本稿では特に必要な場合以外は立ち入らないこととしたい[16]。

さて、『台湾行政一斑』の中で、はやくも水野は行政の推進にとっての旧慣の重要性を指摘しているが（特に法務行政については、刑法、民法、裁判所構成法等内地法の延長施行の困難とそれらの特別立法を提言している）、旧慣調査の必要性に関する認識ないし提言は統治のごく初期の頃から少なからず存在していた。また、散発的・非系統的ではあるが、各種の調査も試みられた。これら旧慣調査の「前史」を簡単になぞっておこう[17]。

まず、初代の学務部長伊沢修二は総督宛の意見書「目下急要の教育関係事項」（明治二八・八・二三）の中で、「教育は、人心を根柢より醇化すべきものなれば、各種の社会に渉り、深く人情風俗を察し、之に適応すべき教育官を設くるを要す」と述べ、また「文廟」の保存と尊崇、科挙の利用を提言している。また、台北県知事田中綱常は、施政の「参照」たるべき「旧政記録」が全く存在しない現状にあっては、徴税事務はもとより各般の制度制定上非常の困難をきたすとし、福建布政使衙門をはじめ清国行政官庁に対し台湾関係の法令、公文書、旧記その他を請求するなどして、台湾関係資料の収集を図るべきであると建議（九・一二三）した。実際、総督府は明治二八年度の徴税施策として海関諸税と地租の一部を徴収することとしたが（七・六諭示、九・一三官租収納心得）、「魚鱗冊」など多くが散逸しており、行政実務の根拠資料をすら欠く有様であった。

民政局では、細々とではあるが、旧慣に関する資料の収集と調査を開始してはいた。『台湾制度考』[18]の刊行を手始めとして、一二月には各地方長官に対し「旧来清国政府の所属たりし時に於ける行政の状況、並に慣行に関する事項」の調査を命ずるなどしたが、かならずしも成果はあがらなかったようである。明治二九年六月、台湾総督に就任した桂太郎は施政方針の訓示において、台湾各地の「人情風俗言語の異同を審査し、法律規則の之に適応せざるものに付きては、勅令又は律令を以て除外令を規定」する方針を掲げたが、「審査」を具体化するまでには至らなかった。

総督府の旧慣調査機関は、乃木希典総督時（二九・一二・二二）、民政局参事官室の臨時調査掛をもってその嚆矢とする。同掛は台湾の「制度文物風俗慣習等の取調、及び民政に属する各般法令の漢訳を査閲」することをその事務としたが、注目すべき点は「調査方法」がまがりなりにも定められたことである。すなわち「台湾の制度を調査するには、大清会典を根拠とし、各地方官の普通応用を考覈し」、財務、内務、法務、雑の四項に分類すること、また各地の「現在」のみならず「既往の沿岸（対岸の中国大陸）」を調査することとなった。この調査掛は、民政局総務部翻訳課（三〇・三）、同調査課（三〇・六）、県治課調査掛（三〇・一一）、民政部調査課（三一・六）、参事官室調査掛（三一・九）というように、総督府の機構改革により変遷したが、おおむねその機能に変化はなかったようである。[19]

乃木が総督であった時期は、台湾統治が不振を極めた時期であったが、同時に児玉・後藤の登場をいわば「準備」した転換期でもあった。従来、この時期については研究史的にも空白といってよい状況にあったが、近年、小林道彦の緻密な研究により[20]、日本植民政策がなぜ「後藤的なもの」（小林）として形成されたのか、言い換えれば、本稿の主題である旧慣調査と立法構想の政治史的前提条件が、かなり明確になったと思われる。それにしても、乃木についてはもっと大きな関心が払われる必要がある。

さて、旧慣調査に直接の転機をもたらしたのは、改正条約実施にともなう諸法典の施行と台湾における「資本主義の基礎工事」の開始、なかんずく土地調査事業の本格実施であった。

児玉・後藤が台湾経営の任に就いた一八九八（明治三一）年という年は、改正条約施行の一年前にあたり、その前提条件として日本政府は民法等の法典を国内において施行しなければならないことになっていた。改正条約の施行は、内地はもとより、台湾においても重大な問題であり、憲法の適用問題と同様な法解釈上の論議が生じた。いわく「改正条約は台湾においても施行せらるべきか、前提となる諸法典の施行はどの範囲で行うべきか」。この問題については、すでに乃木が松方内閣に対して政府の基本方針を質していたが、児玉の就任後間もない六月、政府は憲法及び改正条約とも台湾に施行せらる旨内訓してきた。それを受けて、七月、本国における民法全五編の施行と同時に、「民事商事及刑事に関する律令」（律令第八号）及び「民事商事及刑事に関する律令施行規則」（律令第九号）が発布されている。

律令第八号第一条の規定により、民法、商法、刑法、民事訴訟法、刑事訴訟法及びその付属法律が、形式上台湾にも施行されることにはなった。しかし、同条の但し書きにおいて「本島人及清国人の外に関係者なき民事及商事に関する事項」及び「本島人及清国人の刑事に関する事項については、「別に定むるまで現行の例に依る」とされ、漢族系台湾人間の行為に関しては、民法の規定は適用されないこととなった。ここで「現行の例」とは、日本統治当局による制定法がない状態のもとでは、清国時代の法令、台湾の慣習及び条理と解される。[21] さらに、律令第九号第一条は、「土地に関する権利に付ては当分の内民法第二編物権の規定に依らず旧慣に依る」と規定し、土地の権利については、台湾人、内地人を問わず「旧慣」に依ることとなった。つまり、従来の慣習あるいは旧慣（事実上は両者に区別はない）を明確にしない限り、事件・紛争の公権力による解決は無論のこと、土地所有権すら場合によっては確定できないことになったわけである。[22]

特に、土地の権利確定は行政上、きわめて切実な課題であった。台湾経営の財政基盤を確立するには税収、とくに地租による歳入を確実にする必要があったからである。上記の律令発布に踵を接して、台湾地籍規則、台湾土地調査規則が発布され、また臨時台湾土地調査局が設置されて、本格的な土地調査事業が開始された。

旧慣調査に転機をもたらした直接の契機は、以上のごとくであったが、後藤自身がのちに語っているところによれば、[23] この事業は台湾の「永久統治」のための「守成の策」の一部として構想されていた。後藤はフランスにおけるナポレオンの法典編纂、あるいはドイツ連邦における憲法・民法・商法の編纂が国家統一に果たした役割を例にとり、「法制の確立」が台湾経営の基礎であることを主張する。さらに、注目すべき点は「帝国の台湾に対する目的、地位の類することは、英国の印度に於ける目的、地位と或る点は略々同じである」とし、「マコレー、ビーコツク、メーン、スチーブン等有名なる諸士に嘱託して法典編纂の事業を企て、僅かに十三年にして之を完成した」ことが、イギリスのインド統治の基礎を定めた、と述べていることである。『台湾慣習記事』の「発刊の辞」[24] は言う、「英国の新に印度を領有するや、時の碩学緬氏をして往いて先づ其の慣習を調査せしめ、而して後政を布くと是れ一に民俗慣習を重ずる所以にして、又た彼れが殖民政策に成功し、今日世界の大国を為したる所以なり、後の新領土を経営せんとするもの、以て模すべく、以て範と為すべきなり」と。台湾における旧慣調査は、永久統治のための法典編纂事業という立法構想の第一段階だったのである。

それでは、イギリスのインドにおける緬氏、すなわち、ヘンリー・サムナー・メーン[25]を日本に求めるとしたら、誰なのか。

末川博の回想によれば、当時新進の民法学者であった岡松参太郎の起用を後藤に勧めたのは、中村是公であったという（本書所収「法学博士・岡松参太郎と台湾」を参照）。中村は、帝国大学法科大学で岡松の一年先輩にあたり（明治二六年卒）、しかも同じ英法科出身であったから、『註釈民法理由』で華々しい法学者としてのデビューを飾り、ヨーロッパ留学中のこの後輩については知るところ少なくなかったと思われる。そして、なにより中村は、臨時台湾土地調査局の実務面の最高責任者であった。臨時台湾土地調査局の任務である「地籍調査及土地台帳竝地図調整」の事務を遂行するには、土地の権利状態の把握あるいは土地登記等の民法学の知識が不可欠である。かくして、岡松は、帰国後まもなくの一八九九（明治三二）年暮れ、新設されたばかりの京都帝国大学の法科大学教授（民法第一講座担当）のまま、児玉、後藤の委嘱により、臨時台湾土地調査局嘱託となったのであった。

翌年二月、初めて台湾の地を踏んだ岡松が、臨時台湾土地調査局が収集した資料、台湾覆審法院及び台北県庁の調査書類、総督府殖産課の台北県下農家経済調査、旧記、及び聴取り調査等に基づいて、主に台北県下の土地に関する慣習をまとめたのが、『台湾旧慣制度調査一斑』であった。

三　臨時台湾旧慣調査会

岡松が「採風問俗ニ従ヒ」、『台湾旧慣制度調査一斑』を著述編成するのと平行して、総督府では旧慣調査事業の実施計画が策定された。その大綱は次のとおりである[26]。

（一）台湾の各地方もしくは各種族の旧慣に付いて統一的もしくは類別的に調査する。

(二) 特設機関として旧慣調査会を組織する。
(三) 公法及び私法上の一切の旧慣を調査し、台湾に適した立法の基礎とする。
(四) 農工商経済に関する旧慣を調査し、台湾永遠の福利を増進する。
(五) 外国の植民地の実際を調査し、その制度の得失をはかる。

明治三三年度中、民政部及び臨時台湾土地調査局の経費の一部を割いて予備的に実施された旧慣調査事業は、三四年度予算において臨時事業費中に旧慣調査費の科目が認められたことにより、予算の裏付けを伴った事業となり、四月、まず旧慣調査会が発足をみた。ついで、同年一〇月、臨時台湾旧慣調査会規則(勅令第一九六号)が発布され、臨時台湾旧慣調査会が正式にスタートした。[27]同規則によれば、調査会は台湾総督の監督に属し「法制及農工商経済に関する旧慣」を調査することになっており、その構成は、会長(民政長官)、部長、委員、補助委員、書記、通訳から成る。調査会は当初二部に分けられ、第一部は、「公私法制ニ関スル旧慣」を調査するとともに「旧慣ノ淵源ニ遡リ支那古来ノ法則ヲ研究シ更ニ南清一帯ニ於ケル現実的慣習ノ大体ヲ査明」することとなり、また、第二部は、「農工商経済ニ関スル旧慣」と合わせて「支那南洋ト連絡ヲ有スル経済関係」を調査することとなった。[28]この二部制は、調査事業の進展とともに事務の内容や分担に変更はあったものの、明治四二年まで継続された。この調査を主とする二部制の時期を「前期」とする。

明治四二年四月二一日、臨時台湾旧慣調査会規則が改正され(勅令第一〇五号)、調査会に第三部が設置された。第三部は、旧慣の「調査ニ基キ台湾総督ノ指定シタル法案ヲ起草審議ス」るための組織であり、このために委員が増員され、新たに法案起草委員が置かれることとなった。[29]法案の起草審議は、大正三年頃にはほぼ終了するが、調査会が正式に解散したのは大正八年五月六日である。立案を主とする三部制の時期を「後期」とする。行論の都合上、本章では「前期」について述べ、第五章で「後期」を扱う。

（台湾における旧慣調査の全体像を把握するためには、[30] 総督府の肝入りで作られた民間の研究組織である「台湾慣習研究会」および台湾の司法関係者による慣習研究活動についての考察が不可欠であるが、紙幅の関係で本稿においては省略する。）

調査会による前期の調査事業の内容は調査の進行にともなって変化していくが、おおむね次の五つの事項に分けることができる。すなわち、法制、清国行政、経済、高山族、それに外国植民地の調査である。以下では、これら事項別に調査事業の展開を追ってみることにする。

1　法制に関する調査

調査会の発足から解散にいたるまで、法制に関する調査は第一部の担当であり、岡松が終始第一部長の任にあった。後藤会長は部の事務についてはすべて部長に「一任シ毫モ掣肘ヲ加エス又限ルニ年月ヲ以テセス」という態度で臨んだという。[31] さて、第一部の法制に関する調査は、まず私法領域全部を対象とすることとなり、特に財産及び人事、とりわけ土地及び親族相続に重点が置かれた。「蓋此三者ハ実ニ法律関係ノ根拠ヲ為シ且何ノ邦国ヲ問ハス各特殊ノ慣習ヲ有スルモノ」[32] だからである。しかし、実際の調査にあたっては、公法領域にまで拡大された。「由来支那法律ハ公法私法ノ分化ヲ欠キ二者密ニ相関連シ」[33] ているからであった。私法領域の調査は、明治三四年に北部から開始され、続いて南部、中部の順に実施され、明治四二年に終了した。

調査にあたっては、「予メ一定ノ綱目ヲ作リ其部ヲ定メテ之ヲ各補助委員ニ配付シ補助委員ハ各自其担任事項ニ従ヒ先ツ律例旧記其他ノ雑書ニ依リ調査シタル後各街庄ニ就キ其実際ヲ調査」[34] するという方法が取られたが、具体的に列挙すると次のようなものであった。[35]

イ　調査事項は「綱目」に準拠するが、必要に応じ追加または省略する。
ロ　閩族、粤族、熟蕃等の種族的区別、及び時期、地方による異同に注意する。
ハ　清朝の律例、会典、則例等を参考とし、また、旧記、雑書、政府の諭告、碑記、往公文書、民間の契券、帳簿等を出来る限り収集する。
ニ　台湾人の学識経験ある古老紳士から、農民、猟師、木こりにいたるまで旧慣に関する聴取りを行う。
岡松は、京都帝大が休暇に入ると渡台して、委員以下の提出した調査書類等を精査し、報告書の記述を進めていった。このようにして、まず北部に関する調査結果として『臨時台湾旧慣調査会第一部調査第一回報告書』（上巻、下巻、付録参考書の三冊）が明治三六年三月に作成された。以下に、これに続く刊行物を挙げる。[36]（注：（　）内は刊行年。また〔　〕は筆者による補注。）
『臨時台湾旧慣調査会第一部調査第二回報告書』第一巻（明治三九・三）、付録参考書（同）〔本来なら「第一巻付録参考書」とすべきだと思われる。調査会による付録参考書の標題の表記は、やや紛らわしいので注意を要する〕、第二巻上（四〇・一）、第二巻下（四〇・三）、付録参考書（同）の五冊。〔南部台湾の調査結果〕。
『臨時台湾旧慣調査会第一部調査第三回報告書台湾私法』第三編上巻（四二・三）、付録参考書第三編上巻（同）、第三編下巻（四二・一一）、付録参考書第三編下巻（同）の四冊。〔台湾全島の商事及び債権に関する旧慣の調査結果、石坂音四郎京都帝大教授及び雉本朗造同助教授が担当、未定稿として刊行。〕
『臨時台湾旧慣調査会第一部調査第三回報告書台湾私法』〔いわゆる『台湾私法』であり、前記報告書一二冊の修訂版である〕第一巻上（四三・二）、第一巻下（四三・三）、付録参考書第一巻上（同）、付録参考書第一巻中（四四・二）、付録参考書第一巻下（四四・三）、第二巻上（四四・八）、第二巻下（同）、付録参考書第二巻上（四三・一一）、付録参考書第二巻下（四四・九）、第三巻上（四四・一）、第三巻下（同）、付録参考書第三巻上（四三・一一）、付録参考書第三巻下

（同）の一三冊。〔第一巻は不動産、第二巻は人事、第三巻は動産、商事及び債権を取り扱っている。〕

2 清国行政に関する調査

法制に関する調査の項で述べたように、台湾の法制のうち特に清国政府時代の行政制度に関しては、「其根本タル清朝ノ行政制度ヲ研鑽スルコトヲ要」した。このため調査会は、明治三六年一〇月、第一部に行政科を置き、京都帝国大学法科大学教授・織田万（行政法）及び同文科大学教授・狩野直喜（支那哲学）を委員として、主として現行制度の調査を行った。文献中心の調査であることと、織田の便宜を考慮し、事務所は京都帝大の一室に置かれたが、明治三九年九月から約二か月、織田、狩野、岡松の三人は清国及び韓国を訪問して現地調査も行っている。大正四年三月に終了したこの調査の成果が、「中国の映像」とも評されて名高い『清国行政法』である。これについては、他に詳細な研究があるので[37]ここではリストのみ掲げておくことにする。

『臨時台湾旧慣調査会第一部報告清国行政法』第一巻（明治三八・六）、第二巻（四三・一二）、第三巻（四三・一二）、第四巻（四四・一二）、第五巻（四四・六）、第六巻（大正二・一一）。〔このほか、『改訂清国行政法』第一巻上（大正三・一二）、第一巻下（三・一二）、その漢訳である『清国行政法汎論』（明治四二・五）及び『清国行政法索引』（四・三）が刊行されている。〕

3 経済に関する調査

「農工商経済」に関する調査は、愛久沢直哉を部長とする第二部の担当であったが、第一部に比較するとかなり生彩を欠く結果となった。第二部は、最初から台湾全島を対象として調査を開始したが、対岸南清地方の調査が必要という名目で愛久沢みずから厦門に渡り、宮尾舜治委員（総督府殖産局長）が台湾の調査を引き継いだ。ところが、この宮尾が欧米に外遊することになり、持地六三郎（同参事官）が後任となった。しかし「調査ノ結果ハ唯現在ノ状態何如ヲ知得スルニ止マリ永年不易ノ旧慣トシテ表出スヘキモノハ甚稀ナルヲ事実トス」という理由で、明治三七年四月事実上調査は打ち切られ、『臨時台湾旧慣調査会第二部調査経済資料報告』上巻、下巻の二冊が明治三八年三月と五月にそれぞれ刊行されたにとどまった。[38] 経済調査の不振は、調査事業に内在する理由に基づくと言うよりも、むしろ総督府首脳の関心が別の所にあったことに起因していたと思われる。すなわち、児玉の「南進論」に基づく「対岸経営」の展開、具体的には一九〇〇（明治三三）年五月に起こった義和団事件に乗ぜんとした厦門事件の結果が影響していた。厦門派兵の中止という軍事行動の頓挫により、台湾総督府は対岸経営の重点を経済に移すことを余儀なくされたが、その中心事業が日清合弁の三五公司による樟脳事業と潮汕鉄道の経営であり、愛久沢はこの工作推進のために厦門に派遣されたのであった。[39]

4 高山族に関する調査

調査会による高山族調査は、明治四二年四月、前述した第三部設置と同時に第一部に蕃族科が置かれることによって開始された。この年の一〇月、総督府に蕃務本署が新設され、翌年から佐久間総督による「理蕃事業五カ年計画」が実施されたが、本格的な高山族調査はこの理蕃事業によって可能になったと言える。（この調査については、『台湾近現代史研究』第三号の小島論文が論究しているので[40]本稿では省略する。）

5 外国植民地に関する調査

諸外国の植民地統治の制度とその実際についての調査は、文献の翻訳が中心であったが、専門家に委嘱して現地調査を行った例もある（明治四三年の東京帝国大学文科大学教授・幣原坦の教育制度調査など）[41]。刊行物としては、『殖民地組織法大全』（明治四二・九）、『仏蘭西殖民法綱要』（四三・六）、『保護領財政自治及自治体財政論』（大正二・三）、

『英仏及其植民地司法行政裁判制度』（三・八）などがある。「植民地統治先進国」の経験を咀嚼することにかけては、総督府自体熱心であった。一例を挙げると、覆審法院長で調査会幹事長でもあった鈴木宗言は、明治三四年四月から一年間、植民地司法制度取調べのため欧米に出張している。また、法務課長、覆審法院検察官長などを歴任した手島兵次郎（明治四二―大正五、第一部委員）編の『殖民法制著書目次集』（明治四三・六）にリストアップされている文献でも、収集の規模が窺える。これらの調査が総督府の政策遂行にとってどのような実益をもたらしたのかは、別の課題であろう。

さて、臨時台湾旧慣調査会による旧慣調査事業は、土地調査事業のような行政実務、あるいは、民事・刑事裁判のような司法実務の参考に供されたことはもちろんであるが、その究極の目標というべきものは、前に述べたように、台湾における立法の基礎を築くことにあった。したがってこの事業は、違憲論で揺れ動かされ、根本的な見直しが迫られていた「六三法体制」の改革と表裏一体をなすものであった、といえる。調査会の中心的指導者であった岡松参太郎が、同時に台湾制度改革の立案者でもあったことは、この点を端的に示すものであった。

四　台湾統治法案と明治憲法改正案

後藤民政長官は、はやくもその就任の年（明治三一年）、第一三議会における六三法延長案の審議の中で政府委員として答弁し、台湾人の「風俗慣習ヲ明ニシテ成ルヘク旧慣ニ依ツテ統治ノ目的ヲ達シ漸次進歩ヲ図ル」ことに努めている、と言明している[42]。明治三五年二月、第一六議会に提出された六三法の再延長案の審議では、政府・台湾総督府はさらに踏み込んで「六三法体制」に代わる台湾制度の根本的改革を準備していることを、明確に表明した。

まず、後藤政府委員（民政長官）は、臨時台湾旧慣調査会の調査が着々進行しつつあること、調査結果によって律令の改正や新設を行うつもりであることを言明した[43]。また、森田政府委員（内務省台湾課長）は、総督府の監督官庁の立場から、総督府が起草した律令案の審議にあたっては「主任者が漸次ニ出張シマシテ、旧慣ヲ調ベタ所ノ書類ニ徴シ、又実地ニ当ツテ調査ヲシマシテ、ソレカラ内閣ノ方ヘ送ル[44]」という手続を行っていると答弁し、岡松が編述した「書類」である『台湾旧慣制度調査一斑』を議員に示して見せた。旧慣調査の結果が部分的にせよ、すでに律令の審議資料になっていることが知れる。当局はさらに、将来「台湾ノ土地ノ上ニ付イテ適当ナル制法ヲ敷キタイ」（森田）、「兎ニ角一番ノ要領ヲ申シマスルト、新版図統治ノ方法ニ付イテハ、総督府ニ全権ヲ委任シ、内地ト異ナツタル所ノ制度ヲ以テ、統治スルニアラザレバ、其成効《ママ》ガセラレヌ[45]」（後藤）と、「特別統治主義」によって台湾を統治するという基本路線を明らかにしたのであった。

総督府や政府によるこのような答弁から判断すると、立法政策としての「特別統治主義」は、台湾を内地とは異った「法域」とすること、また、旧慣を基礎とした法体系を構築すること（これを「旧慣立法」政策と呼ぶことにする）を、その内容としていた。しかし、六三法制定当時からの憲法論争を法理論的にも、政治的にも避けて通れない以上、総督府は、もっとも基本的な立法手続の面においても、なんらかの回答を提出する必要に迫られていた。言い換えれば、明治憲法体制と整合性を持ち、かつ台湾における特別統治主義を実現するための法制度の構築が課題であった。児玉・後藤のコンビは、この課題に「正面」から取り組んだ、と言うことができる。

後藤らによる右の答弁の後、児玉総督は「少シ政略上ノコトヲ御話シ申シタイ」として、秘密会の開催を要求した[46]。この秘密会での児玉発言の内容は、その後の質疑の中でかなり明らかとなる。すなわち、立法・行政・司法の三権を一身に持つのが統治者である、というのが「支那ノ政治ノ根本」であり、「支那建国」以来の制度である。台湾の三百万近い人民は「支那民族」であり、このような統治者像を慣習として抱いているので、この慣習を一変することは得策でない。したがって台湾総督には三権を与える必要がある。また、六三法を永久に維持しようという考えはない、台湾の制度は将来において大いに変更する考えでいる、というものであった。これらの一連の質疑応答の中で、次の平岡万次郎議員の発言は重要であろう。

彼ノ御説明（児玉の秘密会における発言——引用者）ニ依ルト云フト甚ダ乱暴ナ話デ、台湾ニ憲法ヲ実施セヌト云フヤウナ話デアル（中略）詰リ憲法ヲ改正シナケレバ、憲法ハ、台湾ニ実施セヌト云フヤウナ事柄ハ、出来ナイコトデアラウト思フ、余程重大ナ話デアツテ、憲法改正ハ其発議ヲ為スモノモ、誰カラデモ出来ルト云フモノデハナイ(47)

この発言から窺えることは、台湾制度の根本的な改革構想の一部として、六三法のみならず、明治憲法そのものの改正問題が含まれていることである。政府は、公式には「憲法は台湾にも施行されている」という立場を崩していないが、法理論上あるいは実際の台湾統治にあたって、この解釈に無理があることは十分承知していた。野間五造議員は、台湾を憲法施行区域の外に置き、天皇の統治大権に直隷させるべきだと述べ、この説が自分だけのものではない、と断って、次のような話を披露している。

憲法義解ヲ著ハサレタ所ノ伊藤侯ノ如キモ、此台湾ノ策治ヲ誤ツタト云フコトヲ明言サレテ居ル、竝ニ現政府ニ居ラル、芳川君モ、現ニ我輩ニ向ツテ、矢張兎モ角台湾ニ憲法ノアルト云フコトハ、多少ノ誤謬ヲ意味シテ居ルト云フコトヲ、明言シテ居ラル、(48)

児玉総督の前任者である乃木は、この問題について、きわめて明確に時の松方正義首相に対して建議している（ちなみに、この建議書は乃木の児玉への引き継ぎ書類中に含まれている）。多少長くなるがその抄録を掲げたい（カッコ内は引用者による要約）。

（憲法発布の勅語を解釈すれば）新附ノ領土ニ憲法ノ効力ヲ及ホサントセハ大権ノ明示的作用ヲ要スルコト明カ

ニシテ憲法ハ当然其効力ヲ新附ノ領土ニ及ホスヘキモノニアラサルナリ。（本官就任以来、政府は憲法施行の立場を取っているが、そうだとすると違憲の行為ばかりである。）本島ニ於ケル制度文物風俗習慣ヲ顧ミスシテ憲法ヲ施行スルコトアランカ弊害百出（するであろう。）（もし憲法を施行しないなら、詔勅その他により大権作用を明示すべきである。）（また、もし憲法を施行するなら）憲法ハ全然新附ノ領土ニ適用セサル条項ヲ憲法中ニ新設セラルヽカ又ハ立法権ニ関スル条項ノ如キ必要ナル或一部ノ条項ヲ除クノ外新附ノ領土ニ憲法ヲ適用セサル条項ヲ憲法中ニ新設シ如斯適当ナル憲法ノ改正ニ依テ以テ此目的ヲ達セシメラレンコトヲ希望ス。(49)

この乃木の建議書は、「六三問題」の解決方法のひとつとして、憲法の改正を選択肢に挙げている点で、きわめて重要なものである。児玉・後藤は乃木の建議を文字通り「引き継いだ」のであった。ついでながら、乃木は右の建議書と同時にもう一通の建議書を松方に送り「本島ノ旧慣旧制ヲ探リ其文化ニ適スル制度ヲ設備」し、以て施政の方針を定めるべきだ、と主張している。(50)児玉・後藤の立法構想および旧慣調査事業は、そのアイディアにおいて、乃木に負うところが実に大きいと言わなくてはならない。

第一六議会における児玉・後藤の言明は、単なる意見表明ではなかった。臨時台湾旧慣調査会による旧慣調査事業の進展に加え、憲法の改正を含む、台湾制度の根本的改革がすでにかなり熟しつつあったのである。「台湾ノ制度ニ関スル意見書」（以下、「意見書」とする）がそのことを、はっきりと示している。「意見書」の概要とその作成者である岡松については、本書所収の「法学博士・岡松参太郎と台湾」に譲ることとし、ここでは「意見書」の分析を試みたい。(51)

岡松は、「従属制」を以て台湾制度の基本主義とすることを主張する。この考え方に立脚するとすれば、台湾制度が目的とするところは、次の二点である。

イ　台湾と内地を別個の「法域」とする。

ロ　総督の権力をなるべく強大かつ敏活にする。
この目的を達成するために必要な立法上の措置は次のとおりである。
一　憲法を改正し、台湾に特別な制度を敷くための法的根拠を与える。
二　台湾の制度に関する基本法として「台湾制」を制定し、台湾に特別制度を施行するための根本規定とする。
三　「台湾制」の付属法及び関連法規を整備する。

1　明治憲法の改正——追加一条

「憲法ハ千古不磨ノ大典ナリト雖トモ、又発達シ得可ラサルモノニ非ス（中略）台湾領有ナル千古未曾有ノ事実ノ為ニ一条ヲ追加セサルヲ得サルニ至ルハ、実ニ当然ノ事ト云フ可シ」と、岡松は主張し、明治憲法全七六条の次に、左の一条を追加することを提案する。

第七十七条　此憲法ノ条規ハ台湾制ヲ以テ特別ノ規定ヲ設クルモノノ、外之ヲ台湾ニ施行ス台湾制ハ法律ヲ以テ之ヲ定ム

「台湾制」は、後藤新平文書および鈴木三郎文書[52]の中の「台湾統治法（案）」の前身であって、いずれも憲法改正案とセットとなっている。特に、鈴木三郎文書中の「台湾制度ニ関スル原本」には、きわめて興味深い書類として、改正憲法発布のための勅語の案が含まれている。貴重な歴史資料なので、ここにその全文を掲げる。

〔改正憲法発布の勅語案及び憲法改正案〕

朕在廷ノ官僚幷帝国議会ノ各員ニ告ク曩ニ台澎ノ朕カ版図ニ帰スルヤ台湾総督ヲ置キ之カ統治ノ責ニ膺ラシメ明治二十九年法律第六十三号ヲ発布シ次テ明治三十年法律第二号ヲ以テ台湾特別会計法ヲ制定シタリ是レ一ハ立

法上機宜ノ措置ニ依リテ新領土ノ法制ニ違算ナキヲ期シ一ハ其ノ会計を特別ニシテ財政自営ノ端ヲ啓キタルモノナリ爾来七閲年財政其ノ他各般ノ政務ハ著シク其ノ方鍼ニ向テ発展スト雖朕ハ我カ志業ヲ成スノ前途遼遠ナルコトヲ覚ユ蓋台澎ハ清国ニ隣接シ我カ帝都ヲ距ルコト太夕遠ク其民族ヨリ制度文化人情風俗ニ至ルマテ全ク我カ本土ト其趣ヲ異ニシ之カ統治ノ方法亦自ラ我カ本土ト別異セサルヲ得ス因テ朕ハ我カ帝国憲法ニ一条ヲ追加シ台湾統治法ヲ以テ別段ノ規定ヲ設クルコトヲ得セシメ永ク台澎制度ノ基本タラシメムトス抑モ憲章ハ千古不磨ノ大典ニシテ固ヨリ之カ紛更ヲ試ムルヲ容サスト雖国運ノ発展ニ伴ヒ宇内ノ趨勢ニ稽ヘ之ニ必要ナル増補拡張ヲ加フルハ則チ国家ノ進運ヲ扶持スル所以ノ道ニシテ洵ニ避クヘカラサルノ事タリ卿等能ク此ノ意ヲ体シ和衷協同シテ朕カ素志ヲ翼賛スルコトヲ勗メヨ

憲法

第七十六条ノ次ニ左ノ一条ヲ追加ス

第七十七条　此ノ憲法ノ条項ハ台湾統治法ヲ以テ別段ノ規定ヲ設クルモノヲ除ク外之ヲ台湾ニ適用ス

台湾統治法ハ法律ヲ以テ之ヲ定ム

勅語案の起草者は不明であるが、岡松である可能性は高い。それにしても、乃木の建議書といい、この憲法改正案といい（これ自体は憲法の実質を変えるものではないが）明治国家の指導層が、たとえ一部ではあれ、「千古不磨ノ大典」を統治の「道具」とみなしていたこと、また、無理な解釈よりも「合理性」を重んずる態度を持していたことには、驚かされる。これより時代が下ると、佐々木惣一（京大教授）などごく一部の憲法学者を除いては、改正手続を規定した第七三条の解釈でさえ、議論する学者はいなかったという(53)。「天皇機関説事件」、軍部による統帥権の濫用などの、その後の日本憲法史の展開に照らすと、歴史の表層に現れることがなかった後藤や岡松の構想は、まことに稀有な事例であったと考えられる。

2　台湾制＝台湾統治法（案）

台湾統治のための基本法を制定する構想は、岡松の台湾制が初めてというわけではない。本稿の「一」で触れた台湾事務局時代の「台湾統治法」（案）も、総督及び総督の職権、行政、司法、財政、法律の施行のそれぞれについて包括的に規定しており、基本法の性格を持っていた[54]。しかし、憲法との関係に対する配慮も、殖民地統治の観点も希薄である。この点からすれば、台湾制の構想は憲法理論の緻密化と台湾の統治経験を踏まえた、初期の台湾統治法構想の「復活」でもあった。台湾制が台湾統治法と改称されたことは、このことを象徴しているとも言える。

岡松の構想ないし法理論に触れつつ、台湾制の核心部分を抽出してみよう。

(1)　内地法令を台湾に施行する場合は、勅令による。

「従属制」の趣旨からして、内地の法律・勅令の台湾施行は天皇の大権に属せしめるという主張であり、同時に、これによって内地法令はすべて一旦「堰止められる」から、台湾を内地と異なった法域とするための「仕掛け」ともなる。

(2)　総督の律令制定権の維持と制限、及び委任命令の否定。

いうまでもなく、総督権限の強大・敏活化を目指したものであるが、総督の「専横」を防ぐ手立てをも同時に講じている。すなわち、律令に対する法律・勅令の優位と、総督の律令に対する憲法上の責任とを明示したことである。また、岡松は、法律が本来規定すべき事項を包括的に命令に委任するという考え方を退ける。律令は委任命令であるという解釈は、憲法の立法事項に関する規定が台湾にも適用されている、という前提により生じた無理な説明である、というのが岡松の立場であった。憲法の立法に関する規定の適用がなければ、そもそもこの問題は生じない。しかし、見方を変えれば、この考え方は帝国議会の立法（協賛）権を制限することであり、政党、ことに藩閥政府に対抗する民党勢力にとって容認しがたいものであった。

(3) 台湾に法人格を与え、財政の「自由」を認める。

台湾を法人とすることにより、独自の官有財産の保持、自己負担による公債の募集、台湾予算の議定権の確保（帝国議会の協賛不要）が可能となり、機動的な財政運営を図ろうとしたのである。このような財政の「自由」を認める一方で、一定の制限を加えるために台湾会計法を制定することとしている。

(4) 台湾総督を行政長官とし、各省大臣と同格とする。

総督に対して、台湾に関する大きな行政権限を与え、一方内務大臣の名目上の監督権を廃して、総督に各省大臣と同様の行政責任を負わせる。（ただし、当時の内閣官制によれば、各省大臣は必ずしも国務大臣ではない。岡松は総督を国務大臣、すなわち憲法上の責任を負う地位にまで高めることは考えていない。）

(5) 台湾総督府評議会の強化

総督が律令を発布するには、台湾総督府評議会の事前の議決（臨時緊急の場合には事後の報告）を必要とすることになっていた。財政の自由を認めることにより、評議会はさらに台湾予算の議定権を持つこととされた。評議会の権限がここまで拡大する以上「或ハ台湾土人中名望アル者二三ヲ評議員中ニ加フルハ、政略上策ノ得タルモノニ非ルナキカ」と、岡松はコメントしている。律令と予算の審議権を持つことにより、台湾総督府評議会は微弱ながら「台湾議会」の趣を呈することになるわけである。評議会に台湾人を参加させることについては、総督府学務部長を務めたことのある伊沢修二が提案したことがあった[55]。明治三一年一二月、第一三回帝国議会で、貴族院議員・伊沢は六三法の修正案を提出したが、そのポイントは評議員に「満二五歳以上ノ男子ニシテ台湾総督府管轄区域内ニ居住シ地租又ハ営業税十円以上ヲ納メ学識名望アル」台湾人を二名加えることにあった。台湾総督（府）の権限の強化と「自由」の拡大は、「台湾議会」への台湾人の参加、言い換えれば「参政権」獲得の道にもつながる可能性を含んでいる、とも言えようか。一九二〇年代に台湾の民族運動として登場する台湾議会設置請願運動の要求と論理は、この点できわめて興味深いのである。(56)

3 付属及び関連法令

これに関しては、ごく簡単に述べよう。岡松は、台湾制の付属法令として台湾会計法（法律の新設）と台湾総督府評議会章程（勅令の改正）を挙げ、関連法令としては台湾総督府官制改正案、台湾事務局官制案を起草している。総督府官制案は、主として総督の権限強化（行政長官への地位引き上げ）のためのものであり、台湾事務局は初期に置かれたものとは異なり、総督、内閣総理大臣間の「文書の媒介」役となるだけの組織である。

以上、本節で見て来た台湾制度の根本的改革案の行方と、前節で述べた台湾旧慣調査事業の展開とは、どのような路を辿っていくのか。次節でこの「命運」を見ることにしよう。

五 特別統治主義と旧慣立法路線の命運

第一六議会において延長された六三法の期限が切れるのは、一九〇五（明治三八）年三月三一日であった。台湾総督府・政府（第一次桂内閣）は、台湾制度の根本的改革を図るという議会での児玉総督の約束を実行すべく、この年の議会を目指して法令の起草作業を続けた。制度改革の大綱は、第二一議会が召集された明治三七年一一月には、ほぼ完成に近づいていたと思われる。しかし、総督府のスケジュールは修正を余儀なくされた。この年二月始まった日露戦争に、児玉総督が満州軍総参謀長として出征したからである。児玉みずからが出席しない議会で大きな改革案が通ることは、まず望めない。総督府・政府は六三法体制をひとまず継続し、戦争終結後に改革に取りかかることにした。

それにしても、台湾統治のその後の展開にとって日露戦争は、総督府のスケジュールの狂い以上の影響、ある意味では基本路線の転換をもたらしたとさえ言えるだろう。明治三八年春、日本の近代政治史上比類なく重要かつ有名な「約束」、すなわち、桂太郎と原敬のあいだの戦後における政権授受の約束が交わされた。翌三九年一月七日、政友会総裁西園寺公望を首相とする第一次西園寺内閣が成立、原が内務大臣に就任する。原は内相のポストに就くことによって、たとえ「形式上」にせよ台湾総督府に対する監督権を持ったわけであり、なにより六三法改正の発議権を手に入れたわけであった。こうして「内地延長主義」の原と「特別統治主義」の後藤が「交差」することになる。

まず、第二一議会の議場の内を、次にその外を見よう。

六三法を「平和克復ノ翌年末日」までみたび延長するという法案の提案理由の説明に立ったのは芳川顕正内相である。芳川は一六議会における児玉総督の「約束」を確認し、「爾来政府ニ於キマシテ、其規定ノ起草ニ従事ヲ致シマシタノデアリマシタガ」児玉の出征により改革法案を提出できなくなったことに遺憾の意を表した。起草作業は「略ボ脱稿ハ致シマシタナレドモ（中略）内閣ノ協議ヲ経ルマデニモ整頓ヲ致サズ」という段階にあるので、児玉の帰還後に法案を提出する、というのである。[57] 一木喜徳郎法制局長官も、六三法に代わる「特別ノ制度ヲ調査シテ定ムル」方針に決定している、と述べた。[58]

より重要な発言は、大石正己議員（進歩党）の質問に対する、桂首相の答弁である。台湾を将来内地と同様なる領土として「日本化」していくのか、それとも「殖民地」とするのか、という大石の質問に対し、桂は「無論殖民地デアリマス」と答えている。[59]この「殖民地」という言葉が議場にもたらしたショック、あるいは反発について、今、立ち入る紙幅はないが、原がかつて「甲乙二案」として類型化した「基本主義」の選択に、桂がはっきり回答を与えていることに注意したい。

議場の外では、当然のことだが、法案審議以前に桂による根回しが行われていた。六三法審議の舞台裏を知るのに格好なので、少し追ってみよう。[60]

一月一四日、福岡から上京した野田卯太郎に原はこう語っている。「台湾に関する特別法期限延長に関する事は過日桂より内談もありて勘案中なれども、此際新規なる法制を設くる時期にもあらざるべしと思はるれば、寧ろ単に戦時中現状の儘にすることに両党〔政友会と進歩党――引用者注〕に懇談の外なかるべし、此事桂に内話せよ」。前年一二月、桂は政友会と接近する意思ある旨を原に告げている。「桂よりの内談」は、法案通過のための工作と同時に原との距離を縮める手段だったとも考えられる。

同一九日、桂の内意を受けて来訪した一木法制局長官に対し、原は同じことを繰り返した。桂との懇談は、二四日、政友会から原と大岡育造、進歩党から大石と犬養毅が参加して行われたが、結論は台湾当局者の説明を聞いてから、ということになった。翌二五日、西園寺総裁が上京する。「台湾六十三号問題に関しては強いて争ふ必要なく相当の条件にて通過を可とすることに内議せり」。相当の条件とは何か判然としないが、台湾関係とは限らない。台湾当局者の説明は、二六日、先の懇談と同じ顔触れを前に行われ、「時局中は継続」という政府案を両党に諮ることになった。政友会の方は、協議員会(二七、二八日)、代議士会(二八日)で継続が決議されたものの、「本件は到底時局中にあらざれば継続六ケしき問題なりしなり」とは、原の述懐である。進歩党も賛成に廻り、大石が賛成討論を行なった。

さて、この間の政府・総督府と政友会・進歩党の折衝は、六三法の継続だけがその主題だったのであろうか。そうではない。原は、台湾制度の改革案の大綱、少なくとも台湾統治法案を見ている。まず、ひとつの資料を示そう。後藤文書の中に「台湾統治法案ニ関スル大体ノ説明」という表題の書類（台湾総督府箋、一二枚）がある。[61] この書類は「旧慣調査ノ事業其ノ歩ヲ進ムルニ従ヒ旧慣ノ益々重要視スヘキヲ認知セリ」、「益々特殊ノ立法ノ必要ヲ認ムルニ至レリ」など、かなり面白い内容を含んでいるのだが、今は詳しく触れる余裕がない。注目に価するのは、これに付けられた附箋である。それにはこう書かれている。

原ニ説明ノ材料ヲ列挙セシモノニテ未ダ「システム」アル文章ヲ成サス御覧済御下戻ヲ乞フ

この書類（ないし推敲済みのもの）が直接に原に示されたか、あるいは口頭説明の材料にだけ使用されたかは、分からない。しかし、原が相当突っ込んだレクチャーを受けたことは確実である。翌三九年三月二七日、第二一議会で内相として六三法改正案の答弁に立った原は、次のようにこの間の経過を明らかにしている。

当時ノ政府ハ如何ナルコトヲ申シタカ、台湾統治法ト云フ草案ヲ、吾々ニ内々示シタルノデアル、議場ニハ示サヌガ、ソレハ統治法ト云フモノハ、大層宜イモノト御歓迎ナサル諸君モアルカハ知ラヌガ、是ハ台湾ハ殆ド半独立ノ如キ有様ニナルノデアル、是ハ協賛ヲ得ベキ望ミガナカラウト云フコトヲ、私ハ申シタトコロガ、当時ノ当局者も之ヲ提出スル意思ハナイ、唯是ノ如キ草案ヲ作ツテアツタト云フコトデアル[62]。

明治三八年九月五日、日露講和条約が締結された。二一議会でみたび延長された六三法の有効期限は三九年一二月三一日までとなり、したがって台湾制度の根本的改革という問題の処理は、桂から政権を引き継いだ西園寺内閣の手に渡されたのである。ここで、舞台を眺めてみると、台湾の主務大臣たる内務大臣には「内地延長主義」の原がおり、台湾総督府側は児玉・後藤という布陣で「特別統治主義」の基本法＝台湾統治法を懐にしている、という構図である。極端に言えば水と油ほど異なった構想を持つ役者の競演であった。児玉は戦場から帰ったものの、改革を推進する主役にはなれない事情が生じた。大山巌に代わって参謀総長に就任することになったからである。児玉が原をどう見ていたかは詳らかではないが、次のような西園寺の原宛書簡（二月一四日付け）が残っている。

只今児玉大将来訪にて例の六三問題ニ関し速ニ解結相運候様いたし度云々懇談有之候。（中略）大将には転任以前ニ右問題ニきまりの付候事を希望ニ有之候趣ニ候。(63)

原はこの児玉の希望を無視した。第二二議会に原が提出した「根本的改革案」は、総督の律令権を廃止し、内地法の勅令による延長施行を原則とした法案であった。以前詳しく述べたように、(64)今度は桂の貴族院がこの案を廃案に追込んだ。桂の報復である。こうして、両者はいわば「痛み分け」た。六三法をやや「内地延長」的に化粧なおした法律第三一号が公布された四月一一日、台湾総督が交替した。佐久間左馬太の登場である。七月、児玉が没し、さらに八月、後藤が南満州鉄道総裁に就任、台湾を去った。後任は、祝辰巳である。岡松も翌四〇年六月満鉄理事に就く。

この第二二議会以後、少なくとも帝国議会の論議の中では、憲法改正案も台湾統治法も、その痕跡を見い出すことが出来ない。「幻の法案」となったと言って良いだろう。「特別統治主義」は、「根本的な改革案」の形では、ついに実現しなかったのである。

さて、台湾制度の根本的改革案は宙に浮いた形となったものの、旧慣立法路線が放棄されたわけではなかった。むしろ、佐久間総督のもとで、調査から立案へと本格化していく。明治四二年四月二一日、勅令第一〇五号をもって、臨時台湾旧慣調査会規則が改正され、それまでの第一部、第二部に加えて、旧慣調査に基づいて「台湾総督ノ指定シタル法案ヲ起草審議ス」る第三部が新設された。これに伴い、新たに法案起草委員が置かれ、また法案審査会が設けられることになった。（特筆すべきことは、これと同時に、第一部法制科の第二次の事業として高山諸族の調査が本格的に開始されたことであるが、本稿ではこれについては省略せざるを得ない。）

第三部の活動の中心的存在は、またしても岡松参太郎であった。岡松は第三部長（第一部長も兼務）に就任、また法案起草委員でもある。法案起草委員は、岡松のほかに、手島兵次郎（覆審法院検察官長）、石坂音四郎（京都帝国大学法科大学教授、民法）、雉本朗造（同、民事訴訟法）、眇田《すがた》熊右衛門（未詳）の五人であった。法案審査会は、明治四二年九月にその第一回が開かれたのを始めとし、明治四四、四五、大正二、三年の各年に一回ずつ計五回開催され、特に明治四四年一〇月から四五年七月の期間は毎月例会が持たれ、集中審議が行われている。(65)

すべての法案審査が終了したのは、一九一四（大正三）年八月であった（「はじめに」で言及した後藤の講演のすぐ後のことになる）。律令案として最終的に固まったのは次の九本である。(66)

台湾民事令、台湾親族相続令、台湾親族相続施行令、台湾不動産登記令、台湾競売令、台湾非訴訟事件手続令、台湾人事訴訟手続令、台湾祭祀公業令案、台湾合股令改正案

これらのうち、もっとも基本となる台湾民事令について簡単に紹介する。全文は附則を含め二二〇条、第一章総則、第二章民法ニ関スル規定、第三章商法及ヒ破産法ニ関スル規定、第四章施行ニ関スル規定、という構成になっている。第二章は、日本民法に対して特別法の関係に立ち、その構成は、総則・物権・債権・親族及ヒ相続の順で、日本民法と同じくパンデクテン方式である。ただし、親族相続の部分の実質的な規定は台湾親族相続令として独立している。

臨時台湾旧慣調査会における法案の起草審議は、一応終了したものの、実際の立法化は困難であった。ここでは、第三部の審議が終了した大正三年から、内地の民法商法が延長施行された大正一二年までの立法政策をめぐる状況について概観することによって、旧慣立法路線のいわば「命運」を辿ってみたい。

まず、議会の動向であるが、第一次西園寺内閣時に制定された三一法（実質的には、六三法に近いもの）の五年の期限が切れる明治四四年三月の第二七議会に、再び延長案が提出された。今度は桂の政府であったが、原とは「情意投合」の関係にあり、両者とも延長することで妥協が成立した。旧慣立法の進捗状況は、内田嘉吉民政長官の答弁によれば、旧慣調査会の調査は「今ヤ大部分ノ調査ヲ終リマシテ、漸時必要ナル律令ヲ制定致サウト云フ運ニ相成ツテ居」(67)た。内田が挙げた案は、合股令、合股令施行規則、寛限令、相続令等である。しかし、旧慣立法に対する批判

もまた登場した。たとえば、中村啓次郎（衆議院議員）は、インドにおける旧慣に基づく法典編纂のマイナス面を引き合いに出し、慣習の誤認による裁判例が台湾において少なからずあること、旧慣に代わって新しい慣習が生成しつつあること、法典化によって旧慣の打破が困難になり台湾の文明化が阻害されること、などを理由に「今日旧慣ニ依ツテ土人ノ法典ヲ作ルト云フヤウナコトハ非常ニ注意シナケレバナラヌ」と主張した[68]。

さらに、大正五年の第三七議会では一木内務大臣が、旧慣調査会の法案は出来ているが法制化するにはまだ調査が不十分であり、「今後之ヲ如何シテ調査スルカト云フコトニ付テハ種種苦慮シテ居リマス、実ハ何カ特別ニ之ヲ調査スル方法デモ設ケナクテハ十分ナル調査ヲスルコトハムヅカシイダラウカト考ヘマス」と、旧慣立法の法技術的難しさを正直に告白している[69]。一方、明確に「同化主義」の立場から旧慣立法に反対する議員も現れた。後に霧社事件の時の拓務大臣になる松田源治は「台湾ニ特別ナ商法民法ハ必要デナイ、台湾人ハ寧ロ日本ノ商法民法ニ服従センコトヲ今日希望シテ居ル（中略）台湾ノ昔カラノ慣習ヲ採ツテ、日本ノ商法民法ニ違フ特別法令ヲ作ルコトハ、台湾人ノ同化ヲ妨ゲル政治デアツテ、台湾ノ統治上ニ於テ是ハ禍根ヲ貽スモノナリ」と断じた[70]。

台湾における法曹界の空気も、初期の鈴木宗言の頃とは大分異なり、内地との「統一」を望む声が高まってきた。台湾の司法行政あるいは実務者の動向あるいは変化が旧慣立法路線にどのように影響したか、については別の機会に論じたい。

また、法源として慣習をどのように位置付けるか、という法学上の基本問題も存在した。一般に、「文明」の進展により、法源として慣習の占める位置は低くなる傾向にあるが、台湾の場合「文明化」は「同化主義」と結びつくことによって旧慣の地位は次第に低下していった、と思われる。例えば、高等法院長谷野格は、その著において「台湾を日本帝国の領土の延長とし本島人内地人の差別待遇を撤廃して一日も速に本島人を内地人に同化するのが日本帝国台湾統治の方針」であり、法律の統一はそのための有力な手段である、という認識に基づいて、「本島人」の「慣習」

は基本的には打破されるべきだ、と主張している。[71]「(台湾に施行された)日本民事法は何んであるか。遺憾ながら独逸民事法、仏蘭西民事法の模倣法に外ならない。然らば日本民法は結局ラテン民族、ゼルマン民族等の慣習の精素(エキス)であって、日本民族も二十年前に其の適用を強要されて今日其の恵沢に浴して居るのである。二十年後の今日に於て本島人に其の適用を強要するに付何の不都合があろう。」

しかし、旧慣立法路線を頓挫させた最大の原因は、立法技術上の困難でも、台湾法曹界の変化でもなく、第一次世界大戦後の世界的な状況の変化に求められる。台湾に限って言えば、台湾議会設置請願運動に象徴される台湾人による新たな抗日民族運動の開始と明石元二郎総督の声高な同化主義の唱導さらには原敬首相・田健治郎総督による内地延長主義の展開が、それである。

歴史状況の変化は、統治する側に新しい課題をもたらした。そして統治される側にも、また等しく希望と課題をもたらしたのであった。

おわりに

植民地統治を研究するにあたっては、その主体と客体の両方の社会経済的発展段階、特に統治直前の状況を分析することが不可欠である、とかつて戴國煇教授は指摘したが(「清末台湾の一考察」[72])、台湾の統治体制とそれをめぐる政治過程の研究にあたっても、同様なことが指摘できる。台湾を領有した時、日本は近代国家としての政治制度の確立と法体系の整備をほぼ完了し、明治憲法体制の解釈と運用が政治・法制上の課題になりつつあった。六三法を根幹とする台湾の統治体制(六三法体制)が、暫定的な形で出発したのは、未経験と準備の不足もさることながら、憲法の定める政治秩序と矛盾せず、かつ統治の実際上の必要を満たすようなシステムの構築が困難であったことに、その理由を求めることが出来る。言ってみれば、日本が「立憲国家」の「発展段階」にあったことが、台湾の統治に「法治的」性格を与えたのであった。

この六三法体制が、単に憲法解釈の次元の問題に留まらず、「六三問題」として政治問題化した原因としては、台湾経営が当初不振をきわめたこと（この最大の原因が抗日ゲリラによる武装闘争である）、台湾統治当局と本国政治勢力とのあいだに大きな「情報ギャップ」ないしは認識のズレが存在したこと、そして「憲法の定める政治秩序」の解釈と運用をめぐって政治指導者間に抗争が展開されていたこと（藩閥と民党の対抗）、などが挙げられる。逆に言えば、もしこれらの事情に変化が起これば、「六三問題」の質もまた変わることになるだろう。

児玉と後藤の意図は、「六三問題」に終止符を打つことによって、本国の「政治」の磁場から台湾統治を遠ざけ、もって台湾統治を政治的に安定させ永久統治の基礎を固めることにあった。「六三法体制」に代わる台湾の統治制度の根本的改革の核心部分をなすものが、本稿で論じた立法構想である。彼等の構想は、その後の憲法史の展開から見ると、きわめて大胆なものであった。

すなわち、憲法に一条を追加して、まず憲法自身に憲法の定める条規についての例外規定が置ける道を開き、そして例外規定として具体的に台湾統治法を立案したのであった。台湾統治法は、一般法たる憲法に対する特別法の関係に立つ、と考えられる。「特別法は一般法に優越する」という法理によって、憲法の規定のうち台湾に適さない規定の効力を「停止」させようというわけである。追加第七七条に「特別ノ規定」とあるのは、こういう意図であろう。台湾統治法のみならず、臨時台湾旧慣調査会が起草した台湾民事令以下の諸法案も、一般法たる本国の民法等に対する特別法の関係に立っている。この意味においても、児玉・後藤の「主義綱領」（岡松「意見書」）を「特別統治主義」と呼ぶことができる。

改正憲法と台湾統治法によって、台湾と内地は別々の「法域」を形成することになり、台湾はいわば「台湾法」の世界となるのである。この台湾法は、「慣習」としては既に存在していたし、台湾人の親族・相続関係、土地の権利関係などについては「慣習法」としての効力が認められ、司法の判断基準ともなっていた。旧慣調査会の役割は、調査事業を通じて立法のために必要な資料の収集と分析を行い、合わせて法案そのものを起草することにあった。児玉・後藤の立法構想は、「旧慣」から「制定法」へ、という「法典編纂事業」をも含めて理解する必要がある。

さて、「六三問題」が政治問題化した原因を先に三つ挙げたが、台湾経営は児玉・後藤の企てた事業が進展するにつれて好転し、認識のギャップも次第に縮められて行った。彼等の「成功」そのものが、この問題を小さくし、「特別統治」の必要性を減ずることにつながったのである。三つ目の明治憲法体制の解釈と運用をめぐる政治抗争は、日本本国の政治過程そのものの展開と連動している。児玉・後藤の構想は、見方を変えれば、台湾総督（府）を、議会・政党から「超然」たる存在にしようとするものであり、実際面から言えば長州閥による総督人事の独占であった。原が「特別統治主義」に対抗して「内地延長主義」を掲げたのは、ここにも大きな理由があった。憲法が「不磨の大典」化し、政友会の勢力が伸張する状況のもとでは、児玉・後藤の構想の挫折は不可避であった、と言えよう。

さて、本稿を結ぶにあたって、今後に残された課題ないし研究展望について述べて置きたい。

第一は、臨時台湾旧慣調査会が起草した法案の具体的内容の検討である。これには、調査会の報告書特に『台湾私法』との比較と、当時現行の日本民法との比較が含まれる。

第二は、台湾における法令施行および司法の実態研究である。「旧慣立法」の企てこそ挫折したが、実際には部分的に律令として取り入れられたり、裁判の際の判断材料となっている旧慣が少なくないし、そもそも「慣習法」として認められた広い領域が存在していたのである。[73] これを調べることによって、植民地統治下の台湾人が実際にどのような法的状況のもとにあったかも、明らかになるだろう。

第三は、満鉄調査部の活動、朝鮮における旧慣調査と立法事業、華北における慣行調査、後藤らがモデルとしたイギリスのインドにおける法典編纂事業、明治初期の日本の旧慣調査と法典編纂事業の関係、沖縄における「旧慣温存法期」の諸問題等の比較研究である。しかし、その意義については、すでにのべたことがあるので[74]、ここでは繰り返さない。

最後に、第四として、植民地台湾における「法」が、戦後の台湾に何をもたらしたのか、という問いが残っている。これについては、鄭鍾休教授による韓国民法と日本民法の関連等を論じた一連の著作が示唆的である[75]。また、この問いは、第三世界にとって「法の継受」とは何か、という問題にもつながっていくだろう[76]。

いずれにせよ、これらの研究領域は広大である。学際的研究の発展を望みたい。

注

（1）後藤新平『日本植民政策一斑』拓殖新報社、大正一〇年、一〇頁。

（2）六三法、及びその後身である明治三九年法律第三一号、大正一〇年法律第三号の条文及びその帝国議会における議事録は、台湾総督府編『台湾ニ施行スヘキ法令ニ関スル法律其ノ沿革竝現行律令』大正一〇年、に収録されている。以下、この資料の本文を引用する場合には『律令議事録』、法律第三号に関する「付録」を引用する場合には『法三号議事録』と表記する。なお、「六三問題」については、注（4）を参照。

（3）後藤、前掲書四、六頁。

（4）春山明哲・若林正丈『日本植民地主義の政治的展開　一八九五―一九三四年――その統治体制と台湾の民族運動』アジア政経学会、一九八〇年、所収の拙稿「第一篇　近代日本の植民地統治と原敬」（以下、「原敬論」とする。本書所収）は、「六三問題」が憲法解釈の問題に留まるものではなく、台湾統治体制の改革問題であったことを、原敬の政治指導に着目して、政治史論として述べたものである。

（5）伊藤博文編『秘書類纂一八　台湾資料』（復刻版、原書房、一九七〇年）に、カークウッドらの意見書が収録されている。以下、『台湾資料』とする。
(6)『台湾資料』一〇五頁。
(7)文書発見に至る経緯等については、原奎一郎、山本四郎編『原敬をめぐる人びと』日本放送出版協会、一九八一年、に詳しい。文書そのものは、原敬文書研究会編『原敬関係文書』として日本放送出版協会より刊行中。台湾事務局時代の書類は『原敬関係文書』第六巻(書類篇三)(一九六八年刊)に「(六)台湾関係書類」として収録されている。以下、引用にあたっては、『原敬関係文書』第六巻、とする。この台湾関係書類の収録に際しては、筆者もその採否、排列、校訂等に関わったので、その経験から一言しておきたい。台湾事務局関係の書類は、この原が遺した文書と『台湾資料』収録のものとによって、かなりその全貌が明らかになったと思われるが、『台湾資料』は誤字、脱字が少なくなく、頁の脱落すらあるので、慎重な取扱いが必要である。
(8)中村哲『植民地統治法の基本問題』日本評論社、昭和一八年、二九―三三頁。
(9)『原敬関係文書』第六巻、二二〇頁以下に台湾総督府条例、台湾統治法等の草案が収録されている。
(10)台湾総督府警務局編『台湾総督府警察沿革誌』第一巻(復刻版)緑蔭書房、一九八六年、六三頁にこれらの案に対する総督府側の見解が収められている。以下、『警察沿革誌』とする。
(11)原敬は、この部分に「国務大臣以上ノ権力」と書き込んでいる(『原敬関係文書』第六巻、二二四頁)。逆に、樺山総督は立法会議の権限が大きいことに不満を抱いた(『警察沿革誌』第一巻、六九頁)。
(12)「何故ニ武官ヲ要スルカ」と、原は疑問を付している(『原敬関係文書』第六巻、二二五頁)。
(13)『原敬関係文書』第六巻、二二八―二三一頁。『台湾資料』では「台湾問題二案」として収録されている。なお、拙稿「原敬論」二二一―二八頁で述べた原の植民地論を参照されたい。
(14)戴國煇「日本人による台湾研究――台湾旧慣調査について」、『季刊東亜』一〇四号、一九六八年八月。
(15)『原敬関係文書』第六巻、二六〇頁以下に収録。
(16)さしあたり、阿片については、森久男「台湾阿片処分問題(1)」、『アジア経済』一九巻一一号、一九七八年一一月、劉明修『台湾統治と阿片問題』山川出版社、一九八三年、土地調査事業については、江丙坤『台湾地租改正の研究』東京大学出版会、一九七四年、を挙げておきたい。ただし、江の著作では旧慣調査との関係について殆ど触れられていない。

(17) 梅陰子「台湾旧慣調査事業沿革資料(一)、(二)、(三)」『台湾慣習記事』四巻一、二、三号、明治三七年一、二、三月、無署名「旧慣調査事業の沿革及成績」『台湾時報』六一号、大正三年一〇月、木母浮浪「台湾旧慣調査事業史(未定稿)」、『台湾時報』六三号、大正三年一二月による。なお、梅陰子、木母浮浪がどのような人物なのか、まだ突きとめていないが、この二者による資料はほぼ同一と言ってよい(梅陰子は伊能嘉矩の筆名と判明)。

(18) 沢柳繁太郎撰、台湾総督府民政局、明治二八年。この書は土地に関する旧慣をごく簡単に記述している。

(19) これらの組織による調査結果については判然としないが、台湾総督府民政局『台湾総督府民政事務成蹟提要』(明治三〇年四月)に附された「台湾旧制度考」がその一部と思われる。

(20) 小林道彦「一八九七年における高野台湾高等法院長非職事件について——明治国家と植民地領有」、『中央大学大学院論究・文学研究科篇』一四号、一九八二年三月、及び「後藤新平と植民地経営——日本植民地政策の形成と国内政治」『史林』六八巻五号、一九八五年九月。

(21) 乃木「台湾島ニ新条約実施ニ関スル意見書」(明治三〇年九月、松方首相宛)及び明治三一年六月二四日付け内訓は、『警察沿革誌』第二巻、二一八—二一九頁に収録されている。

(22) 姉歯松平「本島人のみに関する親族法竝相続法の大要(一)、(二)」、『台法月報』二七巻一〇、一一号、昭和八年一〇、一一月。姉歯は当時、高等法院上告部判官。

(23) 後藤新平「台湾経営上旧慣制度の調査を必要とする意見」、『台湾慣習記事』一巻五号、明治三四年五月。この記事は、『東京日日新聞』掲載の後藤へのインタビューを転載したものである。

(24) 『台湾慣習記事』一巻一号、明治三四年一月。

(25) メーンに関しては、さしあたり木村亀二編著『近代思想史の人々』日本評論社、一九六八年、所収の内田力蔵「メーン」及び内田力蔵「インドにおけるイギリス法導入とメーン(一)(二)」、『社会科学研究』二〇巻三・四合併号、一九六九年、を参照。

(26) 臨時台湾旧慣調査会『台湾旧慣調査事業報告』大正六年、三四頁。以下、『事業報告』とする。

(27) 『事業報告』三六頁。臨時台湾旧慣調査会の実質的なスタートは明治三四年四月と見てよいが、官制上は一〇月であり、それまでは「旧慣調査会」であった。

(28) 同右、三四—四五頁。

(29) 同右、四三―四五頁。
(30) 台湾旧慣調査についての研究としては、福島正夫「岡松参太郎博士の台湾旧慣調査と、華北農村慣行調査における末弘厳太郎博士」、『東洋文化』二五号、一九五八年三月、坂野正高「日本人の中国観――織田萬博士の『清国行政法』をめぐって（上）（下）」、『思想』四五二号、一九六二年二月、四五六号、一九六二年六月（のち、坂野『近代中国外交史研究』岩波書店、一九七〇年、所収）、戴國煇の注（14）の論文、山根幸夫「臨時台湾旧慣調査会の成果」、『論集 近代中国と日本』山川出版社、一九七六年、所収、などがある。本稿で筆者は、これらの研究において殆ど言及されていない旧慣調査と台湾統治体制改革問題とりわけ児玉・後藤の立法構想との関係に焦点を当ててみた。
(31) 『事業報告』五〇頁。
(32) 『臨時台湾旧慣調査会第一部調査第一回報告書』上巻、岡松参太郎の叙言。
(33) 『事業報告』五三頁。
(34) 注（32）に同じ。
(35) 『事業報告』五四―五五頁。なお、「閩族」、「粤族」、「熟蕃」等の「種族的区別」については、戴國煇編『もっと知りたい台湾』弘文堂、一九八六年、所収の戴「漢族系住民の言語と歴史」及び陳其南「高山族系住民の社会と文化」を参照。
(36) 臨時台湾旧慣調査会の刊行物、調査報告書等については『事業報告』第六章成績、に詳しい。
(37) 注（30）で挙げた坂野論文。
(38) 『事業報告』六五―六七頁。
(39) 鶴見祐輔『後藤新平』第二巻、勁草書房版、一九六五年、「第七節 対岸経営」、特に四八九頁以下参照。
(40) 小島麗逸「日本帝国主義の台湾山地支配――対高山族調査史 その2」、『台湾近現代史研究』三号、一九八一年一月。
(41) 『事業報告』一二二頁。
(42) 『律令議事録』三〇頁。
(43) 同右、一〇〇頁（衆議院委員会、明治三五年二月二日）。
(44) 同右、一〇二、一一二頁。岡松に委嘱して『台湾旧慣制度調査一斑』を作成させたのは、議会対策でもあったことが、これで分かる。
(45) 同右、一一二、一一三頁。
(46) 同右、一二一頁（衆議院委員会、明治三五年二月五日）。
(47) 同右、一二四頁（衆議院委員会、明治三五年二月二四日）。
(48) 同右、一五四頁（衆議院委員会、明治三五年二月二七日）。
(49) 国立国会図書館憲政資料室所蔵、後藤新平関係文書マイクロフィルム版、R二三、七―三「乃木総督より児玉新総督への事務引継書」中の「憲法施行ニ関スル総理大臣宛建議書」。明治三〇年一一月九日付けで、乃木が松方正義首相に提出したもの。
(50) 右注の事務引継書中の「台湾総督ノ任期ニ関スル総理大臣宛建議書」。明治三〇年一一月六日付けで、乃木が松方に提出したもの。
(51) 『台湾近現代史研究』第六号（一九八八）所収、岡松参太郎「台湾ノ制度ニ関スル意見書」。
(52) 国立国会図書館憲政資料室所蔵。「台湾制」、「台湾統治法（案）」「憲法改正案」の資料的関係については、本書所収「法学博士・岡松参太郎と台湾」を参照されたい。
(53) 上田勝美「憲法改正」、『法律時報』四九巻七号、一九七七年五月、臨時増刊「憲法三〇年の理論と展望」、石村修「明治憲法における憲法改正限界論」、『専修法学論集』三四号、一九八一年一〇月。
(54) 『台湾資料』一五一―一五三頁。
(55) 『律令議事録』六六頁（貴族院、明治三一年一二月二〇日）。
(56) 若林正丈『台湾抗日運動史研究』研文出版、一九八三年、六五頁。
(57) 『律令議事録』一八八頁（衆議院、明治三八年二月一七日）、及び一九一頁（同、二月一八日）。
(58) 同右、二〇〇頁（衆議院、明治三八年二月一八日）。
(59) 同右、一九四頁（衆議院、明治三八年二月一八日）。
(60) 原奎一郎編『原敬日記』第二巻、福村出版、一九六五年、一二二―一二四頁。
(61) 後藤新平文書、R三一、七七。
(62) 『律令議事録』二六七頁（衆議院、明治三九年三月二七日）。

(63)前掲、『原敬日記』第六巻、一九六頁。
(64)拙稿「原敬論」三六―三九頁。
(65)『事業報告』六七―六八頁。
(66)起案ないし審議した法案のリストは、『事業報告』九七―一〇〇頁。また、律令案として固まった九本は、大正三年八月、臨時台湾旧慣調査会によって合綴印刷された(東洋文庫所蔵)。
(67)『律令議事録』二七四頁(衆議院、明治四四年三月一一日)。
(68)同右、二七八頁。
(69)同右、三三九頁(衆議院、大正五年二月一四日)。
(70)同右、二九五頁(衆議院、大正五年二月九日)。
(71)谷野格『台湾新民事法』台湾時報発行所、大正一二年、序。
(72)戴國煇「清末台湾の一考察」、『日本法とアジア』勁草書房、一九七〇年、所収、二六〇頁。
(73)前掲、姉歯松平論文は「今日本島人の慣習として認められているものは、叙上旧慣調査会における報告書も大なる参考とはなっているが、主として領台後における法院の判決例と其の取扱例とである」(一一頁)と述べている。
(74)拙稿「台湾旧慣調査と立法問題」、『新沖縄文学』六〇号、一九八四年六月、及び「植民地における「旧慣」と法」、『季刊三千里』四一号、一九八五年二月(本書所収)。
(75)鄭鍾休「韓国における西欧法継受の初期的諸相――日本法との関連(一)、(二)、(三)」、『民商法雑誌』八八巻四、五、六号、一九八三年七、八、九月、「韓国における日本民法の変容(一)、(二)、(三)」、『民商法雑誌』八九巻二、三、四号、一九八三年一一、一二月、一九八四年一月。
(76)安田信之「アジア法の三類型――固有法、移入法、発展法」、『アジア経済』二二巻一〇号、一九八一年一〇月、はこの点で筆者にとって示唆に富むものである。

法学博士・岡松参太郎と台湾

本誌（『台湾近現代史研究』第六号、一九八八年）に収録した法学博士・岡松参太郎の「台湾ノ制度ニ関スル意見書」（以下、「意見書」とする）を紹介するにあたり、全体をふたつの部分に分けて記述することにしたい。すなわち、前半においては「意見書」が書かれた時期、その構成と主な内容、他の資料との関係など意見書そのものについて紹介し、後半においては「意見書」の執筆者である岡松参太郎について伝記的な紹介を試みる。このような構成を取る理由は、この「意見書」が日本帝国による台湾の統治史とりわけ法制史に占める位置を理解するには、岡松の法学者としての活動と台湾の関係を「通史」的に眺める必要がある、と考えるからである。また、資料的条件が満たされることがあれば、いずれ岡松の生涯を辿ってみたいからでもある。

一　「台湾ノ制度ニ関スル意見書」解題

この「意見書」は、後藤新平伯関係文書（以下「後藤新平文書」とする）に収められているもので、現在、原文書は岩手県水沢（現、奥州）市立後藤新平記念館が所蔵している。本誌に収録するにあたっては、国立国会図書館憲政資料室所蔵のマイクロフィルム版（雄松堂フィルム出版製作）を使用した（リール番号はR二五、文書番号は七―三八）。全文は、「台湾ノ制度ニ関スル意見書／法学博士岡松参太郎」と記された表紙を含め二八コマ（一コマが二頁）、四百字詰め原稿用紙に換算すると四〇枚を超える。筆跡から考えて、おそらく岡松の草稿を浄書したものであろう。なお、収録に際し、句読点を打ち、明白な誤字は訂正した。

岡松がこれを書いた時期および事情については、「意見書」そのものからは知ることができないが、(1)臨時台湾旧慣調査会第一部長の任にあった岡松が、台湾の統治制度の根本的改革を企図していた児玉台湾総督と後藤民政長官の依頼に応じて、明治三四年一一月頃に書き上げたものと推定される。以下でその論証を試みたい。

まず、成立時期であるが、「意見書」の冒頭に「台湾我ニ属シテ七年」とあるところから、一応一九〇一（明治三四）年と考えられるが、もっと有力な傍証がある。この意見書とセットで後藤新平文書に収められている岡松参太郎の後藤民政長官宛書簡（以下、「書簡」とする）である。この「書簡」にも日付がなく、封筒も失われている。しかし、その内容により発信時期をかなり絞ることができる。(2)

「書簡」は「拝啓　議会開会も僅に旬日を余すに過ぎず、御煩忙の御事と恐察奉り候」に始まる。この「議会」とは何時の議会であろうか。あとの方に次のような部分が出てくる（カッコ内は引用者による要約）。「近日調査中、当時ミュンヘン大学教授ステンゲルが独逸法学会に於て独逸属領地の立法司法に関する意見を述べ候ものあるを発見致し候。（とくにこの論文の）第三章は目下台湾の事情に適切なるもの最も多く、又、先日差上候意見書と論旨の符号《ママ》する点不尠、（大いに参考となると思い、とりあえず第三章のみを翻訳したのでこれを）明日中には差上可申候」。（傍線は引用者。なお、引用にあたり仮名表記に改め、句読点を補った。）

　実は、ここで言及されているステンゲルの論文の翻訳が、後藤新平文書中にこの「書簡」と並んで収められているのである。「明治三五年一月二九日発行」の奥付けを持つ「新領土ノ立法及司法」と題された活版印刷物がそれである。（なお、原論文は「一八九〇年第二一独逸法典会記第一巻」、著者は「ウィルツブルヒ大学教授（当時ミュンヘン大学）男爵フォン・ステンゲル」。）この発行年月日以前で、最も近く開会された「議会」を年表で探してみると、第一六帝国議会（明治三四年一二月七日召集、十日開会）である。とすれば「議会開会も僅に旬日を余すに過ぎ」ない時期、つまりこの「書簡」が書かれた時期は、明治三四年一一月末から一二月初めと推定出切るのである。

　さて、右の引用文中傍線を付した「先日差上候意見書」とは何か。筆者は、これこそが「台湾ノ制度ニ関スル意見書」ではないか、と考える。[補注1] その理由はいくつかある。「意見書」と「書簡」と「新領土ノ立法及司法」の三つの文書が「セット」で保存されていた可能性が高いこと（後藤新平伯伝記編纂会が並べ変えた可能性も否定できないが）、「意見書」と「新領土ノ立法及司法」の「論旨」が「符合」すること、ほかにこの時期に岡松が書いた意見書が見当たらないことなどである。なによりも、こう考えることによって、この「意見書」の存在が歴史の文脈に合致するのである。

　すなわち、台湾総督に事実上の立法権を与えた「六三法」（明治二九年法律第六三号）を根幹とする台湾の統治制度は、議会の内外で違憲論を惹起し、台湾経営の不振とあいまって、根本的な見直しが迫られていた。児玉と後藤は「六三法」体制に代わる恒久的な台湾制度の確立が必要であると判断し、明治三五年二月の第一六議会において、三年後を目途とする改革案の提出を議会に「約束」したのであった。

以上の考察により、この「意見書」は、おそくも明治三四年一一月頃までには完成し、台湾制度の改革案として児玉・後藤に提出された、と考えて間違いないと思う。

さて、「意見書」は大きく三つの部分から構成されている。第一は「台湾制度ノ基本」、第二は「台湾制度ノ綱目」、第三は「台湾制度ノ方案」であり、この第三の部分では、憲法の改正・台湾制・台湾制の付属法令（台湾会計法と台湾総督府評議会章程）・台湾総督府官制改正案・台湾事務局官制案の都合五本の柱が立てられている。

「台湾制度ノ基本」の章において、岡松は「属領制度」の学説及び実際例を、「従属」（オランダ、ドイツ）、「自治」（イギリス、アメリカ合衆国）、「統一」（フランス、イタリア、ポルトガル、スペイン）の三種に分類する。そして、台湾の現状、日本本国と台湾の差異の大きさ、列国との対峙の形勢等を考慮すると、台湾統治の「主義綱領」としては「従属制」を取るべきだ、と主張する。ここに「従属制」とは「本国ノ権力ヲ以テ民人ヲ圧服シ、一ニ本国ノ利益ニ着眼シテ其政ヲ施ス」ことをいう。この主張の背後には、「外観上統一制ヲ取ルカ如クニ粧ヒ、実ハ特別制ヲ取ってきた政府のやり方こそが「違憲ノ議論」を招いたのだ、という岡松の認識があった。さらに、「施行当時ノ版図人民ノミヲ眼中ニ置キタル憲法ガ台湾ニ施行サルト云フノ理論ト、台湾ニハ台湾ニ適当スル制度ヲ立テントスルノ政策トハ到底理論上ノ衝突タルヲ免レ」ない、したがって台湾には「特別制度」を施行すべきだ、とする。「従属制」とは「特別制度」の別名なのである。

「従属制」の「主義綱領」から「内地と台湾は別個の法域とすべし」という主張と「台湾総督の権力を強大敏活ならしむべし」という主張が導かれる（台湾制度ノ綱領）。前者の主張の具体化が（この「意見書」では言及されていないが）台湾の事情（＝「旧慣」）に基づく立法であろう。また、後者を担保するのが律令制定権の維持を柱とする台湾総督の権限の強化と台湾総督府の財政自主権の確立である。「台湾制度ノ方案」の章における一連の提案は、これらの主張を実現するためのシステマチックな法令草案であった。そして、体系の起点となるものが、明治憲法の改正（第七七条の追加）である。岡松が提起した「理論上」の解決策は、明治憲法体制があるべき台湾統治制度と矛盾することを正面から認め、いわば「拡張された」明治憲法体制を創出することによって、台湾を日本帝国に法理上矛盾なく統合しようとするものであった。

では、岡松の「意見書」は、台湾総督府ないし政府レベルにおける立案とどのような関係に立つのか。後藤文書および鈴木三郎文書（国立国会図書館憲政資料室所蔵。鈴木三郎は佐久間総督時の台湾総督官房文書課長）中の左記に掲げる関係書類によって、これを見よう。（なお（　）内は筆者による注記。〔　〕内は、筆者が補った標題。台湾統治法（案）には、便宜のため記号を付けた。）

鈴木三郎文書（文書番号一〇、左記の番号はその枝番）

一　台湾統治法（S1）（特秘、墨書、総督府用箋、全一三条、章立てなし）

二　憲法（秘、謄写版、一般用箋、第七七条）

台湾統治法案（S2）（秘、謄写版、一般用箋、全二五条、三章立て）

三　（「台湾制度ニ関スル原本」と表記された封筒に収められている。いずれも、墨書、総督府用箋）

〔改正憲法発布の勅語案〕および憲法（第七七条）

台湾統治法（S3）（全一七条、三章立て）

台湾会計法（全九条、修正前は「台湾会計規則」（勅令）全一一条）

〔提案理由の説明〕

四　第九議会議事録、第二一・二二議会貴族院議事録、明治三九年法律三一号中改正法律案

五　台湾統治法提出理由（謄写版、二枚）

六　台湾関係法律抄
後藤新平文書（リール番号、R31）
七七　台湾統治法案（G1）（秘、謄写版、一般用箋、全二六条、三章立て）
台湾統治法案ニ関スル大体ノ説明（墨書、総督府用箋、一二枚）
附帯ノ理由（墨書、総督府用箋、四枚）

ここでは詳しい論証は省略せざるを得ないが、「意見書」と右の一連の文書の比較対照、特に四つの台湾統治法（案）の構成および各条規の文言の比較と、書き込みされた修正点の精査によって、これらが起草された順序を推定することが出来る。[3]まず、「意見書」の「台湾制」を基にしてS1の「台湾統治法」が起草され、次に、この修正案であるS3の「台湾統治法」に加えて、その提案理由の説明、付属法である「台湾会計法」、および「憲法」、「改正憲法発布の勅語案」が起草され、これらが全体として「台湾制度ニ関スル原本」となったと考えられる。これらは、いずれも台湾総督府用箋に手書き（墨）されたものであり、おそらく総督府内部で起草されたものであろう（岡松が中心的な役割を演じたことは十分に想像できる）。起草の時期は、領台以来「七閲年」（勅語）、「九年間」（提案理由）の文字が見えることから、明治三四年、すなわち「意見書」に踵を接して起草が開始され、三六年頃まで継続されたとおおまかに推定できる。

さらに、この原本に基づいてS2の「台湾統治法案」と「憲法」が起草されたものと思われる。この両法案とも「明治三八年四月一日施行」が予定されているから、明治三七年一一月に召集された第二一議会に提出すべく起草された可能性が高い[4]（児玉・後藤の一六議会における「約束」を想起されたい）。このふたつの文書は、一般の用箋に謄写版刷りされたものであり、法制局に提出されたか、あるいはそこでの審査を経たものではなかろうか、S2の「台湾統治法案」がごく僅かな修正を施されてG1の「台湾統治法案」となっている。すなわち、筆者が眼にしえた範囲では、G1の「台湾統治法案」がもっとも「完成された」姿だと言うことができる。また、これに付属した「台湾統治法案ニ関スル大体ノ説明」(5)には、次のような興味深い添え書きがある。

原ニ説明ノ材料ヲ列挙セシモノニテ未タ「システム」アル文章ヲ成サス御覧済御下戻ヲ乞フ

議会の議事録および『原敬日記』(6)によれば、明治三八年の第二一議会会期中に、後藤民政長官、桂首相、一木法制局長官らは、原と「六三法」延長問題で折衝し、「台湾統治法案」を提示している。したがって右文中の「原」とは、原敬のことであり、原が見た案はこのG1の「台湾統治法案」か、あるいはこれに極めて近い姿のものであった、と考えてさしつかえないだろう。

岡松の手に成るこの「意見書」は、児玉・後藤の立法構想の核心部分をなすものであり、憲法構想を含む点において、台湾史研究のみならず、近代日本研究においてもその価値が評価されてよい資料だと思われる。

二　岡松参太郎略伝

「意見書」の執筆者である岡松参太郎についてのまとまった伝記的著述は、今のところ見い出せない。したがって、ここでは岡松の台湾との関わりに焦点をしぼり、様々な資料の「断片」をつなぎあわせることによって、彼の生涯を辿ってみたいと思う。

大学卒業まで

岡松参太郎は、一八七一(7)(明治四)年、幕末・明治前期の儒学者である父・甕谷(ようこく)(8)の三男(9)として生まれた。甕谷は一八二〇（文政三）年の生まれだから、参太郎は父五一歳の時の子ということになる。甕谷は、豊後（今の大分県）高田の出身、帆足万里に学んだ後、肥後（熊本）藩に出仕した。明治維新後は、大学少博士、昌平黌教授となり、のち私学紹成書院を開いた。東京府中学校、高等女学校、女子高等師範でも教鞭を取っている。肥後藩に仕えたことで甕谷は井上毅と親交を結んだ[10]。このゆえでもあろう、甕谷の四男が井上子爵家を継ぐ。のちの東京帝国大学教授・工学博士・貴族院議員、井上匡四郎である。

甕谷の漢文の素養は群を抜くものであったらしく、その文章に惚れ込んだ中江兆民が漢文習得のため甕谷のもとに通った、というエピソードが残っている[11]。参太郎は後の台湾における旧慣調査において、卓抜な漢文読解力を示すことになるが、それは父の素質の継承あるいは父による手ほどきの賜物であったと考えられる。このような「環境」のほかは、参太郎がどのような幼少年時代を過ごしたか、何も分からない。

一八九一（明治二四）年九月、参太郎は帝国大学法科大学法律学科に入学し、イギリス法コースを選択した。二年に進級する際には首席であったため、授業料免除の特待生となり、明治二七年七月卒業するまで首席で通している[12]。ここで『東京帝国大学卒業生氏名録』から、台湾との関わりが深かった参太郎の同期あるいはその前後の卒業生を少し拾ってみたい。彼等の人脈の一端が想像できるだろう。（（ ）内は明治三〇年代の主たるポスト。なお、台湾総督府の組織は部局名から記し、臨時台湾旧慣調査会は「調査会」と略記した。）

明治二三年卒―石塚英蔵（参事官長）、大津麟平（秘書課長、のち警察本署長）、二五年卒―織田万（京都帝大教授・行政法、調査会委員）、手島兵次郎（法院検察官長、調査会委員）、祝辰巳（財務局長、民政長官）、二六年卒―中村是公（臨時台湾土地調査局長、財務局長）、持地六三郎（参事官）、二七年卒―岡松参太郎、田島錦治（京都帝大教授・経済学、調査会嘱託）、愛久沢直哉（調査会第二部長）、二八年卒―狩野直喜（京都帝大教授・支那哲学、調査会委員）、二九年卒―宮尾舜治（税務課長）

ついでながら、中村是公は覆審法院長鈴木宗言の実弟であり、愛久沢の妻は岡松の姪であるというように、台湾総督府関係者にはたがいに親族関係にある者が結構多い。[13]

さて、よく知られているように、明治二三年公布されたボアソナードらの起草による民法及び商法、ことに民法に対する帝大イギリス法学派の反対意見書を皮切りに開始された法典論争は、岡松が帝国大学に入学した明治二四年、穂積八束が「民法出テ、忠孝亡フ」を発表するに及び、その頂点に達した観があった。法典実施断行派と延期派の対立は激しさを増し、ついに翌年、民法商法の施行は延期され、法案修正を目的として二六年法典調査会が設置されたのである。岡松は、法典編纂事業の高潮期つまり近代日本の法体制の準備期に、法科の学生としての三年間を過ごしたのであった。

デビュー

岡松は大学卒業後、大学院に進み、民法とくに債権法を専攻したが、[14] そのかたわら、東京法学院（現・中央大学）、明治法律学校（現・明治大学）、東京専門学校（現・早稲田大学）、和仏法律学校（現・法政大学）、専修学校（現・専修大学）などで、民法を講じた。国立国会図書館には彼の講義を学生が筆記編集し、学校が刊行した講義録が十数冊残っている。[15] 岡松にとって最初の単行本は翻訳で、エミール・ブートミー著『英米佛比較憲法論』のダイセイ訳からの重訳であった。[16] 民法を専攻しながら憲法の書を翻訳するところに、当時の法学者のありようが感じられる。しかし、なんといっても、民法学者としての最初の著作でもあり、同時に華々しいデビュー作となったのは『註釈民法理由』であった。

『註釈民法理由』は、新しい民法典の第一、二、三編の公布（明治二九年四月二七日）と踵を接して、明治二九年五月、有斐閣書房からまずその上巻（総則篇）が刊行された。穂積陳重、梅謙次郎とともに法典調査会の起草委員として新民法の起草にあたった富井政章が校閲し、[17]序文を寄せたこの書は、たちまち版を重ねた。明治三二年の刊本の奥付けを見ると、二九年九月に再版、同一二月に三版、以後三二年までに一二版を数えている。『註釈民法理由』の登場は、当時の「世を驚嘆せしめ」たというが、[18]この出版状況をもってその一端を知ることができるだろう。現在でも、この書は「(民法典の)起草には関係していなかった著者が豊富な外国法、外国文献を引用して書いたものであり、民法典の文理解釈、論理解釈の最初のものとして、かなりレベルが高いといってよい[19]」という評価を受けている。ちなみに、岡松は英法科出身ではあるが、英語のみならずドイツ語、フランス語の文献にも通じ、各国の法学を公平に扱ったという。[20]三〇年には中巻(物権篇)と下巻(債権篇)が刊行された。

留学と京都帝大教授就任

日本でふたつめの帝国大学である京都帝国大学が創立されたのは、明治三〇年九月である。とは言っても、この年に開設されたのは理工科大学のみで、法科及び医科大学は明治三二年九月、文科大学は三九年に開設が予定されていた。文部省は新進の学者を積極的に教官に起用することとし、そのため在外研究員予算を充てて、関係の分科大学の開設までに帰朝できるよう、漸次気鋭の若手を海外に派遣した。法科の第一陣が、岡松参太郎(民法)、井上密(憲法)、織田万(行政法)、高根義人(商法)の四人であり、かれらは西園寺文相邸の晩餐に招かれて、親しく激励を受けたという。[21]

かくして、民法解釈の大著をひっさげて華々しくデビューした岡松は、新設の京都帝国大学法科大学の教授のポストを約束された新進屈指の法学エリートとして、三カ年に及ぶドイツ、フランス、イタリア留学の途についたのである。[22]明治二九年、参太郎二四歳の時であった。(英法科出身の岡松の留学先にイギリスが含まれていないのは、当時における英法学の地位の低下を示すものであろうか。)

欧州に派遣された岡松ら「四新進学士ハ伯林ニ於テ其攻学ノ歩ヲ進ムルノ間頻リニ他日吉田山麓講壇ニ立ツノ日ヲ夢ミ、時ニ一堂ニ会シ」、「京都大学ハ学問ノ独立ヲ以テ陣頭ノ旗幟トナサザル可ラズ」、「我等ハ学問ノ独立ト共ニ立チ、学問ノ独立ト共ニ斃ル、ノ覚悟ナカル可ラズ」、と「麦酒ノ杯ヲ挙ゲ」盟約を交わした、という。彼等は「伯林党」と呼ばれ、その「壮烈ナル覚悟ト決心トハ」、「今日京都大学教授連ガ抱懐セル思想ノ全部ヲ代表スルモノナリ」と評されることになる（斬馬剣禅『東西両京之大学』[23]）。このエピソードから東大とは異なった新しい学風を打ち樹てようという岡松らの気概が伝わってくる。『京都大学七十年史』には「由来本学は創立以来自由主義の学風を特色とするが、その気風はとくに法科大学において強かった」と記されているが[24]、このことと、台湾旧慣調査に京都帝大からかなり多くの学者が参加したことは、あながち無縁ではないかも知れない。

岡松の留学生活については、ドイツのベルリン大学でコーラーに師事したことしか筆者には分かっていない。ヨーゼフ・コーラー（Joseph Kohler 1849-1919）は、「新ヘーゲル学派に属し、法を文化現象の一環としてとらえ、その発展を進化史的に記述する。その研究は比較法制史・法哲学をはじめ法学の全分野にわたり、aller Kohler と呼ばれた」とされている（末川博編『全訂法学辞典』）。また、コーラーは民族学や比較法学（当時のヨーロッパ法学界にあっては、ヨーロッパ諸民族を対象とするものが民族学であり、その諸民族における法の現象形態を対象とするものが比較法学とされていた）にも関心を寄せていたという（中村哲「コーラーの観たる台湾の旧慣」『民俗台湾』四巻三号、昭和一九・三）。のちに触れるが、岡松の仕事を考える際に、このコーラーの影響を無視することはできないだろう。

明治三二年七月、岡松はヨーロッパより帰朝、九月から開設されたばかりの京都帝国大学法科大学の教授として、民法を講ずることになった。台湾での仕事の話が舞込んだのはこの年の暮れのことである。

台湾旧慣調査への関与

末川博の回想によれば、[25] 台湾における旧慣調査にあたって岡松の起用を後藤新平に勧めたのは中村是公だったという。中村は法科大学英法科で岡松の一年先輩であったから、『註釈民法理由』でデビューしたこの後輩と、あるいは面識があったのかも知れない。当時、台湾では土地調査事業が進行中であり、中村は臨時台湾土地調査局の実務責任者（局長官房主事兼監督課長）としてこの事業の遂行に腐心していた。土地調査事業とは、近代的な土地所有権制度を確立するための事業であり、複雑に入り組んだ台湾の土地慣行を理解するためにも、民法上の知識が不可欠であることが、台湾当局にも認識されつつあった。さらに、土地制度のみならず私法の領域全体についても「旧慣」（正確には当時「現行」の制度・慣行）の認識が統治上必要になりつつあったのである。岡松の起用の背景には、このような事情があった。[26]

児玉総督に対面した岡松は、初め「さう云ふ事に関して少しの経験もないので、着手してやつて見てからでなければ、何時までに果して是れが出来上るか、また如何なる方法を以てするが宜いか、と云う事も総て見当が付きませぬ」と言ったが、児玉は、すべて岡松の自由にしてよいし、「政治上の問題と云ふのではなく、学問の研究をすると云ふ積りでやつて宜しい」と言うので、引き受けたという（『後藤新平』第二巻）。[27]

岡松は、まず臨時台湾土地調査局嘱託として発令され、明治三三年二月、はじめて台湾の地を踏んだ。その年の一一月にまとめたのが『台湾旧慣制度調査一斑』である（臨時台湾土地調査局より明治三四年一月刊行）。[28] この調査報告書の作成は、いくつかの意味ないし役割を持っていたと考えられる。ひとつは、本格的な旧慣調査事業の試行ないし準備であり、ふたつには、この報告書の主たる内容が土地に関する慣習制度であることから分かるように、土地調査事業の参考資料であった。

三つ目として見逃せないのは、「宣伝効果」である。これには、国内向けと外国向けとがある。台湾総督府は、明治三四年度から旧慣調査のための事業費を予算化したい意向であったが、そのためには国内ことに大蔵省や議会の理解を得る必要があった。後藤が『東京日日』のインタビューに応じた（あるいはみずからセットした？）のも、後藤一流のPRであろうし、また、議会の答弁の際、この報告書が議員の前に示されたことは、宣伝効果を狙ったと言ってよいだろう。[29] また、宣伝とのみ言えないかも知れないが、この報告書は英訳されて（"Provisional report on investigations of law and customs in the island of Formosa"）、「海外知名ノ士」に配られたが、この中に前述のコーラーが含まれていた。後年（明治四一年）、岡松が再びベルリンに旧師を訪ねた時、コーラーはかつて贈られたこの報告書が高山諸族を取り扱っていないことに不満の意を表し、岡松に「番族慣習ノ調査」を勧めたという。このことが、岡松をして高山諸族慣習調査に向かわせるきっかけとなったのである（岡松『台湾番族慣習研究』第一巻叙言）。

明治三四年四月、旧慣調査会（一〇月、臨時台湾旧慣調査会として官制上の組織となる）が発足するとともに、岡松はその第一部長として本格的な調査活動に従事することになった。この調査会の究極の目的は、台湾に適した立法の基礎を固めることにあった。そのためには、それを許容する制度的枠組みの構築が前提となる。「台湾ノ制度ニ関スル意見書」は、このために書かれたのである。

台湾旧慣立法と日本民法

さて、岡松は臨時台湾旧慣調査会における調査に従事するかたわら、台湾慣習研究会（総督府の肝入りで作られた民間団体）の委員として『台湾慣習記事』の編集に関与し、またしばしば寄稿している。「大租権の法律上の性質」、「親族相続」、「台湾現時の法律」、「姓氏」などであるが、なかでも台湾における旧慣立法（旧慣を基礎とした立法）のみならず日本の民法に関する岡松の考え方を知る上で「日本民法の欠点を論じて台湾立法に対する希望に及ぶ」（『台湾慣習記事』五巻三号、明治三八年三月）は、きわめて重要である。なおこの記事は、台湾の司法官弁護士の招きに応じて岡松が講演（二月七日、台北）したものの筆記である。[30]

岡松は、植民地台湾を統治するにあたり、政治上特別の制度を要するという見解は定着したようだが、と前置きし、しかし「法律殊に司法法律の上に於ては往々此方針と異なることあるを見る」し、「実際新に或る立法を為さんとするに当りては、常に内地との統一を図らんとするの傾向あり、就中司法職務に当らるゝ人の議論に其傾向多きが如し」、これは実に不思議な現象だ、と言う。この現象の背後には、内地と同一法制の方が実務上便利だという考え方に加え、内地法は完全だという認識があると思われるので、民法を例にとって内地法の欠点を論証したい、と岡松は述べる。以下にその論旨を要約しよう。

日本民法は、ドイツ法とフランス法の混合物ないし折衷であり、この点ではスイス民法も同じだが、「最も悪く出来上りしは恐らく日本の法律ならん」。こうなったのは、両国の民法の各条規を散漫に取り入れたからで、ドイツ民法に至ってはその第二草案の議事録も見ずに第二だから第一草案より良い、と考えて参考にしたのである。具体的に指摘すると、総則は一応良いが、時効、時効の中断の規定は良くない。また、物権編は「最も等閑に付せられ、殊に全部仏法の規定に依」っている結果、物権の設定・移転、地役権の登記、地上権、永小作権等の規定に欠陥がある。[31]「要するに」と岡松は主張する。「日本民法に於ける欠点は大小何百も何千も之あらん、又商法、訴訟法、刑法等に於ても欠点甚だ多きを見る」。

では、これら欠点の多い内地法と台湾における立法はどのような関係に立つのか。ここで彼は、イギリス統治下のインドにおける立法を例に引く。インドにおける立法はイギリスのコモン・ローが参考とされたが、逆に「英の法律は殖民地たる印度の立法に依り、改善せられたるの結果を見た」のである。同じように「日本内地法をして台湾法を模範とするに至らしめんことを」希望する、と岡松はその講演を結んだ。

満鉄調査部

台湾において岡松が演じた役割は、ふたつあったように思われる。ひとつは、いうまでもなく臨時台湾旧慣調査会第一部長としての調査指導者のそれである。もうひとつは、「意見書」の執筆が示すように、台湾総督府の政策立案ブレーンとしての役割である。前者の役割は「公開」のものであり、『台湾私法』の存在とともにそれなりに記憶されることになった。しかし、後者の役割はもともと「黒子」のそれであり、しかも児玉・後藤の構想が陽の目を見なかったために、歴史文書の中に埋もれることになったのである。しかし、政策立案ブレーンとしての岡松の活動は、後藤の私的顧問としての性格をも帯びていたようである。

日露戦争後、後藤新平は台湾総督府民政長官から満鉄総裁に転じたが、「満州経営」にあたって、ふたたび岡松を呼びよせたのであった。明治三九年一〇月、岡松は同僚の織田万、狩野直喜と共に清国と韓国を訪問する。翌四〇年三月「南満州経営論」[32]を後藤に提出の上、六月満鉄の理事に就任した。岡松の仕事は、満鉄調査部長としてその運営にあたるほか、満州の旧慣調査を指導することにあった。京都帝大教授と臨時台湾旧慣調査会第一部長の地位はそのままであったが、「怪物」と言われるほどエネルギッシュだった岡松としてもさすがに激務であったせいか、あるいは、国策機関とはいえ会社の理事が講壇に立つことに問題があったためか、京大の民法講座を石坂音四郎に譲っている。

満鉄調査部は当初、経済、旧慣、露西亜の三班に分かれていた。旧慣調査班に属し、満州・華北の土地に関する旧慣調査に従事した天海謙三郎によれば[33]、岡松は部長として人事その他の運営にあたるほか、旧慣調査班の指導にあたったが、実務の中心は宮内季子に任せていたという。この宮内という人は岡松と縁が深い。京都帝大法科大学の第一回卒業生で、岡松の門弟でもあり、また、岡松の勧めによって台湾旧慣調査に参加している。宮内の父は銚子の漢学者で岡松の父甕谷と親交があったというから、あるいはその関係で岡松とは早くから面識があったかも知れない。宮内と愛久沢直哉（臨時台湾旧慣調査会第二部長）はともに岡松の姪（宮内は妹、愛久沢は姉）を妻としており、後に宮内は愛久沢の懇請を受入れて、三五公司が経営する台中の農場の経営を引き継いだという。

満鉄調査部における岡松については、次の機会を待ちたい。

「台湾民法典」編纂と民法学研究

さて、ここでその後の岡松の履歴を一瞥しておこう。(34)

明治四〇年一〇月、法律取調委員。四一年五月、帝国学士院会員（この年ベルリンを訪れ、旧師コーラーに再会したことは前に述べた）。四二年四月、臨時台湾旧慣調査会第三部長。大正二年、京都帝国大学教授および満鉄理事を辞任。六月七日、拓殖調査会委員。八年四月、中央大学教授。

臨時台湾旧慣調査会第三部の活動については、本書収録の「台湾旧慣調査と立法構想」を参照されたい。京都帝大教授と満鉄理事を辞めた理由については、実はまだ調べがついていない。いずれにしても、岡松が台湾統治に「深入り」したことは、彼のアカデミズムにおける地位、ひいては日本の民法学史に占める位置に、微妙な影響を与えたように思われる。

大正六年、京都帝大の大学院に入学した末川博が、公職を一時退いていた岡松の日常生活の一端を書き留めている。(35)それによると「当時、先生は、満鉄の理事をやめられて閑地におられたようで、閲覧室（京大図書館の教官用閲覧室──引用者注）ではいつも独、仏などの書を読みながら、セッセと原稿を書いておられた」。末川が尋ねると、民法の注釈書を執筆しているところだと言う。さらに聞いてみると、その構想は「実に大仕掛けのもので、殊に妻の地位などについては、比較法制的ないし歴史的の研究はもちろん、社会的の面からも深くほりさげた」ものであった。完成までに「マア二百年くらいかかるだろうネ」という岡松の言葉に、末川は「全くいうところを知らなかった」と同時に、無言の圧力と深い教訓を感じたと述懐している。
この回想から浮かび上がるのは、一切の「俗事」から離れて民法学の大著完成に挑む法学者の姿であるが、それと同時に植民地統治という「政治」に関与することによって「失われた時間」を取り戻そうとする意志の「気配」を感ずるのである。[36] 実際、大正期、殊に京大と満鉄を辞めてからの岡松の著作の量産ぶりは、著しいものがある。筆者がこれまで調べたところでは、岡松はその生涯に少なくとも四八編の論文、七巻の単行書を著しているが（『台湾私法』、講義録等を除く）、後世の民法学者が評価する著作はほとんどこの時期に集中している。
さて、臨時台湾旧慣調査会第三部の任務は、旧慣に基づく法案の起草と審議であり、岡松はここでも主導的立場にあった。第三部が起草した法案は、大部分民事関係の法案であり、いわば「台湾民法典」の編纂事業であった。この事業に関しては、日本民法学史に銘記されている二人の法学者、すなわち京都帝大法科大学教授として岡松から民法講座を引き継いだ石坂音四郎、同じく京都帝大教授で民事訴訟法専攻の雉本朗造の名を逸することは出来ない。石坂は大正六年、三九歳の若さで亡くなったが、[37] その遺著『債権法大綱』[38] に寄せた岡松の「亡友石坂君を挽し併せて其遺著債権法大綱に序す」は、岡松の真情を吐露して余りあるばかりでなく、台湾の旧慣と日本の民法学がどのような接触面を持っていたかを示す一文といえる。

予か多年乏を台湾旧慣調査の職に承け、次て又台湾旧慣立法の任を帯ふるや、君か外国留学より帰朝するを待ち君を煩はすに其調査及起案を以てし、次て又併せて雉本君を労し、二君乃ち相分れて各専ら実体法及手続法を担任せられ、予二君と共に相謀り相議して事業を進むること歳あり。

石坂は明治四〇年四月に帰朝、五月に京都帝大教授に任じ、七月岡松より民法講座を継ぎ、八月には臨時台湾旧慣調査会の委員に、さらに翌四一年七月、同会第三部の法案起草委員となっている。雉本は四一年三月に帰朝、七月京都帝大教授（民事訴訟法講座）及び旧慣調査会委員に任じ、石坂と同時に法案起草委員となっている。『台湾私法』

第三編（未定稿）は、石坂と雉本の共同執筆にかかるものである。

君雉本君と相携へて盡瘁勉励、古今の文献を渉猟し東西の法理を考覈し、京都調査事務所の一室、草案の起稿に当りては君か正正の論、堂堂の議、所信一歩を假さす断案折衷を容れす、一条の法文、論議夜を徹し日を重ぬること稀ならす、又台北法案審議会の議場、法案の討議に臨みては、君長扇卓を叩き法文の理由を述へ其適用を示し、時に又口角泡を含みて異説を喝破し自見を宣弁す。

石坂が法案起草委員として主に担当したのは、台湾人（漢族系）を対象とした親族法及び相続法の分野であり、具体的には台湾親族相続令及び関係諸令であった。「慣習法論」を処女論文とし、「長子相続」を第一回講義のテーマとした石坂にとって、この分野の法案起草はみずからの理論を試みる場であったと思われる。石坂は「支那古来の慣習と欧州古今の法制とを調査比照し、支那民族の慣習を尊重すると同時に文明の法理に抵触せす現代に実施し得へき法律の考察に苦慮し」た、と岡松は書いている。ここで「文明の法理」とは、岡松の観察によれば石坂が抱いていた「理想主義」と「自由主義」の思想であり、それは、ゾラ、モーパッサン、イプセン、トルストイが描く「新時代婦人」への共感に基づいていた。

しかし、これほど苦心して起草された法案も「法制局に彷徨」（岡松）し、やがて立ち消えの運命をたどったのであった。

台湾高山諸族の研究——晩年

法学者岡松参太郎にとっての最後の仕事は、「番族」すなわち台湾の先住民族である高山諸族の慣習研究であった。大正一〇年に刊行された『台湾番族慣習研究』全八巻がその成果である。[39]

旧慣調査会が対高山族調査を開始したのは明治四二年であり、大正二年から『臨時台湾旧慣調査会第一部蕃族調査報告書』が（大正一〇年、八冊を以て完結）、また同四年からは『臨時台湾旧慣調査会第一部番族慣習調査報告書』（大正一一年までに八冊）が次々と刊行されつつあった（両報告書の「蕃」と「番」の字の異同に注意）。

『台湾番族慣習研究』の叙言によれば、岡松は最初、この領域は人類学的調査を主眼とすべきものであって法学者が担当できるものではないと考え、したがって調査にあたってこれに関与・指導することなく、事業そのものにも余り興味を感じなかったという。ところが、大正五年になって、「法律上に於ける妻の地位」を研究するに際して高山族中には母系主義があることを思い出し（前述の末川博の回想を想起されたい）、あらためて上記の報告書を読んだ所、高山族の慣習が法制史上貴重な材料であることを発見し、いままでこれを等閑に付したことを深く後悔したという。また、岡松は次のように述べている。「曾て Sir Henry Maine 印度民族の慣習を研究し千八百六十一年「古代法」（Ancient law）を著すや」、これをきっかけとして法制史上の研究が展開したが、台湾高山諸族の慣習は「現存する未開民族の慣習中最も貴重なるものに属し之か研究は学問上に貢献する所鮮少ならざるべきを信ず」る。「明治四一年予再び独逸に遊び伯林に旧師 Kohler 教授を訪ひ談偶々予が台湾旧慣調査の業に及ぶや教授は予に蕃族の調査を慫慂し且其漢族の調査に比し却て欧州学界を裨益するの大なるべきを告げられ」たことを思い出し、「泰西に之か研究者出るの日我邦にして一人の未だ嘗て其研究に著手したる者なきに至りては我学界の恨事之に過るはな」い、と考えたのである。

これらの事情からすると『台湾番族慣習研究』は、岡松の学問的発展の新たな紀元を画するものとなったはずである。しかし、この書の校正を完了することなく、大正一〇年一二月一五日、岡松参太郎は逝った。当年、五〇歳。岡松や後藤の「旧慣立法」構想の前に立ちはだかった「内地法延長論者」原敬が暗殺されてから、ひと月余りのちのことであった。

岡松参太郎の「遺産」

法学者としての岡松の仕事をどう評価するか、あるいは日本の法学史において彼をどのように位置づけるか、およそ法学に暗い筆者にはこれらの問いに答えることは出来ない。そこで、専門の法学者による岡松評をごく簡単に紹介し、あわせて岡松の台湾との関わりという観点から筆者の感想を述べてみたい。こうすることによって、少なくとも岡松の「遺産」の目録ぐらいは作れるのではないかと思うからである。ところで、予め指摘しておきたいことは、岡松の仕事を全体として論じたものが見当たらないことである。筆者の見落としかも知れないので、その存在をご教示頂ければ幸いである。（部分的評価としては、『無過失損害賠償責任論』復刻版に寄せた我妻栄の序文があり[40]、しかも、最も詳細なものである。）

まず、岡松の逝去直後に書かれた牧野英一の追悼文「故岡松博士の憶ひ出」[41]を挙げたい。牧野はこの中で岡松の著作をかなり丹念に列挙しているが、なにより際立った特徴は、民法学以外の分野においても岡松を評価している点である。牧野は、岡松の比較法学的な研究（現代的な意味での）を評価すべきだとし、また「台湾の旧慣調査に関する博士の労苦が貴いもので（中略）此の仕事は博士をして世界の学者たらしめたものだと考へて居る。此の調査に於ては、社会学者言語学者としての、博士の深い造詣を窺うことができる」と述べている。もっとも、後には牧野も、民法解釈において「わが国の法律学界に独特の地歩を占め」たと指摘し、「わたくしが特に博士に負うところは、その大著『無過失損害賠償責任論』である」と述べてもいる（『民法の五十年と刑法の四十年』[42]）。

岡松の仕事のうち旧慣調査について評価したものとしては、福島正夫「岡松参太郎博士の台湾旧慣調査と、華北農村慣行調査における末弘厳太郎博士」がある[43]。福島は台湾旧慣調査が「長い間、日本の法学界から無視されて、その存在さえひろく知られなかったのは、全く不当な事柄というべきである」と述べているが、この事情は現在も変わっていない、と言えよう。氏は『台湾私法』の調査方針と綱目が「植民地立法および行政上の諸要求に、きわめて正確に対応する」と鋭く指摘しているが、このことは旧慣調査全体について言える。（なお『京都大学七十年史』も旧慣調査において岡松が比較法学的方法を駆使した点を評価している。）

次に、岡松の本来の学問領域である民法学における評価はどうであろうか。北川善太郎著『日本法学の歴史と理論』[44]は、岡松をドイツ法学の「学説継受」のトレーガー（担い手）の代表者のひとりとして位置付けている。「民法典制定後一定の期間をおいてドイツ法学が、わが民法学の骨組を構成し法学者の法的思惟を支配しはじめたことは否定しえない。（中略）かかる解釈論の断層を身をもって鮮明に示しているのは岡松参太郎博士である。「民法理由」という明治三〇年頃の著作としては群をぬいていた解釈理論は（中略）留学から帰国後、きわめてドイツ理論に忠実なものに転化してしまっている」。北川は、このような「学説継受」を「歴史的・比較法制的手法の無視」として否定的に捉えているのである。[45]

末川博は、同じことを肯定的に評価し、岡松—石坂音四郎—鳩山秀夫というラインが「日本民法のドイツ流解釈法学を発展させたといってもよいのではないか」と述べている（『日本の法学』[46]）。星野英一は、『民法理由』以後の論文や講義録を優れたものとしながらも、「当時のいわゆる「法理論」つまり論理一点張りの諸傾向を示している」と評している。[47]しかし、『無過失損害賠償責任論』を挙げて「後になると岡松もずっと柔軟になる」という見方を取っている。

岡松の民法学上の仕事は、これまで述べてきたように、民法解釈学に留まるものではなく、台湾中心という地域的限定はあるにせよ、民事に関する調査、立案、慣習研究に及ぶのである。これらを含めた総合的な評価の視点が設定できるのではないか、と考える。

岡松の生涯にわたるすべての仕事の評価は、筆者がよくなしうることではない。しかし、台湾との関わりを含めて岡松の「遺産目録」を作るとしたら、さしあたり、次のような「分類」が可能ではないかと思う。

（一）民法（解釈）学の領域
（二）社会学ないし法社会学的な領域（台湾旧慣調査）
（三）比較法、民族法学の領域（台湾高山族の慣習研究）
（四）民事諸法の編纂（台湾旧慣立法）
（五）憲法、行政法の領域（「台湾ノ制度ニ関スル意見書」）

前に述べたことから分かるように、従来、右の（一）と（二）の領域における仕事については、相互の関連は無視されてはいるものの、それなりに評価がなされているが、（三）以下については、これまでほとんど忘れられていたと言っても過言ではない。より広い観点からの、法学者・岡松参太郎の日本民法学史上の再評価が待たれるところである。

注

（1）鶴見祐輔の『後藤新平』にも、この「意見書」の存在はもとより、児玉・後藤の台湾統治制度改革構想に関する叙述が一切ない。一考に値する問題である。
（2）本文中で触れた事柄のほか、「書簡」には次のような興味深いことが書かれている。1、憲法に違反する法律が制定された実例、及び憲法が規定した法律事項を命令に委任し、かつ命令を以てこれらを規定した実例が外国にあるか、という後藤の質問に対する岡松の回答。前者に対しては「今に適例を発見不致」、後者に対しては実例あり、としている。明らかに、六三法に関連した質問と回答である。2、『台湾旧慣制度調査一斑』の英訳の件。文面からすると岡松が英訳を提案したと思われる。3、関口隆正（前台中弁務署長）を漢文要員として旧慣調査会に採用依頼の件。この件は実現し、関口は明治三五年一月二九日付けで、同会嘱託となった。このことも日付推定の根拠になる。
（3）いずれ詳しい紹介と論証の機会を持ちたいと考えている。
（4）竹越与三郎の『台湾統治志』博文館、明治三八年九月、八五頁に次の記述がある。「三八年に至り、法律六十三号有効期限の尽きんとするが為め、更に平和克復後迄其効力を有すべしとの法律案議会に提出せられ、議会は之を承諾したり、是れ台湾統治に関して台湾総督は一個独立の法制を案出したけれども、政府の議未だ決せず（中略）と解せらる」。ここに言う「一個独立の法制」とは、台湾統治法等のことであろう。

（5）この「説明」中では、旧慣調査の結果、旧慣に基づく特別の立法の必要性を認めるに至った、と明確に書いている。

（6）原奎一郎編『原敬日記』第二巻、福村出版、一九六五年、一二二―一二四頁。

（7）生まれた月日については、「八月九日」説（『人事興信録』大正七年版）と、「九月九日」説（『大日本博士録』発展社、大正一〇年）とがあり、はっきりしない。場所についても、「熊本」説（『大日本博士録』）があるが、確実だろうか。

（8）『コンサイス人名辞典・日本編』（三省堂）は、「おうこく」と読んでいるが、参太郎の長孫にあたられる岡松浩太郎氏によれば、岡松家では「ようこく」と読んでいるとのことなので、ここでは後者の読みを採った。

（9）『人事興信録』は「三男」、『法学新報』三二巻二号、大正一一年二月、一二九頁の追悼記録は「長男」としている。岡松浩太郎氏によれば三男であり、上に二人男の子がいたが早く亡くなった、とのことである。

（10）山室信一『法制官僚の時代――国家の設計と知の歴程』木鐸社、一九八四年、一四三頁。

（11）山室前掲書（一二二頁）によれば、中江兆民と井上毅は甕谷や徳富蘇峰を通じてかなり深く知り合っていたという。

（12）『帝国大学一覧』従明治二四年至明治二五年版（以下、「明治二四―二五年版」のように表記する）、明治二四年一一月刊、の参考科第一部第一年に参太郎の名がある。当時法科大学には法律学科と政治学科があり、法律学科の中は選択必修の三つの外国法別にコースが分かれていた。すなわち、イギリス法、フランス法、ドイツ法の三コースである。コースの呼び方は、イギリス法を例に取ると「第一部」、「参考科第一部」、「英吉利法兼修」というように変遷しているが、「英法科」と通称されることが多い。学生の氏名は一年目はイロハ順、二年目からはコース内の成績順であり、明治二五―二六年版、明治二六―二七年版とも参太郎は首席であり、かつ特待生を示す〇印が付いている。

（13）「中国旧慣の調査について――天海謙三郎氏をめぐる座談会」、『東洋文化』二五号、一九五八年三月、五三、六二頁による。

（14）『帝国大学一覧』明治二七―二八年版による。岡松のほかに、織田万、井上密、それに夏目金之助の名も見える。

（15）「民法総論」、「民法財産取得編」、「債権法」「証拠法」、「抵当論」等。

(16) 八尾書店、明治二七年九月刊。なお、深井英五は同じ書をフランス語から直接翻訳し、明治二六年三月、民友社から刊行している。
(17) 穂積、梅、富井は、法科大学教授であり、岡松の師でもある。
(18) 『外国法と日本法』(岩波講座『現代法』第一四巻)、岩波書店、一九六六年、二二九頁、III 日本における外国法の摂取、三 ドイツ法(奥田昌道)。
(19) 星野英一「日本民法学史」、『月刊法学教室』八号、一九八一年五月、三八頁。
(20) 牧野英一「故岡松博士の憶ひ出」、『法学志林』二四巻二号、大正一一年二月。
(21) 京都大学七十年史編集委員会編『京都大学七十年史』京都大学、一九六七年、三一二二、三四八頁。
(22) 前掲『大日本博士録』には民法と国際私法研究の為、となっている。
(23) 明治三七年、鳥海安治編刊。「読売新聞」明治三六年二月から八月までに連載されたものに、東京・京都両帝国大学教授の文等を合わせたもの。なお、岡松の簡単な人物論としては、『人物画伝』有楽社、明治四〇年、一八三―一八四頁、がある。
(24) 注(21)前掲書、五〇頁。
(25) 末川博「法学界の巨星岡松参太郎先生の思い出」、『書斎の窓』三号、一九五三年八月、のち末川『法律の内と外』有斐閣、一九六四年、に所収。また、『書斎の窓』二六九号、一九七七年一一・一二月、に再録。
(26) 臨時台湾旧慣調査会『台湾旧慣調査事業報告』大正六年、五―八頁を参照。
(27) 鶴見祐輔『後藤新平』第二巻、勁草書房版、三九五頁。
(28) 『臨時台湾旧慣調査会第一部調査第一回報告書』上巻、岡松の「叙言」(明治三六年三月)等による。
(29) 台湾総督府編『台湾ニ施行スヘキ法令ニ関スル法律其ノ沿革竝現行律令』大正一〇年、一一二頁。
(30) 岡松の講演は台北法曹倶楽部で行われたが、小林勝民の「岡松参太郎君に与ふる書」(『日本弁護士協会録事』一一七号、明治四一年二月)は、これに対する反論の形で、統一主義の立場から特別立法(旧慣に基づく立法)を批判し、岡松が京大教授と満鉄理事を兼任していることを非難している。
(31) 星野英一教授は「わが民法は、内容的にはフランス民法の影響が強いのだが、わが国では、何故か、最近に至るまで、これがドイツ民法の影響の強いものであると誤り伝えられていた」と述べておられるが(『民法概論I』良書普及会、一九七一年、一九頁）、岡松の講演を見る限り（レトリックが多く含まれているにせよ）、フランス法の影響を大きく評価（ネガティブに）している。民法観の変化はもっと時代が下って生じたと考えられる。

（32）後藤新平文書に所収（R37）。

（33）前掲注（13）に同じ。

（34）前掲『大日本博士録』、『法学新報』三二巻二号、等による。

（35）前掲注（25）に同じ。

（36）『無過失損害賠償責任論』（京都法学会、大正五年。一九五三年に有斐閣より復刻）の序で岡松は、こう書いている。「無過失責任論ノ研究ハ予カ宿志ニシテ而シテ従来学俗両務ニ妨ケラレ力ヲ此ニ専ラニスルヲ得ス、近年閑居、述作ニ従事シ」云々。

（37）「台湾民法典」の編纂（旧慣立法）が頓挫したのは、石坂の早逝も影響していたかも知れない。

（38）有斐閣、大正六年九月。

（39）片山秀太郎「岡松博士の大著「台湾番族慣習研究」出づ」、『台湾時報』三四号、大正一一年五月、参照。なお、片山は旧慣調査会第三部委員を務めたことがあり、「岡松博士と台湾の立法」、『台湾時報』三一号、大正一一年二月、という一文がある。

（40）前掲注（36）を参照。

（41）前掲注（20）に同じ。

（42）中央公論社、一九四九年。

（43）『東洋文化』二五号、一九五八年三月。

（44）日本評論社、一九六八年。

（45）岡松の仕事全体について、このように言えるのかどうか、筆者はやや疑問に思っている。

（46）日本評論新社編集局、一九五〇年。

（47）星野英一、前掲注（19）論文、参照。

補注

［1］その後、一九九九年春、岡松参太郎の旧蔵図書及び文書資料が岡松家から早稲田大学図書館に寄贈されたが、その中に「法律第六十三号ニ関スル意見書」（明治三四年一一月）と「台湾ノ制度ニ関スル意見書」（明治三五年夏、児玉総督ノ諮問ニ依リ於台北起案）という二通の岡松意見書が残されていた。したがって、本文中「先日差上候意見書」とあるのは「法律第六十三号ニ関スル意見書」であり、「台湾ノ制度ニ関スル意見書」が提出されたのは明治三五年夏であるので、訂正しておきたい。なお、二〇〇三年六月、日本台湾学会第五回学術大会（関西大会）の第三分科会「法学博士・岡松参太郎と台湾総督府の立法政策」における報告、岡本真希子「臨時台湾旧慣調査会の組織運営と調査方法」、春山明哲「『台湾統治法』と『台湾私法』について」（『日本台湾学会第五回学術大会報告者論文集』所収）を参照されたい。

後藤新平の台湾統治論・植民政策論

――「政治思想」の視点からの序論――

はじめに

後藤新平ほど多くの人々によって、しかも時代を越えて論じられてきた「政治家」も稀であろう。ここに「政治家」としたのはいうまでもなく、後藤の生涯には、逓信・内務・外務大臣として内閣に列した経験のみならず、医師、衛生行政、植民地台湾の経営、満鉄総裁、東京市長などの行政的キャリア、さらには日ソ国交や政治の倫理化など多彩な政治的活動が含まれているからである。したがって、「後藤新平論」もまた多方面から多様な視角を持って繰り広げられてきたといえる。

しかし、後藤新平の「本国政治家」としての手腕や構想の先覚性が回想され再評価されるのに比較すると、後藤の台湾統治についての議論や研究は実は意外に乏しいのが現状である。「植民地行政官」としての後藤は、帝国主義・植民地主義が「否定されるべき悪」としてのみ理解されるなら、まさに後藤はその「実践者」なのだから肯定的評価はありえないことになる。[1] だが後藤の「台湾経験」を抜きにしてその「本国政治家」としての活動を検討することは彼の重要な側面を見落とすことになろう。それに、一九世紀後半の世界史において「植民地主義」なき「近代化」はなかったのであり、近代日本は植民地台湾の領有によって「帝国日本」として名実ともに形成されたのである。

ところで、後藤自身にとって「台湾経験」とはなんであったのだろうか。第一次世界大戦のさなかの一九一六(大正五)年、後藤新平は『日本膨脹論』という書を世に出した。その「執筆の由来」で後藤はこう書いている。[2]

予が台湾生活は僅に十年の短日月に過ぎなかつたが、予の得たる経験は、予に取りては実に生涯の誇りであり、精神上の光輝である。予は此の間に於て無字の書を読み、無弦の琴を弾ずる底の教訓と興趣とを得た。未だ読まざるの書を読み、曾て思はざるの理を観ずる事が出来た。読みて然かも実証し得ざるところを実証し、思ひて然かも悟入し得ざるところを悟入し得た。かくて予の人類観、社会観、施政観、経世観の凡ては、恰も自然の権威あるものの如く予の自信を力づけた。(中略)

台湾の社会は実にこれ蓬々三千年に渉る人類生活の活歴史であり活縮図である。原始より開明に至る迄の人類一切の活劇は同時同処に躍々としてパノラマの如くに展開せられて居る。即ち一方山脈地帯には穴居民族を思ひ起させるやうな各種蕃族が蠢々然として太古的生活を営むを見、又一方開港場には修好列国民が雑然として文明的生活の営みに役々を見る。而して同じく文明生活といふも、其の間自ら程度の差あり、様式の差あり、風習の差あり、性情の差があつて、洵に千差万別である。即ち啻に歴史的に人類生活の通相を顕現して居る計りではなく、世界的に人類生活の全姿態を展開して居る。

「台湾経験」が後藤新平にとってどのような位置を占め、どんな質と重量を持っているかが分かる文章であるが、面白いことは後藤が台湾社会を「三千年の人類生活の歴史のパノラマ」に譬えていることである。そして、その生活の「千差万別」性つまり台湾の文化的多元性を認識し、それをどこか楽しんでいるような気配があることである。

かつて、筆者は後藤の台湾統治政策の特質を「特別統治主義」として把握したことがある[3]が、この用語と概念は、日本植民地主義の政治的展開を理解し把握するために、台湾統治政策の「基本路線」として、政党政治家・原敬に代表される「内地延長主義」との対比を試みるために使用したのであった。

本稿では、後藤の台湾統治論の特質はなにか、台湾の植民政策論におけるその位置付けはなにかという問題意識に立って、後藤新平の「政治思想」にアプローチすることを試みたい。ここで「政治思想」とは、必ずしも体系的な思想ではなく、後藤の生涯にわたる活動に関する、すなわち「広義の政治」についての彼の認識、思考方法、活動様式等を指す。また、個々の具体的な政策ではなく、その政策の方向性、枠組、手法の背景にあり、それらを規定したと思われる後藤の「政治思想」とはどんなものであったのか、という視点からの検討を課題とする。以下では、その序論として、まず、これまでの後藤新平論のうち、彼の「政治思想」の検討に関係する先行研究に触れ、ついで、検討にあたって留意すべき条件を確認する。これらの「準備作業」ののちに、このアプローチにとって基本的な重要性を持つと思われる後藤の著作をいくつか取上げて、後藤の台湾統治論・植民政策論の検討の第一歩としたい。

一　後藤新平論の「系譜」と動向

まず、これまでの後藤新平論のうち、台湾統治・植民政策に関連した政治思想の検討を含むものについて、簡単にレビューしておく。

はじめに取り上げておきたいのは鶴見祐輔の後藤論である。鶴見は一九四三（昭和一八）年、『後藤新平伝　台湾統治篇下』[4]の末尾に「附記　伯の台湾統治と大東亜共栄圏」を書いている。鶴見はこの中で、「後藤の最も得意とする創造の才は、僅かに台湾の一孤島と、戦後満洲の一局部に揮はれたに過ぎなかった」とし、本国帰還後は日本内地の固定した資本主義制度と中央政界の硬化した官僚政治、爛熟期の政党政治の時期になっていたため、後藤は当時の「保守的勢力と衝突し、その精力の大半はかゝる摩擦と妨害との克服調和の為めに消耗せられ、その積極的才能を十二分に発揮するの機会を得なかつた」としている。また鶴見は、後藤の台湾統治の特色を五点にまとめている。第一は、新附の異民族統治の方針として生物学的原則を主張した点、第二は、政治の基礎としての近代科学の尊重、第三は「全部と一部との関係」、つまり世界・東アジアにおける日本の国家戦略と台湾統治の関係について、後藤は「五十年百年後の世界的日本の姿を想定し、その想像的日本の一部としての台湾を作り上げておくことが、日本の発展に対する模型を提供し、雛型を供給することになる。」と考えた、と鶴見は見る。第四が人材の育成であり、中村是公、新渡戸稲造、岡松参太郎ら「無名の青年を台湾に招致し」、ともに閑談・激論し仕事をする中で彼等を「錬磨」した。鶴見はこれを後藤の「人間道楽」であり「教育者的側面」と見る。第五は「東西文明の調和」という思想で、これは後藤の独創ではないが、台湾における水道、下水、衛生、港湾、鉄道、建築から科学的調査、学校教育に至るまで外国文明・文化の長所の採択・応用である、というのが鶴見の評価である。

後藤伝の作者として、また後藤の女婿として後藤を身辺から見ていた鶴見の観察は傾聴すべき点があり、また、後代の後藤評価の原型の一種と思われなくもない。

戦後の政治思想史的研究における後藤論の嚆矢とも言うべきものは、前田康博「後藤新平」[5]である。前田は後藤を「初期帝国主義時代の国士的政治企業家」と表現し、その最大の手腕を示したのは台湾の民政長官としてである、とする。「政治企業家」として後藤の経済面での能力に着目したこと、とりわけ台湾に対する経済投資と科学的調査の関係を考察したことは前田論文の重要な点である。ただし、台湾が歴史的文明をもたないために事物の法則（生物学の原則）にのっとるかぎり自由に政策を決定できた、という指摘や、台湾の旧慣重視は一部識者の常識で後藤の包装の技術に過ぎない、とするあたりは首肯できない点である。

ついで、溝部英章の「後藤新平論」[6]が登場する。その副題にあるように、溝部は後藤の「政治思想の真髄」を〝理性の独裁〟型統治思想と闘争的世界像にあると表現したが、重要なことは後藤の思想を段階的に把握しようとしたことである。溝部は、『国家衛生原理』の分析を通じて、この書が後藤の全思想の基礎をなす人間観・国家社会観の基礎をなしていると位置付け、その意義は「人間とあらゆる人間的事象とを生物学の次元に還元して通観し、個々人の生命維持の法つまり『衛生』という唯だ一つの原理以外の何ものをも顧慮することなく自由自在に、近代的人間とその国家を構成し基礎づけたその論理的徹底性にあった」[7]とする。台湾は「後藤新平にその年来の政治思想の恰好の実験場を提供するもの」[8]であり、「台湾で実験され成功を収めたのは、所謂『生物学の原則』に基づく統治であった」とする。〝理性の独裁〟とは、「理性的に卓越する統治者の透徹した眼だけが把握しうる対象の事物の法則とそれに則る実践的措置とがそのまま法たりうるこの『生物学の原則』に基づく統治」のことである。そして、この統治方法が台湾で成功を収めることができたのは、法律六三号による特別立法の容認にみられるように、非常事態にある台湾、という当時の歴史的事情によるものであったと指摘する。

前田および溝部論文が後藤新平の思想の「論理」を抽出することに主眼を置く、やや演繹的な分析であるのに対して、北岡伸一「外交指導者としての後藤新平」[9]は、後藤の対外政策における思想的特質を明らかにし、それが近代日本外交史上において持った意義を明らかにすることを課題として、後藤の人生の伝記的記述を背景に、その対外政策を歴史的な状況との関連において実証的に検討したものである。北岡論文でも『国家衛生原理』は触れられてはいるが、それよりも後藤のドイツ留学における西洋文明との出会い、そしてなによりも台湾における経験、その国際的・対外政策的側面が重視されている。台湾経済と対岸の中国大陸との経済関係、義和団事件と厦門事件、新渡戸稲造との欧米旅行など「台湾経営を通じて清国を発見し、義和団を通じてアメリカを発見した」後藤は、その『生物学』的政治観を現実の国際政治にまで適用するに至った」とされる[10]。その具体的な現れが「文装的武備論」と「新旧大陸対峙論」であり、ワシントン体制批判と日中ソ三国提携による極東国際秩序構築の構想であった。北岡は外交指導者としての後藤の個性を「統合主義的国際関係観」、すなわち「対立関係を多く含む国際関係の中にも統合の側面、つまり共通の利益の可能性を見出そうとした。そしてそれを主として実業によって組織し、当事者間に利益の紐帯を作り上げ、対立関係を新たな統合関係に止揚しようとした[11]」と結論づけている。

近年の後藤新平論の中では、酒井哲哉が「後藤新平論の現在――帝国秩序と国際秩序[12]」において、植民政策学・国際文化交流・地政学的思考が、帝国秩序と国際秩序を相互に媒介する形で、密接に関連しながら形成されてきたとの認識の上に、「後藤新平の思想史位置付けも、世界秩序論一般にみられる側面と、近代日本に特徴的な側面とを、慎重に腑分けしていく作業が、今後は必要であろう」と示唆し、「『国家衛生原理』から始まる後藤の政治思想の評価も、こうした文脈で再検討の必要があろう」と提起している。また、張隆志は「植民地近代の分析と後藤新平論――台湾近代史を事例として[13]」の一九八〇年代の楊碧川、戴國煇らによる後藤新平評価をめぐる「台湾近代化論争」、台湾近代史の時代区分問題をめぐるパラダイム、近代化等の分析概念、および一九九〇年代以降の台湾近代史研究の成果を検討した上で、後藤新平を「イデオロギー色の強い紋切り型の論争の題材」とみなすことなく、「従来の道徳的価値判断から自由になり、歴史的文脈を重視した比較分析によって新たな枠組みを再構築しなければならない」と問題提起している。

二 「メディアの政治家」としての後藤新平

後藤の政治思想を検討するにあたり、その準備作業ないし前提として、鶴見祐輔著『後藤新平』、および後藤の「著作」について簡単に触れておきたい。

鶴見祐輔によって書かれ、一九三七(昭和一二)年から翌一九三八年にかけて後藤新平伯伝記編纂会によって刊行された『後藤新平』全四巻は、「資料の豊かさ、正確で魅力的な叙述などの点で、近代日本の政治家の伝記として屈指のもの」[14]として現在でも高い評価を得ており、歴史研究の資料としても価値の高いものである。しかし、後藤新平の評価という観点からは考慮しなければならない点がある。ひとつは、この伝記の編纂事情であり、もうひとつは著者・鶴見祐輔の「叙述法」というべきものについてである。

後藤の死後、新渡戸稲造、池田宏などが中心となって伝記編纂に向けた動きが具体化し、一九三一年に後藤新平伯伝記編纂会が設立された(会長、斎藤実)。編纂会は後藤家に保存されていた膨大な資料のほか、後藤が関係した満鉄、日露協会、台湾婦人慈善会など一九団体の協力なども得て資料を収集し、その整理と取捨選択を行い、滝川政次郎、井口一郎、平野義太郎らが最初の原稿を作成した。一九三三年に帰国した鶴見は編纂会の協力を得ながら、全部自分のスタイルでやりなおし、三年の歳月をかけて原稿を執筆したという。この原稿は編纂委員が分担校閲し、総合的整理にあたった田中清次郎によれば鶴見との打ち合わせは二百数十回に及んだという。『後藤新平』の編纂過程は、まさにビッグ・プロジェクトであった[15]。伝記刊行後、収集された資料は後藤新平伯関係文書処理委員会に引き継がれ、文書類・書簡類の整理ののち、一九三九(昭和一四)年に『後藤新平伯関係文書目録』が作成された。

〈後藤新平アーカイブ〉ともいうべきこれらの資料は財団法人東京市政調査会に保存されていたが、一九七八年岩手県水沢市（現・奥州市）に後藤新平記念館が開設されるに伴ない、その大部分が寄贈・移管された。これらの経過からも分かるように、『後藤新平』は伝記編纂会のメンバーによる「集合著作物」という性格もあり、また、資料の取捨選択も当然のことながら慎重に行われていることに留意する必要がある。

もうひとつの鶴見の「叙述法」についてだが、彼は「編著者の詞」で「余はここに筆者として、余が本伝記執筆に際し取りたる態度を明記し置かんと欲する」として、「新史伝」と「生きたる政治史」のふたつを挙げている。[16]「新史伝」とは「主人公の人格発展を描写することを主眼」とするもので、「史伝たるがゆえに材料はことごとく事実でなければならない。この点において史伝は科学である。」「人間を紙上に再現することが新史伝の目標である。ゆえにこの観点よりすれば史伝は文学である」と鶴見は断っているのである。[17]『後藤新平』の面白さは「後藤を主人公とする文学的叙述」からも来ているとも言えるし、また逆に後藤の生涯は文学的造形を可能とするほどに面白かったとも言える。一方、「生きたる政治史」を書くとは、「後世史家の便宜のために、正確なる資料を提供せんと欲し、材料は談話にいたるまでなまのままこれを取り扱った」叙述の態度である。その材料であるが、伝記編纂会が収集したものに加えて、後藤自身が大量に保管していた。先に触れた『後藤新平伯関係文書目録』は謄写版で五六〇ページ余りの大部なもので、これを一瞥するだけでもその膨大さが知れる。このような夥しい文書や書簡が残っていることに、後藤新平の「保存の意思」を感じ取ることが可能であり、その中には後藤の「著作」が多量に含まれているのである。

後藤新平ほど「言葉」を駆使し、その生涯を通じて「メッセージ」を発信し続けた政治家は稀であろう。後藤新平の「著作」は、単行本、雑誌記事、パンフレット、序文など広く数えると、活字になったものだけでも約二七〇点に及んでいる。[18]このような夥しい言説の生産の背後には、後藤の幅広い「読書」（情報収集）と分析と対話があった。[19]

後藤の「著作」の全体像を概観すると、三つの特徴が見てとれる。一つは、テーマに対応した内容の一貫性と形式の多様性であり、例えば「自治」という単一の主題についてパンフレット、単行本、チラシの類など、さまざまな形式で出版しているのである。二つ目は、政治思想の摂取と外国情報の分析で、特にドイツの政治学・国家学関係の著作は自分が読むだけでなく、翻訳させて出版している。後藤の政治思想を検討するためにはこの方面からの分析も有用であろう。三つ目は、「政治の倫理化運動」や「ヨッフェ招致」などの際に採用されたパンフレットを駆使しての「同時進行ドキュメント」の発信である。

これら出版に加えて、新聞事業、レコードの作成、放送事業への後藤の関与などを考えると、後藤を「メディアの政治家」といってもよいだろう。

三　後藤新平の台湾統治論（一）――構想段階

後藤新平が植民地統治を通じて台湾に刻した足跡についてどう検証・評価するか、という問いは世界史における「植民地近代」を考察する上でも、「台湾史」を検討する上でも重要な研究課題であろう。後藤が台湾にもたらしたとさえ言える「文明としての近代」の評価とともに、基本的な問いのひとつは、後藤がなぜ台湾に「文明」を持ち込むためにあれほどの努力を傾けたのか、という点である。なるほど、台湾統治を「成功」させることが日本帝国としての威信と先進帝国主義列強からの評価に関わる、という考え方は一般的であった。しかし、どのような統治を実現すれば「成功」と言えるのか、という点について総合性と具体性を持った政策構想は、後藤以前にはなかったのである。そしてまた、欧米列強の多様な植民地政策の現実からすれば、台湾において「最低限の統治」、たとえば最小限のコストによって治安の確保と伝統的な経済社会体制の維持さえ実行できれば良い、という政策の選択もありえたはずである。本国財政が逼迫し、内地資本が台湾に投資される条件も乏しい中で、大規模な投資を必要とするインフラストラクチャーの整備や経済開発を試みる必然性は日本本国にはむしろ無かったと考えるほうが自然、という見方もありうるのである。

後藤の台湾統治論のうち、民政長官就任以前の「構想段階」のものとしては、「台湾島阿片制度ニ関スル意見」（明治二八年一二月）及び「台湾統治救急案」（明治三一年一月、井上蔵相へ提出）が重要であり、とくに「台湾統治救急案」は後藤の「台湾統治マニフェスト」ともいうべき包括的なものである。この「台湾統治救急案」成立には、次の三つの「源泉」があったと考えられる。第一は『国家衛生原理』で、この書のいわば「原理」の適用とも言える思想がこの案には窺えるのである。第二は、一八九六（明治二九）年六月、衛生顧問としての台湾視察で、後藤ははじめて台湾の実態に触れた認識を持つこととなった。第三は、列強の植民地政策に関する知識で、なかでも『ルーカス氏英国殖民誌』はわざわざ翻訳させている。

このうち、『国家衛生原理』（一八八九〔明治二二〕年）は、後藤の「思想」の体系的な原型（プロトタイプ）を叙述した著作とみることができる。この書は人類の目的である「生理的円満」の享有を実現するための「衛生」を論じたものであるが、その表題からも分かるように、これは後藤の「国家論」である。本書について後藤は後年、次のように回想している。[20]

英国のウィリアム、ファルと云へる人の書けるバイタル、スタチスチックと云へる書物は洵に有数の名著であるが、予等も衛生上の点より其を研究して、始めて植民と人生との、深遠偉大なる相関を知ったのである。之が為めに台湾領有後、予は当時の植民政策論者とは全く根本を異にせる地点より我が植民政策に関与するに至ったのである。（中略）予は之を生物学的変遷の上より考察して、常に其方途に於て進んだのである。

後藤の植民政策論との関係で言えば、後藤のこの回想にあるように、「衛生ト理財トノ関係」を論じた個所に、生命の価値に関する英国統計総監医学博士ウィリアム・ファルの『生命統計学』の要点が紹介されている。[21]この中に「人口の経済的価値」、「殖民と本国との資本関係」等の記述が見られる。ついでに言えば、後藤は若い時から数学と統計が得意で、その計数的頭脳と「理財」（金融経済）のセンスは注目すべきである。

もう一点は「慣習」についての考察である。「急激の変革は衛生上即生理上の危害恐るべきものあり」として、「慣習」が各国で異なっている原因について「地文学関係」、「土地人民の沿革」、「知識の発達」の点から考察している。とくに英国の自治制について「其の人民ハ一種ノ気格ヲ有シ自助ノ力ニ富ミ其衛生制度ハ各国ノ模範」と評価している。[22] 後藤にとって「自治」と「衛生」と「慣習」とは「生物学」の法則であった。

「台湾統治救急案」の核心部分には、この後藤の思想を看取することができる。

台湾行政中最モ改良ヲ要スル重ナルモノ如何ヲ問ワバ、従来同島ニ存在セシ所ノ自治行政ノ慣習ヲ恢復スルガ如キハ、蓋シ其急務中ノ最急務ナルモノナラン。（略）此自治制ノ慣習コソ、台湾島ニ於ケル一種ノ民法ト云フモ不可ナシ。／拓殖事業ニ至リテハ、輓近ノ科学的政策ヲ採ルヲ要ス。乃チ第一ニ鉄道、郵便、電信、汽船等ヲ初メトシ、道路、治水、水道、下水、病院及学校設置ノ方法等ヲ講ズルニ在リ。次ニ殖産工業収税等ノ改良ニ着手スベキナリ。[23]

きわめて単純化した表現を使えば、台湾社会の「生理的円満」を実現するための「衛生」（科学的文明）という方法の導入という後藤の「思想」を考慮しなければ、台湾の「社会経済開発」になぜあのような「投資」が行われたか、の説明は困難であると思われる。

四　後藤新平の台湾統治論（二）――実践段階

後藤新平がその台湾統治論をもっとも体系的に述べた著作として『日本植民論』[24]（一九一五（大正四）年）が挙げられる。この書で後藤は、児玉総督が就任後直ちに定めた次の八項目から成る「台湾統治の大綱」に沿ってその内容を説明しているが、もっとも注目されるのはその第一項目である。

第一　予め一定の施政方針を説かず、追って研究の上之を定む。研究の基礎を科学殊に生物学の上に置くこと。

これについて後藤は、「台湾の民情、自然現象、及び天然の富源等を現代科学の力を藉りて研究調査し、以て人民に対しては、最も適当なりと信ずる統治法を行ひ、気候風土及びそれに由りて生ずる危害、疾病に対しては、之亦適当なる処置を講ずることであつて、天然富源に対してはその開発に当りても科学の力を応用せんとするものである」と説明している。

また、この書では、台湾の財政及び経済について「嘗て植民国は、其の植民地から多大の利益を得、国庫の収入を増加せしむるを以て、植民政策の理想とし」ていたが、「此の観念は全然誤謬であつた」とし、「植民地の価値を植民地其のものの経済状態の健全なる発達に置」くことを主張している。

これらの政策大綱の考え方は、『国家衛生原理』の思想を台湾統治に適用したとも言えるものであって、また、欧米列強の歴史的経験、特に英国の植民政策[25]をひとつのモデルとしたものであるといえよう。

民政長官在任時の後藤の台湾統治論を知る上で、きわめて興味深いものは『台湾協会会報』等に掲載された後藤の講演記録等の記事である。[26]これらはいわば「進行中」（オン・ゴーイング）の後藤の台湾観・統治論を実感的に知ることができる。そのうち後藤の考え方の個性が感じられる点をいくつか取り上げる。

後藤は「日本人の品位」ということをしばしば強調する。たとえば、一八九八年の「台湾協会設立に就て所感を述ぶ」の中で、後藤は「日本人の品位を台湾に於て高尚に保つ」「品位を失はぬやうにして新版図の民に臨むことが必要で」あり、これは出来る、と述べている。ところがこの翌年の「台湾の実況」では、「本国の人が本国人たる品位を保つ所の精神と行為とに乏しいと云ふことが多い」と嘆いている。この「品位」という観念は人間関係にとどまらない。「新領土施政の公則」（一九〇二年）で、米国経済協会殖民地調査委員会の報告を紹介しながら、「各殖民地の財政は特に殖民地の公益と発達とのみに供し之を母国の利益に供すべからざること」という意見について、「大国民の殖民方針として母国国民の品位を保持するに必要の条項なり。帝国も必らずや此の如き考慮と襟度とを有せざるべからず」と言う。

「台湾の運命と地文学的関係」の視点も興味深い。一九〇〇（明治三三）年一月の「台湾の将来」の中で、後藤は「台湾の運命は地文学的関係に於て大に注目すべき要件あり」とし、他でもない「台湾全島に良港を欠くこと是なり」と言っている。もし、台湾に良港があったなら、台湾は「夙に列強の併有地と化了せしならむ」、もしそうでなくても「文明の利器は早くも輸入され、今日我輩施設の余地なからしめたるや疑を要せざる也」、すなわち、日本が科学の力を応用して生産力を増加させる余地がなかっただろう、と言うのである。なお、ここで「地文学」とは後藤の独特の用法で、「地政学」に近い意味を与えていると考えられる。

また、後藤は、台湾統治の拘束要因としてその国際環境を強調する。すなわち日本の台湾統治は「列国等の環視」のもとにあり、その成否は日本帝国の国際的地位と評価に関係すると見ていた。

今後、「実践段階」の後藤新平の「政治思想」を検討する際には、台湾における異文化接触からもたらされた「日本人論／ナショナリズム」の要素、台湾との接触による「人文地理的文明論」の要素、東アジアの国際環境の認識から来る「国際戦略」の要素を視野に入れることが必要と考えられる。

五　後藤新平の台湾統治論（三）——総括段階

後藤新平は、一九一四（大正三）年から一九一六年にかけて、台湾統治と植民政策に関するまとまった講演と著書の出版を行っている。以下の三点で、これらは〈後藤新平の台湾統治論・植民政策論三部作〉というべきものである。

Ａ『日本植民政策一斑』（一九一四年講演。一九二一年、拓殖新報社）
Ｂ『日本植民論』（一九一五年、公民同盟出版社）
Ｃ『日本膨脹論』（一九一六年、通俗大学会）

台湾を去ってすでに八年が経過し、直接植民地統治に責任を負っていないので比較的率直に語ることができる立場にあったこともあろうが、逆の見方をすれば、なぜこの時期にこのような言説を世に出したのか、という疑問が生ずるのである。簡単にこれらの内容に触れておこう。

『日本植民政策一斑』は、後藤が一九一四（大正三）年五月二〇日、六月五日、同二〇日に貴族院幸倶楽部で行った三回の連続講演の記録を中心にしたものである。講演は「日本植民政策一斑」の題のもとに、「緒論及び日本植民政策の史的経済的関係」、「帝国の満洲に於ける特殊の使命」、「植民政策の基礎となるべき間接設備の効用」の三回行われ、これらの講演速記のほか、引用書簡として「満洲鉄道総裁就職の情由を叙し山縣元帥西園寺首相林外相の回覧に供し並に所見を外相に質する書」ほか三点、さらに「児玉総督就任の当初施政方針を声明せざりし事」と附録（後述する）がついている。

この講演で後藤が述べた「文装的武備論」は「新旧大陸対峙論」とともに後藤の「思想的コンセプト」を表す表現として夙に知られているが[27]、ここでは台湾統治に関する注目すべき彼の発言をプロットしておく。やや不思議なことに、この講演における後藤の発言は、台湾経営の成功よりも、その否定的ないし問題的側面に重点が置かれているように思われる。

そのもっとも印象的な部分が、台湾統治第一期における「土匪鎮定」の実態である。後藤はここで明治三一〜三五年までの「匪徒殺戮数」の表を掲げ、「捕縛若は護送の際抵抗せし為」殺戮した者五六七三名、「判決に因る死刑」二九九八名、「討伐隊の手に依るもの」三二七六名、合計一万一九五〇名という数字を「公表」し、また、その鎮定に苦しんだ林少猫という「匪首」の事例を詳細に語っている。[28] なぜこの時期にこのような実態を明かにしたのか、理解が難しいところである。

いまひとつは教育政策論である。[29] 後藤は台湾人に対する教育については慎重な態度を取ったのだが、その理由について中国の伝統を引き継ぐ台湾の「読書人」の政治的態度を挙げるとともに、「支那人の性質（カラクテル）」が数世代を経てどうなるのか攻究上の疑問であること、南洋や米国に移住した者の言語と郷国観念・愛国心の変化との関係にも未知の部分がある、という理由を挙げている。

さらにまた、台湾の「財政独立」についても、これは当時の世論の批判に迫られて取った応急措置で、その結果に伴なって生じた弊害については外国にも台湾人にも知られたくないものがある、と述べている。

『日本植民論』については先に触れたが、その構成は、世界における植民思想の歴史を概説した「緒論」、初期の統治政策に関する「日本の台湾領有」、「台湾統治の大綱」、そして結論、となっている。「台湾統治の大綱」は全部で八項目あり、第一項の「統治の基礎としての科学・生物学」以外の項目の内容は、文武官の調和、地籍・人籍の調査と財政経済、本国と台湾の行政上の関係（憲法、法律六三号）、衛生・研究調査・阿片、警察・司法・殖産・交通、「土匪」鎮圧と「生蕃」討伐、民族的・種族的自覚への対応、となっている。後藤の思想と政策の関係を検討する上できわめて興味深いものであるが、その検討・分析は別の機会に試みたい。ただ、佐久間総督による「理蕃政策」、すなわち軍事力による台湾原住民居住領域の支配政策については、「急進的強圧的手段」であるとして「斯くの如きは愚策」と批判していること、また、「台湾法典」の編纂について、岡松参太郎博士を主査として、台湾の歴史、風俗、習慣に基礎を置く所の法典の作成に、後藤が期待をかけていることについて、留意しておこう。

さて、〈後藤新平の台湾統治論・植民政策論三部作〉最後の『日本膨脹論』であるが、これは狭い意味の植民政策論ではなく、むしろ後藤の「世界思想史」とでも言うべきものである。「世界主義」と「民族主義」を二大潮流として、古今東西の政治思想と文化に及ぶ議論を展開する後藤の読書と著作のユニークさについては驚かされるが、注意を惹かれるのは、『日本膨脹論』の終章の部分である。

後藤は、「筆を措くに際して、尚是非とも、数言を費やさざるを得ざるある物が残っている。或物とは何ぞ、予が植民政策に対する態度である。用意である。理想である。」として、〈自分は他の帝国主義者、植民政策の時事的問題を論ずる者とは大いに志を異にする。植民政策といえば政略的意味を含むし、「新植民政策」と言うのも適切ではない〉として、「予は更らに之を改めて、新たに文化政策てふ名を用ふるの寧ろ妥当なるを信ずるのである」と書くのである。さらに、後藤は「日本を小にする主義」、「文化政策に重きを置く」、「有機的文化的膨脹」を主張している。このことをどう見るべきなのだろうか。植民地政策から「文化政策」への転換と見るべきか、それとも従来からの首尾一貫した後藤の思想ないし理想と考えるべきか、今後検討を要する問題である。

一九一六年（大正五）四月、後藤新平は「台湾始政二〇周年記念博覧会」発会式に参列のため、台湾を再訪した。その感想が「師友の地再遊の所感」（一九一六年九月）（『東洋時報』）に掲載されているが、その中で後藤は、台湾経営は物的には成功したといえるが、「心的開拓の成功と相伴はず、而して主客顚倒の憾みあり」と「自己評価」している。

後藤新平の政治思想については、第一次世界大戦とその後の世界の構造的変化への後藤の認識と戦略という文脈から検討する必要があろう。

おわりに

後藤新平の台湾統治政策の全体像と彼の政治思想との関係を歴史的に検証するという課題は、これまでの研究史を振り返る限り、まだ端緒の段階にあると思われる。『国家衛生原理』に叙述された彼の人間観・社会観・国家観は、彼の政策的思惟の基調をなすものとして重要な位置を占めていることは確かであろう。しかし、ここから演繹的に、論理の必然として台湾統治論が導き出されたわけではない。ではあるけれども、後藤が積極的な台湾経営を行い、経済社会の開発に力を注いだことを抜きにしては台湾の近代を語ることは出来ない。そうだとすれば、当時の台湾をめぐる客観的な経済社会的条件、現地統治機関である台湾総督府と本国との政治的関係など、後藤にとっての「拘束要因」の考察も必要であろう。後藤自身、台湾の統治は「小成」であり、政策の「弊害」もあると認識しているのである。成功・失敗、是と非、光と陰という二項区分の視点に加えて、なぜ台湾統治があのようにありえたのか、あのようにしかありえなかったのか、「政治思想」と「統治政策」とを歴史的条件・拘束要因のもとで、総合的に検討する必要があるだろう。

また、後藤の思想を検討する上で、「アジア主義」に注目すべきではなかろうか。この点はこれまであまり重要視されてこなかったようである。例えば、伊藤博文との「厳島夜話」でも「新旧大陸対峙論」がクローズアップされているが、後藤が伊藤に説いた「第一策」は「アジア主義」であった。[30] また、後藤は『日本植民政策一斑』の講演を、「日支共立東洋銀行」を設立して「大亜細亜主義を以って東洋平和の枢軸を握る事を此両国の問題にして下さらんことを切に希望いたす次第であります[31]」と締めくくっている。そして、参考資料として「近く支那四川省より手に入りました一の印刷物[32]」を配布したのだが、これが附録・「大亜細亜主義・原漢文」として『日本植民政策一斑』の巻末に収録されている。この文書の筆者や由来はまだ突き止めていないが、中国が共和政体になったことを踏まえて、アジア人がアジアの機枢を把持すべきことを主張したものである。さらにまた、『日本植民論』の結論においても後藤は、日本と中国が提携して「大アジア主義」の実現に努力すべきことを説いている。

後藤にとって「台湾経験」は、台湾そのものの認識であると同時に、冒頭に引用したように「人類史」の発見の経験であったのではなかろうか。また、「大アジア主義」の出発点でもあったのではないか。これらの点からも後藤の思想を検討する余地がありそうである。

注

（1）マーク・ピーティーは、植民地主義の客観的な研究が困難な原因として、「見晴らしのよい鉄道旅行」のような手法で、「親・植民地号」か「反・植民地号」か、どちらかの汽車に乗ってしまいやすい傾向がある、という比喩を用いている。マーク・ピーティー（浅野豊美訳）『植民地　帝国五〇年の興亡』読売新聞社、一九九六年、三三八頁。
（2）『日本膨脹論』（大日本雄弁会、大正一三年。大正五年刊行の再版）、一―二頁。
（3）春山明哲「明治憲法体制と台湾統治」、『岩波講座　近代日本と植民地4　統合と支配の論理』（岩波書店、一九九三年）三一―五〇頁所収（本書所収）。
（4）この伝記は一九三七～三八年に刊行された全四巻の『後藤新平』の普及版として、太平洋協会出版部から刊行された。その後の復刻版（勁草書房）、及び藤原書店版には、この「附記」は収録されていない。
（5）『現代日本思想大系10　権力の思想』（神島二郎編、筑摩書房、一九六五年）所収。
（6）溝部英章「後藤新平論―闘争的世界像と〝理性の独裁〟（一）（二）」、『法学論叢』一〇〇巻二号（一九七六年一一月）、一〇一巻二号（一九七七年五月）。
（7）溝部、前掲（一）、七三―七四頁。
（8）溝部、同上、七六頁。
（9）北岡伸一「外交指導者としての後藤新平」、『近代日本と東アジア』（年報・近代日本研究―二）、山川出版社、一九八〇年、所収。
（10）北岡、同上、六五―六六頁。
（11）同上、九四頁。
（12）酒井哲哉「後藤新平論の現在――帝国秩序と国際秩序」、『環』八号、二〇〇二年冬。
（13）張隆志（胎中千鶴訳）「植民地近代の分析と後藤新平論――台湾近代史を事例として」、『環』二九号、二〇〇七年春。

(14) 北岡伸一『後藤新平——外交とヴィジョン』中公新書、一九八八年、二五〇頁。

(15) この事業の経緯については、春山明哲「後藤新平研究の回顧と展望・序説——伝記編纂事業と「後藤新平アーカイブ」の成立を中心に」(『環』二九号、二〇〇七春。改題のうえ本書所収)を参照されたい。

(16) 鶴見祐輔著、一海知義校訂『〈決定版〉正伝 後藤新平1 医者時代』藤原書店、二〇〇四年。

(17) 史伝作家としての鶴見祐輔については、春山「〈研究ノート『後藤新平』の「謎」〉第一回 孫文と後藤新平」、『後藤新平の会会報』一号、二〇〇六年四月。

(18) 春山明哲「メディアの政治家・後藤新平と「言葉の力」」参照。これは「後藤新平の全著作・関連文献一覧」の解題で、御厨貴編『後藤新平大全』藤原書店、二〇〇七年、一四〇—一四四頁所収。

(19) 森孝三「伯と読書」、『吾等の知れる後藤新平伯』(三井邦太郎編、東洋協会刊行、一九二九年)所収、一三二—一四三頁。

(20) 後藤新平「新転機に立つ植民政策」、大正一一(一九二二)年一月、『東洋』二五年一号。拓殖大学創立百年史編纂室編『後藤新平——背骨のある国際人』拓殖大学、二〇〇一年、一七八頁より引用。

(21) 後藤新平纂述『国家衛生原理』(一八八九年)中の「第五編 衛生ト理財トノ関係」のうち、一五一—一六六頁。同書の復刻版(創造出版、一九七八年)を使用した。この復刻版に寄せた序文で、武見太郎(当時日本医師会長)は後藤の基本的な思想は「今日でいう公衆衛生と社会医学を一体としたような思想」で、その「疾病観及び健康観には今日いう生態学的な基盤が非常に強くあった」と興味深い指摘をしている。

(22) 後藤、同上書、一一二—一二〇頁、慣習と自治に関する記述参照。

(23) 鶴見祐輔著、一海知義校訂『〈決定版〉正伝 後藤新平2 衛生局長時代』藤原書店、二〇〇四年、六五〇—六五五頁。

(24) 後藤新平『日本植民論』(公民同盟出版社、一九一五年)。この本は「公民同盟叢書」というシリーズの一冊として出版された。編纂者は堤康次郎である。今日で言えば新書版の形式で、一般市民向けの啓蒙書である。

(25) マーク・ピーティーは、後藤がドイツの考え方を採用したとし、「科学的植民地主義」という考え方はドイツのヴィルヘルム二世の信奉者によって好んで用いられた、と指摘している(前引『植民地 帝国の興亡』一二三頁)。検討すべき視点である。

(26) 近年、後藤がかつてその学長を務めたことがある拓殖大学が創立百年記念事業の一環として出版した『後藤新平——背骨のある国際人』に復刻・収録された。「台湾協会設立に就て所感を述ぶ」(一八九八年一一月)、「台湾の実況」(一八九九年四月)、「台湾の将来」(一九〇〇年一月)、「新領土施政の公則」(一九〇二年一月)、「台湾談」(一九〇五年一月)(以上、『台湾協会会報』)、「師友の地再遊の所感」(一九一六年九月)(『東洋時報』)などが台湾統治論関係の主要な記事である。
(27) 前掲の北岡伸一「外交指導者としての後藤新平」の第二節「文装的武備論と新旧大陸対峙論(一九〇六～一九一八)」に卓抜な分析・論証がある。
(28) 後藤新平『日本植民政策一斑』二七—三〇頁。
(29) 同上、一〇六—一一一頁
(30) 鶴見祐輔著・一海知義校訂『〈決定版〉正伝　後藤新平4　満鉄時代』藤原書店、二〇〇五年、四九五—四九七頁。
(31) 『日本植民政策一斑』一二六頁。
(32) 同上、一一三頁。

III　日本における台湾史研究の回顧と展望

台湾近現代史研究会の思い出
――第一回東アジア近代史青年研究者交流会議（二〇〇二年八月三〇日）講演記録――

司会・川島真　ではこれから第二セッションを始めたいと思います。日本でこの会議を開くに当たって、いくつか日本側で出来る事はないかと話した時に、朝鮮史、満洲史方面の方々の対話というのが一つあって、もう一つ台湾側の人にとって、日頃論文ではお名前を拝見しているが、なかなかお会いする機会のない先生のお話を伺う機会を取りたいことがありました。そこで是非春山先生にお話を伺いたいということがありまして、この機会を設けたわけでございます。春山先生は現在日本の国立国会図書館でお仕事をされていまして、皆さんもご存知のように、台湾戦後近現代史研究の開拓者でございます。先ほど並木先生がおっしゃったように、政治史への貢献には非常に大きなものがあります。春山先生は日本統治時代の台湾史に関する論文を多数書いていらっしゃいます。また戴國煇先生の学生でもありました。そこで本日はこの機会を利用しまして、春山先生から若い研究者が知らない日本の台湾研究史、つまり台湾研究の学術的発展についてお話を伺いたいと思います。それでは春山先生にお話を伺いたいと思います。

はじめに

只今ご紹介いただきました春山明哲でございます。本日はこのような交流会議にお招きいただき、皆さんの前でお話しできる機会を得ましたことを大変嬉しくまた大変光栄に思っております。最初駒込武さんから、「私の研究の歩み」というテーマで話をしてくれませんか、と依頼がありました。少し考えまして、「台湾近現代史研究会」のことをお話ししてもよいのなら、という条件でお引き受けしました。その理由は三つあります。第一は、私の研究といいましても大したことはありません。しかし、私の研究は「台湾近現代史研究会」に始まりましたので、それが第一の理由です。第二に、昨年戴國煇さん(1)が亡くなられたことです。日本における戴さんの活動については、特に台湾の皆さんはご存知ないと思います。戴さんは私の歴史の先生でありますし、皆さんにぜひ知っていただきたいと思います。第三に、この研究会が解散しまして、だんだん忘れられようとしています。歴史に記録しておく必要があるのではないかと思います。

資料についてご説明します。三澤真美恵さんを始め事務局の方々、ありがとうございます。「レジメ一」として、「台湾近現代史研究会について——その前史、成立、展開、解散、評価」、「レジメ二」として、「私の研究の歩み」で、それぞれ八枚ずつあります。最後に私の著作の一覧がございます。レジメは大体これを読みますので、川島真さんに通訳してもらいます。時間の都合で省略するところもございますので、飛ばした所は後でお読みください。参考資料も途中で使います。

研究会について語るには、本当は今日ここにいらっしゃる若林正丈先生の方が適任だと思いますが、しかし私が会の事務局のようなことをしておりましたので、資料はほとんど私の手元にございます。例えばここに「台湾近現代史研究会」の判子がございます。それから、お金の出入りを書いた出納帳もあります。これは若林先生が最初につけたものです。切手が千円とか書いてあります。まあこういうものが残っております。私は何でも捨てないで取っておきますので、研究会の文書はメモにいたるまで残っています。私のおばあちゃんが何でもとっておく人で、その影響だと思います。タイトルの副題に「私の文書箱から」とつけたのは、そういう理由です。前置きが長くなりましたが、ではレジメ一をご覧下さい。

一　台湾近現代史研究会のこと

概要　レジメ一の八頁の年表を見てください。そこの左側に、一九五五年戴國煇さん来日から二〇〇一年戴國煇さん死去とあります。「台湾近現代史研究会」という名称の研究会は、その月例研究会の日付で言えば、一九七八年二月九日から一九八七年一二月二三日まで、約一〇年間存続しました。偶然ですけれど、蔣経国台湾総統が就任してから戒厳令が解除されるまでの間ということになります。しかし、この研究会を理解していただくために、その前史からご説明したいと思います。この研究会の前身である「東寧会」は、一九七〇年夏に発足しました。それから一九七五年には、若手による「同人研究会」というものが出来ました。この「東寧会」と「同人研究会」が合流する形で「後藤新平研究会」が一九七五年に出来ました。この「後藤新平研究会」が名称を変えて一九七八年に発足したのが「台湾近現代史研究会」でした。ですから東寧会の一九七〇年から、最後に一九八九年に雑誌の第六号の合評会が開かれましたが、そこまでを通算すると、約二〇年間研究会活動が持続したことになります。今日はこの二〇年間についてお話ししたいと思います。

発端　まず発端ですが、戴さんが『台湾霧社蜂起事件――研究と資料』（社会思想社、一九八一年）の序で書いているところによれば、一九七〇年の夏、当時東大の学生であった若林正丈、松永正義、宇野利玄の三人がアジア経済研究所に戴さんを訪ね、台湾研究について助言を求めたことが発端です。若林君の記憶によると、若林君と呉密察先生の対談（若林正丈『転形期の台湾──「脱内戦化」の政治』田畑書店、一九八九年）に出てくるのですが、一九七一年の出来事だと書いてあり、ズレがあります。戴さんは、研究所の同僚や知人らに相談し、「共同研究グループらしきもの」を月一回開くことになりました。これが「東寧会」です。東寧というのは、台湾の古い呼び名と聞いております。正しいですか？（会場、呉密察氏うなずく）この東寧会の共同研究のテーマとして霧社事件が選ばれました。メンバーの一人である中村ふじゑさんが、台湾霧社を訪ねた時に、霧社蜂起事件の生き残りであるオビン・タダオ（花岡初子、高彩雲）さんに会ったことが霧社事件研究のきっかけとなりました。霧社事件の本を我々が出した後、オビン・タダオのご主人のピホ・ワリス（高永清）さんからお手紙をいただいたことがあります。これは、関係資料の「文書箱」の中にあったそのコピーです。

経過　一九七五年七月、東寧会の若手五人（若林、松永、宇野、河原、春山）が集まり、若林君の提案によって『同人通訊』という会報を発行することになりました。それから雑誌を作ろうという相談をしました。雑誌の「巻頭言」の案文を各自が書いて、私がまとめたものが残っています。それを読みますと、当時私たちがなぜ台湾研究をしようと考えたのか、その理由がわかります。

一九七五年一二月に、後藤新平研究会が発足しました。会員は二〇名でした。会の名前は共同研究テーマとして「後藤新平」が選ばれたことに由来します。この研究会は約二年続きましたが、この期間に研究会の運営方法いわば「作風」が確立して、これが台湾近現代史研究会の運営のプロトタイプとなりました。後藤新平の共同研究はまとまった成果を挙げずに事実上中止となりました。このことは後で申し上げます。

成立　一九七七年暮れの忘年会で、台湾近現代史研究会を作ろうということになりました。直接のきっかけは雑誌『台湾近現代史研究』が刊行できることになり、その編集・発行母体が必要になったためです。

展開　この台湾近現代史研究会一〇年間の活動は、三つの期間に区分できます。まず前期が一九七八年から一九八一年までで、私は「発展期」と名付けたいと思います。前期では雑誌『台湾近現代史研究』が創刊（龍渓書舎）され、霧社事件の研究成果である『台湾霧社蜂起事件――研究と資料』（社会思想社）が出版されました。霧社の本は厚くて重いので今日は持って来ませんでした。前期の終わり頃には、会員が五十数名まで増えました。次の中期が、一九八二年から一九八五年頃までで、「転換期」だと思います。この中期では、歴史よりも現代台湾への関心を多くの会員が懐くようになりました。そして交流が活発化し、特に台湾からのお客様が多くなりました。中心メンバーが外国に出かけることもたびたびでした。例えば、戴さんは一年間アメリカに行きましたし、若林君は香港に一年間、その前には中国のアモイにも数ヶ月行っていました。後期は「拡散期」といいましょうか、ちょっと停滞しています。例会にも人が集まらなくなり中止になったこともあります。雑誌も毎年一冊刊行の予定でしたが、三年間出ませんでした。それからメンバーも東京だけではなく地方に分散しました。例えば檜山幸夫さんは中京大学に移りました。

組織　次に組織ですが、会としての規約はありません。したがって、会長、理事等の役職もありませんでした。正式な学会にすることも検討しましたが、これは将来のこととなりました。ですが、戴國煇さんが会長のような存在、ボスのような存在でした。若林、松永、春山と林正子さんが幹事で、会計、会報などの編集担当は交代制でした。雑誌の刊行にあたっては、編集委員会を設けました。

方針　この研究会の運営方針ですが、戴さんが書いた『台湾近現代史研究』創刊号の「補白」をご覧下さい。「われわれ同仁の間には、暗黙の了解事項がある。第一に気構えないこと。第二に『正統』と既存の枠組の呪縛から自由でありたいこと。第三に『政治』を研究会にもち込まないこと」。この『政治』に括弧が付いているのには、意味があると思います。台湾の当時の厳しい政治環境を意識したものだと思います。

会員　会員ですが、規約がないので入会資格等もありませんが、戴さんの了解が前提となっていました。会員数は先ほど言いました。レジメ一の四頁をご覧下さい。この真中から下の方に、「台湾近現代史研究会の人々(2)」と書いてあります。後で詳しく見てください。いくつかのグループに分けられています。

財政　財政ですけれども、会費はありませんでしたが、通信費と雑誌刊行費の二つがありました。通信費は一年間千円でした。雑誌は、研究会としては一号あたり四二万円かかりました。会員はこれを販売してその売上代金を研究会に入れました。それでも足りなくて、アルバイトをしてお金を稼いだこともあります。要するに誰からも一銭ももらいませんでした。これを日本語では「手弁当」と言いますけれど、中国語ではありますか？（会場、「『自弁』かなあ？」と声が上がる）。

例会　次に例会です。月に一回研究会がアジア経済研究所で、そして戴さんが立教大学に移ってからは、大学の方で開催されました。例会では、研究報告、資料や情報の交換が行われ、ゲストやオブザーバを招いての報告、懇談もしばしば行われました。その他、会員有志によって、例えば静岡県に合宿に行きました。若林さん覚えていますね？　安倍川の民宿でした。その他、戴さんの自宅で、戴夫人・林彩美さんの手料理を味わいながら懇談した非常に楽しい思い出があります。戴夫人は料理の先生で西荻窪のご自宅で料理教室を開いていらっしゃいました。私の家内も料理学校の生徒でしたから、私の家の中華料理は今でもおいしいですよ。これは自慢話ですが。

会報　次に会報です。会報については参考資料の二、三、四を見てください。これは『同人通訊』の第一号のコピーで、題字は若林先生が書いた字です。右側に私の研究メモ、「霧社事件と天皇」があります。これは私にとってはとても印象に残る記事です。ここには、木戸日記という日本近代史の第一級の資料について私が知らなくて非常に恥ずかしかったということが書いてあります。台湾近代史の研究をする場合に、日本の近代史の資料を知らないと非常に困る、という例として挙げました。後で読んでください。当時若林先生は板橋区に住んでいました。常盤荘というところです。プライバシーを侵してすみませんが。

次に『後藤新平研究会会報』第一号をご覧下さい。これは私が書いた字です。右側に「後藤新平研究をめぐるいくつかの問題視角」と書いてあります。これは戴さんが挙げた研究の課題です。例えば下から四つ目に「林本源家」というのがあります。これは呉密察先生が研究されていると思います。その下に「旧慣調査と立法政策過程」と書いてあります。それから参考資料の四が『台湾近現代史研究会会報』二五号（抄）となっております。これは会報の一部ですが、大体の雰囲気はこういうものでした。それから参考文献の五は私の研究ノートが載っています。

雑誌　ではレジメに戻ります。三頁目の下の方です。雑誌『台湾近現代史研究』の創刊は、一九七八年で、一九八八年まで六冊刊行されました。六冊目はここにありますが、こういう感じの物でした。価格は最初二〇〇〇円で六号は三〇〇〇円でした。どんどん定価が高くなって、従って私たちもたくさん売らなくてはなりませんでした。財政的に非常に困難になったことも研究会が続かなくなった理由です。あと細かいことは省略しますので、レジメを読んで下さい。ただ一つだけ、当時の案内の葉書を紹介します。ここにありますが、「定期購読者募集」と書いてあります。定期購読者は一九八一年当時の数字では機関と個人を合わせて全部で四〇冊で、台湾中央研究院民族学研究所とは刊行物の交換もしていましたから民族学研究所には全部あると思います。

図書　それから図書ですが、先ほど申し上げましたように、『台湾霧社蜂起事件——研究と資料』（戴國煇編著、社会思想社、一九八一年）を刊行しました。次にレジメの二に移ります。

二　私の研究の歩み

私の書いた論文そのものについては、最後にリストがありますので、それをご覧下さい。私が戴さんと出会ったのは、一九七三年の一月です。この頃東寧会で研究していたのは霧社事件の研究でそれに私も参加しました。まず、第一に霧社事件の研究についてお話ししたいと思います。

この頃の東寧会は会報がなく記録のない時代でした。ですからどのように研究が進められたかは、個々人のメモや記憶を総合しなければ分からないことが多い状態です。私は日記風のノートをつけてきましたので、ここに「春山ノート」として引用してあります。全部読むのは大変なのでごく簡単に触れます。

七四年五月七日の部分は、リルケの『マルテの手記』より引用したものです。マルテも私もちょうど二八歳でした。それから五月九日に、「東寧会にいつまでもオブザーバ然としてすわってはいけない。仕事を始めなければいけない」と書いていています。五月二七日に、呉濁流さんの『夜明け前の台湾——植民地からの告発』を読んだ感想が書いてあります。「歴史に関しては来月から霧社事件日誌に取りかかるつもり。初仕事である。大いに不安があり、大いに意気込みもある」と書いてあります。六月一六日には若林君について「彼の感覚は極めて鋭い」と書いてあります。一〇月一日には、葉栄鐘さんからお話を聞いた事が書いてあります。これは戴さんのお宅に葉栄鐘さんをお招きして、色々お話を伺ったときの記録です(3)。

霧社事件日誌の作成と研究論文の執筆のことについて申し上げます。霧社事件の研究は、根本資料の発掘・解読によって大きく前進しました。一九七四年までに、台湾総督府警務局の『霧社事件誌』、台中州の報告、台湾軍司令部の『霧社事件史』及び陸軍の機密軍事関係書類などの重要な一次史料が入手できました。これらは『台湾霧社蜂起事件——研究と資料』及び『台湾霧社事件軍事関係資料集』に収録されています。

私は、この「日誌」の確定作業をまとめていくうちに、戴さんや若林先生から論文の執筆を勧められ、有益な批判や助言も得ました。こうして「霧社事件の政治史」といった研究のイメージが芽生えましたけれども、そもそもこの領域は「日本近代政治史」の分野と重なりを持っていましたので、その「歴史常識」がなければ一歩も進められませんでした。最初の論文「昭和政治史における霧社事件」を書いたのは一九七七年のことで、『台湾霧社蜂起事件』に収録した時は大幅に政治史の部分をカットしましたので、元の形は『台湾近現代史研究』創刊号の方でご覧下さい。私の問題関心の第一は「霧社事件の軍事的諸側面」について、第二は「植民地統治過程と霧社蜂起のもたらした状況の諸関係」についてでした。

少し時間が足りないので飛ばします。二つ目は後藤新平の研究についてです。後藤新平研究会では鶴見祐輔の伝記を中心とした研究が進められました。先ほど申し上げましたように二年間研究は続けられましたけれど、結果から言うと研究は挫折しました。その理由は、第一に研究の対象と範囲が定まらず、研究方法も確立できなかったことです。第二は霧社事件の研究書の刊行と雑誌の創刊準備で忙しくなったことです。そして、第三に研究会の研究対象を「台湾近現代史」に拡大したことです。今改めて考えますと、日本による台湾植民地統治の最初の一〇年、特に児玉源太郎・後藤新平の時代は非常に重要な時期ですけれど、総合的な研究はいまだに無い状態が続いています。これは今後皆さんに是非考えてもらいたいと思います。

三番目は原敬の研究です。「昭和政治史における霧社事件」を書いている途中で原敬に興味を持ちました。テツオ・ナジタが『原敬――政治技術の巨匠』(読売新聞社、一九七四年)で言及した方法論にならって、植民地統治の政治過程の展開を「原敬という一本のサーチライト」で照らしたらどう見えるのか、というのが私の方法でした。若林君がアジア政経学会の「現代中国研究叢書」に一緒に書かないかと誘ってくれたので書いたのが、著作一覧にある「近代日本の植民地統治と原敬」です。このときに勉強したこと、調べたことがいくつかあります。ひとつは日本近代政治史、特に大正デモクラシーの研究の勉強です。もうひとつは台湾統治に関する法律いわゆる「六三法」と統治機構の変化です。これについては、中村哲、山崎丹照の著作とか、外務省の外地法制誌とかありますが、これがなんとも無味乾燥でちっとも面白くない。それで『原敬全集』を読みました。そこで分かったことは、原が政治思想というものを持っていたことで、日本の政治家としては珍しい人だということです。「原敬日記を読んでいると原敬史観に陥る」と東大教授の北岡伸一さんが言っていますが、私も「原敬史観」に陥って、あの論文には「原が」、「原にとって」という表現がやたらに出てきます。若林君から「これは論文になってないのではないか」と批判されましたが、もっともなことだと思います。原のほか、憲法学者達の「六三法」についての議論、特に美濃部達吉の事も研究しましたけれどもこれは論文にはしていません。

四番目に「台湾旧慣調査と岡松参太郎の研究」についてお話しします。鶴見祐輔の後藤新平伝を読み返していて大変奇妙なことに気がつきました。「鯛の目、平目の目」という有名な「生物学の原則」のところがありますが、旧慣調査のことが少しも書いてありません。後藤新平は「生物学の原則」で統治すると言っていました。けれども鶴見の伝記には旧慣調査のことが全然出てきません。そこで思い出したのが、戴さんの「日本人による台湾研究――台湾旧慣調査について」(『季刊東亜』第四集、一九六八年)です。これは戴さんの単行本に再録されていません。しかしこの論文は非常に重要だと思います。この論文は戴さんが初稿から日本語で書いた最初の論文です。戴さん自身の歴史研究への志向を明確にした論文だと思います。

台湾旧慣調査の研究によって、私の問題意識と研究方法において大きな変化がありました。第一は、視野が広がったことです。日本における「旧慣調査」は、国内における民事慣習調査に始まり、沖縄、台湾、満洲、華北へと展開しました。それからイギリスのインド支配における法典編纂事業も私の視野に入ってきました。第二は、「法」への関心が芽生えました。そこで一番重要な概念だと思ったのが「法の継受」(レセプション・オブ・ロー)という概念です。日本法と台湾の植民地支配という関係を「法の継受」という概念で見る事ができるのではないか。「法の継受」という考え方を取りますと、原に代表される「内地延長主義」という考え方は、日本法を台湾に移植することになります。ここでいう日本法というのはその内実は西洋の法律です。後藤新平が旧慣調査を基礎として「台湾法」の立法事業をしようとしましたが、それはむしろ「台湾法典を作ろう」ということを意味すると考えられます。第三は、研究方法として後藤新平文書や鈴木三郎文書などを使ったことです。幸運なことに新たに発見された原敬文書の校訂にも関わりました。この時、後藤新平文書の中に岡松参太郎が起草した文書を見つけたのですが、これがのちに私にとっての「大発見」につながります。第四は、伝記的な仕事で、岡松参太郎について略伝を書きました。旧慣調査と岡松参太郎については、私の著作リストにあります。ただ残念なことに、これらの論文が『台湾近現代史研究』第六号に掲載された一九八八年には、研究会はすでに解散していました。

五番目に、台湾の皇民化政策・戦時下台湾の研究も少ししましたが、時間がありませんので省略します。これは後で読んで下さい。

研究会が解散した後、研究の場がなくなり、図書館の仕事も忙しくなりまして、研究らしいことはあまりできませんでした。しかし私のところに依頼の来た話は、可能な限り引きうけることにしました。霧社事件の関係では毒ガスの問題を中心にいくつか仕事をしました。広島の陸軍化学兵器研究所で開発された毒ガスが霧社で使われたのではないかという疑いがありました。その事は中国放送の尾崎祈美子さんという方が調べていまして、私のところを訪ねてくださったりしたのですが、一九九〇年にドキュメント「鎮圧──毒ガス戦の幕開け」として放映されました。これには許介鱗先生も出ていらっしゃいます。霧社事件については著作リストを見てください。『台湾霧社事件軍事関係資料集』の編集解説をしました。そして「ウットフが織り給ひし人々──台湾先住民族の霧社蜂起と日本人」という文章があります（本書所収）。これは写真集の解説です。つい最近では、『世界戦争犯罪事典』（文藝春秋）という本がこの夏に出ました。この中で、「霧社事件と毒ガス作戦」について書きました。また、若林君の勧めにより『岩波講座　近代日本と植民地』に「明治憲法体制と台湾統治」を書きました（本書所収）。若林君にはいつも研究発表の機会を与えて頂いたり、助言をもらったりしています。ここの場を借りて心から感謝したいと思います。

私にとって非常に幸福だった体験が、岡松文書資料の「発見」です。一九九八年の出来事です。ある日、国立国会図書館の館長から、岡松家から資料寄贈の話が来ているから検討してくれと言われました。当時、私は収集部の収集企画室にいて寄贈関係の仕事もしていました。一〇年前に岡松参太郎のお孫さんである岡松浩太郎さんに会ったことがあります。この時は岡松浩太郎さんから資料は残っていないと言われましたので、不思議に思ったのですけれども、同僚と目白の岡松さんのお宅に伺いました。そのときの写真がここにあります。非常に大きな物置がありまして、その扉を開けるとものすごい量の資料がでてきました。ダンボール箱がたくさんあったのですが、とりあえず手前の足元にあるダンボール箱を開けると、それが「臨時台湾旧慣調査会」の資料でした。「秘」「極秘」とか書いてありました。非常に興奮しました。このマスクをしているのが私です。何しろ古い資料ですから埃がひどい。それから資料の保存状態が非常に良くなかった。本にキノコが生えるということをはじめて知りました（笑）。「人生にはこういうことが起きることもあるのだ」という、とても幸福な瞬間でした。自分が研究してきた対象と人物の資料が、ほとんど完全な形でそっくり残り、しかも、自分がその「発見者」になったのです。

岡松文書と資料は早稲田大学図書館に寄贈されました。現在浅古弘先生を中心に、その整理と研究が進められています。この間仮目録が出来ましたが、台湾関係は三六〇〇点くらいあると思います。非常に驚くべきものです。来年春に公開利用の運びになるでしょう。来年五月に早稲田大学で法制史学会のシンポジウムがありますから、おそらくそこで報告されると思います。日本台湾学会でもできれば報告したいと思っています。マイクロフィルムにもされますので、皆さんお使いになることができると思います(4)。

三　台湾近現代史研究会の歴史的評価と位置付けについて

台湾近現代史研究会の歴史的評価と位置付けについてお話します。この研究会について特色、成果、限界、日本の台湾史研究におけるその位置付けなどについて考えてみたいと思います。

第一に指摘したいことは、この研究グループが戴國煇さんという人間の強烈な個性を中心としたグループだったということです。戴さんが作った「磁場」のようなものがありまして、そこに、若林、松永、宇野、河原、それに私などが引きつけられた、という感じがあります。第二は、この研究会が制度化された組織にならず、「手弁当」による運営だったことです。一九七〇年代の日本において、台湾研究、特に台湾の歴史研究というのは、どこにもその足場がありませんでした。大学に学科はおろか講座もありませんし、そもそも研究者も研究もほとんどないという状態でした。このことは戴國煇さんや金子文夫君が指摘していますし、また若林正丈・呉密察両氏の対談でもお分かりのことだと思います。普通は学会というものは、大学の先生が中心になって組織するものです。しかし大学に講座がないと学会も作れないし、そもそも研究していても就職できないということになります。ですから研究会のメンバーはそれぞれ職場を得るのに非常に苦労したと思います。若林先生も今ああいう顔をしていますけれど、非常に苦労した一人かもしれません。ただ、この「パーソナル」な性格、そして「非制度的」な研究会ということが、逆に様々な会員の参加を可能にしたと思います。

ですから第三に、研究会の特色として挙げたいことは、その多様性です。大学・研究機関の研究者・職員、台湾研究をテーマに選んだ大学院・学部の学生、会社員、商店主、詩人、ジャーナリストなど、日本社会の各分野からの人々が集まりました。したがって、研究分野、関心領域も広がっていて、国際関係論、民俗学、文学、教育、中国経済、日本近代政治史、農業経済、金融など、非常に「学際的」でした。詳しい事は、先ほどお配りした「台湾近現代史研究会の人々」をご覧下さい。ただしこれは研究者を中心に書いてありまして、市民の方の氏名は書いてありません。第四番目に、この研究会は国際性もありました。「日台共同研究」という側面もありました。台湾からの留学生も参加しましたし、ゲストとして台湾の作家、学者、ジャーナリストもいらっしゃいました。

この研究会が約二〇年間近く持続できた理由は、私なりにまとめると「台湾というキーワードのもとに集まった」ということが一つあると思います。つまり台湾の「近現代史」という歴史の研究という名称はそうでしたけれど、実際の関心は台湾全部に及んでいたと言っていいと思います。また、戴さんを中心とした「パーソナル」な研究の共同体だったということもあると思います。しかし台湾をめぐる状況の変化によって、研究会のこれらの特色が逆に限界ともなりました。

台湾近現代史研究会が解散に至る経緯については、『台湾近現代史研究』第六号の「編集を終えて」をご覧ください。それは若林先生が書いたものです。直接の経過はこれを読んで下さい。

私の見るところでは、台湾自体が変化したということが、最も大きい背景としてあると思います。八〇年代後半には台湾の民主化と経済発展は非常に目覚しいものがありました。言ってみると「現代台湾のダイナミズム」ということになると思います。研究会の中心メンバーがこれに注目し始めました。八頁の年表を見てください。一九八三年に戴さんがアメリカへ、若林先生がアモイ、香港へ行きました。八四年には李登輝さんが副総統に就任しました。八六年には民主進歩党が結成されました。このような台湾の大きな変化が研究会に大きな影響を与えたと思います。戴さんの最後の本になりました『李登輝・その虚像と実像』(草風館、二〇〇二年)という本があります。この本によると、李登輝さんが副総統に就任した頃、台湾に帰ってこないかと誘われたという話があります。それから八四年二月の例会では、若林君は「台湾の民主化と選挙」というテーマで報告してその後「現代台湾政治」へ研究関心を移しました。この経緯は若林君の『海峡——台湾政治への視座』（研文出版、一九八五年）という本のあとがきに書いてあります。それから今日持ってきませんでしたけれども、若林君が香港に行く直前に私にくれた手紙があります。そこにも彼のこれからの研究の展望について書いてあります。これは皆さんが将来若林正丈研究をする際に提供したいと思います（会場笑）。若林先生の許可がいりますね。

さて、この研究会の位置付けについて考えてみたいと思います。第一に成果ですけれども、六冊の雑誌と一冊の本があります。今回の報告のために岩波書店の『近代日本総合年表（第四版）』を見ていて驚いたことは、〈学術・教育・思想〉の欄に、『台湾近現代史研究』の創刊と、『霧社蜂起事件——研究と資料』の刊行が載っていたということです。ここにコピーがありますが、〈学術・教育・思想〉に研究会のことが二点出てきます。それから〈国外〉の欄を見ますと、台湾関係はこの三〇年間のあいだに一〇項目くらいしかありません。台湾全体のことが全部で三〇項目で、研究会の事が二項目載っています。こうして見ますと、研究会の事が歴史的に如何にすごいかということが分かります。これは冗談ですけれども。外国の所の「台湾」の記述は非常に少ない。出ていても中華人民共和国との関連で出てくることが多い。中国が国連に加盟したから国民政府が脱退した、とかです。日本の近現代史研究の中での代表的な事典ですけれども、台湾の取り扱い方自体が非常に小さいということがよく分かります。七頁に行きます。それから成果としては、もちろん若林先生の『台湾抗日運動史研究』、戴さんが中心となった『もっと知りたい台湾』という本もあります。

第二は、台湾研究の発展と拡大に与えた影響で、日本台湾学会の設立、中京大学の檜山先生の台湾総督府文書目録事業、岡崎郁子さんを中心とする文学研究活動などがあります。その他にメンバーがそれぞれ台湾研究で業績を残しています。一言で言うと、この研究会は「台湾近現代史研究という学問領域の成立可能性を示した」と言えると思います。もともと台湾は、清国、日本、中華民国の各時代という歴史的変遷を経て、それぞれの「国史の一部」である側面を持っていました。一九七〇年代以前には、台湾の歴史というのは、すべてこのような国の歴史の一部での取り扱いだったと思います。ですから、この点からすると一九七〇年代以前は「純粋な台湾史」は「不可能」であったと思います。しかしこの歴史的重層性、或いは関係性、これこそが台湾近現代史を成り立たせる条件であったと思います。「台湾近現代史とはなにか」、研究会が試みたこの問こそが日本における台湾近現代史の研究を可能にした、と私は考えています。この辺は討論の中でお話ししたいと思います。

おわりに

おわりに、皆様にお伝えすることと私がこれからしたいことを簡単に述べます。これはレジメには書いてありません。まずは皆様にお伝えしたいことを申し上げます。第一は研究論文を翻訳して欲しいということです。私自身中国語の文章は読めません。これは私が研究を続ける上での限界でした。でも最近では呉密察先生の論文をはじめ、台湾で非常にいい研究が進んでいると聞きます。出来ましたら台湾で出された良い論文を日本語に翻訳して欲しい。逆に日本語の良い論文を中国語に翻訳して頂いたらありがたいと思います。もちろん研究者である以上、言語を使いこなすというのが理想ですが、台湾に興味を持つ研究者でない人々も台湾で書かれた論文を読みたがっていると思います。

第二は事典の編纂です。日本ではまだ本格的なものはないので、『台湾近現代史事典』というのができたらすばらしいと思います。この点韓国については『朝鮮韓国近現代史事典』というのが一昨年出ています。研究の成果を一覧出来る事典があると特に若い研究者にとってプラスになると思います。

第三が資料の発掘です。林献堂日記がどうなったのかちょっと分かりませんけれども、林献堂に限らず特に台湾人の資料の発掘を是非していただきたいと思います。いずれも研究のインフラに関する事ですけれども、私はこれが一番重要なのではないかと考えております。台湾近現代史研究会は霧社事件については研究のインフラを作ったと思いますけれども、それ以外の台湾近代史については出来ませんでした。これは是非お願いしたいと思います。

最後にこれから私がしたいことについて申し上げます。研究をするにはもうちょっと歳を取りすぎました。岡松の文書の研究はしたいと思っておりますが、もっと若い研究者にあの文書を使ってもらいたいと思います。是非台湾の留学生や研究者も参加してもらいたいと思います。根本資料、第一次資料を読むということは、研究者にとって非常に幸せだと思います。色々な想像力を刺激されます。それからできれば「評伝」というものを書いてみたいと思っています。あと五年くらいで私は図書館を定年になります。そうしたら是非台湾に、特に霧社という所に一度行ってみたいと思います。この二十数年間台湾に行っておりません。おそらく五年後くらいには行けると思います。誤解がないように言っておきますと、これは政治と全く無関係です。是非霧社を訪れていろいろな人のお墓参りをしたいと思います。考えてみますと三〇年近くずっと霧社事件のことをやってきたのかな、という感じがしております。以上で私の話は終わります。ありがとうございました。

注

(1) 戴國煇さんの略歴と主な日本語の著作は次のとおりである。作成にあたっては、戴夫人の林彩美さん、ご長女の興夏さんのご協力を得た。ここに記して感謝したい。なお、戴さんの生涯とその業績についてはあらためて評価する機会を持ちたいと考えている。

［戴國煇の略歴と主な日本語の著作］

一九三一年四月一五日　台湾桃園県に生れる

一九五四年六月　台湾国立中興大学農学院農業経済学系卒業

一九五五年一一月　留学のために来日

一九五六年四月　東京大学大学院
一九五八年三月　東京大学農学修士
一九六六年三月　東京大学農学博士
一九六六年四月　アジア経済研究所（調査研究部）に入所
一九七六年四月　立教大学文学部史学科教授
一九八六年四月〜八八年三月　立教大学文学部史学科長
一九八七年四月〜九一年三月　立教大学大学院文学研究科史学専攻主任
一九九五年四月〜九六年三月　立教大学史学会会長
一九九六年三月　定年退職
一九九六年六月〜終身　立教大学名誉教授
一九九六年五月二〇日〜九九年五月一九日　総統府国家安全会議諮詢委員
一九九六年九月〜九九年六月　総統府国史館顧問
二〇〇〇年　台北市二二八紀念館顧問
一九九九年八月〜二〇〇一年一月　中国文化大学史学系教授
二〇〇一年一月九日　台北で死去（六九歳）

［戴國煇の主な日本語の著作］

〈単行本〉『中国甘蔗糖業の展開』（アジア経済研究所、一九六七）、『日本人との対話』（社会思想社、一九七一）、『日本人とアジア』（新人物往来社、一九七三）、『境界人の独白』（龍渓書舎、一九七六）、『新しいアジアの構図』（社会思想社、一九七七）、『台湾と台湾人』（研文出版、一九七九）、『華僑』（研文出版、一九八〇）、『台湾――人間・歴史・心性』（岩波新書、一九八八）、『台湾、いずこへ行く!?　診断と予見』（研文出版、一九九〇）、『台湾という名のヤヌス――静かなる革命への道』（三省堂、一九九六）、『李登輝――その虚像と実像』（対談　戴國煇・王作栄）（草風館、二〇〇二）

〈編著〉『討論――日本のなかのアジア』（平凡社、一九七三）、『東南アジア華人社会の研究　上・下』（アジア経済研究所、一九七四）、『台湾霧社蜂起事件――研究と資料』（社会思想社、一九八一）、『もっと知りたい台湾』（弘

文堂、一九八六)、『もっと知りたい華僑』(弘文堂、一九九一)

(2) 講演における資料「台湾近現代史研究会の人々」では、左記のように概要が記載されている。
[東寧会~後藤新平研究会(一九七〇~一九七七年)以来のメンバー]
戴國煇(一九三一年生れ―二〇〇一年死去)、池田敏雄(民俗学、雑誌第四号に特集。一九一六年生れ―一九八一年死去)、中村ふじゑ(霧社研究の草分け、近著に『オビンの伝言』)、加藤祐三(東大東洋文化研究所、横浜市立大学)、小島麗逸(アジア経済研究所、大東文化大学)、矢吹晋(中国経済、アジア経済研究所、横浜市立大学)、佐伯有一(東洋史、東京大学)、林一(物理学、昭和薬科大学)、田中生男(アジア経済研究所)、福崎久一(アジア経済研究所)、小沢英輔(医師)
若林正丈、松永正義(文学、一橋大学)、宇野利玄(教育史、一九四六生れ―一九八六年死去)、河原功(文学、成蹊学園)、春山明哲、松田(金子)はるひ(エスペラント史)、林正子(成蹊学園)、森久男(経済史、愛知大学)、金子文夫(経済史、横浜市立大学)、弘谷多喜夫(教育史、熊本県立大学)
[一九七八年以後に入会した主な会員]
栗原純(東京女子大学)、檜山幸夫(中京大学)、田中宏(一橋大学)、岡崎郁子(吉備国際大学)、クリスチャン・ダニエルス(東京外国語大学)、陳正醍(中央大学)、張士陽(東京大学)、小林道彦(北九州大学)、田中宣子、近藤正己(近畿大学)、高橋喜久晴(詩人)、岡村昭彦(国際報道写真家、一九八五年死去)、又吉盛清(沖縄)、佐藤幸人(アジア経済研究所)、台湾留学生:張炎憲、陳梅卿、葉寄民、黄英哲、呉密察、蔡隆盛
[ゲスト報告者など]
一九七〇年~:呉濁流、葉栄鐘、江川博通、鈴木秀夫、瀬川孝吉、稲垣真美(作家)、武見太郎(日本医師会会長)、劉進慶(東京経済大学)、小林英夫(早稲田大学)、粟屋憲太郎(立教大学)、加々美光行(アジア経済研究所)、吉田実(朝日新聞)、北岡伸一(東京大学)、陳鼓應、一九八二年:陳若曦、楊逵、一九八三年:丘延亮、陳映真、一九八四年:王暁波、蘇慶黎、葉芸芸、一九八五年:ポール・スコット、一九八六年:許介鱗

(3) 「春山ノート」(一九七四年一〇月一日)「中華人民共和国成立二五周年を祝す。/文化大革命以後の中国/英雄なきあとの中国の困難を考える。革命と政治の結合はどこまでいくのか。/「梅苑」へ到着すると既に若林、宇野、松永の諸君が先着していた。/河原運転の車で、池田さんと、本日の主賓葉栄鐘氏が見え、僕は夏ちゃん(戴さんの長女

で、戴興夏）をだっこして迎えに出た。／陳儀に会って後、台中でばったり謝雪紅に会い、「あなたのことを長官が尋ねていたよ」と葉氏が言うと、謝雪紅が笑っていたくだりなど、そのリアリティ・イメージの明瞭なこと／彭華英の林献堂旧別荘における振舞、つまりコミンテルンよりの資金の使途問題／葉先生の談論は自在に、また戴さんの推論が史論に展開」。「梅苑」というのは、千葉県北習志野にあった当時の戴さんのご自宅である。膨大な台湾関係資料を収めた書庫が二階にあった。池田さんとは台湾民俗学研究者である池田敏雄氏である。

（4）二〇〇三年四月、早稲田大学で岡松家旧蔵文書資料の展示会が開催され、また法制史学会で「岡松参太郎の学問と政策提言」と題するミニ・シンポジウムが行われ、春山もコメンテーターとして参加した。また、同年六月、関西大学で日本台湾学会第五回学術大会が開催され、第三分科会「法学博士・岡松参太郎と台湾総督府の立法政策」で春山はじめ四人の報告が行われた。

台湾近現代史研究会関係略年表

		参　考
1955	戴國煇，来日	
1966	戴，アジア経済研究所に入所	
1970	「東寧会」発足	＊大阪万博
1971		＊中国国連加盟，国府脱退
1972		＊ニクソン訪中，蔣経国行政院長，日中国交樹立，国府対日断交，沖縄返還
1973	霧社事件研究本格化	
1975	東寧会若手「同人研究会」発足	
〃	「後藤新平研究会」発足	
1978	台湾近現代史研究会，発足	＊蔣経国，総統就任
〃	『台湾近現代史研究』創刊	
1979	『台湾近現代史研究』第２号	＊美麗島事件
1981	『台湾近現代史研究』第３号 『台湾霧社蜂起事件――研究と資料』刊行	
1982	『台湾近現代史研究』第４号	
1983	戴，米国へ（一年間），若林，アモイへ	
1984	『台湾近現代史研究』第５号	＊蔣経国総統再選，李登輝副総統に就任
1986		＊民主進歩党結成
1987	研究会活動中止	＊戒厳令解除
1988	『台湾近現代史研究』第６号	＊蔣経国死去，李登輝総統を継承
1989	有志による６号の合評会	
1990		＊李登輝，第８代総統に
1993	『台湾近現代史研究』全６冊，復刻・再刊	
1996	戴，台湾に帰る	
2001	戴國煇，死去（69歳）	

「後藤新平伝」編纂事業と〈後藤新平アーカイブ〉の成立

はじめに

花吹雪、日本淋しくなりにけり

昭和四（一九二九）年四月一三日に京都府立大学病院で亡くなった後藤新平の遺骸は東京に移され、一六日に青山墓地に葬られた。埋葬に立会った永田秀次郎は、この句とともに次のように書きとめている。

「折りから満開の桜花が吹雪の如くに散り布く土を掘る一鍬毎に燃ゆる陽炎の中に立ちつくした私は、腸を断つ思ひの涙の裡にも又何となく之が故人の最後に最もふさはしく華々しき光景であるかの心地がして、花よ、散れ散れ、もっと散れ、今日の一日に散り尽くせ、といら立つ気分に空を睨んで居たのであった」（永田秀次郎「後藤さんと私」『吾等の知れる後藤新平伯』東洋協会編、昭和四年七月）。

後藤東京市長の助役となって以来その側近的な位置にいて、後藤の臨終に立ち会った永田の感懐は、広く後藤を知る人々に共有されたものであったようである。徳富蘇峰も、「わが日本帝国は、後藤伯爵の薨去によりて、多くの陥欠を覚えた。いはばこれがために淋しくなつた」（「後藤新平伯」『吾等の知れる後藤新平伯』）と書き、後藤新平伯伝記編纂会の「趣意書」には、「伯の薨去に依りて爾来社会に一大寂寞を加へたる如く感ぜられ候折柄同志相謀りて伯の伝記を編纂し」とある。後藤の死がなによりも「淋しさ」、「寂寞」と表現され、しかもそれが「日本（帝国）」、「社会」にとってのものである、と意識されたことは、単に後藤を知る関係者の感慨に留まらず、後藤新平という人物の「回想のされ方」のひとつの「型」であるように思われる。そして、この「型」が成立するのも、「後藤的なるもの」が存在していることの証左であるのかも知れない。この「原型」となったのが、鶴見祐輔の『後藤新平』であった。後藤新平に対する「時代の関心」の推移は、この伝記の読み方の変遷であると言えようが、また逆に、人々が「後藤的なるもの」を呼び出す「時代の条件」の変化がある、とも言えるのではないか。

本稿では、「後藤新平研究」の回顧と展望の序説として、伝記編纂事業と後藤新平関係資料の問題を中心に、私自身の研究史にも多少触れることによって、この「後藤的なるもの」の現代的な意味を考えるための一助としたい。

一　伝記編纂事業と「鶴見版・正伝」の成立

後藤新平の伝記編纂事業は、一個の「ビッグ・プロジェクト」であった。東京市政調査会・市政専門図書館に残されている『後藤新平伯伝記編纂会報告』（昭和一三年一〇月）という二五頁の小冊子によれば、この事業は、昭和四年四月の後藤の死後、「日を経るに従ひ、愈々加はる追慕の至情は、期せずして各方面に記念事業要望の声を揚げしめ」、昭和五年四月の市民追悼式の頃には伝記編纂への機運が高まり、同年一二月、池田宏・新渡戸稲造・賀来佐賀太郎・田中清次郎・永田秀次郎・上田恭輔の六人の斡旋で、後藤が創立又は主宰した一九団体の代表者が会同する運びとなった、とある（本稿で記述する人物・団体には説明が必要であるが、紙数がない。『後藤新平大全　正伝後藤新平別巻』〈藤原書店、二〇〇七年〉を参照されたい）。

この準備会で、後藤の「正伝」の編纂、後藤新平伯伝記編纂会の設立、前記六人を世話人とすることが申合わされたのだが、興味深いのは列挙された団体の多様さである。煩を厭わず列挙すれば、日露協会・日独文化協会・日独協会・日本放送協会・日本性病予防協会・都市研究会・東洋協会・東京市連合青年団・東京市連合少年団・東京市政調査会・東亜経済調査局・台湾倶楽部・台湾婦人慈善会・拓殖大学・帝国鉄道協会・逓信協会・電気普及会・南満洲鉄道株式会社・少年団日本連盟、の一九団体である。この一覧を眺めるだけでも、後藤の活動の範囲と特質がある程度想像できる。

昭和六（一九三一）年二月には発起人総会が開催され、「趣意書」と「規約」が決められるとともに、会長に斎藤実、顧問に阪谷芳郎ら五人、理事に池田宏ら一二名が選ばれ、市政会館に事務所が置かれることになった。事業の資金は賛同者からの寄付金に拠り、一口一〇円以上で募ったところ、千七二口、七万七百円余に達したと会計報告にある（この拠出者名簿がなかなか面白いのだが、ここでは触れない）。伝記編纂に必要な資料収集については後述する。

さて、伝記編纂の体制だが、「起稿より脱稿まで」の運びは実に周到なものだったというほかはない。編纂委員には、池田・新渡戸・賀来・田中・永田・上田の六名の理事に、岩永裕吉・田島道治・鶴見祐輔・前田多門・清野謙次・菊池忠三郎を加えた一二名が選任され、資料の収集、取捨選択、編集全般にあたり、当時、アメリカに滞在中の鶴見祐輔が専任委員として伝記執筆主任と決定した。池田（都市計画、東京市政）、新渡戸（台湾糖業政策、教育、国際活動）、賀来（台湾阿片政策）、田中（満鉄・日露協会）、永田（東京市政、政治の倫理化、拓殖大学）、上田（台湾、満鉄）、岩永（満鉄、鉄道院）、田島（鉄道院）、前田（東京市政）、清野（人類学者、安場保和の孫・冨美子の夫）、菊池（満鉄、秘書）という顔ぶれは、多彩な後藤の活動領域全体をほぼカバーする人選といってよい。

鶴見祐輔は昭和八年に帰国し、理事会及び編纂委員会と緊密に連繋しながら、「必要なる機構により」三年の歳月をかけ、原稿用紙一万八千余枚の草稿を書き上げた。ここに、「機構」とあるのはなんだろうか。鶴見和子・俊輔の連名による「お礼のことば」（『後藤新平月報』四、一九六七年七月）によれば、「もともとこの本は、後藤新平伯伝記編纂会の委嘱をうけて、鶴見祐輔が、沢田謙、滝川政次郎、井口一郎《いのぐちいちろう》の三氏の協力をえて、今から三十年前に執筆したものです」とあることを指しているのではなかろうか。また、鶴見俊輔氏は『期待と回想　下巻』（晶文社、一九九七年）で、当時大学から「追放」された平野義太郎（社会学・法学）、滝川政次郎（法制史）、井口一郎（東大新人会、新聞研究）が資料集めと最初の原稿書きをして、鶴見祐輔がアンカーとして全部自分のスタイルでやりなおした、と書いている。この草稿を編纂委員が分担して校閲し、さらに各方面の関係者に厳密な校訂を求め、田中清次郎が総合的整理にあたった。田中は資料に遡っての吟味、記述の調整など、執筆者の鶴見との「会合を重ぬること二百数十回にして初めて修正校閲を完了し」とある。実に「正伝」の名を冠するにふさわしい編纂プロセスである。

このようにして、いわば「鶴見版・正伝」が成立した。なぜ「鶴見版」なのか。鶴見祐輔は『後藤新平』の「編著者の詞」で、「余が本伝記執筆に際し取りたる態度」として、「新史伝」と「政治史」のふたつを挙げている。鶴見は「新史伝」のねらいどころは小説と同じように「人格の発展」にあり、その内容は、科学と文学（芸術）の二つを含むものであって、この二つの統一が新史伝の目標である、と述べている（この史伝作家・鶴見祐輔については、拙稿「研究ノート『後藤新平の謎』第一回　孫文と後藤新平」、『後藤新平の会　会報』第一号、二〇〇六年四月、参照）。

つまり、「鶴見版・正伝」は、後藤新平の人格の発展を描くための科学と文学の総合なのである。『後藤新平』を読むにあたっては、その文学的側面に注意を払うことが必要であり、ここに鶴見祐輔にとっての「後藤的なるもの」の成立がある、ともいえるのである。

二 〈後藤新平アーカイブ〉の出現

伝記編纂とともに注目すべきことは、後藤新平関係資料の調査、収集、整理、保存の事業であり、いうなれば〈後藤新平アーカイブ〉が出現したことであった。

編纂会は、昭和六（一九三一）年四月一二、一三の両日、市政会館において後藤新平伯第三回忌追悼会を開催し、祭壇を設置しての一般焼香、後藤の遺墨・遺品百数十点の展示を行った。一二日夜には「各方面の名士百余名の参集を求め『故伯追憶の夕』を催して其追憶談を請ひ、展覧会と相俟ちて追慕の情を新にすると共に、重要なる伝記資料を得んことを計れり」とあるように、「オーラル・ヒストリー」というべき手法から伝記資料の作成が始められた。資料の収集に関しては別に責任者が定められ（田中清次郎と推定する）、次の方法により「残らず之を網羅して苟もその遺漏無きことを期したり」という。

・故伯に関係を有する各方面の人士の談話
・江湖の文献の渉猟
・後藤伯爵家に蔵する二百数十梱の各種文書、五千余冊の蔵書、二万数千通の諸方来翰
・一九団体により集められた関係文書等

右のうち、後藤家所蔵文書については「昭和六年だつたと思ひます。後藤新平伯伝記編纂会から依頼せられて送ら

れて来た五十六行李の後藤文書を二年がかりで整理して送り返し」たという清野冨美子の回想がある（『後藤新平月報』一、一九六五年七月）。清野冨美子は、清野謙次の夫人で、安場保和の孫、後藤の姪にあたる人である。「二百数十梱」の文書は分担して整理されたものと見える。

一九団体により収集された関係文書であるが、そのうちのひとつ、市政専門図書館所蔵の『台湾関係　後藤新平伯伝記資料』は、台湾婦人慈善会による全一一巻の膨大な手書き資料である。その第一巻の冒頭には、「門生　尾崎秀眞」の無題の端書が「後藤新平伯伝記用紙」二枚分にわたって書かれている。尾崎秀眞はゾルゲ事件の尾崎秀美と文学者・尾崎秀樹兄弟の父であり、『台湾日日新報』の記者であった。この端書で尾崎は、「広島の検疫所長官時代から台湾の民政長官時代の全部を通じて日夕門下に馳せて御教示を受けたものである」と記している。この伝記資料の作成経緯については、担当した台湾婦人慈善会嘱託の平野廣治による「総序」に詳しい。今ここで紹介する紙幅はないが、一年余をかけて収集され、記録され、かつ、書写された資料の量（例えば、『台湾日日新報』創刊号から三千余号にいたる後藤関係記事の逐次的抜書き）だけでも並みのものではない。この伝記資料中、ひとつだけ書き留めておきたいのは、第十巻の「後藤新平伯逸事録」にある和歌である（総督府写真店の横尾義夫のために後藤が揮毫したもの）。

よき人を見れば心にみがかれて　鏡に向ふ心地こそすれ

新平

さて、後藤家より市政会館に搬入した「故伯関係文書類及書翰類は、之を整理して将来に保存するを必要とするを以て」、新たに設けられた後藤新平伯関係文書処理委員会に引き継がれた。田中清次郎常務理事をトップとする同委員会は、一年二ヶ月かけて文書類・書翰類を整理し、昭和一四年一一月『後藤新平伯関係文書目録』を作成した。謄写版で五六〇余頁の大部な目録である。この後藤新平関係文書、後藤の蔵書など、伝記編纂過程で収集された膨大な資料のすべてが財団法人東京市政調査会に保存されることになった。近代日本における総合的、体系的な〈後藤新平アーカイブ〉の設立である。

三　後藤新平記念館の誕生

さて、この〈後藤新平アーカイブ〉の戦後から現在までの状況を略述しておく。

『東京市政調査会八十年史』（財団法人東京市政調査会、平成一四年）によれば、「後藤新平蔵書」の項に、「後藤新平（本会初代会長）旧蔵の資料。昭和九年八月同家より三千六百五十八点を受贈。その範囲は広範で、旧占領地関係の調査報告書が多い。しかし、同資料のうち、本館と関係が薄い分野の資料については、後藤新平記念館（岩手県水沢市）と国立国会図書館へ寄贈し、現在本館で所蔵している資料は、千八百八十六点である」と記載されている（同書二三六頁）。ここでいう「後藤家旧蔵の資料」とは、図書、雑誌、調査報告書の類と思われる。というのは、これに続けて「この件とは別に、本会で事務・保管を委嘱されていた「後藤新平伯関係文書処理委員会」所有の資料なども後藤新平記念館に寄贈した」と書かれているからである。

一方、後藤新平記念館所蔵の「後藤新平顕彰記念事業沿革（記念館開館準備）」及び「沿革誌（記念館として発足以降）」によれば、市政調査会から寄贈された後藤新平関係文書の関係日誌には、次のように記されている（関係資料のコピーを送付いただいた及川正昭館長に謝意を表したい）。

昭50・7・9〜11　後藤新平遺品、関係資料調査（東京市政調査会ほか）

昭52・12・1　後藤新平遺品、資料を受領（東京市政調査会より）
昭53・4・1　後藤新平遺品、資料四五梱包（別紙梱包覚書）に及ぶ資料一つ一つ点検、分類し、展示の基本的資料を選出する作業開始する。（六月まで）
昭53・9・7　後藤新平記念館開館式挙行
昭54・6・12　後藤新平文書資料マイクロフィルム作製開始。東京雄松堂、横山氏他、高橋写真ＫＫ撮影技師一名来館作製準備。研究室使用。伊藤郁也氏、石原昭子氏、資料整理及び文書撮影助手に当たる。
昭55・3・14　後藤新平文書、整理完了。（研究室ガラス戸内保管完了。写真類を除く）

当時の水沢市社会教育課長であった及川和彦氏（アスピア館長）のお話によると、東京に出張して、東京市政調査会の河野義克理事長に資料寄贈を要請し、快諾を得たとのことである。ただ、記念館は展示館として構想されていたため、資料の専用書庫や利用スペースが少なく、苦労されたという。なお、この時に、市政調査会所蔵の後藤関係資料の『後藤新平伯関係文書目録』に記載された全ての資料が後藤新平記念館に移ったのかどうかは確認できていない。少なくとも、前述した『台湾関係　後藤新平伯伝記資料』など、水沢に移されなかった伝記編纂関係資料もある。

後藤新平関係文書のマイクロ化についてであるが、国立国会図書館憲政資料室で調べたところでは、昭和四一年及び四六年、二度にわたって市政調査会所蔵文書の一部をマイクロフィルム化した（それぞれ七五リール及び一七リール）。その収録範囲については当時の記録が見当たらず、市政調査会から寄贈された後藤の旧蔵書とともに、今後調査の必要がある。

先の「沿革誌」にあるように、後藤新平記念館はこの文書のマイクロフィルム化を行い、合わせて『マイクロフィルム版　後藤新平文書目録』を編集・刊行した（製作は、雄松堂フィルム出版）。田中吉男館長（当時）の「序」によれば、資料のマイクロフィルム化にあたっては、この『後藤新平伯関係文書目録』を「基本として編集したもの」となっており、同目録に掲載されている文書がすべてマイクロ化されたのか、必ずしも明確ではない。ちなみに、『後藤新平伯関係文書目録』と『マイクロフィルム版　後藤新平文書目録』とをざっと比較してみると、随所に相違個所があることが分かる（前者にあって、後者にないものが多いようである）。

また、後藤新平記念館所蔵の資料で、マイクロフィルム化されていない資料が相当あるとのことである。檜山幸夫中京大学教授らの調査によれば、特に、書翰については全体の三分の一程度しかマイクロフィルム化されていない状況であったという（檜山幸夫「台湾史研究と歴史史料」『台湾近代史料研究』創刊号、二〇〇三年）。そこで、廣瀬順皓駿河台大学教授を中心として未収録の書翰のマイクロ化作業が行われた。対象となった書翰は「後藤新平関係文書仮目録――未マイクロフィルム分・書翰の部」（『台湾近代史料研究』創刊号掲載）によれば、四四二通である。これについて雄松堂アーカイブズに問い合わせたところ、本年秋のマイクロフィルム出版に向けて準備を進めている、とのことである。

やや詳しく伝記編纂会収集資料について書いたのは、後藤新平研究のインフラストラクチャー（資料基盤）としての〈後藤新平アーカイブ〉の全体像を把握する必要性を指摘したいためである。特に、後藤の場合、政策提言のためのパンフレット、草稿類が多く、「後藤新平の著作」を系統的に「復元」することは、基本的な作業だからである。

四　「大東亜戦争・太平洋戦争期」から、一九六〇～七〇年代までの後藤新平研究

昭和一三（一九三八）年に「鶴見版・正伝」全四巻が刊行されて後、大東亜戦争・太平洋戦争期に後藤新平に関する伝記的著作が相次いで出版された。これらを論じたものとしては、林正子「伝記にえがかれた後藤新平像（上）

（下）」（『史苑』（立教大学史学会）三七巻一号（一九七六年一二月）、三八巻一・二号（一九七八年三月））がある（ちなみに、林さんは後述する「後藤新平研究会」の同人であった）。林論文の（上）は、「大東亜戦争」下で日本人の関心が南方に向かう中で、後藤の事績が「神話化」されていく状況を、各種の伝記を比較して、詳細に分析したものである。

後藤新平研究史上、私が注目すべきものと考えるのは、信夫清三郎『後藤新平――科学的政治家の生涯』（博文館、昭和一六年）と、太平洋協会・出版部から再刊された「普及版」の『後藤新平伝　台湾統治篇　下』の鶴見祐輔の「附記」である。

信夫清三郎は、「科学的政治家」としての後藤に対する尊敬を執筆理由として挙げ、副題にも付している。この「科学的政治家」という形容は、その後の「後藤的なるもの」の定番的な表現のひとつとなったが、信夫がこの書の目的とするところは、終章の「近代日本史における後藤新平の地位」を論ずることにあったと考えられる。しかし、「後藤新平は同時代の政治と社会から孤立していた」とする信夫の筆致は多分に「ウェット」である。後藤の真の理解者であったとして、チャールズ・ビアードの書簡を長文引用したあたりは興味深いものがある。しかし、「近代日本史における」と題されたほどの後藤論ではない。とはいえ、歴史における後藤の位置付けを首尾一貫した合理性・科学性の視点から描こうとした信夫のこの書は、後藤新平研究史の嚆矢として検討する必要があろう。なお、余談ながら、孫文の革命（恵州蜂起）に対する児玉と後藤の支援など、「鶴見版・正伝」にない叙述があることも目を引く。

鶴見祐輔の「附記」は、「伯の台湾統治と大東亜共栄圏の建設」と題されているように、一見「時流」に乗っているようだが、重点は、後藤が「保守的勢力と衝突し、その精力の大半はかかる摩擦と妨害との克服調和のために消耗せられ、その積極的才能を十二分に発揮するの機会を得なかった」という点にある。興味深いのは、鶴見が、後藤の政治家としての経歴上、台湾をきわめて重視していることであって、「伯の一生は台湾時代の延長であつたといふも過言でない」として、「異民族の文化と制度の尊重」、「政治の基礎としての科学の必要」、「東アジア・世界の中の台湾」、「無名の青年の登用による人材の養成」の四点を、いわば「後藤的なるもの」として挙げている。鶴見は、この「附記」を結ぶにあたって、後藤に接触した人々が刺激を受けた点は「一つの美しい幻を描くことである」として、「大いなる幻を描くことなしには、大東亜共栄圏の建設といふことは完成できない」と書いている。ここに鶴見の「逆説」を読むことは、「好意的」に過ぎるであろうか。この点を検討するには、太平洋協会（出版部）とはなにか、の研究が必要である。

後藤新平ほど、いくたびも追想され回顧された政治家は稀であろう。年表風に整理すれば、次のようになろうか。

一九四一（昭和一六）年　後藤新平伯追慕講演（読売新聞社）、後藤の一三回忌
一九五七（昭和三二）年　故後藤伯生誕百年記念講演会
一九六五（昭和四〇）年　『後藤新平』復刻版の出版
一九七八（昭和五三）年　後藤新平記念館開館
二〇〇七（平成一九）年　後藤新平生誕一五〇年

これらのうち、一九六五（昭和四〇）年という年に注目したい。というのも、この六〇年代半ばから七〇年代こそ、時代環境の変化が後藤新平に対する研究的関心をもたらした時期と考えるからであり、また、私自身の後藤新平研究と関わるからでもある。

この年、作家の杉森久英が『大風呂敷』を出版して、大変良く売れたという。この小説は、前年の八月からこの年の九月まで『毎日新聞』に連載されたものの単行本化である。前にも引いた鶴見和子・鶴見俊輔の「お礼のことば」によれば、この小説が「後藤新平伝再刊の機運」を作ったことを嬉しく思う、に続けて「この本の出版を、勁草書房にご推薦くださった竹内好さん」に謝辞が述べられている。そればかりではない。竹内好は、『後藤新平月報』の第一号に、「原理の一貫性　後藤新平にふれて」という文章を寄せているのである。その中で、竹内は後藤への興味が

「私の場合は、その興味がもっぱら台湾民政長官の時代と、満鉄総裁の時代に集中している」、「植民地行政における治績が私にとっては関心の的だ」と書いている。竹内のいう「原理の一貫性」とは、台湾旧慣調査から市政調査会にいたる調査機関設置のことが第一である。原理のもうひとつは後藤の「世界観」、「経綸」に関係すると断った上で、竹内は日ソ復交に言及し、その伏線が満鉄総裁以前からの(つまりは台湾時代からの)「深く思想にかかわる問題なので、折りがあったら私なりに究明したいと思っている」と、いささか謎めいた書き方をしている。竹内は、彼が主宰する雑誌『中国』(一八号、一九六五年五月)で、「巌島夜話」(後藤新平、解説・鶴見祐輔)を紹介したが、このあたりに、究明したいテーマのヒントがあるのかも知れない。いうまでもなく、それは後藤の「中国観」ないし「アジア認識」であろう。

杉森は、同じ一九六五年の『中央公論』(八〇巻一号)の特集「近代日本を創った百人」に、「後藤新平と植民地経営」を書いている。この百人の中に後藤を選んだのは、武田泰淳と松本三之介だという(林論文による)。このあたり、竹内と武田の「連携プレー」が感じられる。一九六四年には、『思想の科学』編集長の森秀人が「後藤新平の生涯」を『思想の科学』(二二号)に、橘善守が『文芸春秋』の企画「明治百年」「近代日本の巨人一〇〇人」で後藤をとりあげた(橘は後藤邸の住込み書生であった。執筆時は毎日新聞論説委員)。筑摩書房の『現代日本思想大系』は、(一〇)『権力の思想』で前田康博「後藤新平」を、(二六)『科学の思想』で後藤の初期の著作『国家衛生原理』第一篇を収めている。特に、前田は、後藤の「政治企業家」としての能力に着目し、その「思想」を取り出そうとした点で、後藤論として画期的なものであった。

戦後日本が高度経済成長期をひた走り、東京の都市問題が顕在化する中、「戦後二〇年か、それとも明治百年か」という論壇的かつジャーナリスティックな問題提起の中、後藤新平に対する新たな関心と研究状況が生まれた、といえよう。戦後の「後藤新平研究第一期」と名付けてもいいだろう。

五　「後藤新平研究会」のこと

ここで、私の後藤新平研究回顧を挿んでおきたいと思う。

「後藤新平研究会」という名の研究グループが存在していたことを知る人は、もはや数少ないだろう。一九七〇年代の初頭、台湾出身の農業経済学者で歴史家の戴國煇さん（当時、アジア経済研究所主任調査研究員、のち立教大学教授）を中心に、台湾研究を志す東大の学生や中国研究者らによる共同研究グループが形成されていったが、私もこの若手メンバーのひとりであった。共同研究の最初のテーマは、昭和五年の台湾山地原住民の蜂起「霧社事件」であった（戴國煇編著『台湾霧社蜂起事件――研究と資料』社会思想社、一九八一年）。この研究会で次のテーマとして取り上げたのが後藤新平であり、これにちなんで会の名称を「後藤新平研究会」と改称したのが一九七五年一二月のことで、会のニュース・レター『後藤新平研究会会報』第一号は私の手書きコピーである。この号には、戴さんが杉森久英の『大風呂敷』を取り上げて論じているが、「後藤新平の活躍について語ること」と「近代日本の分析批判」との二つを結びつけた「伝記」を書けないものであろうか、という戴さんの問題提起について、私は「研究の方向性についての、思考的・思想的関心の所在を示すもの」と書きとめている。この時、戴さんは後藤新平をめぐる問題視角を台湾研究の観点から、十項目ほど提案しているが、私が選んだテーマが「旧慣調査と立法・政策過程」であった。また、先に述べた林正子さんの後藤伝記の比較研究は、この研究会での報告がもとになっている。

後藤新平研究会における報告は、今眺めてもなかなか面白く、多岐にわたる研究の「萌芽」があったような気もするのだが、ここでは省略する。ひとつ記しておきたいことは、戴國煇さんには「伊沢修二と後藤新平」という後藤論があったことである。これは、竹内好と橋川文三のアイディアで『朝日ジャーナル』に連載されたものの一編で、同誌の一九七二年五月一二日号に掲載された。のちに、『近代日本と中国（上）』（朝日新聞社、一九七四年）に収録されている。戴さんは、四〇年に及ぶ滞日生活後、民主化プロセスの進む台湾に帰り、李登輝政権に参画したこともあったが、二〇〇一年に急逝された。台湾出身の知識人で戴さんほど、日本と日本人に「メッセージ」を送り続けた歴史家はいないだろう。日本と台湾（中国）の近代を、みずからのアイデンティティの問題としつつ、探求した歴史家として、再評価されるべき存在だと思う。

さて、「後藤新平研究会」という名称は七七年一二月までで、その後「台湾近現代史研究会」と改称して一九八八年まで研究活動は続くのであるが、残念ながらまとまった形での後藤新平研究の成果は出せなかった。研究同人雑誌『台湾近現代史研究』刊行、研究会同人の問題関心の拡大・拡散、台湾政治のダイナミックな展開に関心が移ったことなどが主な理由である。私自身について言えば、「旧慣調査と立法・政策過程」の研究を続け、のち『台湾近現代史研究』第六号（一九八八年）に、「台湾旧慣調査と立法構想——岡松参太郎による調査と立案を中心に」、「法学博士・岡松参太郎と台湾」を書いた。これと「近代日本の植民地統治と原敬」（『日本植民地主義の政治的展開　一八九五—一九三四年』若林正丈と共著、アジア政経学会、一九八〇年）をベースに、原敬と後藤新平の植民地に関する政治思想を比較しつつ、まとめたものが「明治憲法体制と台湾統治」（『岩波講座　近代日本と植民地四　統合と支配の論理』岩波書店、一九九三年、所収）である。

これらの論文で、私が後藤の構想として「発掘」したのが、明治憲法改正の企てである。わずか一条とは言え、大日本帝国憲法改正案、その発布の勅語案、台湾統治法案等の文書の作成という「立法プロジェクト」と、原敬の「内地延長主義」と対峙した後藤の「特別統治主義」の植民地統治の政治思想は、後藤の「構想力」の雄大さを示すものでもあろう。

これに関連して、後藤のブレーン・スタッフとして活動した岡松参太郎・京都帝大教授（民法）の遺した膨大な文書資料と蔵書を、目白の岡松家で初めて目にしたとき（一九九八年一二月四日）の驚きと至福の感覚は忘れられない。それらは岡松家から早稲田大学図書館に一括寄贈され、浅古弘早稲田大学法学部教授らの手により「岡松参太郎関係文書」として整理された（これについては『近現代日本人物史料情報辞典』（吉川弘文館）に紹介した）。この文書のマイクロフィルム版が雄松堂アーカイブズから、今春出版される予定である。

むすびにかえて――二十一世紀の世界における「後藤的なるもの」

「後藤新平研究の回顧と展望」というテーマを、後藤新平伯伝記編纂会の事業について述べることから始めたのは、ほかでもない、この「伝記編纂プロジェクト」こそ、ある意味では最初の後藤新平研究であり、そして目下のところ最大のプロジェクトだったと考えるからである。そして、「鶴見版・正伝」の成立によって「後藤的なるもの」の原型が創出され、のちの人々は「時代の条件」からではあるが、どこかこの「型」から後藤を眺めざるをえないのである。「後藤的なるもの」の一種の「拘束」であるのかも知れない。かつて後藤新平研究会のころ、多少感じていたのだが、後藤新平に取り組もうとすると、なにか「もう済んでいる」という印象があったのである。しかし、後藤のブレーンであった岡松参太郎という存在と「明治憲法改正・台湾法典編纂事業」を「再発見」してからは、後藤への新たな視角が開けてきたようにも思う。

編纂会は、また、〈後藤新平アーカイブ〉というべき資料を後世への遺産として保存した。今回の資料状況に関する調査の印象では、この全体像を再把握し、資料の確実な保存と利用環境を整備するという課題も、まだ残っているのではなかろうか。

後藤新平研究の回顧という点では、今回は、八〇年代までにとどめざるをえない。最近、研究状況は大きく変化してきた。ひとくちで言えば、「後藤新平研究の国際化」である。ワシーリー・モロジャコフ氏（ロシア出身。拓殖大学日本文化研究所主任研究員）の「後藤新平と日露関係――後藤の対露戦略的構想」（『自由』二〇〇六年一一月号）、ウヴァ・ダヴィッド氏（ベルギー出身。大阪外国語大学日本語・日本文化センター非常勤講師）の「科学的植民地主義としての後藤新平『文装的武備論』」（大阪外国語大学博士論文、二〇〇五年六月提出）、そして、本誌（『環』第二九号、二〇〇七年春、藤原書店）掲載の張隆志氏（台湾・中央研究院台湾史研究所）など、外国人研究者の「参入」には瞠目すべきものがある。後藤新平研究の国際交流の時期がきたようである。

これからの後藤新平研究の展望については、研究企画とともに論じるべき事柄であろう。私にとっての「後藤的なるもの」と問われたら、現代の時代環境のもとでは、それは「自治の構想力」である、と答えたい気がしている。

霧社紀行——研究余聞

此夜氷雨蕭々トシテ至リ朝来焼却セル蕃社ノ余燼炎々トシテ天ニ映シ轉タ凄惨ノ状禁ズルヲ得ス
——十月三十一日　其三　松井大隊ノ行動——
『昭和五年台湾蕃地　霧社事件史』（台湾軍司令部編）より

はじめに

埔里を出発した車はゆるやかなカーブを何度も曲がり登っていく。次第に両側の山が道路を狭めるようにそそり立ってきて、霧とも小雨ともつかぬ水滴がフロント・ガラスを濡らしはじめた。お洒落なサングラスをかけたヤユツ・ナパイさんの運転は快調だ。彼女は京都大学で学ぶセーダッカである。後ろの座席ではダキス・パワン先生が説明を続ける。先生の祖父はマヘボの戦士だった。やがて車は峻険な山間の、眼下に谷底を臨む橋にさしかかる。「人止関」である。昭和五年十月のあの日、武装して蜂起したセーダッカの青年達は、史料によれば確かここまで来て前線を敷いたはずだ。「人を止める関」という名のとおり天然の要害で、ここなら日本の軍隊と警察の攻撃を長期に食い止めることも可能な地点であろう。しかし、なぜか彼等は早々に引揚げた。

ダキス先生ははるか上方の山を差して「あの山には蜂起に参加していない部落があったのです。危ないでしょう。」と言う。なにより、彼等は霧社の奥の険しい高地で、祖先発祥の地で戦うことを望んだ、というのである。蜂起の指導者モーナ・ルーダオは「内地観光」したこともあり、「赤い頭」の日本軍の力を知っていた。勝てる相手ではない。しかし、祖霊にして神である「ウットフ」の目に恥かしくない死こそ誇り高い生き方なのだ。セーダッカの掟にして、社会規範かつ道徳律である「ガガ」が彼等の戦いをどのようなものにしたのか。

二〇〇七年九月九日、台北での「台日学術交流国際会議」終了後、高速道路を台中へ、埔里を経てその夜は眉原に泊った。翌一〇日から一一日まで霧社一帯を回り、同日夜埔里に戻った。これが私の「霧社紀行」の日程である。短いが感動と刺激に満ちた楽しい旅だった。そして粛然とした気持ちが胸を充たす瞬間もあった気がする。

冒頭の引用は、一九七四年六月の日付がある研究ノートに私が抜粋した、日本陸軍の蜂起鎮圧作戦記録の一節である。「霧社事件日誌」を作成するのが目的であったが、便利な複写機もない時代のことで、史料を一行一字と読みながら要点を筆記していくという根気の要る作業であった。「氷雨蕭々トシテ至リ」「蕃社ノ余燼炎々トシテ天ニ映シ」という表現に私は刮目したのだと思う。筆写して赤枠で囲っている。その後、霧社の軍事・警察関係史料を読み進める中で、私は霧社の「戦史」のイメージをひたすら文献と軍事地図で作っていった。

本稿は、はじめて霧社を訪ねた紀行であるとともに、私の今後の研究関心から、備忘録に留めておきたい事柄を記した「研究余聞」のようなものである。

バイバラ（眉原）

埔里から夜の山道を車で一時間足らずで、バイバラ（眉原）にある下山誠さん経営の「暁園民宿」に着いた。この夜宿に集まったのは、下山誠（林致誠）さん、そのお姉さんの下山操子さんとご主人、埔里から合流した鄧相揚さん、それに台北から来たヤユツさんと私である。夕食を一緒に取りながら、さっそく霧社事件にまつわる話をお聞きし、また貴重な写真を見せていただいたりした。

下山さん姉弟のご両親は下山一（中国名―林光明）、文枝のご夫妻であり、その下山一さんの父上は下山治平さんといい霧社に勤務していた日本人警察官、母上はペッコ・タウレといい台湾先住民タイヤル人で「マレッパ蕃」の「頭目」の長女であった。下山一さんの霧社事件との関わりと戦前戦後の苦難を生き抜いた下山家の歴史は、ノンフィクション作家・柳本通彦さんの秀逸なドキュメンタリー作品である『台湾・霧社に生きる』と下山操子さんの手記で母文枝さんを中心に下山家の歴史を記録した『故国はるか　台湾霧社に残された日本人』に詳しい。

翌朝、誠さんと鄧さんの案内で、下山家の墓所と日本人慰霊塔の饅頭石にお参りした。日本人慰霊塔とは霧社事件で犠牲となった日本人のために戦前に建てられた「霧社事件殉難殉職者之墓」のことである。一九七二年、日本が中華民国と国交を断ったことに激昂した者によって破壊されたとき、下山一さんがその饅頭石を密かに保管しておいたのである。一九九四年に一さんが死去された後に、下山家の暮所のそばに安置されたという。私は花のついた小枝を手折り、しばし饅頭石に向って頭を垂れた。

それから、近くの下山操子さんご夫妻のお宅に行き、大きな（たぶん榕樹だろう）木の蔭でお茶と果物とお菓子をご馳走になった。操子さんが手記を執筆した別邸の書斎も見せていただき、バルコニーから果樹園と正面のバイバラ山の眺めを楽しんだ。

次の目的地である川中島に向う途中で、戦前にあったバイバラ診療所の跡地（今は警察署の敷地）に立ち寄った。昭和六年当時、井上伊之助が公医として勤務していた所である。井上はここから川中島に往診して、花岡初子さん（オビン・タダオ）のお産の処置をしたのだ、と井上の姿を想像しながら坂道を眺めてみた。日本統治下の山地で医療を通じてキリスト教の「伝道」（台湾総督府は禁止していた）を行なった井上は、霧社事件とも印象的な関わり方をしたことが、彼の『台湾山地伝道記』に出てくる。

川中島（清流）

川中島（現・清流）は霧社事件の生き残りのセーダッカが強制移住させられた土地である。村の小さな広場で車を降り、しばらく丘のほうに歩いていくと、高家の墓所に着いた。オビン・タダオさん（花岡初子、中山初子、高彩雲）とピホ・ワリスさん（中山清、高永清）のご夫妻、その息子さんのアウイ・ダッキスさん（中山初男、高光華）が十字架のもとに眠っている墓前に、私は手を合わせた。一九六二年、中村ふじゑさんが台湾霧社の地を踏み、はじめてオビン・タダオさんと出会ってから四五年の歳月が流れている。この出会いが、東寧会（のちの台湾近現代史研究会）における霧社事件の共同研究のきっかけとなったのである。そして、この研究に参加したこと、つまりは、霧社事件とオビン・タダオさんが私をここに連れてきたとも言える、という思いが私の中に去来していた。中村さんはオビンが亡くなったあと、『オビンの伝言――タイヤルの森をゆるがせた台湾・霧社事件』という本を出版された。これはオビンと中村さんの魂の交流であるとともに、台湾山地の原住民族の女性の一生を描いた恐らく最初の伝記であろう。

高家のお参りが済むと、鄧さんが、花岡二郎（ダッキス・ナウイ）とタダオ・ノーカンの墓もある、と指差した。

花岡二郎はオビン・タダオさんの最初の夫で、事件当時、オビンの体内に新しい生命が宿っていることから「生きられるだけ生きなさい」と初子を脱出させて、自殺した。タダオ・ノーカンはホーゴー社の頭目、オビン・タダオさんの父上で、蜂起のリーダーの一人として戦死している。鄧さんの話では、二郎が死んだ「花岡山」（と事件ののち、日本人が命名した）の土を持ってきて「墓」としたのだという。遺骨を発掘することはできなかったそうだ。「花岡山」は花岡一郎（ダッキス・ノービン）一家、花岡二郎、そして多くのセーダッカが自ら命を絶った場所である。タダオ・ノーカンはタロワン高地の攻防戦で日本の銃弾に斃れたのだが、おそらく彼の墓も「土」なのだろう。気がつくとこの墓地には十字架が多く眺められた。山地では戦後急速にキリスト教が広まったという。また、井上伊之助を思い出していた。

霧　社

川中島から埔里に戻り、昼食のあといよいよ霧社に向う。冒頭に書いたように、ここからはダキス先生とヤユツさんが先導者である。ダキス先生は埔里高等工業専門学校の機械科の先生だったのだが、早めに退職されて、セーダッカ語の授業、霧社事件の研究など、原住民関係のお仕事をされているとのことである。

ヤユツさん運転の車で私達は霧社の狭い台地に登りつき、短い街並を過ぎて、あの公学校運動会場の跡に行った。今は電力会社の施設で往時のものはなにもないが、国旗掲揚塔とおぼしきあたりから校舎の方向に向って三人で黙禱した。そのあと、霧社山胞抗日起義紀念碑に回り、モーナ・ルーダオの墓に参り、彼の銅像、蜂起した人々の群像を眺めた。これらを語るだけでも霧社の戦後史を一瞥することになるが、柳本通彦さんの『台湾・霧社に生きる』に任せたい。

私が霧社に来た目的のひとつは、戦場であったこの地の「軍事地理学」的な史実を知ることであった。そのためにかつて編集・解説した『台湾霧社事件軍事関係資料集』に復刻した台湾軍参謀部「霧社事件陣中日誌」の「戦闘経過要図」などをコピーして持ってきた。これらを見ながら、ダキス先生の説明を受け、二日間にわたって「戦跡」を「視察」したのである。当時の霧社のホーゴー、スーク、ボアルン、ロードフ、マヘボ、タロワンの各社を駆け足で回ってみて私が強い印象を受けたのは、この地域の広大なことと、地形の急峻なことであった。地図で想像するよりもはるかに規模が大きい。日本軍が鎮圧に手を焼き、毒ガス弾を試作して投下したり、内地の大久野島の化学兵器工場で催涙弾を充填した山砲弾を特製し、基隆から霧社まで運搬して発射したり、森林焼却用に特製焼夷弾を投下したり、といった軍事作戦の背景がよく理解できたのである。なお、霧社事件における毒ガスの問題については、尾崎祈美子さんの『悪夢の遺産』や吉見義明教授の『毒ガスと日本軍』によってその背景と歴史的文脈とがほぼ解明されている。

「戦跡視察」の途中、「花岡山」（スクレダン山）を見た。道路から眼下に眺められる小さな丘はそれ自体が古墳のようであった。セーダッカの人々の生死に関する観念と埋葬儀礼について知識のない私には、この丘をどう解釈してよいか分からず、ただ黙禱したのみであった。

戦跡を回ったあと、南投県仁愛郷公所（日本の町役場のような地方行政機関）を訪れた。民政課長の邱建堂さん（タクン・ワリス）のお話を伺っている最中にも、孫来福さん（デモ・ワリス。公所職員）はじめ次から次へ人が来る。記憶に残っている邱さんの話の中で書きとめておきたいことは、霧社の頭目達の多くが蜂起に反対していたこと、そして襲撃に際しては、当初警察官のみを対象としていて女性や子供は殺さないことにしていたことである。なぜかこの話に私はほっとしたことを覚えている。

マヘボ（廬山温泉）

九月一一日、小学校でのセーダッカ語の特別授業を終えたダキス先生とヤユツさんがホテルに迎えに来た。私が泊まった「廬山碧樺温泉会館」はかつてピホ・ワリス、オビン・タダオのご夫妻が経営され、息子さんのアウイ・ダッキスさん（高光華）が継いでいた「碧樺荘」があったところである。埔里にお住まいの高美信さん（高光華さんの奥様）のお話では、ご主人も亡くなったので、経営を他の人に譲り「碧樺荘」も近代的なホテルに建て替えられたとのことであった。

さて、コンビニで飲み物を調達してから、お祖父さんがどうして生き延びられたのか、ダキス先生にインタビューした。

「祖父はマヘボ社隊の一員として公学校襲撃に参加したあとマヘボに戻り、一文字高地でも日本の軍隊相手に戦ったそうです。この戦闘ではタダオ・ノーカンが戦死しています。その後、皆散り散りになり、祖父は万大を経て眉渓の奥のツバフという猟場に隠れました。蜂起した六部落の人々が女性と子供を含めて二〇人位いたそうです。祖母は蜂起の前に一歳になる男の子、つまり私の父を連れてトーガン社の頭目であるおじの家に避難していました。このおじが祖父をかくまってくれ、警察に捕まって尋問を受けた時にも、祖父は蜂起に参加せずずっとトーガン社にいた、と証言してくれたのです。日本側は疑って三回も祖父を尋問したそうですが、おじがかばっただけでなく、他の捕虜になったマヘボの人達も皆黙りとおしたそうです。第二霧社事件で、ホーゴーの捕虜収容所が襲撃されたときも、運よく祖父母と父は逃げることができました。川中島に強制移住させられたあと、また三十数名の青年達が警察に呼ばれて密かに殺されたのですが、祖父は呼ばれませんでした。祖父は酔っ払うことがあっても決して本当のことを言わなかったそうです。」

『証言霧社事件——台湾山地人の抗日蜂起』という本がある。抗日セイダッカの生き残りで、蜂起当時少年だったアウイ・ヘッパハさん（日本名—田中愛二、中国名—高愛徳）が、下山一さん（林光明）などの協力を得て書いた記録である。「タロワン台地の戦い」、「クルフカッフルの戦い」、「ブットツの戦い」などとあるように、蜂起側の視点で書かれた臨場感あふれる証言で、これを日本の軍・警察関係資料とつきあわせて読んだときには、「セーダッカの叙事詩」のような心持がしたものである。

証言としては、ピホ・ワリスさん（高永清）には手記「回生録」があり、これに基づく『霧社緋桜の狂い咲き——虐殺事件生き残りの証言』がある。また、林えいだい氏『台湾秘話　霧社の反乱・民衆側の証言』も貴重なものであろう。戦後の霧社を生きた「生き残り」の人々を「理解する地点」がどのようにありうるのか、これもひとつの問いである。ダキス先生のお祖父さんの話は、死んだ者と生き延びた者との関係の考察へと導く語りである。実は私のガイド役のふたり、ダキス先生は蜂起側マヘボ社人の子孫、ヤユツさんは日本に味方したトロック人の子孫なのである。敵味方に分かれて戦ったセイダッカの関係は霧社の歴史に複雑な影響を与えたのであろうが、私にはおふたりがこの旅に付き合っていただいたことが嬉しかった。

埔里

霧社から埔里に戻り、鄧相揚さんのお宅で彼の霧社事件研究についてお話を伺った。鄧さんは本職は医療検査技師であったが、生れ育った埔里の歴史と文化に関心を持ち、病院勤務の傍ら台湾原住民や霧社事件のフィールドワークをされてきた、いわば在野の研究者である（私も図書館が本職だから同類）。一九九九年度中華民国政府教育部賞を受賞した『抗日霧社事件の歴史』、『日本人警察官の妻子たち――霧と雲』などの著書がある。鄧さんが書いたオビン・タダオの伝記小説『風中緋桜』は、二〇回の連続ドラマとして公共電視（日本のＮＨＫにあたる放送局）で放映されたとのことである。

埔里では「全員」が集まって、台湾の料理と酒に沸いた。下山誠さん、鄧さんご夫妻、ダキス先生、ヤユツさん、仁愛郷公所の孫さん、東海大学（台中）の古川先生と川口先生とその学生の面々である。古川先生達は下山家に残る霧社事件関係ほか戦前の貴重な写真をデジタル化するプロジェクトを手掛けているとのことであった。この「全員」の意味をこの少ないスペースで説明するのは不可能である。霧社事件の「物語」の細部を説明しなければならないからだ。「ウットフが織り給いし人々」と出会った夜であった。

「ウットフ、ガガ」

ダキス先生とヤユツさんから聞いたことの中で、私がもっとも興味を覚えたのが「ガガ」（あるいは「ガヤ」）であった。ガガとはセーダッカの社会規範にして道徳律だという。しかし、成文化されているわけではないので、これを明確に説明するのはなかなか困難らしい。鄧さんも、霧社事件の原因としては、抗日の側面よりもガガの問題が大きいという。『抗日霧社事件の歴史』を調べてみると、「タイヤル族が祖霊信仰をおこなううえでの集団」という定義のもとに簡単な説明がついていた。その説明によれば、社会規範そのものというよりも同一の社会規範のもとにある共同体として把握されているようである（その典拠には鄧さんの『台湾原住民風俗』の「gaga（gaya）」の項目が挙げられている）。台北でイバン・ノカンさん（かつて東大に留学していたタイヤル人）に会ったときにもガガについて聞いてみた。彼は「掟」のようなものと説明し、いくつか研究があると教えてくれた。

ガガとはなにか、霧社事件とどのような関係があるのか、いずれ調べてみようと思いつつ、井上伊之助の『生蕃記』を再読していたらガガに言及している部分があった。井上は「ウットフ、ガガ」即ち「神の律法」というものがある、と書いている。中村勝氏は井上の「蕃人の研究」などを詳細に分析し、「ウットフ神を共通の顔とすることで集合した人々が『ガガ』なのである。したがって『ウットフ・ガガ』と括られるタイヤル人の世界は、ウットフという彼らに公共の祖師すべき顔の下に結集した、相互同盟の人倫共同体であると言ってもよい。教えや戒律が『ガガ』ではないところに、その特質がみられよう。」と述べている（『「愛国」と「他者」——台湾高地先住民の歴史人類学II』）。

おわりに

今から三七年余り前、戴國煇さんは霧社事件の研究について、台湾の山地原住民族自身によって「文明人」の抑圧に対して戦った自分達の抵抗戦争史がやがて書かれるだろうと予想し、そのつなぎとして自分の仕事を位置付けていた。

霧社紀行から帰国後、あらためて近年の霧社事件に関する文献を調べて見ると、例えば、垂水千恵さんの「台湾原住民文学における『霧社』の記憶をめぐって——不可能性からの対話」（『記憶する台湾——帝国との相剋』所収）には、原住民族の作家モーナノンの詩集『うるわしき稲穂』、ワリス・ノカンの詩「霧社（一八九二〜一九三一）」などを対象として霧社事件の文学表現が論じられている。二〇〇二年からは「台湾原住民文学選」のシリーズが刊行され、これらの作品が日本でも容易に読めるようになってきた。

歴史研究においても私がお会いできたダキス先生や鄧相揚さんの研究のように、いわば「霧社に根ざした」探求がなされている。川中島でフィールドワークの手法で調査した宋秀環という人の研究も目にした。ただ、鄧さんのお話で台湾のアカデミズム歴史学界では霧社事件の研究がされていない、というのが意外であった。

翻ってみれば、霧社事件研究における私の手法はただ文献を読むことだけであったが、いまだ分からないことが少なからずある。張作霖爆殺の首謀者河本大作が霧社事件の現地調査に基づいて書いたといわれる「河本大作メモワール」の存否、牧野伸顕文書中の「台湾霧社事件調査書」の出自、国際連盟による霧社事件調査の真偽など、長年疑問に思っていたことについて、再度検討してみる必要を感じている。

文献の世界から一歩踏み出した霧社がどう見えてくるのか、再び訪れてみたい土地である。

参考文献

戴國煇編著『台湾霧社蜂起事件――研究と資料』社会思想社、一九八一年。

春山明哲編・解説『台湾霧社事件軍事関係資料』(十五年戦争極秘資料集　第二十五集)不二出版、一九九二年。

柳本通彦『台湾・霧社に生きる』現代書館、一九九六年。

下山操子著、柳本通彦編訳『故国はるか――台湾霧社に残された日本人』草風館、一九九九年。

井上伊之助『台湾山地伝道記』新教出版社、一九六〇年(一九九六年、増補復刻)。

中村ふじゑ『オビンの伝言――タイヤルの森をゆるがせた台湾・霧社事件』梨の木舎、二〇〇〇年。

尾崎祈美子『悪夢の遺産　毒ガス戦の果てに~ヒロシマ・台湾・中国』学陽書房、一九九七年。

吉見義明『毒ガスと日本軍』岩波書店、二〇〇四年。

アウイヘッパハ、許介鱗編『証言霧社事件――台湾山地人の抗日蜂起』草風館、一九八五年。

ピホ・ワリス(高永清)著、加藤実編訳『霧社緋桜の狂い咲き――虐殺事件生き残りの証言』教文館、一九八八年。

林えいだい『台湾秘話　霧社の反乱・民衆側の証言』新評論、二〇〇二年。

鄧相揚著、下村作次郎・魚住悦子共訳『抗日霧社事件の歴史』日本機関紙出版センター、二〇〇〇年。

中村勝『「愛国」と「他者」――台湾高地先住民の歴史人類学II』ヨベル、二〇〇六年。

呉密察・黄英哲・垂水千恵編『記憶する台湾――帝国との相剋』東京大学出版会、二〇〇五年。

モーナノン／トパス・タナピマ著、下村作次郎訳『名前を返せ』（台湾原住民文学選一）、草風館、二〇〇二年。

ワリス・ノカン著、中村ふじゑ他訳『永遠の山地』（台湾原住民文学選三）、草風館、二〇〇三年。

宋秀環「霧社事件以後：従対事件的認識與認同談起」『南島史学』六五・六六号、二〇〇五年八月。

あとがき

あるロシアの作家の作品に「自分を語る」ことについてのくだりがあって、若いころとても気にいっていたのだが久しく忘れていた。思いだして、先だって書棚を整理していたら、本が出てきた。ドストエーフスキーの『地下生活者の手記』のこの一節である。

「いったい、ちゃんとした人間が最大の満足をもって語りうるのははたしてなんの話だろうか？

答え――自分のことさ。

よし、それなら私もひとつ自分のことを話すとしよう。」

いつのころだったか、わたしも五〇代となり本職の図書館の仕事が忙しくなったこともあって、歴史研究の一線から退いて「台湾研究も予備役編入の身、まあ、在郷軍人会だな」などと研究仲間に嘯いていたころ、当時お茶の水女子大学にいた駒込武さん（現・京都大学大学院准教授）が訪ねてきた。しばらくすると、今度は台湾から日本に留学に来た研究者が三人訪ねてきた。当時東京大学の若林正丈教授の指導を受けていた陳培豊さん（現、中央研究院）、何義麟さん（現、台北教育大学）、そして劉夏如さんである。わたしがかつて書いたものを読んでくれている人がいて、しかもわざわざ訪ねてくれたことに、正直驚きもし嬉しくもあった。それからだいぶ経って、駒込さんから若林君と呉密察さん（現、台湾大学教授）が主宰する台湾と日本の若手歴史研究者の交流会で、わたしの研究史について話してくれないかとの依頼があって、思い出話をすることになったのが本書所収の「台湾近現代史研究会の思い出」である。

このとき、ある程度「自分を語る」ことになったのであるが、今回、この本のあとがきを書く段になって考えた。じつは、これまで書いてきたものをいずれ本にしようと考えはじめたのは、ある台湾の研究者から、春山さんの論文は手に入れるのがたいへんで国会図書館にいかないとコピーできないという苦情（?）を聞いたからである。研究者に必要とされているのであれば、手間を省けるようにしよう、という動機ではあったが、しかし、いざ本にするとなると多少欲も出てきたし、なによりもこれからの世代の研究者に少しでも参考となるものにしたい、という気が起こってきた。

思えばわたしも還暦を越えて、この年齢にありがちな自分を語るという満足への誘惑がないわけではない。そのこともないではないが、わたしの研究の来し方そのものがすでにささやかながら「歴史」の一部となっていることを感じてもいる。であるとしたら、なぜこのような著作、すなわち「表現」にいたったのかについて「解題」することも、台湾史研究の歴史の記録としてなにがしかの意味があるかも知れないと思う。

「台湾近現代史研究会の思い出」で語ったことだが、わたしが台湾研究と関わるようになったきっかけのひとつ、というより「踏み切り板」になったのは、戴國煇さんとの出会いである。一九七三年一月のある日、わたしは当時市ヶ谷にあったアジア経済研究所に一冊の本『日本人との対話』を持って、調査研究部の戴さんの部屋を訪ねた。開口一番、戴さんが「日本帝国主義の牙城にようこそ」と言ったのには面食らったが、東大闘争の余燼さめやらぬ時期のことでもあり、おそらくわたしの背景を多少知っていての「戦略的」発言とも見受けられ、これは容易ならぬ人だと思ったのを覚えている。わたしが戴さんを訪ねてみる気になったのは『日本人との対話』を読んだからで、日本と台湾・アジアの歴史的関係を勉強してみたいという、わたしの漠然とした希望の相談に乗っていただいたある方が、それならこの本を読んで、よかったらこの著者に会ってみたらどうか、と勧められたからである。

いま、書棚から取り出して眺めていると、副題が「日本・中国台湾・アジア」となっていて、中国の下にポイントを落としてやや小さく「台湾」という文字が記されているのに奇妙な感じを抱いたことを思い出す。そして、表紙に大きく「東寧」の二字。あとで東寧とは台湾の古称だと知った。この戴さんの本のどこに興味を惹かれたのか、今となっては遠いことになってはっきりしないが、「東南アジアの虚像と実像」、「事実におけるアジアと日本」、「私の華僑小試論」、

「日本──台湾中国」（台湾の位置に注意）、「台湾研究の姿勢」、「台湾経済と日本の資本進出」、「中国研究者の造反と自己批判」、「アジアから見た日本」という目次を見ていると、わたしがそのころ抱えていたであろうキーワード、アジア・日本・華僑・台湾・中国がすべて入っていたように感じられる。

戴さんに会った当時、わたしは東京大学工学部応用化学部門の大学院修士課程の学生で、岩倉義男先生の研究室にいた。のちに、わたしは国立国会図書館に就職して化学の世界から離れてしまったが、このころは化学方面の研究機関か会社で働くかたわら、少しでも歴史の研究に関われればいいな、と思っていたのである。ただ、歴史学という学問の基礎に触れてみたいと思い、卒論の指導教官であった宇野敬吉先生の了解も得て、文学部の日本近代史の伊藤隆教授の授業やゼミを特別に聴講させていただいたこともあった。修士まで来て「迷える子羊」というのも研究室にとってはさぞ迷惑なことであったろうと思いかえすことしきりだが、「大学紛争」で既存のルールが壊れた後のある種の自由放任があったのかも知れない。

「文理」という伝統的な区分から言えば、理科から文科への「転身」とか「スピンアウト」の岐路にいたわけだが、当時、わたしにはもうひとつの「選択問題」があった。それは「日本」である。

わたしの亡き父は台湾高雄出身の「漢民族」であり、母は北海道札幌出身の「大和民族」である。一昔前に流行した言い方で言えば「ルーツ」は二つであり、今様にはＤＮＡの複合ということにでもなろうか。しかし、わたしはとりわけ聞かれない限り、このことはあまり語らないことにしてきた。なぜなら、多くの人は民族的な「ルーツ」について、どちらかと言えばわたしの見るところ、「ステレオタイプ」の反応をすることが少なくないからである。台湾の場合、「民族」に「政治と国家」がからまることになる。父について「漢民族」と伝統文化的表現で記したのは、これを「台湾人」あるいは「中国人」とすれば、ある種の「立場」を意味する、ないし解釈される場合があることを、とりあえず避けるためでもある。わたしは、ある種の「先入観」を持って見られることを好まないし、それにこれをほぐそうとして父と母を語るにはわたしの複雑な家庭的背景にふれることにもなるからだ（父母の離婚、父の再婚などなど）。たとえば、わたしが台湾に関わる歴史研究を多少してきたのは、父が日本の植民地統治下で生れ育った（父は、大正一三年の生れで、真珠湾の翌年に「内地」に来た）ことに関係がないことはないが、その動機ではない。むしろ、近代の日本と台湾の関係を知るようになって、父（それに母達）を理解する幅が広くなったのである。

わたしは東京杉並区に生れたが、いろいろな経緯があって、幼稚園・小中学校・高校は、埼玉県、東京、長野県を転々とした。生活と教育という点からは「日本」という環境に育ったわけだが、東京には伯父一家がいて子どものころから従兄弟（従姉妹）たちと一緒に遊んだことも多かったので、自分が「華僑」、「中国人」という社会的グループにも属していることの自覚は早くからあったように思う。しかし、それは血縁的な関係から来る自然な認識であって、社会的なものではなかった。わたしは生れてこの方、いわゆる「民族的差別」を感じたことがない。もちろん現実の日本にさまざまな民族や歴史に起因する問題が存在することは、大学に入ってから認識することにはなるが、感覚の奥底にうずくまる痛覚の記憶がわたしにはない。

一九六五年、わたしは信州・長野県の諏訪清陵高校を卒業し、東京大学教養学部理科一類に入学した。駒場寮（今はない）に入寮することになって、「部屋」を決めなければならない。一部屋は確か六人の収容人員で基本的にサークル別になっており、あとで知ったが、社会科学系の名を持つかなりのサークルが学生運動の各セクトの拠点か、あるいはその影響下にあった。どの部屋に入るかで、どのセクトの所属ないし「シンパ」になるかが決まる、といってもいいかも知れない。わたしは社会主義に関心を持っていたので、入寮のオリエンテーションのときに、許作仁さんという先輩の勧めもあってソヴェート研究会という部屋に入ることにした。入ってみたら「ソ研」は日本共産党・民主青年同盟の系統であった。許さんは台湾出身の華僑の子弟で、「大陸中国」派の青年運動組織に属しており、あとで考えるとわたしを「オルグ」に来たのだった。

二年あまりの「華僑青年運動」への熱中は、わたしにとって「中国」の発見であると同じに「台湾」への関心の萌芽の時期でもあった。その中で少なからぬ華僑青年に出会ったが、おなじ華僑といっても、「台湾出身」と「大陸出身」

とはかなり異質であったように思う。妙に聞こえるかも知れないが、横浜や神戸の華僑は中華人民共和国に対する自然な「祖国意識」を持った「本場」ものであった。ところが、わたしなどはマルクス・レーニン主義の理論や中国革命史の「学習」と、台湾は未完の中国革命の地としていずれ解放されるべきである、という中国共産党の原則的公式見解を「理解」する、という「認識の手続き」を必要としたのである。のちに、戴國煇さんはこの時代のわたしを評して「血のざわめき」ではないの、とけだし的確な表現をしたが、それればかりではなく、許さんをはじめ魅力的な人々が華僑左派の青年には多くいたことがあると思う。そして、社会主義のユートピアとヒューマニズムは、今となっては理解されにくいが、人類の理想に見えたのである。

この幻想を打ち砕いたもののひとつが「中国文化大革命」であった。ある時、華僑青年の集会で、「小さな赤い本」(『毛沢東語録』)が掲げられ、「毛主席説」と唱和を求められたことがある。このような「強制」は自分の頭で考えないことの証左であり、わたしのもっとも嫌いな「作風」であった。そして、中国共産党と日本共産党の対立が波及して、「後楽寮事件」が勃発した。飯田橋にあった後楽寮はわたしが入りびたっていた、華僑青年が多く住んでいた寮で、そこで左派華僑青年と民青系の暴力的衝突が起きたのである。わたしの友人同士が「上部組織」の「指導」もあって怪我をするという事態に、結局わたしはついて行くことができなかった。気がついてみると、大学では留年(落第)したばかりか、生活もタガがはずれていた。運動とは名ばかり、付け焼刃の「思想」とやらで他人を支配しようとしただけではないか、という苦い思いで一杯となった。わたしは「自分の底」に徹底的に降りることにした。

大学入学以来、八年の「彷徨」を経ての結論が「日本」の選択であった。一九七三年五月に東京法務局に提出した「帰化しようとする動機書」でわたしは、「わたしの中にあるのは本質的に日本人的資質と性格であり、いわば『血は水よりも濃い』ではなくも『水こそ血より濃い』と考え至り」、「これからの将来生きてゆく上でわたしが愛情をもち得、それゆえにその運命に関わるべきものは、この日本の民族、文化、風土であり」、「日本の一構成員として生きてゆきたいと考えております」と、書いた。

「日本」を「選択」した一九七三年は、前に書いたように、戴國煇さんを訪ねた年である。職業の選択とは別に、「台湾研究」への参加と「日本の選択」とは、わたしにとっては「自分の底」でつながっている事柄であった。翌一九四七年、わたしは「縁」あって国立国会図書館に就職した。以来、二〇〇七年までの三三年間、図書館人（ライブラリアン）として仕事をしてきたので、この分野での「自分を語る」機会はまた別に持ちたい、という気持もある。戴さんのひそみにならえば、わたしの仕事はさしずめ「図書館―歴史」という活字で表現されえようか。

さて、なぜこのようなことを書いてきたかというと、わたしに多少「歴史観」というものがあるとすれば、そこには「ナショナリズム」の契機が非常に希薄だということである。植民地主義が悪であるとしても、「日本人」としてわたしが「反省」しなければならないとか、「台湾人」として日本の過去を弾劾するとか、「中国人」として歴史を鑑にせよ、とか主張する気持ちはまったくない。戴さんは、客家《はっか》として台湾先住民を圧迫した史実に「原罪感」を持っているとしばしば語っていた。自己の検証と歴史探究を結び付けたのが戴さんの「歴史方法論」であり、わたしはそこに魅力を感じていた。しかし、わたしはこの方法でいくことはできない。わたしは国民、民族ないし種族など、「ネーション」の規模の単位での歴史的「罪」あるいは「善悪」を、普遍的に設定する立場をとらないのである。

以下、本書に所収の文章について「解題」風に触れてみたい。

○**「昭和政治史における霧社事件」**

霧社事件の共同研究グループである「東寧会」（台湾近現代史研究会の前身）に参加するようになって、当初のわたしの分担は霧社事件に関する詳細な日誌を作成することであった。そのために台湾総督府や軍をはじめとする関係資料をなるべく多く丹念に読み、「史実」を確定する作業が必要であった。なかでも研究同人・河原功君が台湾で発掘してきた根本史料『霧社事件誌』などを彼の部屋に集まってメモを採りながら読み進めた日々は、歴史研究というものの面白さの一端をはじめて知る経験となった。この作業の中でわたしが興味を抱いたことは、霧社事件の政治的帰結である台湾総督の更迭・拓務大臣辞職要求など、本国政治過程との関係である。「日本の政治統合の再編過程と、本国―植民地という統治機構の二重の視座からみる時、霧社事件は如何なる意味を帯びてくるだろうか。」と当時のわたしのノートには書いてある。このテーマ設定と政治史的な検討にとってもっとも参考にしたのは伊藤隆先生の『昭和初期政治史研究』であった。

この論文の初出は『台湾近現代史研究』創刊号（一九七八年、龍渓書舎）であったが、のち単行書『台湾霧社蜂起事件――研究と資料』に収録する時に頁数の関係で大幅な削除と加筆を行なった。これらについては、岡部牧夫さん（満州・植民地研究家）からかつて懇切かつ厳しい批評をいただいたことがある。今回、雑誌論文を基本的に全部収録し、単行書の加筆部分を付加した。今読むと未熟かつ冗長な文章であるが、わたしの研究の「原基」ともなったものなので、収録することにした。

○**「日本陸軍にとっての霧社事件」**

霧社事件研究の大きな課題のひとつは、日本陸軍が「毒ガス」を使用したのか、という問題である。これを解明するための最も重要な資料を当時戴さんは入手し、わたしも利用したのだが、諸般の事情で『台湾霧社蜂起事件』には収録できず、のちに『台湾霧社事件軍事関係資料』（春山明哲編・解説、不二出版、一九九二年）に収録した。わたしが毒ガス問題について最初に報告したのは立教大学の研究会で、神島二郎さん、高畠通敏さん、粟屋憲太郎さんなどが参加されていた。そのとき神島さんが「蜂起した先住民はなぜこんなに多勢自殺したのだろうね」と質問されたのだが、わたしは答えることができなかった。この事実の意味を問うていなかったのである。「史実」は「問う」ことがなければ見えてこない、ということを知ったきっかけであった。

○**「ウットフが織り給ひし人々」**

ある時、林えいだいさんという九州在住のノンフィクション作家が沢山の写真を持って図書館にわたしを訪ねて見えた。これから林さんが作られた写真記録『台湾植民地統治史――山地原住民と霧社事件・高砂義勇隊』（梓書院、一九九九五年）に書いたのがこの解説である。この時、戴さんは「序に代えて――歴史の中の写真、写真の中の歴史」という一文を寄せている。これが戴さんとわたしが一緒にした最後の仕事となった。「ウットフ」（タイヤル族の神あるいは霊）と井上伊之助についてはじめて触れた文章で、自分として気に入っているものである。

○書評『オビンの伝言』、『証言霧社事件』

『オビンの伝言』の著者中村ふじゑさんこそ、わたし達の霧社事件共同研究のきっかけを作った方である。と同時に霧社事件を戦後史に繋げた日本人といってもよいだろう。さらには、オビン、ピホ・ワリス、アウイ・ヘッパハなどから数多くの貴重な「証言」を引き出す契機を作った方でもある。「証言」の記録化によって霧社事件の研究はその多くを負っている。わたしはといえば文献資料による研究が領分で、事件の直接の関係者が存命のあいだは霧社に行くことはないだろう、と思っていた。理由は自分でも判然としないのだが、振り返ってみれば、霧社事件に出会うことによってわたしの生き方も大きく変わったといってよいかも知れない。なお、書評『オビンの伝言――タイヤルの森をゆるがせた台湾霧社事件』（梨の木舎、二〇〇〇年）の初出は『図書新聞』（二〇〇〇年一一月二五日）、書評『証言霧社事件――台湾山地人の抗日蜂起』（アウイヘッパハ著、許介鱗編、草風館、一九八五年）の初出は『中国研究月報』四六一号（一九八六年七月）である。

○「「虹の橋」を渡るキリスト者」

松永正義君（一橋大学教授）の主催する台湾歴史文学研究会での報告をもとに、今回書き下ろしたものである。「ウットフが織り給ひし人々」を書いて以来、井上伊之助のことはいつか調べてみたいと思っていた。近代日本のキリスト教が植民地台湾とどう関わったのか、という問いを立てたものの、その歴史叙述の方法がまだわたしには分からない。「覚書」とした所以である。少なくともひとりの井上をえたことは、近代日本と台湾の関係史において忘れてはいけないことのような気がする。

○「近代日本の植民地統治と原敬」

「昭和政治史における霧社事件」で政党政治と植民地統治という問題視角が芽生え、そこからある意味当然にも原敬に着目することになった。この論文がきっかけとなり、山本四郎先生の編集解説に係る『原敬関係文書　第六巻　書類篇三』(日本放送出版協会、一九八六年)に収録された台湾関係書類の書誌的検討のお手伝いをすることになった。なお、本章の初出は、春山明哲・若林正丈編『日本植民地主義の政治的展開　一八九五―一九三四』(アジア政経学会、一九八〇年)である。

○「**明治憲法体制と台湾統治**」

わたし達の共同研究グループは「後藤新平研究会」と称した時期がある。この論文はわたしの後藤研究の嚆矢であるが、まだほんのとば口に過ぎない。しかし、「植民地政治思想」ともいうべき領域を設定することができるとすれば、原と後藤はその座標軸を与えてくれる存在であると思う。この座標軸はあえて単純化すれば、「文明」というものに対する両者の理解、その対照性を含んでいる。これを書いたのは『岩波講座近代日本と植民地』(岩波書店、一九九三年)の編集に関わっていた若林正丈君の勧めによるもので、同講座の「4統合と支配の論理」に収められている。

○「**植民地における「旧慣」と法**」、「**台湾旧慣調査と立法構想**」、「**法学博士・岡松参太郎と台湾**」

前者は『季刊三千里』四一号(一九八五年春)、後二者は『台湾近現代史研究』六号(一九八八年)に掲載されたものである。わたしの台湾統治政策研究は、旧慣調査と岡松への関心により「政治」から「法と政治」へと拡大した。岡松家から早稲田大学図書館に寄贈された膨大な岡松参太郎関係文書資料によって台湾統治政策の研究は新しい段階を迎えることとなろう。

○「**後藤新平の台湾統治論・植民政策論**」、「**「後藤新平伝」編纂事業と〈後藤新平アーカイブ〉の成立**」

わたしにとって、後藤新平研究はいわば「未完のプロジェクト」であったが、国立国会図書館の定年退職が近づいてきた頃、「後藤新平の会」(事務局：藤原書店)との縁が生じたこともあり、研究再開となった。前者は、台湾・台北で開催された「二〇〇七年台日学術交流国際会議」(亜東関係協会・国史館主催)で発表した報告を大幅に加筆修正したもの、後者は『環』二九号（二〇〇七年四月）掲載のものである。

○**「台湾近現代史研究会の思い出」**

二〇〇二年八月三〇日、駒場エミナースで開催された第一回東アジア近代史青年研究者交流会議での報告「台湾近現代史研究会のことなど——私の「日本の台湾統治政策史研究」の文書箱から」の講演記録である。中国語で翻訳されて、若林正丈・呉密察主編『跨界的台湾史研究』（台湾・播種者文化有限公司、二〇〇四年）に収録されている。

○**「霧社紀行——研究余聞」**

二〇〇七年九月、霧社を訪ねた。はじめて霧社事件の存在を知ったのは一九七三年に戴國煇さんに会った時であるから、もう三四年もの歳月が流れたことになる。

「序」で記したように、わたしの「アカデミー」ともいうべき台湾近現代史研究会で多くの師と友を得たことが本書を生んだとも言える。その意味から、わたしにとっての歴史研究の師であった戴國煇さんが二〇〇一年一月九日に六九歳で亡くなられたことは残念でならない。『東アジア近代史』四号（二〇〇一年三月）に寄せた「戴國煇氏逝去」の報の末尾でわたしはこう書いた。「氏は歴史の実証分析と客家としての自己検証を結びつける独自の方法論に基づき、アジアの歴史像の再構成を試みる傍ら、日本人とアジア諸民族の新しい芳隣関係を築くために活動を続けた」。いずれの日か、戴さんの仕事を跡付け、その歴史的意味を考える機会を持ちたいと考えている。

かつて台湾近現代史研究会で楽しくまた真剣に研究した日々が、今となっては懐かしく思い出される。あの本郷の喫茶店「明日香」に集まって以来の研究仲間である若林正丈、松永正義、河原功の諸氏をはじめ、多くの友が知的刺激と有益な助言を与えてくれた。ここにあらためて感謝の意を表したい。それにつけても、仲間のひとりであった宇野利玄君が四十歳の若さで旅立っていったことは惜しみても余りあることだった。

不思議なことに後藤新平が「縁」となって藤原良雄さんとのお付き合いが始まり、この書を藤原書店から出版していただくことになった。藤原社長に厚くお礼申し上げたい。担当の編集者、刈屋琢さんには控えめながら的確な助言を得ることがしばしばであり、感謝したい。

最後に、職場での仕事とともに研究を続ける環境を家庭で支えてくれた妻壽子に感謝したいと思う。

著　者

年　号	近代日本と台湾・関連事項
1908（明41）	基隆〜高雄間の南北縦貫鉄道開通．
1909（明42）	臨時台湾旧慣調査会に第三部設置，旧慣調査に基づく法案の起草審議開始．第一部に蕃族科設置．
1910（明43）	佐久間左馬太総督，「蕃地討伐五カ年事業」開始（〜14）．臨時台湾旧慣調査会『台湾私法』刊行開始．
1911（明44）	第27議会，三一法延長［第二次桂内閣］．辛亥革命，清朝倒れ中華民国成立（12）． 井上伊之助，台湾に渡り山地で「医療伝道」開始（〜17）．
1912（大元）	第一次護憲運動，武官総督制への批判高まる．
1914（大３）	第一次世界大戦（〜18）．
1916（大５）	第37議会，三一法延長［第二次大隈内閣］．
1918（大７）	原敬内閣成立．ロシア革命．ウィルソン米国大統領14カ条宣言．
1919（大８）	台湾総督府官制改革，田健治郎が初代文官総督に就任．臨時台湾旧慣調査会解散．朝鮮三一独立運動．中国五四運動．
1921（大10）	第44議会，法律三号制定（内地法延長を原則）［原内閣］．台湾文化協会設立．台湾議会設置請願運動開始（〜34）．中国共産党結成．原敬刺殺される（11.4）．岡松参太郎死去（12.15）．
1922（大11）	井上伊之助，再度渡台し「医療伝道」（〜47）．
1923（大12）	民法・商法を台湾に延長施行（1.1）．
1929（昭４）	後藤新平死去（4.13）．拓務省設置．
1930（昭５）	霧社事件（10.27 台湾先住民族タイヤル族／セーダッカの抗日武装蜂起．〜12月）．
1931（昭６）	第59議会，霧社事件で論戦．第二霧社事件（4.25）．
1936（昭11）	台湾総督に予備役海軍大将の小林躋造（武官総督の復活）．
1937（昭12）	日中戦争（〜45）．台湾総督府，皇民化運動開始．鶴見祐輔『後藤新平』刊行開始（〜38）．
1941（昭16）	太平洋戦争（〜45）．
1943（昭18）	カイロ宣言．
1945（昭20）	ポツダム宣言．日本，連合国に降伏．台湾の日本軍降伏，台湾省行政長官公署成立．

近代日本と台湾・関係略年表（1868-1945）

年　号	近代日本と台湾・関連事項
1868（明元）	明治維新.
1874（明７）	日本，台湾南部出兵（牡丹社事件）.
1884（明17）	清仏戦争（～85）. 仏艦隊，台湾北部を攻撃.
1885（明18）	清朝，台湾を省に昇格，初代巡撫に劉銘伝，近代化政策に着手.
1889（明22）	大日本帝国憲法発布.
1890（明23）	帝国議会発足.
1894（明27）	日清戦争（～95）. 日英通商航海条約調印（7.16. 1899.7.17施行）.
1895（明28）	日清講和条約（下関条約）調印. 清国，日本に台湾，澎湖島を割譲（4.17）. 台湾民主国（5.25-10.19）. 内閣に台湾事務局設置（6.13）. 台湾総督府始政式（6.17）. 台湾全島平定宣言（11.18）. 後藤新平「台湾島阿片制度に関する意見」.
1896（明29）	原敬「台湾問題二案」を伊藤首相に提出. 第９帝国議会,「六三法」（法律第六三号）制定（台湾総督に委任立法権を付与）［第二次伊藤内閣］.
1898（明31）	後藤新平「台湾統治救急案」. 児玉源太郎台湾総督，後藤新平民政局長（長官）就任.
1899（明32）	第13議会，六三法延長［第二次山県内閣］. 岡松参太郎京都帝大教授，臨時台湾土地調査局嘱託に就任.
1900（明33）	岡松参太郎『台湾旧慣制度調査一斑』.
1901（明34）	臨時台湾旧慣調査会発足（会長後藤新平，第一部長岡松参太郎，第二部長愛久沢直哉）.
1902（明35）	第16議会，六三法延長［第一次桂内閣］. 総督府，平地漢族の武力抵抗の鎮圧完了.
1903（明36）	臨時台湾旧慣調査会第一部に行政科設置，清国行政の調査（織田万京都帝大教授ら担当）.
1904（明37）	日露戦争（～05）. 総督府，土地調査事業完了.
1905（明38）	第21議会，六三法延長［第一次桂内閣］. 臨時台湾旧慣調査会『清国行政法』刊行開始.
1906（明39）	第22議会,「三一法」制定［第一次西園寺内閣］. 後藤新平，満鉄総裁に就任.

や行

ら行

わ行

は行

ま行

な行

た行

さ行

か行

索　引

「序」「あとがき」以外の本文（注を除く）から拾った。参照項目は→で示した。

あ行

著者紹介

春山明哲（はるやま・めいてつ）

1946年東京都生。東京大学大学院工学研究科修士課程（応用化学）。1974年国立国会図書館入館，収集企画室長，国会分館長，調査及び立法考査局専門調査員を経て，2007年退職。現在，早稲田大学台湾研究所客員研究員，早稲田大学非常勤講師，また2007年より日本台湾学会理事長を務める。台湾史，近代日本政治史，植民地統治政策史。

主著に『日本植民地主義の政治的展開　1895-1934』（共著，アジア政経学会），主要論文に「昭和政治史における霧社事件」（『台湾霧社蜂起事件――研究と資料』社会思想社），「明治憲法体制と台湾統治」（『岩波講座　近代日本と植民地 4』岩波書店），「台湾旧慣調査と立法構想」（『台湾近現代史研究』6号，緑蔭書房）ほか。

近代《きんだい》日本《にほん》と台湾《たいわん》

――霧社事件《むしゃじけん》・植民地統治政策《しょくみんちとうちせいさく》の研究《けんきゅう》

2008年6月25日　初版第1刷発行©

著　者　春　山　明　哲

発行者　藤　原　良　雄

発行所　株式会社　藤　原　書　店

〒162-0041　東京都新宿区早稲田鶴巻町523

電話　03（5272）0301

FAX　03（5272）0450

振替　00160-4-17013

印刷・製本　中央精版印刷

落丁本・乱丁本はお取替えいたします　　Printed in Japan

定価はカバーに表示してあります　　ISBN978-4-89434-635-2